本书为 2013 年教育部人文社会科学研究规划基金一般项目"教育发展均衡背景下西部农村寄宿制小学功能定位及实现路径研究"（项目批准号：13YJA880014）最终研究成果。2014 年国家社会科学基金一般项目"农村低龄寄宿儿童生存境遇及国家干预机制研究"（项目批准号：14BSH085）、国家民委少数民族教育发展研究基地 2014 年招标课题"贵州省民族地区寄宿制中小学教育经费保障机制研究"（项目批准号：JYJD201401）、2012 年贵州省教育改革发展研究十大招标课题"贵州农村边远山区小学寄宿制教育研究"的阶段性成果。

我国农村寄宿制学校问题研究

董世华 著

中国社会科学出版社

图书在版编目(CIP)数据

我国农村寄宿制学校问题研究 / 董世华著. —北京：中国社会科学出版社，2015.9
ISBN 978-7-5161-6849-3

Ⅰ.①我… Ⅱ.①董… Ⅲ.①农村学校—中小学—学校管理—研究—中国 Ⅳ.①G637

中国版本图书馆 CIP 数据核字(2015)第 208602 号

出 版 人	赵剑英
责任编辑	凌金良
责任校对	季 静
责任印制	张雪娇

出　　版	中国社会科学出版社
社　　址	北京鼓楼西大街甲 158 号
邮　　编	100720
网　　址	http://www.csspw.cn
发 行 部	010-84083685
门 市 部	010-84029450
经　　销	新华书店及其他书店
印　　刷	北京君升印刷有限公司
装　　订	廊坊市广阳区广增装订厂
版　　次	2015 年 9 月第 1 版
印　　次	2015 年 9 月第 1 次印刷
开　　本	710×1000　1/16
印　　张	21.75
插　　页	2
字　　数	360 千字
定　　价	79.00 元

凡购买中国社会科学出版社图书，如有质量问题请与本社营销中心联系调换
电话：010-84083683
版权所有　侵权必究

序

20世纪90年代中后期开始，为了解决布局调整后农村地区中小学生上学远、上学难的问题和农村留守儿童教育问题，农村寄宿制学校得到了迅速发展。截至2013年，我国农村地区中小学寄宿生人数已经达到26100172人，占农村学生总数的27.2%。寄宿制学校已逐步成为支撑我国农村义务教育的主要办学形式，承担着学生生活和学习的双重责任，融学校教育功能、家庭抚育功能和社会教育功能于一体。为了让寄宿制学校更好地服务于农村义务教育，对我国农村寄宿制学校展开深入研究具有十分重要的理论意义和现实意义。

2010年至今近5年的时间，董世华博士以博士论文为基础，以多项教育部人文社科重大课题和国家社科基金项目为支撑，循着农村举办寄宿制学校的必要性—历史沿革及经验—现实背景—发展现状—存在的问题及其原因—对策建议的逻辑思路，在借鉴前人研究和对湖北、江西、甘肃、广东、贵州和广西6省18县农村寄宿制学校调查的基础上，从理论和实践相结合的角度，对上述问题进行了全面、深入的研究。他认为农村寄宿制学校不仅是农村地区特殊地理条件的自然选择，也是保证偏远山区及少数民族地区孩子公平接受教育的客观要求；寄宿制学校不仅在推进农村中小学布局调整和"两基"攻坚中发挥着不可替代的作用，而且还是解决留守儿童教育问题的最佳途径；寄宿制学校对于缩小城乡义务教育差距，促进城乡义务教育均衡发展将会发挥更大的作用，是我国经济社会发展和教育自身发展的产物。

通过大量的调查分析，作者在充分肯定农村寄宿制学校在发展过程中取得了不少成就的同时，也指出寄宿制学校存在基本生活设施配套不完善，新增寄宿成本缺乏财政保障，学校人力资源配置不当，学生课余生活单调、营养不佳、安全得不到充分保障、低龄寄宿生生活难适应等突出问题。存在问题的主要原因在于："农民工经济"形成的留守儿童群体对寄宿制教育的刚性需求增加了有效供给的难度；义务教育"以县为主"的管理体制及现行教育财政体制阻碍了长效经费保障机制的建立；政府有失偏颇的经济思维模式和政绩观刺激了寄宿需求；学校管理理念和制度设计偏离儿童生活等。要解决这些问题，必须构建长效经费保障机制，合理分担寄宿制学校新增寄宿成本；实施标准化农村寄宿制学校建设工程，硬件设施和人力资源配备必须从"学校中心""学习中心"向"儿童中心""生活中心"转变；学校必须重新定位宿舍、食堂和教室的功能，实现教学、生活与课余活动管理的有机结合。

总之，该书从多角度采用多种方法对我国农村寄宿制学校进行了全方位研究，所提出的许多观点及政策建议对进一步加强农村寄宿制学校建设具有重要的参考借鉴作用。当然，农村寄宿制学校建设是一个十分复杂的问题，涉及面广，不是一两本著作所能完成的。本书的出版仅仅是一个良好的开端和起点。愿作者不懈努力，在今后的研究中，再创新的业绩。

范先佐
2015 年 8 月 6 日于武昌桂子山

目 录

第一章 导论 ………………………………………………………（1）
 第一节 研究意义 …………………………………………………（2）
  一 理论意义 ……………………………………………………（2）
  二 实践意义 ……………………………………………………（4）
 第二节 文献综述 …………………………………………………（5）
  一 国外相关研究 ………………………………………………（6）
  二 国内相关研究 ………………………………………………（12）
  三 已有研究评述 ………………………………………………（24）
 第三节 研究方法及研究思路 ……………………………………（28）
  一 相关概念界定 ………………………………………………（28）
  二 研究方法与数据来源 ………………………………………（30）
  三 逻辑思路与结构安排 ………………………………………（32）

第二章 农村寄宿制学校教育的产品属性及价值判断 ……………（34）
 第一节 公共产品理论与农村寄宿制学校教育的产品属性 ……（34）
  一 公共产品理论 ………………………………………………（35）
  二 农村寄宿制学校教育的公共产品属性 ……………………（39）
  三 公共产品理论视角下农村寄宿制学校的财政支持路径 …（45）
 第二节 规模经济理论与农村寄宿制学校教育的工具价值 ……（47）
  一 规模经济理论 ………………………………………………（47）
  二 教育规模经济理论 …………………………………………（49）
 第三节 社会化理论与农村寄宿制教育的本体价值 ……………（57）
  一 社会化理论与教育的社会化功能 …………………………（58）
  二 农村寄宿制学校教育促进学生现代化的本体价值 ………（62）

第三章 农村寄宿制学校的历史沿革及背景分析 (71)
第一节 我国农村寄宿制学校的历史沿革 (71)
一 1949—1978年：民族寄宿制中小学的"反反复复" (72)
二 1978—1986年：省级政府主导下民族寄宿制学校的兴起 (76)
三 1987—2007年：国家主导下的寄宿制学校在农村推开 (82)
四 2008年至今：留守儿童问题及义务教育均衡发展 (91)
第二节 农村寄宿制学校产生与发展的背景分析 (94)
一 民族教育问题与农村寄宿制办学 (94)
二 学校布局调整与农村寄宿制办学 (98)
三 西部地区"两基"攻坚与农村寄宿制办学 (104)
四 留守儿童教育问题与农村寄宿制办学 (106)

第四章 农村寄宿制学校发展现状的基本特征 (109)
第一节 农村寄宿制学校的规模判断 (109)
一 调研数据显示：寄宿制学校已成为中西部农村学校主体 (109)
二 统计数据表明：农村中小学生寄宿率逐年上升 (113)
第二节 农村寄宿制学校的地域分布特征 (115)
一 农村寄宿制学校地域分布差异显著 (115)
二 农村寄宿制学校分布省际差异明显 (120)
三 农村寄宿制学校分布省内差异较大 (123)
第三节 农村寄宿制学校的生源构成特征 (126)
一 少数民族学生依然是寄宿生主体 (126)
二 低龄儿童寄宿比例逐年上升 (128)
三 寄宿生中留守儿童所占比例越来越大 (136)
第四节 农村寄宿制学校的发展方式选择 (139)
一 强制型 (139)
二 示范型 (140)
三 自发型 (142)
第五节 农村寄宿制学校教育的供需状况 (144)
一 大量校外寄宿生存在有力地证明了政府供给不足 (144)

二　来自留守儿童的寄宿教育需求远远没有满足 ……………（145）
　　三　布局调整形成的小学生寄宿需求旺盛 ………………（147）
　　四　贵州省案例：低龄儿童的强烈寄宿需求 ……………（148）
第五章　农村寄宿制学校建设的成效与问题 …………………（152）
　第一节　农村义务教育学校寄宿制办学取得的成效 ………（152）
　　一　解决了上学远的矛盾，保证了学校布局调整的顺利
　　　　实施 ………………………………………………………（152）
　　二　弥补了家庭抚育功能缺失，解决了农村留守儿童问题 …（155）
　　三　生活设施不断改善，为提升农村儿童生活品质奠定
　　　　了基础 …………………………………………………（159）
　　四　整合了乡村教育教学资源，提升了农村儿童综合素质 …（167）
　第二节　农村义务教育阶段寄宿制办学存在的问题 ………（175）
　　一　农村寄宿制学校基本生活设施配套不完善 ……………（176）
　　二　农村寄宿制学校新增寄宿成本缺乏财政保障 …………（181）
　　三　农村寄宿制学校人力资源配置不当 ……………………（187）
　　四　农村寄宿制学校内部管理中存在的问题 ………………（191）
第六章　农村寄宿制办学模式现存问题的原因分析 …………（211）
　第一节　农村经济发展与寄宿制学校建设的关系 …………（211）
　　一　农村经济发展方式的转型打破了寄宿制教育供需平衡 …（212）
　　二　农村经济发展滞后影响了家庭的成本分担能力 ………（220）
　第二节　农村义务教育管理体制与寄宿制学校经费保障 …（222）
　　一　"以县为主"的教育行政管理体制对寄宿制学校的
　　　　影响 ………………………………………………………（222）
　　二　义务教育财政体制与寄宿制学校经费保障机制 ………（225）
　第三节　政府办学理念偏差对农村寄宿制学校发展的影响 …（233）
　　一　过度追求经济效益引致的"财政挤出效应" ……………（233）
　　二　过度追求社会效益阻碍了寄宿制学校育人优势的发挥 …（236）
　　三　政府政绩观追问：满足寄宿需求还是制造寄宿需求 …（241）
　第四节　学校管理理念和制度设计偏离儿童生活 …………（244）
　　一　应试教育理念：学习和生活难以有机结合 ……………（244）
　　二　寄宿制学校功能设计不完善影响学生生活完整性 ……（247）

第七章 促进农村寄宿制学校内涵发展的对策思路 …………（256）
第一节 构建农村寄宿制学校长效经费保障机制 …………（256）
  一 构建中央与地方各级政府间的成本分担机制 …………（257）
  二 完善社会捐赠鼓励机制，拓宽经费来源渠道 …………（265）
  三 明确资金投入方向，提高有限资金的使用效率 ………（267）
第二节 实施标准化农村寄宿制学校建设工程 ……………（269）
  一 整体布局规划标准化 ……………………………………（270）
  二 农村寄宿制学校硬件设施建设标准 ……………………（272）
  三 宿舍功能的拓展及课余活动设施标准 …………………（277）
  四 围绕学生完整生活制定学校人员配备标准 ……………（280）
第三节 完善农村寄宿制学校管理体系 ……………………（285）
  一 完善农村寄宿制学校管理体系的构想 …………………（286）
  二 发挥农村寄宿制学校提供优质教育的功能 ……………（305）

参考文献 …………………………………………………………（310）

附录 ………………………………………………………………（328）

图表目录

表 1.1　农村寄宿制学校调查样本情况统计 ……………………（31）
表 3.1　新疆维吾尔自治区 1984—1986 年寄宿制民族中小学情况
　　　　统计 ……………………………………………………（78）
表 3.2　青海省 6 个自治州寄宿制小学发展情况统计 ……………（79）
表 3.3　1985—2012 年农村中小学学校数和学生人数变化
　　　　情况统计 …………………………………………………（99）
图 3.1　1985—2012 年中小学数量变化趋势折线 ………………（100）
图 3.2　1985—2012 年农村中小学服务半径变化趋势 …………（101）
表 3.4　2006—2013 年农村义务教育阶段学校数量与学生寄
　　　　宿率变化情况 ……………………………………………（102）
表 3.5　2007—2013 年农村义务教育阶段留守儿童数量及比
　　　　例情况统计 ………………………………………………（106）
表 3.6　施洞小学、南宫小学和巫西小学寄宿学生父母外出
　　　　务工情况 …………………………………………………（107）
表 4.1　湖北、江西两省 6 县（市）中小学寄宿情况统计 ………（110）
表 4.2　2006—2013 年农村义务教育阶段学校数量与学生寄
　　　　宿率变化情况 ……………………………………………（114）
表 4.3　我国土地分布状况 …………………………………………（116）
图 4.1　中国人口分布密度"胡焕庸线" …………………………（117）
表 4.4　2007—2013 年东中西部农村寄宿制中小学区域分布
　　　　比较 ………………………………………………………（119）
表 4.5　全国分地区农村义务教育阶段寄宿生总数及寄宿率
　　　　差异分析 …………………………………………………（120）

表 4.6　贵州省分地区农村小学寄宿生总数及寄宿率差异分析 ……（123）
表 4.7　2013 年贵州省部分县农村小学寄宿生数及寄宿率的
　　　　差异比较………………………………………………（124）
图 4.2　2006—2010 年民族地区小学、初中生规模 …………（127）
图 4.3　民族地区义务教育阶段寄宿生占在校生比例情况……（128）
表 4.8　年级—住宿情况 交叉制 ………………………………（129）
表 4.9　湖北、广西"学校类别——是否寄宿学校"交叉分析……（131）
图 4.4　2007 年分区域小学寄宿生规模及所占比例 …………（131）
表 4.10　2007 年、2013 年农村地区分省小学寄宿生情况统
　　　　 计 ………………………………………………………（132）
表 4.11　"父母工作—住宿情况"交叉制 ………………………（136）
表 4.12　施洞小学、南宫小学和巫西小学留守儿童寄宿情况 …（137）
表 4.13　农村学生选择校外寄宿的情况及原因统计 …………（145）
表 5.1　2006—2013 年全国中小学生入学率及农村学生寄宿率
　　　　变化情况………………………………………………（154）
图 5.1　2009—2013 年贵州省小学生入学率与农村小学生寄宿率
　　　　变化趋势………………………………………………（155）
表 5.2　小学实行寄宿制的好处：解决了留守儿童教育问题………（158）
表 5.3　2006—2011 年农村义务教育阶段寄宿生生均宿舍面
　　　　积比较（㎡）……………………………………………（160）
表 5.4　台江县部分小学生均宿舍面积……………………………（162）
表 5.5　农村寄宿制学校宿舍基本设施情况调查问卷结果统
　　　　计（2010）………………………………………………（163）
表 5.6　贵州省农村寄宿制小学宿舍基本设施情况调查问卷
　　　　结果统计（2013）………………………………………（164）
表 5.7　农村寄宿制小学教师对养成教育的看法统计…………（169）
表 5.8　湖北、江西、贵州等 6 省寄宿制学校教师学历抽样
　　　　调查………………………………………………………（171）
表 5.9　5 省（区）农村寄宿制与非寄宿制学校教师高学历
　　　　比较………………………………………………………（173）
表 5.10　湖北、江西、贵州等 6 省样本农村寄宿制学校教

	师职称抽样情况 …………………………………………	（174）
表 5.11	教师任教年限与关注重点之间的关系 …………………	（175）
表 5.12	2006—2011 年农村寄宿制小学生均宿舍面积情况（㎡） ………………………………………………	（177）
表 5.13	学校有地方洗澡吗 ………………………………………	（181）
表 5.14	样本寄宿制学校新增成本占总经费之比 ………………	（185）
表 5.15	宿舍管理员来源 …………………………………………	（190）
表 5.16	田坪中心完小 2012—2013 年学年度第二学期作息时间 ……………………………………………………	（193）
表 5.17	寄宿生去校外时间 ………………………………………	（195）
表 5.18	寄宿生课余时间 …………………………………………	（196）
表 5.19	湖北省部分农村寄宿制学校课余活动设施调查问卷统计 ……………………………………………………	（197）
表 5.20	寄宿生饮食习惯调查情况统计 …………………………	（200）
表 5.21	寄宿生饮食结构调查情况统计 …………………………	（201）
表 5.22	你一般怎么上学 …………………………………………	（205）
表 5.23	学生"住校心情郁闷"统计 ……………………………	（208）
表 5.24	回答"很久见不到家人"的百分比 ……………………	（209）
表 6.1	5 省外出务工人员"留守儿童"教育问题调查统计 ………	（216）
图 6.1	1978—2012 年城乡居民收入比变化情况 ………………	（221）
表 7.1	农村全寄宿制中小学校建设规模、生均建筑及生活用房面积指标 ………………………………………	（273）
表 7.2	农村全寄宿制中小学校建设用地面积和生均用地面积指标 …………………………………………………	（274）
表 7.3	MDM 计划 2009 年修订的每餐成本分担比例情况 ……	（293）

第一章 导 论

农村寄宿制学校是为了解决农村学生上学远的困难而实行的一种特殊办学模式。新中国成立初期,为了解决边远地区、牧区和山区孩子上学远的问题,国家首先在民族地区举办寄宿制学校,随后逐步在农村地区推广和发展。截止到2013年,我国农村地区义务教育阶段寄宿生人数已经达到26100172人,占农村学生总数的27.2%。其中,小学生寄宿率达到14.0%,初中阶段寄宿率达到56.1%。[①] 然而,农村寄宿制学校的制度设计并没有随寄宿率的上升而同步跟进。目前,我国农村寄宿制学校与非寄宿制学校在运作方式上并没有多大差别,人们对于寄宿制学校的认识还基本停留在提供食宿的层面上。我国农村义务教育格局发生了如此重大的变化,而义务教育制度设计并没有及时关注这一动态,无疑是一大遗憾。农村寄宿制学校承担着学生生活和学习的双重责任,融学校教育功能、家庭抚育功能和社会教育功能于一体,其运行机制也必然具有特殊性。为了让寄宿制教育更好地服务于农村义务教育,深入研究寄宿制教育在农村地区的运行规律具有十分重要的意义。

新中国成立以来,我国农村举办寄宿制学校留下了什么历史经验?举办寄宿制学校能否真正解决农村义务教育面临的困难?理论依据何在?农村寄宿制学校发展现状的基本特征是什么?我国农村寄宿制学校建设取得了哪些成就?目前还存在哪些问题?这些问题背后的原因何在?如何构建科学完善的运行机制以确保农村寄宿制学校健康发展?农村寄宿制学校在推进义务教育均衡发展的过程中应当充当什么角色?2010年开始至今近5

---

① 教育部发展规划司编:《2013年全国教育事业发展简明统计分析》,内部发行资料,2014年版,第191—212页。

年时间，笔者以博士论文为基础，以教育部人文社科课题为支撑，对湖北、江西、广东、贵州、广西和甘肃6省进行实地调查，取得了大量一手资料。通过对资料的整理分析，借助相关理论对上述问题进行了较为全面的解答。

第一节　研究意义

《国家中长期教育改革和发展规划纲要（2010—2020）》中明确提出："加快农村寄宿制学校建设，优先满足留守儿童住宿需求。""支持边境县和民族自治地方贫困县义务教育学校标准化建设，加强民族地区寄宿制学校建设。"农村寄宿制学校在解决学生上学功能的基础之上，承载了解决留守儿童问题的新的历史使命。因此，系统深入地研究农村寄宿制学校问题具有重要的理论意义和实践意义。

一　理论意义

农村寄宿制学校已经由原来的特殊办学形式转变为一般的、常规的办学模式。因此，农村中小学寄宿生问题也就由特殊教育问题转化为普通的教育问题。深入分析寄宿制教育的特点，总结普遍性规律，从一般意义上回答寄宿制教育模式的利弊，对于指导蓬勃发展的农村寄宿制学校实践具有重要的理论价值。

（一）论证农村寄宿制教育产品属性，为重构经费保障机制奠定理论基础

长期以来，农村寄宿制学校的发展采取"国家倡导，地方政府举办"的模式，各地发展速度不一，建设水平悬殊，国家也没有出台相应的标准，致使农村寄宿制学校的办学条件普遍简陋。对于举办寄宿制学校而新增的办学成本，各地基本上通过收费等方式实行"转嫁"，增加了农民负担，影响了教育公平的实现，阻碍了农村义务教育的普及。各级政府对农村寄宿制学校的投入也带有偶然性和随意性，没有建立长效的经费保障机制。之所以如此，是因为农村寄宿制学校教育产品属性不明，导致投入责任模糊。探讨农村寄宿制学校教育产品属性，为论证其公共产品性质提供理论依据，有利于构建农村寄宿制学校经费长效保障机制。

（二）提出儿童生活品质中心原则，为农村寄宿制学校管理提供理论指导

目前绝大部分农村寄宿制学校基本上是非寄宿制学校在时间上的延伸与空间上的转移，决策者对于寄宿制学校的认识还基本停留在为学生提供食宿的浅层次水平。农村寄宿制学校内部管理中诸多问题的根源就在于割裂了学生完整的生活体系，机械地将学生的饮食起居与课堂教学结合起来，在人员安排和时间分配上没有以学生完整的童年生活为中心。以还原学生生活的真实场景为目标构建理论体系，有利于正确指导管理制度的设计，充分发挥寄宿制学校教育的育人优势。

（三）克服单纯的经济学思维定式，回归教育学相关理论研究视角

农村寄宿制学校发展要转变观念，从单纯的经济思维模式回归教育学理论有利于发展战略的制定。资源的有限性要求学校教育投入必须顾及效率，农村义务教育阶段生源减少造成的"小而全"的办学模式难以形成规模效益，反而会造成巨大的资源浪费。但是，只考虑经济效益，在实现规模办学的前提下，不顾及寄宿制学校教育本身的规律，实际上就是人为减少现有学校数量，压缩教育支出。从教育学的角度考察农村寄宿制学校的功用，有利于发挥寄宿制学校独特的育人优势，促使农村学生更好地社会化，提高农村义务教育质量。任何教育活动必须遵循教育规律，以充分发挥寄宿制学校教育育人优势所需最低成本作为基本投入标准，就是兼顾了教育规律与经济规律。举办农村寄宿制学校需要以教育学理论为指导，遵循教育规律和儿童身心发展规律，制定农村寄宿制学校建设基本标准和各类人员的配备标准，提高准入门槛，进而确保各地政府理性撤并村小和教学点，控制低龄学生寄宿发展过快的势头。

（四）提升农村寄宿制学校功能定位高度，拓宽义务教育均衡发展思路

毋庸置疑，农村寄宿制学校不仅可以解决学生上学远的问题，还有助于解决农村留守儿童教育问题。但是，寄宿制学校于农村教育之功效远不只如此，大力举办寄宿制学校有利于集中人力、物力和财力，改善农村学校的办学条件，缩小城乡义务教育学校之间的差距，提高教育教学质量，促进义务教育均衡发展。寄宿制办学，可以克服农村学生因居住分散而出现的"社会隔离"，人为营造城市氛围，提高农村学生综合素质。从这个

意义上讲，农村寄宿制学校在缩小城乡学校之间的差距方面具有重要作用。

二　实践意义

农村寄宿制学校建设有利于普及九年义务教育成果的巩固，是农村中小学布局调整的顺利推进的保证。不仅如此，农村寄宿制学校还是解决农村留守儿童教育问题的最佳途径，是城乡义务教育均衡发展的突破口。集中力量办好寄宿制学校，既可以提高农村义务教育质量，还能保证农村剩余劳动力顺利实现转移，促进经济发展。因此，全面了解农村寄宿制学校发展现状，分析共性的问题及其出现的原因，提出解决问题的对策思路，对于进一步加强农村寄宿制学校建设有着重要的实践意义。

（一）为建设标准化农村寄宿制学校提供政策参考

全面认识农村寄宿学校的现状和问题，总结各地实践经验和教训，为完善农村寄宿制学校运行机制提供具体指导。尽管学界对寄宿制学校褒贬不一，但是我国农村已经形成了近十万所寄宿制学校的规模，在校就读的寄宿生2010年已经突破了3000万人，其后寄宿生绝对数量虽然会因中小学生总数的减少而减少，但寄宿率呈逐年递增的趋势。从宏观上把握农村寄宿制学校发展现状，呈现其全貌，肯定成绩，客观分析问题，可以为决策者制定农村寄宿制学校建设基本标准提供参考，有助于决策者慎重对待规模日益庞大的农村寄宿制学校，在理性分析的基础上，形成一个指导其健康发展的基本模式。

（二）为农村中小学撤点并校的理性实施提供指导

本研究在分析布局调整与发展寄宿制学校之间的关系时，着重指出三点：一是布局调整整合教育资源，要保证生均教育成本逐年增长，不能出现财政"挤出效应"。二是证明标准化农村寄宿制学校本身是一种高成本的办学模式，其硬件设施、人员配备、资金供应均有特殊要求，任何简易寄宿制办学模式都会影响学生的发展。三是寄宿制教育模式是农村义务教育发展的最佳选择，但低龄寄宿必须慎重；举办保育寄宿制学校有利于解决低龄寄宿问题，但保育寄宿制学校成本更高。集中举办寄宿制学校必须在"确有寄宿需要"的前提下进行，力避人为地扩大学生寄宿需求。

（三）为解决农村留守儿童家庭抚育缺失提供对策

留守儿童由于过早与父母分开生活，隔代监护和教育不力，委托亲戚朋友代理监护更是问题重重，很多留守儿童监护的职责最终落到了学校。普通学校只能承担留守儿童日间的学习责任，至于学生业余生活的安排、良好行为习惯的养成以及科学营养结构的把握等，却难以顾及。在目前所有解决留守儿童教育问题的方案中，农村寄宿制学校不失为一种最佳选择，这一点得到了绝大部分外出务工家庭的认可。但是，选择寄宿制解决留守儿童教育问题，必须充分考虑学生生活及心理特征，制度设计要有利于弥补寄宿制学校的不足。本研究对留守儿童寄宿生活现状的调查和分析，对于利用农村寄宿制学校解决留守儿童问题具有一定的现实指导意义。

（四）为慎重推行农村低龄儿童寄宿提供政策依据

大量数据证明了农村中小学寄宿生低龄化的问题，很多地方的小学生从一年级起就开始寄宿，少数学校从幼儿园开始就有寄宿生，这是近年来农村寄宿制学校出现的新现象，也是一个备受争议的问题。显然，低龄寄宿学生由于生活自理能力不强，独立生活能力相应较弱，学校在人员配备和硬件设施上应该有相应的措施。学生从什么时候开始寄宿比较合适？对于确有寄宿需要的农村低龄留守儿童，应该进行怎样的制度安排才能保障其平等接受义务教育？农村寄宿制学校教育模式对于解决低龄儿童教育问题的功效如何？对于这些问题的回答都必须建立在对低龄儿童身心发展特征分析的基础上。低龄学生寄宿必须慎重推行，不能为了节约教育成本而盲目撤点并校，保留必要的教学点有利于低龄儿童公平地接受义务教育。对于确有寄宿需要的低龄留守儿童实行寄宿制教育，要充分考虑学生的身心特点，最大限度地满足学校人员配备和硬件设施保障需要。完善低龄学生寄宿条件需要高昂的投入，因而标准化低龄学生寄宿制教育是一种高成本教育，明确这一点有利于遏制农村地区过快撤并村小和教学点的势头。

第二节 文献综述

寄宿制学校作为一种办学模式在世界各国都存在，涵盖了从幼儿园到大学的各个阶段。西方国家寄宿制教育模式更多地应用于私立学校，美国为青少年举办寄宿制学校已经有250年的历史。[①] 英国在文艺复兴时期就建立的公学实质上就是寄宿制学校，公学开始时贫富子弟都招，后来把穷人挤出学校，招收的学生几乎全是上层社会的子弟。我国汉代太学开始就有了寄宿制的雏形，随着教育环境的不断变化，在农村集中举办寄宿制学校成为普遍现象。时至今日，寄宿制学校已经成为我国农村中小学的主体，与此同时，寄宿制办学模式面临着一系列亟待解决的问题。国内外学者对寄宿制学校的发展皆有一定的关注，研究成果亦涵盖了寄宿制学校建设的方方面面。

一 国外相关研究

美国学者沃尔福特（Walford，1986）和韦恩伯格（Weinberg，1967）认为，寄宿制学校是为了住读教育和年轻人的利益而特别建立的一种非营利组织，这种组织按照宗教原则建立，服务于专门的成人群体，这个特殊人群是形成"共同社区"（Goffman，1961）的基础，这种共同社区受制于单个人的权力并按照一定规范生活。同时，韦恩伯格认为，能够称作寄宿制学校，住宿学生至少要达到75%。西方国家很早就开始了对寄宿制学校的研究，研究主要集中在私立寄宿制学校上，重点关注儿童身心发展和生活品质。具体如下：

（一）关于宿舍功能的研究

寄宿制学校与非寄宿制学校相比，主要区别就在于食宿，非寄宿制学校没有这个功能和职责。对寄宿制学校宿舍功能的研究是学者关注的重点之一，关于宿舍问题的研究主要有以下一些观点：

1. 寄宿制学校宿舍及宿舍精神具有凝聚学生的功能

沃尔福特认为，学生与其说加入了一所学校，毋宁说加入了一个宿舍。英国学者伯吉斯（R. G. Burgess，1983）调查发现，将近50%的学生认为"充满宿舍精神"是一个学生在学校里深受欢迎的重要因素。[②] 寄宿制对英国公学极为重要，英国的克拉伦敦委员会（Clarendon Commission）

---

① Bethany Lee, Rick P. Barth, "Residential Education: An Emerging Resource for Improving Educational Outcomes for Youth in Foster Care?" *Children and Youth Services Review*, Vol. 31, 2009, pp. 155–160.

② Burgess, R. G., *Experiencing Comprehensive Education*, London: Methuen, 1983.

曾作出这样的评价:"良好的寄宿学校生活是对经验的扩大或额外的鼓励和刺激,这将激发和强化学生的性格并释放他们的全部能量。"英国厄平罕公学校长思林(Edward Thring)指出:"没有什么东西比寄宿制学校更为有利于培养学生的个性及价值观念。"①

2. 宿舍是学生第二社交系统和多元文化融合的场所

寄宿制教育对学生独立个性的形成和多元文化融合的作用是西方学者感兴趣的一个领域。澳大利亚阿德莱德大学教育研究院的马素·A. 怀特(Mathew A. White,2004)以美籍波兰社会学家南尼艾克(Znaniecki)的人文社会学理论为支撑,在深入分析寄宿生自传的基础上得出结论:学生宿舍鼓励学生从最初的家庭群体中独立出来,寄宿制学校又给这种独立文化提供了不断形成的环境,学生在承认家庭一元文化合理性的基础上欢迎学校多元文化的存在。所以,寄宿制学校的宿舍是作为第一社交系统价值影响的家庭的有力补充,宿舍文化不应该代替家庭的作用而应该与之保持一种共存的状态,宿舍文化是作为第二社交系统的寄宿制学校的一部分。

(二) 关于寄宿制教育对学生身心发展影响的研究

寄宿制学校把教学的场所与师生的食宿联系起来不能是一种简单的组合,否则,这种模式只能是学生学习时间的简单延长。如果不能科学安排,反而会降低学习效率,影响学生的身心发展。视自由为生命的西方学者对关于寄宿制学校对学生身心发展的影响关注甚多。

1. 寄宿生对宿管的情感依赖将对其后续生活产生负面影响

美国密歇根大学教授马萨·威克勒思(Martha Vicinus,1984)在研究青春期幼稚的恋情(adolescent crush)时发现,学生寄宿在校,其对父母的情感依赖会迁移到宿管人员身上,这种情感依赖对其今后踏入社会会产生负面影响。研究认为,在妇女充当新的公众角色特别是作为专职职业的一段时间里,寄宿制生活很容易鼓励女生对大龄妇女、成功的公众女性产生一种理想化的感情。宗教教义有效地隐藏了人们的个人欲望,但是,一个女人爱上另外一个女生或女人总是被人们认为是同性恋。18世纪末,随着寄宿制学校的扩展,美国和英国大量中上阶层的女孩子都有机会进入寄宿制学校,并且有机会和自己同性别的人保持亲密的关系。大量证据表

---

① 瞿保奎:《教育学文集·英国教育改革》,人民教育出版社1993年版,第130页。

明，当时的女生中有很多保持着深厚的感情，家庭和学校也鼓励这种亲密的关系。这一研究着眼于寄宿制环境对身处其中的学生和管理人员之间感情形成的影响，从微观角度证明了寄宿制学校对人的性格、行为等的影响力。

2. 寄宿制学校全封闭式管理影响学生人格的形成

全封闭式管理会给学生的心灵带来创伤，影响学生性格的形成，进而影响学生今后的行为。英国学者卓依·斯切韦恩（Joy Schaverien，2004）研究认为，送孩子进寄宿制学校可以看作一种儿童虐待和社会控制的独特形式。寄宿制学校造成的孩子与家庭隔离会引起一系列其他的问题，如情感剥夺，极端情况甚至是身体和性的虐待。情感表达受阻是这种制度下常见的情况，而这种阻碍往往会导致儿童的自我封闭，这些仍保持着活泼好动需求的可怜的孩子无意识地变成了成年人，而这种情况往往被某些社会成功人士所掩盖了。性格的诸多方面的互相作用可能就是人与人之间亲密关系受到伤害的原因。我国农村要推行寄宿制学校，儿童心理健康必须作为重点考虑的因素之一。

3. 城乡学校合并使农村学生被动寄宿造成社交和情感困扰

对于城乡学校合并是否会使农村学生被动寄宿造成社交和情感困扰，美国阿拉斯加大学社会经济研究院朱蒂斯·克林弗尔德（Judith Kleinfeld，1977）博士和华盛顿大学医学院临床教授约瑟夫·布鲁姆（Joseph Bloom，1977）研究了寄宿制学校对爱斯基摩青年的心理影响问题。该研究选取了阿拉斯加地区的学生，这些学生选择寄宿制学校不是因为家庭和个人的什么特殊原因，而是因为他们的家地处偏僻的小山村，附近没有学校可以就读。寄宿制学校给爱斯基摩青年带来了极大的社交和情感困扰，这种困扰贯穿着整个寄宿生活。除了给寄宿制学校更多的人员支持、更多的娱乐活动和更多的乡土文化内容外，应该更深层次地考虑一个功能完整的寄宿制学校应该如何防止这种社交和情感困扰的发生。[①] 此项研究曾经影响了美国阿拉斯加州对寄宿制学校的政策，其样本的选取和研究方法都值得我们借鉴。最重要的是，该文考察的是美国西部地区，涉及农村地区

---

① Judith Kleinfeld, Joseph Bloom, "Boarding Schools: Effects on the Mental Health of Eskimo Adolescents", *Am I Psychiatry*, 134: 4, April 1977.

由于山高路远而被迫选择寄宿制学校的学生的心理健康问题。这对我国农村寄宿制学校制度的设计无疑具有很大的参考价值。

4. 寄宿制学校影响学生个体成长及价值观的形成

对于寄宿制学校对学生个体成长及价值观的形成会造成什么样的影响，以色列耶路撒冷希伯来大学学者瑞文·卡罕（Reuven Kahane，1988）认为，不同类型的寄宿制学校在学生价值观念形成过程中有着不同的影响，影响因素主要包括学生的社会文化构成、学校的声誉、制度的总和、教育的一致性、社会化的深度、社会的隔绝、主要群体的压力、学生—教职员工关系、双重课程体系九个方面。该研究认为，寄宿制学校可以看作由一些互相竞争而又互相补充的机构、角色和活动组成的复杂组织，每一个组成部分又有自己独立的运行规则。寄宿制学校包含着大量的子系统，每一个子系统又有着不同的组织信号。这些子系统互相联系且具有各自的特质，正是这些特质的连接使其产生了不同的含义和影响。寄宿制学校可以根据每一种信号的强度和连接这些信号的类型来进行分类。

（三）关于寄宿制学校与学生家庭教育的关系研究

学生实行寄宿制教育，家庭分担的教育责任大部分转嫁给学校，家庭和寄宿制学校的关系必然发生相应变化。如何处理寄宿之后家庭和学校的关系关系着教育的成败。西方学者对此问题做了大量有意义的研究。

1. 家庭功能与学生在寄宿制学校行为的相关性研究

对于家庭功能与学生在寄宿制学校的行为是否具有相关性，以色列海法大学社会学院艾米斯·本—大卫博士（Amith Ben-David，2001）研究认为，可以从3个方面来判断家庭功能，即家庭适应性、凝聚力和对适应性与凝聚力的评价。家庭功能和学生学业成绩以及个人和同学及老师的关系之间不存在相关性，父亲和母亲对家庭适应性和凝聚力的看法与学生的成绩有很强的关系。在家庭适应性越强的学生那里，家庭的凝聚力也越发强烈。这种情况表明，通过家庭功能状况可以预测学生在寄宿制学校的情感稳定状况。家庭和学校这两个影响学生情感及行为的主体是一对平衡力，一方的强势必然影响另一方对教育对象的影响。因此，处理好这一对关系对于寄宿制学校学生的学习和成长意义重大。我国农村寄宿制学校有低龄化的趋势，家庭对寄宿制学校学生的影响力更大，如何在家庭和学校两种影响力之间寻找平衡是值得关注的问题。

2. 关于寄宿生"思家"现象及其影响因素的研究

对于寄宿制学校学生为什么"思家"以及受哪些因素的影响，英国苏格兰邓迪大学心理学系史瑞里·费希尔教授等（Shirley Fishe etal., 1986）对寄宿制学校学生"思家"与健康问题进行了实证研究。结果表明，学生想家是一种复杂的认知、动机和情感状态。地理位置的移动是学生想家的必要而非充分条件，环境和生活状况才是关键因素，而这种影响也只是在一定范围内发生。[①] 这说明，寄宿生想家并不一定都是由于离家太远造成的，学校生活环境的设置完全可以减弱或者消除学生的想家情绪。这就为集中办学，实行寄宿制学校教育提供了一定的理论依据。

（四）关于寄宿制学校社会化功能的相关研究

学生寄宿不仅是一个教育模式的转变问题，其对家庭和学生的影响最终会成为一个社会问题。寄宿制的实施弱化了家庭对学生的影响，强化了学校社会化的功能，国外很早对这一现象就有相关的研究。

1. 美国学者关于印第安人寄宿制学校的研究

俄克拉荷马大学艾瑞克·道格金斯克博士等（Eric Dlugokinski etal., 1974）研究了美国在保留印第安人隔离学校中的挫败感与困境，关注寄宿制学校对社会弱势群体子女的影响。研究认为，寄宿制学校是在强化而不是解决印第安人后代的问题，首先这种办学模式是否要继续下去的问题影响着学生学习的稳定。已经有很多学者指出了在寄宿制学校就读的孩子的心理问题，道格金斯克认为，正是这些问题没有得以真正解决，学校、学校员工和学生将会永远处于一种不确定的状态。亚利桑那州立大学历史系博士生朱丽叶·戴维斯（Julie Davis, 2001）的研究从考证国家政策的适切性转向研究寄宿制学校的孩子以及他们的家长对国家政策、计划和课程的反应。正是由于这种转变使得寄宿制学校对印第安人的孩子、家庭和社区的意义被揭示出来。克利夫兰州立大学副教授大卫·沃尔斯·阿达姆斯（David Wallace Adams, 2001）认为，印第安人寄宿制学校的发展过程就是文化抗争的过程，美国当局想通过寄宿制学校把印第安人彻底地转化

---

① Shirley Fisher, Norman Frazer, Keith Murry, "Homesickness and Health in Boarding School Children", *Journal of Environmental Psychology*, 1986, Vol. 6, pp. 35–47.

成美国人，学校当局从衣食住行等各方面影响学生，这种文化入侵使学生感到困惑、异化、怀念故土（乡愁）和怨恨。印第安人学生和家长并不是被动地接受这种文化同化，他们采取各种不同的方式进行抵制，如家长采取拒绝送孩子进寄宿制学校学习等办法。明尼苏达大学美洲印第安人研究中心布润达·查尔德教授（Brenda Child，2001）通过研究这一时段寄宿制学校孩子和家长的信件来往揭示了寄宿制学校的状况。寄宿制学校的身体隔离使得欧吉布（Ojibwe）家庭过着感情煎熬的艰难日子，学校反对探家，认为这会威胁到学校的同化作用，因此，寄宿时间一般在三到四年。但是，学生和家长之间的通信仍然传承着印第安人的本土文化，有时，他们也通过拒绝送孩子上学的方式来抵制这种同化。事实表明，尽管当局想通过寄宿制学校的方式来达到文化同化的目的，但是效果不是十分明显。总之，对于印第安人来说，具有积极和消极两方面意义的寄宿制学校已经成为了他们生活的一个重要组成部分。阿达姆斯关注寄宿制学校对本土学生的心理影响，以及学生回到家乡后对当地文化的改变作用；查尔德认为政府举办的寄宿制学校已经成为了印第安人生活的一部分。[①]

美国人对印第安人寄宿制学校的研究主要集中在寄宿制学校对本土文化的改造和影响上。寄宿制学校是作为一种可以起同化作用的政治工具而存在的，这种同化作用使本土文化逐渐消失，最后使印第安人真正融入到美国的主流文化中。这与新中国成立后举办少数民族寄宿制学校的出发点是不同的，但是，少数民族寄宿制学校的举办也具有文化同化的功效。这也是现在撤点并校遭到反对的原因之一。应该说，美国印第安人寄宿制学校与我国中西部寄宿制学校在所处经济环境等各方面具有相似之处，美国关心弱势群体子女教育问题的做法值得借鉴。

2. 关于私立寄宿制学校对社会分层及代际流动的研究

对于私立寄宿制学校对社会分层及代际流动的影响，哈佛大学法学院教授史蒂芬·B. 列文（Steven B. Levine，1980）通过对美国12所私立寄宿制学校的研究发现，这些私立寄宿制学校在19世纪末的流行和快速发展可以追溯到东北部那些古老家族的愿望，这些家族建立寄宿制学校是为

[①] Julie Davis, "American Indian Boarding School Experiences: Recent Studies from Native Perspectives", *Magazine of History*, Vol. 15, No. 2, Desegregation (Winter, 2001), pp. 20–22.

了创建一种文化制度，以便将自己与富有的工业家和下层的移民区别开来，但是，这些学校在发展过程中逐渐违背了创建者的初衷。寄宿制学校把新生代的财富拥有者与老一代有力地结合到了一起，两股力量形成了国家的上层阶级，他们控制着美国的财经制度，通过控制资金流向，对国家的经济和政治产生了很大的影响。在移民不断涌入和新的工业富翁不断产生的条件之下，上层社会为了保持并传递其主导地位，最初采取的措施就是建立寄宿制学校，以把自己与新生工业富翁和下层移民隔离开来。随着情况不断发生变化，新生工业富翁与上流社会走向融合，这主要是出于各自利益的需要，而在这个融合的过程中，寄宿制学校起着重要作用。寄宿制学校开始接受新生工业家的孩子入学，这样就更进一步将这些人的利益紧紧联系在了一起，由此形成了共同影响国家政治和经济的重要力量。由于占据了经济和财政的有利地位，上层社会通过私立寄宿制学校的融合将权力和地位毫无忧虑地传给了下一代。这种现象正好可以说明，在美国这样一种公私立并存的二元教育体制下，公立学校其实很难解决社会不公正的问题。

综上所述，国外学者主要采取"儿童中心"的研究范式，在学校、学习和儿童三个维度中侧重于学生，而对学校保障条件和寄宿制教育对学生成绩影响的关注较少。国外研究细化到寄宿制学校对学生心理发展和个体成长的影响等方面。所有研究重点都针对寄宿制学校对社会和学生个人的成长及人格的形成等问题，其实质就是在探讨这种模式的合理性。正是基于此，这些研究并没有过多关注办学条件对寄宿制学校学生学习效果的影响。同时，由于国外寄宿制学校多是私立性质的，更倾向于精英教育，因此，也就不存在财政投入、经费不足等问题。尽管如此，国外学者对寄宿制学校合理性的研究对我们研究农村寄宿制学校问题也具有很大的借鉴作用，这些研究对于我们在寄宿制模式下，如何将教学与食宿、学校与家庭、封闭管理和学生的自由成长之间的矛盾处理好具有指导意义。

二　国内相关研究

国内关于农村寄宿制学校的研究主要涉及农村寄宿制学校与农村教育及社会发展的关系问题、农村寄宿制学校系统内部诸要素及其相互关系的问题、农村寄宿制学校的外部保障问题以及农村寄宿制学校的相关理论等问题的探索。

（一）农村寄宿制学校与农村教育及社会发展的关系

从某种意义上讲，农村寄宿制学校脱胎于非寄宿制学校，根植于农村社会及教育的土壤。对这一问题的思考是农村寄宿制学校发展方向和功能设计的基本依据。

1. 农村寄宿制学校解决少数民族问题的研究

农村问题往往与民族问题交织在一起。周旺云（1986）认为，要通过寄宿制教育提高民族地区的教育质量，必须考虑寄宿制学校在投资和师资等方面的特殊要求，因陋就简，盲目发展于教育质量的改善并无益处。龚安波（1989）对苗族寄宿制学校的研究表明：寄宿制教育能有效地消除民族隔阂，加强了民族团结。夏铸（2004）认为，在经济文化不太发达、居住分散、山高谷深、交通困难和常年游牧的牧区、山区和边疆地区举办寄宿制中小学，对于繁荣和发展各民族的经济文化、增强民族团结、巩固边疆有着重要的战略意义。景志明、黄信（2007）认为，民族寄宿制学校有利于推动"普九"，解放了农村劳动力。针对目前存在的问题，该文提出，教育主管部门要针对城乡办学资金分配不均的情况加强统筹协调，抽出一部分城市学校的借读费、学校国有资产的盈利作为偏远学校的贫困学生的赞助费。姚万禄（2008）认为，传统的生计方式制约着教育和民族社会的发展，寄宿制教育较好地促进了教育与居住、生产的分离，使传统生计方式制约教育的局面有了较大改变。寄宿制教育还使民族地域文化融入现代社会当中，有助于民族心理的现代塑造。

学界普遍认为，寄宿制办学模式有利于解决我国少数民族地区特殊的经济和地理环境所带来的学生入学问题，民族寄宿制学校的举办具有战略意义。对于是否在民族地区举办寄宿制学校并无多大争议，多年来人们自觉不自觉地已经在应用这种模式，民族地区寄宿制学校的问题是如何改善办学条件和提高办学质量。

2. 关于布局调整与农村寄宿制学校的关系问题研究

彭涛（2006）主张，西部农村基础教育撤点并校，投入大量资金建设寄宿制学校，实质上是我国西部农村基础教育的一次历史性重组，重组的战略意义和历史意义就在于一步到位，不仅要解决学生"上学难"的问题，更重要的是为学生提供优质的教育。布局调整、寄宿制学校建设和农村优质教育的提供应该是"三位一体"的，体现将农村寄宿制学校建设与农村教育发展大方向结合的思想。范先佐（2009）认为，要解决学生上学远的问题，保证农村中小学布局调整顺利实施，搞好农村寄宿制学校建设不失为一种好的选择。当然，对于布局调整是否能够解决学生上学远的问题，学界也有不同的声音。袁桂林（2009）认为，寄宿制学校只是解决上学远问题的一种思路，大力发展校车系统也不失为解决儿童上学远问题的上策。

总之，在因农村中小学布局调整带来的农村中小学生上学远的问题上，以上观点都认为实行寄宿制是最佳的解决办法。只是在具体解决方案上存在分歧，布局调整是针对全国农村中小学施行的一项政策，这一政策的结果在中西部是进一步加大了原来已有的上学难度，而对东部发达地区农村来说，这些问题刚刚凸显。上述观点基本上就是两种，一种是寄宿制学校是解决中西部农村中小学上学难问题的最佳方法（范先佐）；另一种是针对全国范围而言的，主张区别对待，将发展校车系统与发展寄宿制学校结合起来。其实，二者并不矛盾，都是主张在地理位置特殊的农村地区举办寄宿制学校。

3. 农村寄宿制学校解决留守儿童问题的研究

农村留守儿童问题是当前和今后一段时间内普遍存在的一个社会问题，举办寄宿制学校能否成功解决这一问题还需进一步探讨。关于寄宿制学校教育解决留守儿童问题的功能，有两种对立的观点。

一种观点认为，寄宿制教育是解决目前农村留守儿童问题的最佳途径。严鸿和（2006）对农村寄宿制学校"留守儿童"和"非留守儿童"的学习成绩、思想状况和性格特征的调查研究表明，现阶段农村寄宿制学校可以减少父母外出打工对"留守儿童"的不利影响。建议在外出务工人员较多的地区尽可能地实行"寄宿制"，充分发挥教师的主导作用，从实际行动上做到关注"留守儿童"。学校要以集资的方式为教师提供住房，尽量让教师住在学校，和孩子近距离接触，一方面可以更好地管理学生，指导留守儿童的学业；另一方面有利于观察学生的细微变化，很好地发挥教师对学生学习上辅导、生活上关照的功能。范先佐（2008）认为，在家庭功能不健全的情况下，学校应成为留守儿童社会化过程中一个极其重要的场所，如果学校能给予学生更多的关爱与帮助，将会在很大程度上弥补家庭教育上的缺憾并能保证他们公平地接受教育。而要解决这一问题,搞好寄宿制学校建设不失为一种好的选择。李炳呈(2009)认为,寄宿制学校在留守儿童良好行为习惯的养成和人际交往、心理健康发展方面也具有明显优势,实行集中寄宿是解决农村留守儿童教育问题的最佳途径。

另一种观点认为,寄宿制学校不一定是解决农村留守儿童问题的最佳办法。张克云等(2010)认为,寄宿制学校目前并不是理想的农村留守儿童干预措施。该项研究以社会支持理论为基础,对寄宿制学校、"代理家长"、托管家庭和社区亲情活动室等几种对留守儿童进行干预的方式进行了比较,在肯定农村寄宿制学校为留守儿童提供食宿方便、学习辅导、满足与同辈群体交往等方面的功用的基础上,认为寄宿制学校对留守儿童的社会支持存在一定的局限性。不少寄宿制学校学生由于年龄小,生活自理能力差,人际交往方面也有困难,因而常常情绪低落,影响正常的学习生活。寄宿制学校本身的基本设施不全等问题,致使寄宿学生普遍感觉生活单调。

农村留守儿童与流动儿童问题是由于农村劳动力转移形成的一种新的社会问题,如果利用寄宿制学校制度的设计成功地解决了留守儿童问题,也就为解决流动儿童问题提供了便利。要变"流动"为"留守"才能真正解决进城农民工的压力,从而也就减轻了城市增容的压力。在流动与留守的问题上,本研究认为留守更为有利,应该进行制度创新,加大投入,把农村寄宿制学校建成城市学校,这样才能真正留住更多的学生在农村上学。

4. 集中举办寄宿制学校与农村文化传承的关系研究

随着撤点并校步伐的加快,原来农村以行政村为中心建立的小学纷纷退出了历史舞台,留给人们无限的怀念与惋惜。多少年来,村小在村民心目中就是一个文化中心,是农村文明传播的窗口。布局调整,兴建寄宿制学校,文化中心转移,新的寄宿制学校形式能承载这一文化中心转移的使命吗?农村寄宿制学校在农村经济和社会发展中应该扮演什么角色?不少人对这一问题进行了探讨。

任运昌(2006)提出,西部农村寄宿制学校在带给农民家长系列正面影响的同时,也留给了他们更多的文化空白,加重了他们的经济负担和精神负担，强化了农民错误的教育观念。农村寄宿制学校必须充分发挥文化启蒙的作用，唤醒家长和学生反贫困文化的意识，激发他们改造贫困文化的愿望；寄宿制学校要充分整合利用农村社区文化资源，把教育改革和反贫困文化有机地结合起来。张眉、翟晋玉（2009）认为，寄宿制学校在推进过程中使农村社区文化传承受到冲击。社区为儿童营造了一个体验文化传统的氛围，使儿童从小就开始了对本土文化的认同，社区及家庭教育模式是世代相传、繁衍成习的一套以传承传统文化为核心的内部体系。中央教科所研究员储朝晖指出，从文化多样性的角度来看，村小原来是农村唯一的文化场所，是村一级的文化传播中心。撤点并校后，村里没有了学校，村民也就失去了进行文化活动的场所。万明钢、白亮（2009）提出，农村寄宿制学校和农村社会发展之间有着密切关系，前瞻性地思考农村地区寄宿制学校对农村社会未来的影响，可以唤起教育理论界对农村地区教育公平实现路径的深入反思，以便理性地看待农村寄宿制学校建设。随着学校布局调整，大量村小和教学点被撤销，村屯社区文化失去了载体，影响了向农民传播先进文化和科学技术，不利于社会主义新农村建设。

其实，对于撤点并校和举办寄宿制学校对农村文化的冲击应该用发展的眼光看待。随着生产力的发展，交通逐渐便利，距离已经不是人们交往的障碍了，因而撤点并校后，农村可以形成新的文化聚居点，可以使原来小范围内的文化融入大文化圈。另外，现代学校已经不是农民获取信息的主要渠道了，农民更多地通过电视等大众媒体了解外界，大量农民工进城更可以接受城市文化的熏陶，原来学校的多功能开始单一化了，因而也就不会影响农民接受先进文化和科学技术。城市文化代表了先进文化的方向，乡村文化趋同城市是历史的必然，当社会发展到一定程度之后，城市文化自然会返璞归真，那是一种高级阶段的文化融合，届时也就不存在所谓城乡文化差异了。文化只有地域差异而没有城乡差别，城乡教育也只在作为地域区分的时候才有意义。只要保证了城乡办学条件的基本均衡，统一教学内容，就可以认为是教育均衡发展了，从理论上讲，城市和农村孩子的先天智力并无多大差别。

5. 关于农村寄宿制学校与城乡教育均衡发展关系的研究

对于农村寄宿制学校能否在缩小城乡教育差距中发挥重要作用，农村教育发展战略部署如何与寄宿制学校发展统筹起来，提供优质教育资源等正成为学界近年来的热门话题。

陈新阳、王一涛（2008）认为，实行寄宿制学校是基础教育均衡发展的需求。城乡教育发展不平衡特别反映在教育质量的差异上，无论是办学条件，还是师资水平，农村都无法与城市相比，寄宿制学校的建设和发展为实现城乡教育均衡发展提供了契机，将成为农村学校建设的一个新的增长点。郭清扬（2014）指出，寄宿制学校是我国实施义务教育的一种重要组织形式，义务教育均衡发展决不能忽视农村寄宿制学校的建设，并且他就如何办好农村寄宿制学校，帮助农村孩子克服中小学布局调整及父母进城务工后所面临的各种困难提出了若干对策建议。

（二）农村寄宿制学校内部存在的问题研究

随着寄宿制学校逐渐成为农村中小学办学的主体，管理实践中的各种矛盾开始显现。农村寄宿制学校寄宿学生低龄化的趋势和小学生寄宿问题引起了人们的关注，成为目前寄宿制学校需要亟须解决的主要问题；随着农村寄宿制学校管理的逐步正规化，标准化的设施与现代化的生活方式和标准必然带来义务教育运行成本结构的改变，因此，如何分担新增成本等问题必须在理论上给予回答。目前的研究对这些问题均有涉及，只是存在研究深度不够的问题。

1. 学生课余生活的管理问题

充分保障寄宿生的业余活动时间，丰富业余活动内容，是保证学生童年生活完整性的关键。目前各地寄宿制学校对于这一问题缺乏足够的认识和相应的理论指导，很多研究对这一问题给予了高度关注。中央教育科学研究所课题组（2008）对广西都安县、河北省丰宁县的调研发现，由于贫困地区贫困寄宿生的生活补贴费用处于低标准水平，农村教师编制紧张，不能设置专门的生活指导教师，公用经费没有对寄宿制学校学生的管理作出专门的安排，使得农村寄宿制学校学生课余活动很贫乏，不利于学生成长。王远伟（2007）对内蒙古3个旗的农村寄宿制学校调查发现，农村寄宿制学校的课余生活以学业为主，存在超负荷学习的现象。寄宿制学生很少有自主的课外活动时间，课堂里知识的学习几乎成了学生一天生活的全部内容，很多时候甚至要用课下的时间来完成繁重的课业任务。这些研究都跳出了以往单纯注重寄宿生学习的思维定式，给予学生完整生活极大的关注，丰富了农村寄宿制学校研究的内容。

2. 卫生管理问题

农村寄宿制学校将学生的生活纳入了管理范围，集体生活对饮食卫生及学生个人卫生提出了更高的要求。研究学生身心发展规律，建立适合青少年特点的卫生管理制度，才能保证学生有一个安全的学习环境。已有研究对寄宿制学校学生的饮食卫生、个人卫生、流行性疾病的预防及心理健康等给予了关注。朱敏等（2006）认为，少年儿童的基本饮食与卫生知识普遍不足，低龄学生生活难以完全自理；特别是农村留守儿童的卫生问题更为突出，在学校难以养成良好的卫生习惯，回家之后由于父母不在身边，家庭卫生教育缺失，往往使他们无法享受同龄孩子的"花季"，生理与心理的成长都面临着严重的问题。唐振柱等（2008）对广西农村寄宿制学校饮用水卫生现状进行实地考察，结果表明，广西农村寄宿制学校饮水卫生安全形势严峻，对师生健康构成严重的现实和潜在危害。杨玲、陶芳标（2008）对寄宿制学校教室、宿舍、厕所进行了卫生学评价，结果显示，安徽省农村寄宿制学校卫生安全状况不容乐观，造成这种现象的原因主要是学校建筑设计不合理，新建、扩建和改建的教室未经卫生行政部门现场审查和竣工验收，教育经费紧张及学校后勤管理工作不当也是学校卫生条件较差不可忽视的原因。

3. 安全问题的研究

学生在校时间的延长给学校安全管理带来了极大挑战，而安全保障又是学校正常运转的基本前提。目前的研究对校园食品、火灾、交通安全及学生伤害事故方面进行了有益的探索。徐永生（2005）指出，随着农村寄宿制学校逐渐增多，一些农村乡镇寄宿制中小学校园安全问题凸显。具体问题包括：危房的大量存在、交通安全缺乏保障、伪劣食品泛滥、消防设施欠缺、建筑工地与学生活动区没有严格分开、学生间的矛盾冲突等。梁朝辉、黎承（2007）指出，乡镇寄宿制中小学人员密集，学生众多，一旦发生火灾，极容易造成重大人员伤亡。应从消防建筑审核、验收、消防监督等角度加强乡镇寄宿制中小学校的消防安全工作。程代娟、陶芳标（2008）通过对住校、住亲朋家、租房住和住在家里四种类型的伤害情况进行统计分析，结果表明，学生伤害发生率为52.0%，且男生伤害发生率高于女生，初中和小学生伤害发生率均高于高中生；交通事故和动物咬伤以走读学生多见，寄宿生活可能是交通事故和动物咬伤的保护因素。

寄宿制学校的安全是学校管理的重要因素之一，目前很多学校的规章制度严格，管理缺少人性化，均是出于保证安全的考虑。可以说，安全问题和安全事故的危害是学校制度保守的重点，目前普遍存在的寄宿生"圈养"问题也与此有关。如何加强安全管理，如何界定寄宿制学校安全事故的法律责任有待进一步研究。

4. 心理健康问题研究

寄宿制学校学生由于长时间离开父母独立生活，低龄学生对家庭的情感依赖会使其短时间内对寄宿生活无法适应，从而出现不同程度的心理问题，妥善解决学生心理问题有利于增强寄宿制学校的吸引力。相关研究对寄宿生心理问题的表现、原因和应对策略进行了有益探索。

裴林（2006）认为，学生、教师、家长是学校心理健康教育的主体，解决寄宿制初中生心理问题行之有效的办法是建立"学校—学生—家庭"心理教育干预系统。建立学校干预系统，要求学校、教师、学生共同构建一个和谐温馨的校园，让每一个教师都成为学生心理健康的"保健医生"；建立学生互助干预系统，利用同龄学生、年龄相近学生具有相似的心理水平、语言相通、情感容易交流等特点，建立互助关系，在寻求一般性心理问题解决方法上进行交流，能起到一定效果；构建家庭教育干预系统，要求家长自身有一个正确的心态，而且还要积极和学校沟通，配合学校对学生进行心理健康辅导。张丽锦（2009）的研究表明，寄宿制学校初中生心理健康状况不如非寄宿制学校，且主要表现在初一年级学生身上。周春兰的调查显示，寄宿制中学生心理健康状况不容乐观，主要表现在学习压力与人际关系方面，应引起相关教育机构的重视，为寄宿制中学生营造一个良好的学习氛围。

5. 宿舍管理问题研究

宿舍是寄宿制学校区别于非寄宿制学校的一个重要标志，因而宿舍管理也就成为了寄宿制学校管理中的新问题。宿舍日常管理和宿舍文化建设的加强，有利于在校寄宿学生安心寄宿和学习。

董树梅（2004）研究认为，寄宿制小学宿舍目前存在管理低效无助、课外生活单调、宿舍管理中教师作用缺失、宿舍卫生状况令人担忧、学校缺乏对管护员管理的有效的措施和制度、低年级学生的生活不能自理等问题。徐勇（2009）认为农村寄宿制学校应重视宿舍文化建设，校园宿舍文化建设有着重要的育人功能。宿舍文化可以分为"静态文化"和"动态文化"两种形式，前者包括卫生状况、物品摆设、整体布局及规章制度等，是整个宿舍文化的基础，动态文化包括宿舍艺术、宿舍风气，具体包括审美意识、娱乐情趣、理想追求、价值取向、竞争意识和情感体验等无形的东西，这是宿舍文化的真正内涵。已有研究认为，低年级学生宿舍管理的难点在于学生自理能力差，而高年级寄宿生管理的难点则是女生管理问题，二者的共同之处在于宿舍功能没有正常发挥，宿舍文化意识淡薄。

6. 食堂管理问题研究

寄宿制学校食堂管理关乎学生身心健康，同时，食堂成本也是学生家庭经济负担的主要方面，目前研究主要集中在食堂本身的规范化及其经营模式方面。由于农村寄宿制学校食堂的人员安排和成本核算没有纳入预算，因此普遍存在盈利现象，而这种现象又是以降低饭菜质量从而降低成本达成的。所以，关于农村寄宿制学校食堂管理问题也引起了研究者的兴趣。伍晓艳、陶芳标（2008）的研究结果显示，食堂卫生总体状况、食堂布局和卫生设施、食品生产和储存过程、从业人员卫生行为和原料采购、卫生管理方面都难以达到国家相关规定的要求。农村寄宿制食堂管理存在很大隐患，相关部门应加强监督和管理力度，保障农村寄宿制学校食品安全。张晨（2009）指出，食堂的收费标准由学校自己来择定，这个收费标准是如何确立的却没有一个明确说明，在一些地方已经出现了农村食堂利润过大的隐忧。成刚、莫丽娟认为，农村寄宿制学校存在食堂经营管理不规范的现象，并权衡了目前存在的三种经营模式（学校经营、半承包给私人经营、完全由私人经营）的利弊。

7. 低龄寄宿学生适应性问题研究

低龄学生生活及心理适应问题是影响寄宿生学习效果的关键因素，小学生生活自理能力差，心理不成熟，对家庭和父母的依赖程度大。多大的孩子适宜寄宿目前尚无定论，对如何解决低龄寄宿生的适应性问题，学术界给予了极大关注。

罗昭逊、李璧（2002）研究认为，寄宿制小学应重视对儿童运动能力特别对女生运动能力的培养，普通小学应重视对儿童生活自理能力特别是男生生活自理能力的培养，但儿童社会适应能力的培养是一项系统工程，需要家庭和社会的参与和支持。胡延鹏（2009）指出，由于寄宿制学校切断了家长对孩子情感关怀的链条、任课教师和生活教师只有分工缺少协作、管理方式机械等原因，使小学生缺乏人性化情感关怀的体验。姚姿如（2011）认为，丰富农村寄宿制学校生活，提高学生适应能力是寄宿制学校建设的重要内容。目前，我国农村寄宿制学校生活单调，难以适应学生对寄宿生活的多样化要求。东北师范大学杨兆山等（2011）也认为，举办寄宿制学校必须解决好学生尤其是低龄儿童对学校生活等方面的适应问题。我国应在完善政策保障体系、优化学校建设与管理、推动家校合作的基础上，增强学生自我教育与自我管理能力，以提高农村寄宿制学校学生的适应水平，促进学生的全面发展。

伴随着农村寄宿制学校办学形式向小学低年级延伸，低龄学生生活适应困难的问题逐渐呈现在学校管理者的面前。学界深入探讨低龄学生寄宿的日常生活管理、心理健康管理及业余管理问题，有利于指导低龄学生寄宿制教育的理性推进。

8. 寄宿制学校成本问题研究

农村寄宿制办学的成本结构变化并没有引起决策者过多的关注，因而造成了寄宿生家庭经济负担过重的问题。已有政策也仅仅从学生资助的角度出发，给予贫困寄宿生适当的生活补助，绝大部分家庭全额承担了新增寄宿成本。缺乏对农村寄宿制学校成本变化的考察是推动农村寄宿制学校盲目发展的根源，也是学生及其家庭对寄宿制办学形式抵触的原因。

杜育红（2006）分析了农村寄宿制学校教育成本的结构变化，从寄宿制学校本身成本结构的变化和学生教育支出两个维度考察了成本结构，发现寄宿制学校成本结构发生了变化。成刚、莫丽娟等认为，寄宿制学校规模效益并不明显，而成本的增加则是直接而明显的。寄宿制已经显著改变了学校的成本结构，其增加的成本与规模扩大带来的成本节约难以比较，利用样本数据对生均经费与学生数量进行回归分析，发现并无解释关系。范先佐认为，计算农村寄宿制学校成本时应该考虑学生的机会成本。在讨论城市和发达地区中小学的教育成本时，没有必要考虑机会成本，但是在讨论贫困农村地区的时候，机会成本是一个绝对不能忽视的因素，因为孩子在校住读就无法参加诸如放牛、喂鸡等家庭劳动，这种劳动可以因为增加家庭收入而构成机会成本。虽然学界对农村寄宿制学校成本结构进行了深入探讨，但是对于成本如何分担问题却没有提出明确的理论见解，这也是本书力求突破的难点。

(三) 外部保障系统问题研究

农村寄宿制学校的运行必须有相应的人、财、物和制度法律的保障。众多学者对目前农村寄宿制学校的办学条件进行了实证研究，普遍结论是办学条件难以满足基本要求，必须加大投入，部分学者已经开始进行标准化寄宿制学校的研究，这对规范寄宿制学校管理意义重大；对于寄宿制学校人员配备问题，研究集中在寄宿制学校生活教师的配备上；而对于财政保障问题，目前的研究成果稍显不足。

1. 关于农村寄宿制学校办学条件问题的相关研究

寄宿制学校对硬件设施有着特殊要求，除了必须具备普通农村中小学的基本条件外，还必须在宿舍、食堂、娱乐设施及安全保障方面作特殊规划，满足寄宿制学习需要的基本设施是建设标准化寄宿制学校的基本要求。已有研究从微观设计等方面对寄宿制办学的硬件设施要求作了有益探讨。

杨兆山、杨清溪（2007）撰文认为，寄宿制学校缺少统一标准是学校布局和基础设施建设方面出现问题的主要原因。一个全面的标准应该包括学校选址布局标准、具体建设标准、学校建设的投资标准以及人员配备标准，这个标准是一个参照体系，包括底线意义上的标准和各地根据实际情况制定的理想标准。吴崎云（2007）从建筑设计的视角出发，以乡镇中心小学的寄宿空间为着眼点，从新校园模式下学生寄宿需求出发，探讨了江西省寄宿制乡镇中心小学的空间环境设计。论文总结了中心小学建设功能化、规范化、标准化的原则，并通过对大量建设数据的分析，研究农村寄宿中心小学设计的具体方式、方法。郝占国（2009）基于建筑设计的视角认为，目前，我国西北地区寄宿制学校对生活空间仍然缺少科学合理的研究、设计和建设，其功能也只是停留在"庇护场所"的层面，而没有充分发挥其空间性能，即具有实用性、地域性和教育功能。

2. 关于农村寄宿制学校财政保障问题的研究

农村寄宿制学校教育属于义务教育的特殊实施形式，其经费来源必须由公共财政予以保障。目前研究主要涉及新增寄宿成本的分担问题。

李韧竹（2008）认为，我国农村寄宿制学校学生补贴政策的出台，顺应了迫切的社会需求，满足了我国义务教育阶段扩大教育机会和提高教育质量的需求。但是，政策在实施过程中也出现了补助资金来源不稳定、补助对象资格认定欠规范、补助额度偏小等问题。孙百才、常宝宁（2008）研究表明，各地享受寄宿生活补助的学生数量较少，标准较低。卢海弘、史春梦（2008）从国际比较的视角出发，对部分国家近年来农村寄宿制学生补贴政策进行了考察，并对政策的实施特点及问题进行了分析，通过比较发现共性，找出差异，希望借此为我国农村地区普及义务教育，尤其是寄宿制学校政策提供一些参考。范先佐（2009）认为，中西部农村由于财力原因，寄宿生生活补助范围偏小，比例偏低，应该对中西部地区国家级贫困县，及少数民族聚居区农村义务教育阶段家庭经济困难的寄宿生基本生活费补助提高到100%。中西部一些贫困地区的寄宿生生活补助金由省级财政统筹解决较为妥当。雷万鹏、汪曦（2013）认为，在均一制拨款体制下，农村寄宿制学校存在严重的收支不平衡现象。为体现纵向公平原则，政府应大幅度提高农村寄宿制学校公用经费拨款权重，改变农村寄宿制学校低成本运转状况，构建与农村寄宿制学校发展需求相适应的经费保障机制。

中西部农村寄宿制学校财政保障问题基本集中在寄宿贫困生的生活补助问题上，基础建设经费和教师工资均作为义务教育经费保障问题，而没有单独作为特殊情况予以考虑。建立中西部农村寄宿制学校财政保障长效机制的研究目前尚属空白。

3. 关于农村寄宿制学校教职工配备问题的相关研究

农村寄宿制学校必须配备相应的生活指导教师，这一点学界是基本统一的。但是，对于生活指导教师的素质要求、来源意见不一。对于生活指导教师的编制问题及其工资支付问题也还存在很大争议。

刘欣（2007）提出，农村寄宿制学校应该尽快解决保育员的定编配置，并尽量配齐其他相关人员。由于寄宿制学校的保育员编制不在学校进编之列，以至于许多学校无法配备专职保育员，只能由任课教师和班主任兼任，一些学校的后勤人员、卫生保健员都是临时聘请，这些都将影响服务质量。国家应将保育员和后勤人员的编制单列计算，不应列入学校整体生师比的计算中。同时，还要对后勤人员和保育员的素质提出相应要求，对其待遇给予保障。杨兆山等（2007）指出，目前农村寄宿制学校存在人员绝对性超编和结构性缺编并存的局面。寄宿制学校建好以后，相应增加了许多新的工作岗位与人员需求，这些人员包括厨师、宿舍管理员、卫生员和生活指导教师，很多学校根本无力聘请专业人员，只是从附近农村招一些村民或是由因学校合并而暂时没有岗位的教师担任，使得学校寄宿生活存在很大隐患。王立旭、唐斌（2008）提出，目前我国农村寄宿制学校普遍存在的问题是：生活老师素质低、数量少；非主要课程的任课老师少。叶敬忠、潘璐（2008）认为，农村寄宿制学校在教师管理方面存在很多问题。对于生活教师，学校要么没有配备，要么配备了素质不高的低成本人员，员工缺乏动力，影响了管理质量；而对任课教师和班主任，基本上还是沿用了非寄宿制学校的考核评级体系，多劳而不能多得，寄宿部与非寄宿部的教师评价没有区别，影响了这些教师的积极性。原青林（2004）认为，英国公学的宿舍扮演着家庭替补的角色，学生寄宿在校内，饮食起居皆有专人照顾，舍监角色对我国寄宿制学校的生活指导教师有很强的借鉴意义。翟月（2011）认为，生活教师是学生身心健康发展的教育者和监护者，是学生课余生活的设计者，是学校安全的巡察者。但是，目前农村寄宿制学校生活教师普遍存在待遇低、数量不足和队伍不稳定、聘用不规范、年龄结构不合理、专业素质低等问题。

三 已有研究评述

我国农村寄宿制学校是现代意义上的寄宿制学校的源头，在农村教育发展史上有着重要的地位，不同的历史时期承载了农村基础教育发展的重任。从解决民族地区教育落后的现状起步，进而演变为整个西部农村地区基础教育的模式，从布局调整到"两基"攻坚和应对留守儿童问题，农村寄宿制学校均被当作重要的工具。历史前行至今，城乡教育失衡已经严重影响了教育公平的实现，进而危及社会公平；农村学龄人口的自然衰减和社会性衰减迫使国家进行布局调整，调整后的农村教育何去何从？如果在这样一个背景下来评述目前已有的研究，我们会得出不一样的结论。

（一）已有研究的成就

已有的研究涵盖了农村寄宿制学校的方方面面。从宏观上看，目前的研究成果已经涉及农村寄宿制学校与民族教育的关系、农村寄宿制学校与布局调整的关系、农村寄宿制学校与留守儿童问题的解决的关系、农村寄宿制学校与村落文化的关系等。从微观上看，已有研究涉及了寄宿制学校系统内部的点点滴滴，主要包括：日常管理模式的探索、卫生管理、安全管理、宿舍管理、食堂管理和心理健康及课余生活管理等。针对农村寄宿制学校出现的新情况，特别是成本结构的变化和低龄学生寄宿等问题，学界也有大量的研究成果。从农村寄宿制学校系统运行的外部保障上看，对于农村寄宿制学校的教职工配备问题、经费保障机制以及办学条件等方面的研究也比较丰富，近年来各种政策的出台也为寄宿制学校的发展提供了有力的法律和制度保障。可以说，国内农村寄宿制学校的研究为本研究提供了丰富的土壤。

（二）已有研究的不足

尽管如此，由于时代在变化，不同的历史背景给寄宿制学校的发展提出了新的要求，这也要求我们客观地审视前人的研究成果。纵观所有研究成果发现，现有研究基本上都是在默认农村寄宿制学校就是在解决农村教育问题前提下进行的，因而，研究中经验性的文章多，理论探讨较少。由于把农村寄宿制学校作为一种工具，因而在不同历史时期均把寄宿制学校作为一种临时应对策略，而没有从整体上考虑寄宿制学校是否能够满足农村教育质量提高的需求，农村寄宿制学校是否就是目前农村基础教育发展的最佳选择，农村寄宿制学校耗费巨大，而决策者很少把它与农村教育发展的方向结合起来。总的来说，目前的研究没有把寄宿制学校建设放在教育均衡发展的大背景下去考虑，没有把农村寄宿制学校与农村教育发展大方向结合起来。具体来讲，目前的研究还存在以下一些不足之处。

1. 农村寄宿制学校发展目标定位模糊，现有研究尚需深化

从长远看，随着中国城镇化进程的加快，农村生源减少的趋势还将进一步明显，如果目前城乡差距大的问题得不到解决，将会有更多的农村家庭将孩子送进城市上学，农村中小学必将进一步集中，学校距离远使得寄宿制成为农村中小学的必然选择。城市文明是人类智慧的结晶，农村城市化是历史发展的必然，城市教育的内容、手段、模式均具有先进性，因此农村教育城市化也是正确之路，中国农村教育的希望不在农村，而应该在城市，只有通过一定方式将农村教育向城市靠拢，才会留住更多的农村孩子在乡下就读。如果另辟蹊径，单设农村教育内容必将

造就又一个城乡二元社会。农村孩子离农到城市学习先进生产力，然后才能达到真正"归农"，鼓励农村孩子进城并不是希望他们离开农村，能否在城市立足本身就有一个自然选择的问题。基于此，农村教育城市化的突破口就在寄宿制学校的建设。把寄宿制学校建成城市学校才能真正缩小城乡差距，进而达到均衡发展。所以，中西部农村寄宿制学校建设必须与农村教育发展的方向结合起来，只有这样，农村的教育质量才能真正地提高。如何将寄宿制学校建设和农村教育发展方向统筹起来是本书准备深入探讨的问题之一。

2. 农村寄宿制学校功能定位模糊，已有研究尚欠深入

农村寄宿制学校与非寄宿制学校除了是否提供食宿的区别外，到底还应该有哪些不同？多年来，农村寄宿制学校事实上只是非寄宿制学校在时间上的延伸。这种延伸客观上起到了保证教学质量的作用，与城市中小学相比，农村中小学是利用时间加汗水的方式缩小城乡教育质量差距的，如果没有这种时间的延长，很难想象现在的城乡差距到底会有多大。显然，从儿童的身心健康出发，靠这种方式来缩小差距让人觉得有些悲哀！况且，这种方式对农村教师的处境也是不利的。如何分配这多出来的一段时间，如何保障几百上千号人的饮食住宿和安全？原有的非寄宿制学校办学模式显得有些格格不入了。已有的研究深入到了学校每分每秒的安排，但是没有人提出一个完整的模式来安排每天的作息和每周的计划，国家更没有相关的法律法规来对寄宿制学校的日常行为进行规范。没有了底线标准，按照非寄宿制学校办学模式办学必然会带来一系列的问题。尽管农村中学多年来基本上实行寄宿制，但是人们普遍按照"存在的即是合理的"逻辑进行思维，过多关注农村寄宿制教育的工具价值而对其本体价值思考不够。可以说，目前农村寄宿制学校的诸多问题均可以从这种功能定位中找到原因。

3. 农村寄宿制学校财政保障缺乏长效机制，相关研究较为薄弱

政府财政预算资金的分配其实遵循着两种内在的分配逻辑：政治逻辑和经济逻辑。[①] 我国农村寄宿制学校建设资金的分配遵循的基本上是政治逻辑。尽管农村寄宿制学校出色地完成了各项政治任务，但是自身却始终

---

① 武玉坤：《预算资金分配的内在逻辑：政治还是经济？》，《中山大学学报》2010年第2期。

处于一种临时身份的角色。新中国成立初期，西部少数民族地区实行寄宿制的学校，国家实行"三包"（包吃、包住、包穿），这是政治的需要，国家并没有出台相关政策法律予以保障，因而遇到"文革"政治运动时，这种特殊待遇马上就可以被取消。十一届三中全会以来，西部各省及全国各地少数民族地区大力发展寄宿制学校，也是在农民的大力支持下自力更生进行的。"中西部农村寄宿制学校建设工程"投资100亿元，极大地促进了农村义务教育的普及程度，但就寄宿制学校本身而言，仍然只是政治运动的手段，工程本身是为了"两基"而设。寄宿制学校的布局调整也是为了产生规模效益，节约办学成本。诚然，在当时的历史条件下，农村生源充足，人们没有必要规划长远，但是，在城乡差距逐渐扩大的今天，如果仅仅把寄宿制学校作为一种手段而不是寄宿制学校教育本身来规划，必将造成很大浪费。寄宿制学校是农村义务教育的主体，农村义务教育是一种公共产品，提高义务教育公共产品的质量，让农村学生享受优质教育是公共财政的职能。寄宿制学校与非寄宿制学校相比，其成本结构必然有所不同，就国家整体而言，总体成本下降了，但是对于每一所学校和每一个学生和家庭而言，成本是增加的，为完成九年义务教育而增加的成本理应由公共财政承担，而不应该转嫁给农民。因此，把寄宿制学校建设纳入公共财政的保障范围实质上是公共财政义务教育产品提供职能的延伸。现有研究虽然对住宿学生生活补助问题进行了研究，但是对如何建立农村寄宿制学校财政保障的长效机制却较少谈及。

4. 农村寄宿制学校办学标准落后于时代要求，现有研究探讨不够

农村寄宿制学校应该达到一个什么底线标准，这是财政支撑的最终依据，也是规范农村寄宿制学校办学的法律规章的支撑点。要让农村寄宿制学校承载农村教育发展的重任，必须对其结构进行合理设计，合理的结构才能保证正常功能的发挥。站在农村教育发展和缩小城乡教育的战略高度，制定出农村寄宿制学校的人、财、物的配备标准，是寄宿制学校可持续发展的根本保证。目前的研究缺少对寄宿制学校标准的探讨，已有的农村中小学建设标准显然已经落后于时代对寄宿制学校的要求了。标准的农村寄宿制学校既包括硬件设施的配置，也包括师资配备和制度创新等方面，现有研究对标准化寄宿制学校硬件建设的探讨比较深入，已经具体到了一所学校的建筑设计问题上。但是，对于教职工的配备却没有出台相关

标准，国家正式编制也没有考虑农村寄宿制学校的生活教师和后勤人员以及宿舍管理人员，致使大量的工作都由现有教师承担，加重了教学人员的负担。

5. 低龄学生和农村留守儿童寄宿问题没能得到真正解决，现有研究缺少应对策略

低龄学生寄宿是布局调整后出现的新问题，农村劳动力大转移形成的留守儿童问题使这一问题凸显，可以说这两个问题是交叉存在的。低龄学生到底多大年龄寄宿才合理？如何通过对现有农村寄宿制学校进行制度安排以保障留守儿童公平接受义务教育？现有研究虽有涉足，但没能真正解决实际问题，因此研究还有待加强。

根据文献梳理中发现的研究盲点，本研究拟以农村寄宿制学校在实现城乡教育均衡中的作用为切入点，以公共产品理论、规模经济理论、社会化理论及价值理论等为支撑，着重考察公共财政对寄宿制学校发展的支持。通过选取样本地区进行实证调查，探索在新的历史条件下农村寄宿制学校的底线标准，以及达到底线标准所需的资金额度，并在此基础上提出：应建立一个什么样的财政保障体制才能完成这一目标。

第三节 研究方法及研究思路

为了使研究有扎实的实证基础，本书在深入文献研究的基础上选取了反映农村寄宿制学校特征的变量进行分析，并采取了调查研究、观察研究等田野研究方法。

一 相关概念界定

（一）农村

《中国农业百科全书·农业经济卷》中将"农村"定义为："以从事农业生产为主的农业人口居住的地区，是同城市相对应的区域，具有特定的自然景观和社会经济条件，也叫乡村。"相对城市而言，农村地区人口密度小、社会结构简单，在我国，农村往往包括乡村和集镇。我国现行教育事业统计口径中的"城市、县镇、农村"的划分，是以国务院关于市

镇建制的规定和我国的行政区划为基础，以民政部门确认的居民委员会和村民委员会为最小划分单元。农村是指城市、县镇以外的其他区域。① 为了与教育事业统计指标口径一致，本书所指的"农村"是指全国行政区划分类中2862个县级以下行政部门所辖的居民聚集生活地区，以全国41040个乡级行政区划为主体，并且居民主要从事农业生产。②

（二）寄宿制学校

一般来说，学校的基本任务是教育教学，并没有向学生提供生活服务的功能。当有学生需要在学校吃饭、住宿时，就有了可以为学生提供住宿的寄宿制学校，这种学校是将学生的学习活动与生活结合为一体的一种教育机构。作为一种制度化的办学模式，寄宿制学校始于英国公学，为了解决远道而来的求学者的食宿问题，英国公学建立了以宿舍为中心的生活服务系统，随着这种办学模式的逐渐发展，最终演变为将学生生活与学习有机结合的办学形式。至于学校寄宿生达到多少才能称为寄宿制学校，韦恩伯格认为，学校可以被称作寄宿制学校，住宿学生至少要达到75%。但是这一观点仅是一家之言，具体标准目前尚无定论。本书从中国农村实际出发，将寄宿制学校界定为"凡是可以为学生提供食宿条件的学校"。学校不仅要有满足教学的设施，还要有满足学生基本生活需要的宿舍、食堂以及其他相关生活设施。按照寄宿学生的多少划分，寄宿制学校分为完全寄宿制学校和半寄宿制学校；按照区域划分，寄宿制学校可以分为城市寄宿制学校和农村寄宿制学校；按照举办主体划分，可以分为公立寄宿制学校与私立寄宿制学校。

（三）农村寄宿制学校

本研究所指农村寄宿制学校，是指农村地区义务教育阶段公立初中和小学中，凡是具备基本的食宿条件，能为学生提供基本生活服务的学校。包括全寄宿制学校和走读与住读混合型学校。我国农村寄宿制学校不同于贵族式私立寄宿制学校，其初期根本目的在于解决上学难的问题。随着农村经济的发展和寄宿制学校经验的不断积累，农村寄宿制学校最终会形成以提升农村儿童生活品质和提高学生综合素质为主旨的办学形式。

---

① 安徽教育统计网（http://ahtj.ahedu.gov.cn/show20101115.asp? 767）。

② 行政区划网（http://www.xzqh.org/yange/2006.htm）。

二 研究方法与数据来源

(一) 研究方法

农村寄宿制学校作为一种特殊的办学模式,其出现是农村义务教育发展的必然选择。研究寄宿这种特殊的办学模式,必须从多学科的视角出发,以实证主义和人文主义相结合的方法论为指导,以调查研究和实地观察的有机结合为研究方式,以大量的问卷调查、结构性访谈、案例分析、实地观察等经典的社会学调研方法,辅之以参与式学校评估等发展研究方法为资料收集手段,通过定性和定量的资料分析方法,来对我国农村寄宿制学校产生的背景、现状及问题进行界定,对存在问题的原因进行深入分析,进而提出进一步加强农村寄宿制学校建设的政策建议。

本书采用的具体研究方法包括文献分析法、历史研究法、问卷调查法、访谈法、比较研究法、个案研究法和统计分析法等。文献分析法主要体现在文献综述和规范研究中,并贯穿全书始终;历史研究法主要体现在对农村寄宿制学校形成的历史考察与背景分析方面;问卷调查法和访谈法体现在实证研究部分,通过问卷设计呈现问题假设,通过对问卷数据的处理和访谈材料的综合,发现问题、了解问题形成的原因、问计于民,寻求应对策略。研究的重点放在寄宿制学校异于非寄宿制学校构成的要素上,凸显寄宿制学校在人、财、物的保障及运行机制上的特殊性。深入的个案分析可以进一步增强研究假设和观点的说服力。本书通过描述性统计法对农村寄宿制学校现状进行客观呈现,并通过推断统计对存在的问题、原因和对策进行因素分析,对于分析结果进行价值判断,提出解决问题的对策思路。

(二) 数据来源

本书所用的数据来源于3个主要渠道:一是2005—2009年范先佐教授主持的英国政府双边赠款"西部地区基础教育研究"项目国家级研究课题"中西部地区农村学校合理布局研究"的调查数据。该研究对中国中西部地区的湖北、河南、广西、云南、陕西、内蒙古6个省(自治区)38个县(市)177个乡镇进行了问卷调查和个案访谈。共发放问卷39210份,访谈典型个案638例。二是2010—2014年笔者依托博士论文、教育部重大课题"我国义务教育均衡发展改革研究"的调研机会所取得的数据和个案,这些数据主要包括对湖北、江西、甘肃、广东、贵州和广西6个省18个县(州、市)46所中小学调查的一手数据(见表1.1)。三是依托本人到贵州财经大学工作以后主持的三大研究课题获取的大量一手资料,三大课题分别为:2012年贵州省招标课题"贵州农村边远山区寄宿制小学教育研究"、2013年教育部人文社科课题"教育均衡发展背景下西部农村寄宿制小学功能定位及实现路径研究"和2014年国家社科基金项目"农村低龄寄宿儿童生存境遇及国家干预机制研究"。这3个课题均以贵州省为中心,向西部及全国农村辐射,相关研究虽然还在进行中,但是阶段性成果已经为农村寄宿制学校问题的研究提供了丰富的素材,包括大量的访谈记录、录音、录像和图片以及多份当地相关政策的文本和学校的各种规章制度。文中数据如果未加以说明,均来源于实证调查。

表1.1 农村寄宿制学校调查样本情况统计

		抽样学校数	问卷总数	学生问卷	教师问卷	领导问卷	回收问卷数	问卷回收率(%)
湖北	武汉市	3	910	800	100	10	890	97.8
	浠水县	2	334	300	30	4	310	92.8
	恩施市	4	910	800	100	10	880	96.7
	利川市	2	254	200	50	4	249	98.0
	宣恩县	2	162	150	10	2	148	91.4
江西	铜鼓县	5	610	500	100	10	590	96.7
	分宜县	3	324	300	20	4	300	92.8
	泰和县	3	323	300	20	3	300	92.9
广西	上思县	2	352	300	50	2	310	88.1
广东	湛江市	1	106	100	5	1	100	94.3
甘肃	环县	1	106	100	5	1	98	92.5
	正宁县	1	108	100	5	3	100	92.3
	华池县	1	106	100	5	1	100	94.3

续表

		抽样学校数	问卷总数	学生问卷	教师问卷	领导问卷	回收问卷数	问卷收率(%)
贵州	铜仁地区	3	600	500	94	6	580	96.7
	黔东南州	7	1000	800	186	14	954	95.4
	毕节地区	4	500	400	92	8	482	96.4
	遵义地区	2	200	150	46	4	195	97.5
	黔西南州	2	200	150	46	4	192	96.0
合计		18	46	7105	6050	964	91	6778	95.4

三 逻辑思路与结构安排

（一）逻辑思路

本研究循着农村举办寄宿制学校的合理性—历史沿革及经验—现实背景—发展现状—存在的问题—存在问题的原因—解决农村寄宿制学校问题的对策建议路径展开。在借鉴前人研究和对湖北、江西、甘肃、广东、贵州和广西6个省18个县46所农村寄宿制学校调查的基础上，从理论和实践相结合的角度，对上述问题进行了全面、深入的研究。拟对什么是农村寄宿制学校；农村寄宿制学校存在和发展的理论依据是什么；我国农村寄宿制学校是如何产生和发展的；具有哪些基本特征；在其发展过程中取得了哪些成效，存在什么问题；为什么存在这些问题等问题做出回答。

（二）结构安排

本书共分为七章：

第一章为导论，主要是确定本书所要研究的问题，阐明研究目的和意义，并深入分析国内外关于农村寄宿制学校的研究现状，对相关概念进行界定，确定本书的研究方法和基本研究思路。

第二章主要阐述我国农村中小学实行寄宿制的理论依据，即从社会化理论、教育规模经济理论、价值理论和公共产品理论的视角来阐明农村寄宿制学校的教育功能、经济功能、本体价值及其公共产品属性，以期为农村寄宿制学校的健康发展提供理论指导。

第三章通过对农村寄宿制学校产生及其发展的历史回顾，分析其在不同历史时期的发展动因及政策预期，指出农村寄宿制学校是随着我国经济社会的发展而不断发展的，从新中国成立初期发展至今，不同的历史时期有着不同的政策目标。

第四章主要通过对调查问卷和访谈材料的综合归纳，结合文献资料，从农村寄宿制学校的规模、地域分布特征、生源特点、教师生存境遇、学校成本结构、学校硬件设施及管理等多方面入手，分析农村寄宿制学校的基本特征及其发展趋势。

第五章总结了农村寄宿制学校建设所取得的成就，深入分析了目前存在的主要问题。农村寄宿制学校是适应我国农村地区，特别是边远贫困地区的客观需要而产生的，尽管在发展过程中取得了不少成就，积累了许多宝贵经验，但仍存在着诸多不完善的地方。因此，认真总结农村寄宿制学校已有的成效和存在的问题，将有助于寄宿制学校的建设、缩小城乡教育差距、促进义务教育的均衡发展。

第六章深入系统地分析了我国农村寄宿制学校现存问题的深层次原因，其中根本原因在于：农村经济发展滞后，低重心的义务教育管理和财政体制的制约，政府办学理念的偏差，制度设计简单化的限制等。

第七章针对我国农村寄宿制学校存在的问题，就进一步加强农村寄宿制学校建设提出了相应的对策思路，即构建长效经费保障机制，合理分担寄宿制学校新增寄宿成本；构建科学的内部运行机制，确保农村寄宿制学校整体功能的发挥；提高农村寄宿制学校教学质量，满足农村家庭对优质教育的需求。

第二章 农村寄宿制学校教育的产品属性及价值判断

目前，我国农村寄宿制学校规模正在不断扩大，已成为农村义务教育学校的重要组成部分。从国家教育发展的现实需求和寄宿制学校相关政策出台的背景看，农村寄宿制学校建设的基本目标应该是提高农村义务教育的办学效益，即以最小的成本提高教学质量。教学质量不仅仅指成绩，还包括了义务教育的普及率、入学率、巩固率以及学生社会化目标的达成。如果这些指标的完成又是在节约资源的基础上实现的，那么就可以说寄宿制学校是农村义务教育实现的最佳途径。人的发展既受到先天遗传因素的制约，又受到后天环境的影响，相比之下，后天提供的教育环境起着主导作用。那么，寄宿制教育环境将对人的身心发展产生怎样的影响？对于学生的健康成长而言，到底是家庭、学校、社会三位一体的自然教育环境更为科学合理，还是精于设计的寄宿制学校教育环境更为有效？本章将讨论农村寄宿制学校教育的公共产品属性及其价值基础，以期为农村寄宿制学校建设和管理提供理论指导。

第一节 公共产品理论与农村寄宿制学校教育的产品属性

农村地区特殊的地理条件催生了寄宿制学校，留守儿童问题的解决又赋予了寄宿制学校新的历史使命。在普及九年义务教育的过程中，农村寄宿制学校对于提高偏远地区儿童的入学率和巩固率发挥了重要作用。在我国中西部地区，寄宿制办学形式已经为广大农村地区所接受，成为保证农村孩子接受义务教育的主要形式。但是，寄宿制学校本身的成本要远远高于非寄宿制学校,为了让孩子接受义务教育,偏远农村家庭和留守儿童家庭要支付更多成本。偏远地区儿童和留守儿童又恰恰是农村地区的弱势群体,寄宿制学校教育也是这些家庭的一种被动选择而不是个人偏好。所以,由这些家庭分担寄宿制学校成本有失公允,有损教育公平。因此,确定农村寄宿制学校教育产品的属性,可以明确各方的投入责任,确保教育公平。公共产品的性质,可以解释某些产品或服务为什么必须通过公共部门来提供。公共产品理论是公共财政理论的核心内容,政府参与各种经济活动的行为都可以在公共产品理论中寻找并获得理论指导。同样,公共产品理论也可以给农村寄宿制学校教育产品的供给提供理论支持。

一 公共产品理论

公共产品理论是新政治经济学的一项基本理论,也是正确处理政府与市场关系、政府职能转变、构建公共财政收支、公共服务市场化的基础理论。该理论可以追溯到英国政治学家托马斯·霍布斯(Thomas Hobbes,1588—1679),1651 年,霍布斯在《利维坦》一书中关于国家的论述,体现了公共产品思想的萌芽。霍布斯认为公共产品的利益和效用由个人享有,但个人本身难以提供,而只能由政府或集体来提供。① 其后,大卫·休谟(David Hume,1711—1776)发现并提出了"搭便车"的问题,试图以此说明某些事情的完成对个人来说并无多少好处,但对于集体或整个社会却极有好处,因而这类事情只能由政府参与来完成。直到保罗·萨缪尔森(Paul A. Samuelson,1915—2009)在 1954 年和 1955 年相继发表了《公共支出的纯理论》和《公共支出理论图解》两篇著名的论文后,理论界对"什么是公共产品"才形成了共识。随后,乔治·恩德勒(Georges Enderle)基于经济伦理视角的补充使该理论更趋完善。

(一)萨缪尔森对公共产品的表述

萨缪尔森把公共产品定义为:"将该商品的效用扩展于他人的成本为零,无法排除他人参与分享。"② 可见,非排他性和非竞争性是公共产品

---

① [英]托马斯·霍布斯:《利维坦》,黎思复译,商务印书馆 1985 年版,第 132 页。
② [美]保罗·A. 萨缪尔森、威廉·D. 诺德豪斯:《经济学》,萧琛主译,人民邮电出版社 2004 年版,第 29 页。

的特征。所谓消费的排他性,是指在技术上没有办法将拒绝付款的个人或厂商排除在公共物品或服务的受益范围之外。非排他性有三个方面的含义:一是公共产品在技术上难以排除众多的受益者;二是公共产品还具有不可拒绝性(无论愿意与否,其外溢效应都是存在的);三是虽然在技术上可以实现排他性,但是排他的成本极高。所谓消费的非竞争性,指一个人的消费不会减少其他人的消费数量,或许多人可以同时消费同一种物品。非竞争性包含两个方面的含义:一是边际生产成本为零,消费者的增加并不需要追加任何生产成本;二是边际拥挤成本为零,每个消费者的消费都不影响其他消费者的消费数量和质量,公共产品不但能够共同消费,也不存在消费中的拥挤现象。[①] 这两个特征基本上都是从公共产品具有的经济技术特点的角度来界定社会公共产品的,并且已经成为人们判断什么是公共产品的主要标准。此外,萨缪尔森还用数学公式对纯粹私人物品和纯公共物品加以严格区分。纯公共物品可以用公式 $X = X_i$ 表示,即对于任何一个消费者来说,他人所消费的公共物品数量(X_i)实际上是该公共物品的总体数量(X)。纯私人物品可以用公式 $X = \sum X_i$ 表示,即某一商品总量(X)等于每一个消费者所拥有或消费的该商品数量(X_i)的总和。萨缪尔森关于公共物品的完整定义实际上包括三个特点,即就技术而言,公共物品具有效用的不可分割性、受益的非排他性和消费的非竞争性。

(二)乔治·恩德勒基于经济伦理视角的观点

任何理论的提出都有着深刻的社会背景,因此,其解释现实的力度也会受到历史的局限。萨缪尔森的公共产品理论是 20 世纪中叶凯恩斯主义时代的产物,以萨缪尔森为首的"新古典综合派"为了维护凯恩斯的国家干预主义理论,认为在市场经济条件下,没有政府的介入,至少公共产品的供给就会不足。在萨缪尔森的理论体系中,非排他性和非竞争性主要是就技术而言的,并没有任何的思想意识、伦理、阶级立场等主观认识上的不同。时代突飞猛进,在萨缪尔森时代许多"在技术上难以排除众多的受益人"的公共产品,实际上已经——或从科技发展的趋势上可预见

---

① 郑文范:《公共经济学》,东北大学出版社 2002 年版,第 33 页。

到——能够从技术手段上以较低的成本来实现消费的排他性和竞争性了。公共产品本质上是满足社会共同需要的产物,其决定性因素是基于一定价值判断之后的社会共同需要,社会公平性构成了目前条件下社会共同需要的核心。① 美国经济伦理学家乔治·恩德勒从经济伦理的角度提出定义公共物品的两条原则:第一,非排斥原则。与私人物品相比较,对受公共物品影响的和受个人或集团权力限定的"消费"不排斥其他人的消费。可以从三个方面去理解:一是出于技术原因,物品的性质不允许排斥其他人消费;二是出于效率的原因,通过价格负担的排斥会使物品变得不恰当地昂贵,排他成本极高;三是出于法律或伦理的原因,其他人不应当被排斥在外。第二,非敌对原则。它假定与其他消费者的关系(即不止一个消费者对这物品感兴趣)缺乏敌对性或竞争性。乔治·恩德勒的阐述使人们能够更加全面、清晰和深刻地从技术、效率、伦理等原因来分析公共产品的内涵与外延,有助于更好地理解公共产品和公共经济。恩德勒最重要的贡献在于指出非排他性产生的原因包含了法律上和伦理上的因素,以及非竞争性也可能是因为与其他消费者缺乏敌对性。② 社会公众的共同需要决定了最初的公共产品的出现,从本质上,公共产品是满足社会共同需要的产物。基于此可以得出三个结论:

第一,就非排他性而言,因为人们主观上首先不想排他,所以在公共产品的提供和设计上才避开了排他这一原则。

第二,就非竞争性而言,因为政府大量地提供,使得很多公共产品存量规模巨大,所以增加一名消费者其边际成本增加才显得很小甚至可以忽略不计。

第三,从与"市场失灵"理论的关系上来看,这里有一个价值判断问题:如果人们的价值判断或道德体系认为市场失灵所造成的结果是合理的、有效率的、正当公平的,那么就没有必要以公共产品的方式来弥补这种失灵,正是人们"认识到"市场失灵将带来一系列严重的后果,进而决定提供公共产品以弥补市场失灵的现象。

---

① 秦颖:《论公共产品的本质——兼论公共产品理论的局限性》,《经济学家》2006年第3期。

② [美]乔治·恩德勒:《面向行动的经济伦理学》,高圆希等译,上海社会科学院出版社2002年版,第85页。

（三）公共产品的判别及供给

基于公共产品"效用的不可分割性、受益的非排他性、消费的非竞争性"可以对社会产品属性做出判定，据此便可确定产品的供给主体。

1. 公共物品的判别及分类

要判断某种物品或服务是否为公共产品，首先看该产品在消费中是否具有竞争性，如果有竞争性，那么该物品或服务肯定不是纯公共产品。进一步分析，若该物品具有非排他性，则可能是某种需要限制的公共资源。如果某种物品或服务既具有非竞争性，又具有非排他性，则该物品必然是公共产品。如果深入分析排他性可以发现，从技术角度存在两种情况，一种情况，技术上可以实现排他，但是排他成本和代价很高，则该物品仍然可以视作公共产品；另一种情况是，虽然可以从技术上实现排他，但是由于法律或伦理的原因不能排他，这类服务或产品仍然属于公共产品，如义务教育等服务产品。

根据物品与公共产品特征符合程度的不同，可以分为以下两种类型，即纯公共产品和准公共产品。纯公共产品同时具有非排他性和非竞争性，如国防、外交、公共安全、罪犯改造、法律法规、宏观经济政策与信息、货币发行、环境保护与生态平衡、传染病防治、消防服务、基础科学研究、意识形态传播等。准公共物品是具有非排他性与竞争性或者具有排他性与非竞争性的产品，道路就是一个典型的准公共物品，道路一旦铺就，在没有达到设计通行能力之前，增加通行车辆的数量并不影响车速和安全，增加车辆通行的边际成本为零，此时道路的消费没有竞争性和排他性；但是，一旦通行量达到设计指标，增加通行车辆就会形成社会成本，此时道路消费就具有了竞争性，设卡收费以限制车流量就是可行和经济的选择，类似的产品还有能源、通信、城市公共服务、广播、电视、非义务教育、社会保障、产品质量认证和地质勘探等。

2. 公共产品的供给

显然，由于公共物品具有非排他性和非竞争性，市场机制不能导致这些物品或服务的供给和需求达到有效率的水平。公共物品的非竞争性消费，意味着增加一个消费者的边际成本为零，根据价格等于边际成本的资源有效利用原则，对这一物品实行收费是不合理的。然而，新增消费者边际成本为零并不代表该项产品的提供不需要成本，如果由市场提供公共产品，厂商必然收费用以补偿初期成本。另外，在具有消费竞争性且排他不可行的情况下，消费者会"搭便车"，这样，由市场提供公共物品将引致效率损失，从而导致公共物品供给不足。在公共物品领域，实行市场资源配置是失灵的，然而公共物品与私人物品一样在人们生活中必不可少，因此，在市场经济条件下，公共产品的供给有以下四个特点。

第一，政府是公共产品的供给主体。一般而言，政府是公共产品的最大投资人。政府部门提供公共产品的方式一般是通过税收、财政预算的途径筹集资金，然后投入公共部门形成供给能力。

第二，公共产品供给的规模性。公共产品或服务由大众需求和消费，任何一个公共部门都不会为单个消费者提供特殊服务。因而公共产品是一种规模供给，没有规模就不能形成公共经济，也就没有公共经济效益。公共产品的规模供给决定了资本投入的规模性，一般单个资本进入公共经济领域会显得无能为力，所以，政府在公共产品领域有所作为不仅是义务，而且具有无可比拟的优势。

第三，公共产品供给的无差异性。政府经济行为一般以大多数人的利益为价值取向，公共部门大规模、标准化地生产公共产品，很难考虑消费者的个性特点。所以，公共物品基本上都是单一结构，一种产品或服务只有一种比较固定的消费模式。公共部门不会考虑消费者对同一公共产品不同的消费要求，只能实行无差异供给。

第四，公共产品供给的非均衡性。按照法国经济学家莱昂·瓦尔拉斯（Leon Walras，1834—1910）的完全竞争条件下的一般均衡理论，价格具有完全弹性，价格调节具有完全有效性，通过价格机制的作用，市场可以实现供求均衡。但是，公共物品的价格只能调节需求，不能调节供给，也就是说，公共产品的供给不能满足价值规律的基本要求。因此，对于公共产品而言，供求均衡点几乎难以找到，公共物品的供给均衡是一种偶然，而不均衡则是一种必然。[1]

二 农村寄宿制学校教育的公共产品属性

农村寄宿制学校教育从属于义务教育，农村义务教育的公共产品属性

---

[1] 黎民：《公共管理学》，高等教育出版社2009年版，第277—278页。

决定了寄宿制教育的公共产品属性。

(一) 义务教育的制度性公共产品属性

任何事物的属性可以分为自然属性和社会属性，自然属性与生俱来，不因时空的变化而变化，如教育具有商品性就属于自然属性；不同的社会制度安排，使得教育具有阶级性，这又属于社会属性。任何产品作为公共产品提供，并不是产品的自然属性决定的，公共产品实际上是一种制度安排，人们通过特定历史条件下对该产品的限制，决定了它的私人产品或公共产品属性。[①] 作为一种制度安排，义务教育具有很强的公共产品特征。

1. 义务教育具有效用的不可分割性

作为一种以法律形式规定的制度安排，义务教育是向整个社会提供的，全社会成员有平等的权利享用其效用，不能按照谁付款谁受益的原则排他。义务教育具有提升国民素质、增强综合国力、弘扬本民族文化、传播人类科技和文化基础知识、提高大众的民主意识等作用，其外溢效应被全社会成员共同、平等地享用，而不能将其分割后分别为某些集团或个人拥有。尽管目前我国义务教育实行"省级统筹，以县为主"的管理体制，但是，接受义务教育的学生一部分通过升学考试进入高一级学校，其就业范围涵盖全国，义务教育阶段积累的人力资本也会在全国范围内产生作用；还有一部分学生接受义务教育之后直接进入就业市场，也可以在全国范围内流动。因此，接受义务教育以后，学生综合素质的提高对整个国家的进步具有不可估量的作用。从这个意义上说，义务教育是全国的义务教育，是一个不可分割的整体。

2. 义务教育具有消费的非排他性

就教育服务产品本身而言，可以从技术上实现排他，无论是幼儿教育、初等教育还是中等教育皆是如此。义务教育之所以成为公共产品，是人们主观上设计的结果，也是社会发展到一定阶段人们的共同需要。纵观世界各国推行义务教育的历史，可以清晰地看到，是人们的共同需要促使国家以法律的形式规定了人们接受义务教育的权利和义务。

欧美各国义务教育发展的历史表明，人们的共同需要催生了义务教

[①] 顾笑然：《教育产品属性发凡——基于公共产品理论的批判与思考》，《中国成人教育》2007年第12期。

育，义务教育法令规定了义务教育的非排他性。欧美国家义务教育的产生源于三种社会需要：第一，宗教改革的需要。德国是最早提出实行义务教育的国家，其直接原因是新教同天主教争夺教育权的斗争，教育成为宣传新教反对天主教的工具，这最终促使欧洲教育出现世俗化、地方化的倾向，形成了国民教育制度。第二，政治的需要。世界各国为了国家的统一，认识到了教育在统一人们意志中的重要作用，先后颁布了义务教育法令。第三，经济发展的需要。工业革命以后，各国对工人的素质要求不断提高，而提高工人素质的主要途径就是发展学校教育。19世纪70年代后，各主要资本主义国家相继推行了初等义务教育。

我国义务教育发展的历史也证明了义务教育的非排他性来源于制度安排。我国古代社会没有近代大工业生产，没有产生近代性质的国家政治生活，这一时期人们也没有享受平等教育的需要，中国义务教育的推行是西学东渐的结果。从"义务教育""强迫教育"在官方文件中出现到南京政府倒台，大约40年时间，其间改朝换代、战乱不止，义务教育推行亦是时断时续，之所以没有成为国家提供的公共产品，是因为此时的教育不是人们的共同需要。新中国成立以后，为了经济发展和民主政治推进的需要，政府在各个不同时期相继推行不同程度的义务教育，首先是初等义务教育，而后普及了九年义务教育。1986年《中华人民共和国义务教育法》出台，它以法律的形式表达了人们的共同需要。在义务教育法颁布后的近20年间，由于经济原因，还有很大一部分适龄儿童被排斥在学校之外。因为从缴费上学到免费上学有一个历史过程，国家的经济实力难以支撑所有儿童免费接受义务教育，实际上，义务教育此时仍具有价格排他性。直到2006年义务教育经费保障机制的实施，义务教育才基本具备非排他性特征。由此可见，我国义务教育的非排他性实质是一种制度安排。

综上所述，义务教育的非排他性符合乔治·恩德勒提出的"出于法律或伦理的原因，其他人不应当被排斥在外"的原则。义务教育的非排他性是一个历史发展的过程，教育本身是具有排他性的，只有教育成为社会共同需要之后，国家才会通过法律的形式规定其强制性和国民性，这种法律规定使义务教育具备了非排他性的特征。从这个意义上说，义务教育符合公共产品的"非排他性"特征。

3. 义务教育具有非竞争性

如前所述，义务教育作为一种教育形式，本身是具有竞争性的。义务教育学校数量在一定范围内可以满足适龄儿童入学的需求，但是，随着学生数量的不断增加，现有学校的接纳能力有限，就会出现拥挤的现象。此时，新增学生就会影响学校教学质量，从而影响了其他人接受教育的质量。由于义务教育的重要性，人们通过制度设计，确保其公共产品的特性。《义务教育法》第二条规定："实施义务教育，不收学费、杂费；国家建立义务教育经费保障机制，保证义务教育制度实施。"正是因为政府大量地提供，使得义务教育产品存量规模巨大，所以增加一名消费者其边际成本增加才会很小甚至可以忽略不计。

义务教育具备非竞争性也有一个历史发展的过程。新中国成立之初，我国初等教育入学并无条件限制，学生只要愿意上学，各级政府都会最大限度地予以保证，因此，此时的小学教育具有非竞争性的特征。但是，小学毕业生进入初中必须经过升学考试，因为初中规模不大，难以接纳所有适龄儿童就学，一部分人的教育消费就会使另一部分人失去机会，因而初中教育具有竞争性。1986年《义务教育法》的颁布实施，使得九年义务教育成为了权利和义务，国家也最大限度地创造条件以保证所有适龄儿童入学，2006年新修订的《义务教育法》将义务教育经费保障新机制写进法律，免费教育为适龄儿童接受九年教育提供了坚实的物质基础，此时九年义务教育才真正具有了非竞争性。

总之，尽管义务教育作为一种教育形式本身并不具备非排他性和非竞争性的特征，但作为一种制度安排，国家通过法律的形式使其具备了非排他性和非竞争性，符合公共产品的共同特征，是一种纯公共产品。基于此，义务教育公共产品的供给主体必然是政府。

（二）农村寄宿制学校教育的公共产品属性

农村寄宿制学校教育是国家提供义务教育的一种特殊形式，其目的是解决农村孩子上学远的问题，促进农村地区更好地普及九年义务教育。保证每一个适龄儿童平等接受义务教育是国家的责任。因此，农村寄宿制学校教育是义务教育整体不可分割的部分，义务教育公共产品的属性决定其公共产品属性。具体可从以下几个方面来理解：

1. 义务教育的非排他性决定了农村寄宿制学校教育的非排他性

公民接受义务教育既是一种权利，也是一种义务，国家必须最大限度地创造条件，保证所有适龄儿童接受九年义务教育。农村地区一般地处偏远，人口稀少，居住分散，原来一村一校的格局已不复存在，集中办学已成为一种必然趋势。然而，学校集中，服务半径扩大，造成的直接结果就是学生上学远。由于我国农村地区绝大部分在山区和牧区，保留太多的教学点和实行校车系统并不现实，让学生寄宿在校是解决学生上学远难题的最佳选择。如果不实行寄宿制，很多学生就会把大量时间浪费在上学途中，从而影响教学质量，不少学生可能会因为路途遥远而辍学，所以，农村地区特别是山区农村实行寄宿制是完成义务教育的必要举措。从这个意义上说，农村寄宿制学校要保证所有有需要的儿童寄宿。我国寄宿制办学形式肇始于民族地区初等教育，国家对于民族地区学生接受义务教育投入大量的资金和政策，其目的就是保证寄宿制学校的非排他性。

前已述及，1980年10月9日，教育部、国家民委在《关于加强民族教育工作的意见》中重新提出："特别要大力办好一批寄宿制学校，采取由国家管住、管吃、管穿的办法。对这些民族中小学，在经费上要给予必要的照顾，调配较好的教师，校舍和教学设备也要好一些。"[1] 随着形势的不断变化，原来民族地区的特殊办学形式在全国农村得到普遍推广，2001年5月29日国务院颁布的《关于基础教育改革与发展的决定》中提出："在有需要又有条件的地方，可举办寄宿制学校。"这些文件表明要最大限度地满足有寄宿需要的学生到学校寄宿，并没有附加限制条件，体现了农村寄宿制学校教育的非排他性。也就是说，国家必须保证每一名有寄宿需要的学生完成义务教育。按照恩德勒的观点，就是根据《义务教育法》的规定，寄宿制学校必须满足有寄宿需要的学生就读。《国家中长期教育改革和发展规划纲要（2010—2020年）》（以下简称《规划纲要》）提出："加快农村寄宿制学校建设，优先满足留守儿童住宿需要。"[2] 这表明，今后相当长的时期，农村寄宿制学校将作为解决留守儿童问题的重要

---

[1]　金东海：《少数民族教育政策研究》，甘肃教育出版社2002年版，第69页。
[2]　《教育规划纲要》工作小组办公室：《全国教育工作会议文件汇编》，教育科学出版社2010年版。

手段。农村留守儿童问题成为新时期阻碍义务教育成果巩固的主要因素之一。除了上学路途遥远的学生外,农村留守儿童是寄宿制学校教育的最大需求者,作为完成义务教育的一种特殊形式,国家必须无条件地为这些孩子创造寄宿条件,保证他们接受有质量的义务教育。

综上所述,根据《义务教育法》的规定,农村寄宿制学校不能将任何有寄宿需要的适龄儿童排斥在外。因此,法律赋予农村寄宿制教育产品以非排他性。从伦理学的角度看,接受义务教育是公民人权的基本保证,把弱势群体排斥在义务教育之外也是一种不人道的表现。义务教育的非排他性决定了农村寄宿制学校教育的非排他性。

2. 义务教育的非竞争性决定了农村寄宿制学校教育的非竞争性

所谓寄宿制学校的非竞争性,是指每增加一个寄宿学生并不影响其他学生享受寄宿教育服务的质量,或者说这种影响是具有非敌对性的。就寄宿制学校教育本身而言,在一定的范围内,新增寄宿生的边际成本为零,拥挤成本也为零。但是,一旦超过某一限度,必然会影响服务质量。换句话说,寄宿制教育的自然属性具有竞争性。但是,寄宿制学校是实现农村义务教育的手段,国家必须根据寄宿学生情况的变化而适时调整学校规模,增加设备,保证寄宿制学校不因学生数量的增加而降低教学服务质量。义务教育公共产品的属性决定了农村寄宿制学校教育的非竞争性,这种非竞争性是社会共同需要的体现,是产品的社会属性,是义务教育法的规定。随着农村中小学布局调整工作的不断推进以及农村留守儿童问题的不断凸显,农村义务教育阶段学生寄宿需求会越来越大,各级政府必将会通过各种形式满足这种需求,以确保义务教育在农村地区的真正实现。因此,农村寄宿制学校教育具有非竞争性的属性。

各级政府近年来的一系列举措也印证了农村寄宿制学校教育的非竞争性特征。20世纪90年代中西部农村学生因为上学远而产生了对寄宿制学校的更大需求,而这些地区经济基础薄弱,财政难以支撑寄宿制学校建设的巨大支出。因此,学生要么没有机会寄宿,要么勉为其难,在极其艰苦的条件下实行寄宿,由于超负荷接纳学生,每增加一名寄宿生都会对现有学生产生影响。为了配合西部大开发和"两基攻坚",教育部、财政部、国家发展改革委联合实施了"西部农村寄宿制学校建设工程",2004—2007年4年间投资100亿元,新增寄宿容量200多万人,极大地缓解了农村学生寄宿的需求。与此同时,"工程"还对原来部分寄宿制学校进行改造,新增寄宿学生不但没有影响原来寄宿学生享受到的服务质量,相反,这项工程使得整个西部农村地区寄宿制学校的面貌焕然一新。近年来,各级政府为了满足留守儿童寄宿的需要,不断出台新政策扩大农村中小学的寄宿容量。从中央层面看,《规划纲要》把解决农村留守儿童问题列为重大项目和改革试点,提出:"改扩建劳务输出大省和特殊困难地区农村学校寄宿设施,改善农村学生特别是留守儿童寄宿条件,基本满足需要。"各地为解决留守儿童寄宿问题不断加大投入,新建扩建寄宿制学校,配备生活指导教师,在满足数量需求的同时,不断提高寄宿制学校服务水平。基于义务教育公共产品的属性,公共财政是农村寄宿制学校非竞争性的保障。

总之,作为农村完成义务教育的一种特殊形式,农村寄宿制学校教育因为制度安排而具有了非排他性和非竞争性的特征,因而也就具备了公共产品的基本属性,是一种制度性公共产品。农村寄宿制教育的这一属性是寄宿制学校人、财、物投入的根本依据。

三 公共产品理论视角下农村寄宿制学校的财政支持路径

判断一种产品或服务成本分担机制是否合理的根本依据是产品或服务的属性。明确农村寄宿制学校教育的属性,对于合理地划分成本分担主体意义重大。农村寄宿制中小学是我国农村普及义务教育的一种特殊形式,因此,讨论其属性的逻辑起点应该是义务教育。义务教育的公共产品属性决定了农村寄宿制学校教育的公共产品属性。以此为出发点,各级政府是举办寄宿制学校新增成本的主要承担者。在国家财力不足的情况下,可以采取从部分分担新增运行成本到全额承担的灵活实施路径。

农村寄宿制学校教育的公共产品属性决定其成本的分担主体必然是各级政府,必须把寄宿制学校建设和日常运转全额纳入公共财政的保障范围。一方面,政府是农村寄宿制学校基础建设成本的主要分担主体,要通过标准化寄宿制学校建设不断完善基础条件,要把因布局调整而形成的规模效益转化为学校建设的强大后盾,决不能出现"挤出效应",将节约资金挪作他用,这样就有违布局调整提高农村教育质量的本意。另一方面,针对寄宿制学校新增的运行成本,要在公共产品的大前提下设计成本分担机制。实现义务教育是国家、社会、学校、家庭的共同义务，而国家、学校和家庭又是直接的利益相关者，农村寄宿制学校的运行机制正在探索之中，各方采取非货币化形式分担一部分成本的实际做法是允许的。但是必须明确，政府是农村寄宿制学校新增运行成本的承担主体，由于寄宿制学校运行机制的特殊性，其所需要的人员编制、额外管理成本必须由政府全额承担，如生活指导老师、医务人员和保卫人员等的工资必须由财政负担。在此基础上，学校教师可以根据寄宿制学校特点设计教师工作量，同时提高超课时补助，以此分担因学生在校时间增加而带来的成本；对于学生因寄宿而产生的生活成本，严格意义上的承担主体也必须是国家，否则就会使接受寄宿制学校义务教育的学生产生与非寄宿制学生不同的求学成本，从而影响义务教育公平。但是，为了体现家庭履行义务教育的职责，这一部分成本在一定时期内可以由国家与家庭一起分担。另外，新增成本分担既体现在国家、学校和家庭之间，也反映在各级政府之间，"省级统筹，以县为主"的管理体制，使得更多投入责任落到了县级政府，而采取寄宿制学校的形式完成义务教育的地区多属于偏远落后的农村地区，县级财政能力有限，因此，省级及以上政府应承担主要的财政责任。

毋庸置疑，农村寄宿制学校教育公共产品的属性决定了其成本承担主体是各级政府。但是，责任和能力并不对等，在国家财政不足的情况下，灵活选择一条成本分担实施路径更能够解决当前的实际问题。各级政府的农村寄宿制学校成本的主要承担主体的实现有一个历史过程，这一点可以从免费义务教育目标的达成中得到启示：1986年《义务教育法》颁布实施，直到2006年新修订的《义务教育法》的颁布，义务教育才真正实现免费，其间经过了20年。这一方面是由于国家财力不足，难以承担重负；另一方面也缘于人们对义务教育免费意义的认识不足。同样，对于农村寄宿制学校运行成本的承担也将经历一个认识的过程和财力积累的过程。基于此，农村寄宿制学校成本分担的路径可以灵活设计：各级政府要不断加大投入力度，加强农村标准化寄宿制学校建设，全额承担基础建设成本；对于运行成本，可以首先采取国家、学校及学生家庭分担的模式，待时机成熟后全额纳入公共财政承担范围。总之，各方分担是暂时的，公共财政全额承担农村寄宿制学校成本才是回归了义务教育的本真。

第二节 规模经济理论与农村寄宿制学校教育的工具价值

任何一种产品都具有工具价值和本体价值,"工具价值与外在价值相等同,表示一物的价值在于作为达到其他目的的工具"[①]。随着我国经济改革的不断深入,农村经济发展方式的转型改变了农民的生存经营方式,同时也改变了农村家庭教育和学校教育的外部环境,农村教育在城镇化和农民工经济的挤压下风雨飘摇。农村寄宿制学校教育能否承担起拯救农村教育的重任?这是理论研究者必须回答的问题。农村寄宿制学校解决学生"上学远"的价值决定了其促进布局调整顺利实施的工具价值。因此规模经济理论既是农村中小学布局调整的理论基础,也是农村寄宿制学校经济价值的理论支撑。

一 规模经济理论

规模经济的概念起源于美国,是揭示大批量生产经济性的理论。经过西方一批产业经济学家如张伯伦(E. H. Chamberin)、马歇尔(Alfred. Marshall)等的研究,规模经济理论日臻完善。[②]

(一)规模经济的定义与衡量

规模经济(Economies of scale),是指在一定的产量范围内,随着产量的增加,平均成本不断降低的事实。《新帕尔格雷夫经济学大辞典》中给规模经济所下的定义是:"考虑在既定的(不变的)技术条件下,生产单位单一的或复合产品的成本,如果在某一区间生产的平均成本递减(或递增),那么,就可以说这里有规模经济(或规模不经济)。"

至于规模经济的衡量,首先要根据长期成本函数确定长期平均成本函数,然后再通过对长期平均成本函数求一阶导数,根据导数的结果符号来判断是否存在规模经济。如果一阶导数小于零,则表明存在规模经济;如果所求出的一阶导数大于零,则出现了规模不经济。还有一种方法也可以

[①] 冯契、徐孝通:《外国哲学大辞典》,上海辞书出版社2008年版,第125页。
[②] 张海如:《规模经济:理论辨析和现实思考》,《经济问题》2001年第1期。

进行判断：求解出长期平均成本函数极小值所对应的产量，在此产量以前的区域就存在规模经济，在此产量以后的区域则具有规模不经济。这两种方法都只能确定出规模经济产生的区域。如果要确定规模经济的程度，需要通过成本—产出弹性系数和规模经济系数来反映。所谓成本—产出弹性系数 E_c，就是产出变动 1% 所引起的成本变动的百分比，用公式表示为：

$$E_c = \frac{\Delta C(Q)/C(Q)}{\Delta Q/Q} = \frac{\Delta C(Q)/\Delta Q}{C(Q)/Q} = \frac{LMC(Q)}{LAC(Q)}$$

其中，C（Q）表示长期总成本；Q 表示产量；LMC（Q）表示长期边际成本；LAC（Q）表示长期平均成本。当 $E_c < 1$ 时，表示企业存在规模经济；当 $E_c > 1$ 时，表示企业存在规模不经济。

（二）规模经济的决定因素

影响规模经济的因素比较多，其中，决定因素主要是投入要素的不可分性、沉没成本及投入要素的物理性质。所谓投入要素的不可分性，就是指这样一种情况，"如果一种商品具有一个最小单位，在此单位之下其质量仍保持不变是不可能的，那么我们就称该商品是不可分的"[①]。具有不可分性的资本品往往存在一个最大限度的生产能力，在此生产能力范围内，产量处于零与它所允许的最大产量之间，其支付的总成本相同。沉没成本在经济学中是指那些在投资过程中发生的历史投资成本，目前无法收回投资成本和收益。一个拥有沉没成本的企业，在一定范围内，随着生产规模的扩大会产生规模经济。投入要素的物理性质提供的规模经济，这方面的例子有体积与面积的关系、周长与面积的关系等。例如，一条管道的流量可以定义为其横断面的面积 πr^2 与时间的乘积，而横断面的周长等于 $2\pi r$。如果我们要增大该管道的流量，只需要扩大管道截面的周长即可（假设管道壁不需要加固）。也就是说，只要简单地将生产管道的材料投入翻一番，便可以使管道的流量扩大到 4 倍。另外，规模经济的产生也缘于工人技术的专业化，专业化可以使工人更精通自己的业务。同样，规模不经济的产生则是由于：随着企业规模扩大，管理难度越来越大，协调成本

---

① [美] 威廉·J. 鲍莫尔：《不可分性》，经济科学出版社 1996 年版，第 856 页。

会增加。①

二 教育规模经济理论

教育经济学理论认为，教育与经济关系密切，经济基础决定教育的规模、内容及形式。同时，教育投入必须与其他经济活动投入保持一定比例，教育活动投入只能限定在一个适当范围内，否则会给经济发展带来负面影响。因此，教育投入必须遵循经济活动的基本规律，节约成本，追求效率。农村地区生源分布渐疏已经成为难以扭转的趋势，对分散的生源进行更大范围的集中，是保证传统学校教育得以展开的基础，但这种思路不得不面对学生寄宿的需求。如果不进行强制的大范围集中，分散在这些地区的孩子将无法享受到传统的学校教育。从理论上讲，如果没有财政预算约束，给小规模学校配齐配足各科教师，教学效果肯定要比大规模学校好。但在实际中是难以办到的，国家不可能无限制地将资金投入教育领域，教育投入必然受预算约束。下面以教育规模经济理论为基础论述农村寄宿制学校规模经济效益。

（一）教育领域追求资源利用效率的时代背景

从经济学的角度看，教育过程就是教育资源的投入、利用和生产教育产品的过程，也是教育者和受教育者共同参加的双边劳动的过程。这一劳动过程虽然不直接生产物质产品，创造物质财富，而是培养和提高受教育者的素质和劳动能力，但它与其他劳动过程一样，都要"耗费人的一定量的肌肉、神经、脑等"②，都是自身体力和脑力消耗的过程，是教育者和受教育者耗费一定量的活劳动和物化劳动的过程。在物质资源有限的情况下，教育领域也存在着一个资源利用效率的问题，也就是说，教育领域也有一个"投入"和"产出"、"劳动耗费"与"劳动成果"的关系问题。20世纪初，由于生产力发展对劳动者素质提出了比较高的要求，工人阶级也为争取自身及其子女的教育权利而斗争，许多资本主义国家相继普及了义务教育，学校数量迅速增长。同时，社会团体、个人和政府对教

---

① [美]曼昆（Mankiw, N. G.）：《经济学原理》（上册），梁小民译，机械工业出版社2003年版，第236页。

② 马克思：《资本论》第1卷，人民教育出版社1975年版，第194页。

育的投入也大大增加，这种巨大投入引起了企业界和政府部门对办学质量和效益的关注。批评教育的声音也不断传出，很多人批评学校只重视质量而忽视效益，在管理上存在浪费现象，要求学校管理人员切实负起责任，把自己的工作重点放在效益上，并以办学效益作为评价和考核学校管理水平的标志。在这种强大的社会压力下，教育管理人员不得不放弃传统的教育管理观念和做法，专项接受工商业的市场原则、价值标准和相应的管理行为。[①] 现代文明的工业革命和崇尚传统文化的教育和僵化的学习模式发生了激烈的冲突，工业文明的强势迫使教育的价值观念发生改变，工业文明渗透到了教育和学校生活中。工业文明的"统一性"要求学校教育必须有统一的教学计划、教材、评价标准和统一的考试制度；工业文明的"集中性"认为集中便于资源共享和互补，要求教育也走集中化的道路；工业文明的"规模性"要求学校由分散、小型向大型、集中发展；还有诸如同步、竞争、效率、效益、标准化和有效支配时间等特征都给教育领域提出了相应的要求，迫使社会文化和教育观念发生了一系列变化。受功利主义的影响和商品经济的启示，工业国家的人们不再把教育当作一个简单的消费问题，开始关注教育领域资源的消耗和效率问题。这样，教育领域也开始谈及效率。

（二）教育规模经济理论

从某种意义上说，教育也是一种产业，产业的经营需要依赖适当的经营规模，以充分利用资源，发挥其效能。教育产业的经营也必须利用规模经济原理，利用最优化和科学的管理方法，运用有限的人、财、物取得最佳的办学效益。教育是一种促进规模逐步扩大的"知识产业"，它要求大量的资源投入，但在目前资源紧缺的时候，就必须考虑如何将有限的资源投入发挥最大的效用。企业生产领域的规模经济理论运用到教育领域，分析、解释和指导教育产业的经营就形成了教育规模经济理论。

1. 教育规模经济的定义

教育资源的投入一般用单位学生成本计算，产出则以学生（在学或毕业）人数计算。学生人数增加的比例大于单位学生成本增加的比例，就是教育规模经济。当单位学生的成本增长率小于学生人数增长率时就出

---

① 陈孝彬：《教育管理学》（修订版），北京师范大学出版社2005年版，第55—56页。

现了教育规模经济；如果单位学生成本增加比例大于学生人数增加比例，那就是教育规模不经济。教育资源的投入通常分为固定成本和变动成本，固定成本不变，学生人数增加比例永远大于单位学生成本增加比例。实际上，学生人数不断增加，单位固定成本不断减少，一定会出现规模经济效果。而变动性经常成本则不同，经常成本增加比例小于学生人数增加比例时，单位平均经常成本将因学生人数的增加而减少；而当经常成本增加比例大于学生人数所增加的比例时，单位平均经常成本将因学生人数的增加而增加。因此，教育规模经济应指单位平均经常成本因学生人数增加而下降的情况，反之则属于规模不经济。

2. 教育规模经济形成的条件

教育规模经济的形成是在保证一定教育质量的前提下，使学校资源获得充分和适当的使用，同时，规模经济的产生必须在规模扩大后不致衍生不经济的条件下才能成立。如果扩大规模之后的各种缺陷损害了教育的正常功能，此时即使单位学生成本减少也不能成为教育规模经济。因此，教育规模经济形成必须具备三个基本条件，即教育资源利用的充分性、教育资源使用的适当性、教育规模扩大的有限性。

首先，教育规模经济的形成取决于教育资源利用的充分性。学校教育资源一般具有两个基本特征：完整性和不可分性。学校由教师、学生及教育中介系统（教师借以向学生传授知识的一切内容）。整体性是学校发挥教育功能的基础，一所学校，无论规模大小，必须具备校舍、教学设施、设备等固定资本投入；同时还必须配齐各科目的教师和相关管理人员和服务人员。不能因为学生人数不足就削减其中的项目，这样会妨碍学校正常功能的发挥。也就是说，举办学校所必需的基本设施不完全由学生人数多寡来决定。学校的整体性要求任何一所学校的建设都必须有一个底线标准，以立法的形式确保标准化学校建设是保证这种完整性的最好措施。既然如此，学校建成之后，首先就是要最大限度地扩大学生规模，以此降低生均成本，以充分利用资源，产生规模经济的效果。前已述及，具有不可分性的资本品往往存在一个最大限度的生产能力，在此生产能力范围内，产量处于零与它所允许的最大产量之间，其支付的总成本相同。有的学校教育资源运用一次至少须采用一个单位，不能因为需求不及一个单位而将其分割使用。例如学校的教室、食堂、学校用地、图书馆（室）、体育运动设施等，不能因为学生少就只建一半，一旦这些固定成本投入，就不能因为只有几个学生而只是用半间教室上课。因此，学校建成之后，将学生规模在一定范围内扩大，直至充分利用现有教学设备而没有闲置，同时又不违背教育教学规律，这样就会出现规模经济。因为在此范围内，边际固定成本为零。为了充分利用教育资源，节约有限资源，必须尽可能地扩大招生比例，从而降低长期平均成本，这显然是经济学的逻辑。教育活动有别于经济活动，具有特殊性，因此，学生人数不可能无限制增加，必须在不影响学生正常接受教育的范围内，而且设备使用超过了一定范围就会损害教育的经济效益。教育资源的充分利用应在不突破资源整体性和不可分性的限制下使学校规模扩大，在不影响正常教育功能的情况下，尽可能使教育资源得到充分利用。

其次，教育规模经济依赖于教育资源使用的适当性。教育资源使用的适当性主要表现在专用建筑设备、教师专才专用及教育功能的多样性等方面，是教育资源功能的特性在相应需求场所的表现。对于有些专用建筑设备，学校规模小，使用的人数太少，就会出现闲置，从而产生浪费，如果学校规模扩大，那么使用效率就会提高，这样专用设备才会发挥其真正价值。如一个偏远山区小学要开通网络，由于地处偏远，因此需要电信局专门架线，这种无疑属于特殊设备的范围了，总成本是很高的。如果学校规模小，这种高昂投入显然会由于使用人数太少而出现资源浪费；相反，如果是一所大规模的完全小学，这种投资就会因为使用人数多而降低单位生均成本，出现规模经济效果。学校规模扩大，教职员工人数增加，这样就有利于学校人力分工和专门化。从教学方面来分析，根据目前学校人员配备的基本原则，基本依据生师比来安排学校的教职员工编制，可能会适当考虑小规模学校的实际情况，总的原则一般不会改变。因此，小规模学校一般是教师总体饱和，但是结构不合理，教师往往要担任多门课程甚至是复式教学，教非所长，教学质量就难以保障。相反，学校规模扩大以后，教师编制增加，学校聘请教师就具有弹性，能按照不同课程的需要，聘请各科专长教师。专业化教师和教学课程的合理分工都有利于教学质量的提高。从学校管理来看，学校规模扩大，行政管理分工就会更加明细，具有不同管理专长的人员的工作量在其专长范围内就可以满负荷，行政人员的专业化有利于行政效率的提高，从而克服由于扩大规模而带来的管理幅度过大造成的负面效应，延缓规模不经济现象的出现。另外，学校人力的分工与专门化也可以降低成本，提高教学质量和行政效率，增加规模收益。每个学生有不同的兴趣爱好和特长，学校要提供多样化的课程内容必须依赖一定规模的形成，学校规模扩大后就能够提供多样化的课程和更高成本的课程。①

最后，教育规模经济还受制于教育规模扩大的有限性。学校规模扩大，可以增加资源使用效率，降低单位学生成本，产生规模经济效益。但是，如果规模过大，就会出现阶层组织增多，沟通及协调困难增加；层级距离拉长，部门本位产生，人际关系淡漠，拖延办事时间，影响办事效率。我国著名经济学家厉以宁将经济领域内规模扩大而衍生的缺陷概括为六个方面：管理不方便，降低管理效率；内部通信联系费增加，从而增加了成本；中间机构增多，管理人员增加，增加了人员成本；机构增加，机构与机构之间摩擦增加，降低效率，甚至会出现推诿、扯皮的情况；人事纠纷增多，降低企业凝聚力；规模过大，组织应变能力减弱。② 学校规模过大的不足之处主要有两个方面，即人际关系疏远和行政僵化。学校教师、学生及行政人员之间的社会性互动的品质决定着学校教育的成败。在学校形成的社会结构中，各部分交互作用良好则会形成良好的教学氛围，反之则反。

3. 适度办学规模的求解

学校适度规模是指在教育的其他条件基本不变的情况下，学校拥有恰好可以使所有资源得以充分和恰当利用，并在不违背教育规律的前提下，保证培养规格、教育质量不受到影响的合理限额的班级数和学生人数。显然，对适度办学规模的求解必须建立在教育学和经济学的理论基础之上，通过经济学的方法求出适度规模的最小值，也就是长期生均成本最低点。在既定的学校条件下，这个最低点就是最适宜规模。但是，实际运行中，学校会随着学生数量的增加而新增投入，这样会使学校内部的结构发生变化，再次出现规模经济效果，而且每一次新的投入都会带来规模效益，如果仅从经济学的角度去计算，这个规模上限是无穷的。此时就必须从教育

---

① 靳希斌：《教育经济学》（修订版），人民教育出版社2001年版，第375页。
② 厉以宁：《论教育外部不经济的补偿》，《教育研究》1992年第2期。

学和管理学的理论出发寻找限制变量，从而求得一个适度规模的上限。

学校教育成本分为固定成本和经常成本两类。固定成本一般由土地、建筑、教学及办公设备、后勤服务设施等构成。就固定成本而言，学生人数越多，生均成本越低。寻找最佳适度规模如果仅仅以固定成本为依据是不合适的，计算适度规模应该以单位学生平均成本与学生人数的相关关系来确定。最适度的学生人数通常是在平均经常成本与边际成本曲线的交点处求得。一般地，随着学生人数的增加，边际成本是先降后升的，但是，只要边际成本增长幅度小于平均生均成本下降的幅度，总体生均成本还是会减小的，也就是说，此时仍然存在规模经济。生均平均成本最低点就是每增加一名学生的边际成本与生均经常成本曲线的交点。

（三）农村寄宿制学校整合教育资源的经济价值

寄宿制学校是我国在特定历史时期面对特殊的教育发展形势所做出的现实选择。农村地区生源分布渐疏已经成为难以扭转的趋势，对分散的生源进行更大范围的集中，是保证传统学校教育得以展开的生源基础，但这种思路不得不面对学生寄宿的需求。如果不进行强制的大范围集中，分散在这些地区的孩子将无法享受到传统的学校教育。从理论上讲，如果没有财政预算约束，给小规模学校配齐配足各科教师，教学效果肯定要比大规模学校好，但这在实际上很难办到。国家不可能无限制地将资金投入教育领域，教育投入必然受预算约束。从某种意义上说，教育本身也是一种人力再生产的产业，既是一种教育行为，也是一种经济活动。所以，农村中小学的发展必须节约资源，有效地利用资源。很显然，分散办学是难以达成有效利用社会资源的目的的，分散的小规模学校和教学点很难充分利用教育资源，存在资源浪费的现象。教育要素的完整性和不可分性决定了开办学校的成本底线，在一定范围内，这种成本不会随着学生数量的增多而减少，即使学生数量为零，学校也必然有一个最低成本。换句话说，在生源不足的情况下，农村各村小和教学点实际上处于一种极大的资源浪费状态。不仅如此，学生数量少决定了教师编制少，很难形成专业化教学，所以，学校很难保证开齐开足各门课程，更难保证各科的教学质量。因此，学校规模太小，既会浪费资源，又会使学生接受低水平的教育。要保证农村孩子公平接受现代化教育，集中办学，举办寄宿制学校是必然趋势，这种趋势在西部少数民族地区更为明显。要实行集中办学，就必须克服上学远的矛盾，而实行寄宿制是解决这一矛盾的最佳选择。农村寄宿制小学的规模经济效益表现在四个方面：一是农村寄宿制学校使合理布局得以实现，因整合教育资源而产生学校层面的规模经济效益；二是农村寄宿制学校因集中抚育分散状态家庭的孩子，解放农村劳动生产力，使农村剩余劳动转移得以实现而产生的规模经济效益；三是通过学生住校而减少往返学校的次数，从而节约交通成本产生规模效益；四是农村寄宿制学校因削减"沉没成本"而产生规模经济效益。

1. 农村寄宿制学校因整合教育资源而产生规模经济效益

首先，农村寄宿制学校因功能聚集而产生规模经济效益。寄宿制学校本身可以产生规模经济效益，提高教学质量。由于实行寄宿制，所以可以解决学生上学远的问题，为学校扩大规模奠定了基础。寄宿制学校自身功能决定了其接纳来自各村散居学生的能力，这种聚集功能使之产生规模经济效益。具体表现在三个方面：一是可以节约人力资源。由于学生集中，克服了学校"小而全"的弊端，教师也会集中，教师的分工就可以更加明细，从而能够充分发挥个人特长，避免一个教师任多门学科的现象。不仅如此，适度规模的集中还可以充分发挥管理人才的才能，降低管理成本。二是可以降低教学设备的生均成本。由于学生数量增加，很多专用现代化教学设备的生均成本就会下降，而且专用设备的利用也会更加充分，如学校计算机房、实验室、图书馆（室）、电教室、多功能厅等设备的配置就必须要有一定的学生规模，否则，即使配置了也不会有很高的使用率，资源始终处于浪费之中。三是可以给学生提供多样化课程。寄宿制学校因为学生集中，不仅增加了学生数量，而且集中了学生的时间，这样，原来由于人少而难以开展的兴趣活动就具备了生源基础。学校可以给学生提供多样化课程，有利于提高学生的综合素质。

其次，农村寄宿制学校因节约教师资源而产生规模经济效益。前已述及，学校要素具有完整性和不可分割性，如果学校规模太小，一般在教师资源配置的时候都会采取补偿政策。现行教师资源配置是按照师生比来进行的，这种师资配备方式显然有利于规模较大的学校。而对于小规模学校，教师配备必须有一个最低标准，一师一校或一个学校三五个老师、十几个学生的情况比比皆是。这种状况一方面不便于学校安排工作，使得很多课程无法开设，同时，教师资源也处于一种闲置状态。所以，从长远看，集中办学，实行寄宿制，规模经济效益的产生还来源于教师资源的节约。学校的固定成本包括教学楼、后勤保障设施和土地等，这些投入基本上是一次性的，而教师工资则是办学成本中最大的部分。所以，寄宿制学校可以节约教师资源，因此也就节约了教育资源，这是规模经济效益的最大来源。

2. 农村寄宿制学校教育因集中管理儿童而产生规模经济效益

农村寄宿制学校因集中管理而产生规模经济效益。对于中小学生来说，放学回家后的监护会影响家长的正常工作。如果不实行寄宿制，必然要由各家各户自行管理。分散管理会耗费很多精力，影响生产，从而影响家庭经济收入。实行寄宿制以后，由学校统一管理业余时间，一所500人的学校分散到各个家庭就需要500人来管理，而一所500人的寄宿制学校业余时间的管理可能只需要十几个教师就可以完成。这种集中管理节约劳动力的效果是十分明显的。学校的功能不仅仅是传授知识和促进学生社会化，它还具有明显的社会管理功能，如果中小学生不上学而放任自流，家长就不得不花费时间和精力来照顾和管理孩子，从而减少工作时间，进而影响经济建设。如果说非寄宿制学校只是管理了学生白天的行为，那么，寄宿制学校则全天候承担着监护责任。这对于父母均在身边的孩子家庭作用并不明显，但是，对于农村留守儿童家庭却是至关重要的，寄宿制学校集中管理留守儿童会使其父母安心工作，创造更多的社会财富。

3. 寄宿制办学因节约交通成本和削减沉没成本而产生规模经济效益

首先，农村寄宿制学校因集中食宿和节约交通成本而产生规模经济效益。学生上学远是农村中小学存在的问题之一，解决这一问题的办法要么是实行寄宿制，要么是发展校车系统。发展校车肯定要花费很多资金用于学生上下学，从节约社会资源的角度来看，学校寄宿减少了学生回家的次数，节约了交通费用是显而易见的。那么，节约的交通费用会不会因为寄宿在校学生的食宿费用而抵消呢？就整个社会而言，集中食宿也会产生规模效益，原来一家一户分散的小食堂被大食堂所代替，其总耗费肯定要比学生分散在家的资源耗费小。

其次，农村寄宿制学校因削减"沉没成本"而产生规模经济效益。因为布局调整，很多学校被撤销了，原来投入这所学校的基本建设成本绝大部分难以收回，从而形成了沉没成本。寄宿制学校的建立，可以因为规模的扩大而使生均沉没成本随学生数量的增加而不断减少。寄宿制学校成本的核算要考虑沉没成本，短时期来看学校的投入是增加的，但是，随着时间的推移，这些沉没成本就会慢慢因为学生数量的增加而消解。因此，从长远看，举办寄宿制学校是节约教育资源、提高教育质量的举措。

综上所述，寄宿制学校建设可以重新集中学生，实施规模教育，统筹利用教育资源，以便产生教育规模经济效益。从长远看，寄宿制学校产生的教育规模经济效应会节省教育资源，降低教育成本，提高教育资源利用效率。面对农村地区义务教育生源渐疏的现实，各级政府正是看到了寄宿制学校在有效利用有限的教育资源和便捷的管理方面的巨大优势，寄宿制学校才成为我们国家特定时期农村教育改革与发展的一种现实选择。[1] 农村寄宿制学校的举办不仅节约人力、财力和物力，而且通过集中而形成专业化，使用专用设备和提供多样化课程等提高教学质量，从而使单位投入带来更多产出，提高了经济效益。寄宿制学校可以产生规模经济效益，所以，在教育资源有限的情况下，大力发展农村寄宿制学校可以节约大量社会资源。如果将节约的资源投入到现有寄宿制学校，必将提升农村办学水平，提高教学质量，有效地缩小城乡教育的差距。充分发挥农村寄宿制学校的优势，以农村寄宿制学校为突破口，不断缩小城乡差距，是促进城乡义务教育均衡发展的最佳选择。

第三节 社会化理论与农村寄宿制教育的本体价值

本体价值指有价值的存在状态或经验，其本身具有价值，不涉及结果。本体价值与内在价值同义，其价值在于达到其自身的目的，不作为达到其他目的的工具。[2] 教育的本体价值在于促进人的发展，实行寄宿制教育可以补偿农村学生家庭抚育的不足及缺失，强化养成教育。

---

[1] 杨清溪、赵慧君：《当前我国农村寄宿制学校建设反思》，《中国农村教育》2010 年第 4 期。

[2] 冯契、徐孝通：《外国哲学大辞典》，上海辞书出版社 2008 年版，第 126 页。

一　社会化理论与教育的社会化功能

社会化是指个体在社会影响下,通过社会知识的学习和社会经验的获得,形成一定社会认可的行为模式,成为合格社会成员的过程。教育在现代化社会里成为人社会化过程中的首要因素,教育的功能在于培养出维护社会稳定与发展所需要的成员。[①] 20 世纪 70 年代关于教育功能的研究形成了"教育社会化理论",一个人的教育社会化程度既取决于家庭的教育环境,也取决于学校教育环境。在现代信息社会中,学校教育的意义更大,个人未来的就业与生活能力主要取决于学校教育水平与质量。寄宿制学校存在的合理与否,实际上就是比较家庭教育和学校教育在不同时期对个人社会化的影响力。功能主义学派和新马克思主义学派解释了农村寄宿制学校促进学生现代化的功用。

(一) 功能主义学派社会化理论的主要内容

功能主义又称功利主义,功能主义认为,人们行为的道德标准是"最大多数人的最大幸福",其创始人是英国经济学家耶利米·边沁。利用功能主义理论对教育问题进行深入研究的有法国社会学家杜尔克姆(Durkeim)、美国社会学家塔尔科特·帕森斯(Talcatt Parsons)和英克莱斯(Ingkeles)。

1. 杜尔克姆:教育通过统一"集团意识"使社会形成有机整体

最先比较系统地用该理论研究教育问题的是杜尔克姆,他从现代社会的演进出发探讨教育的社会化功能。在杜尔克姆看来,教育本质上是一种创造社会继续存在和发展所必需的条件和手段。当人类社会从传统的农业社会转变为现代工业社会时,社会组合形式就从"机械团结"(Mechanic Solidarity)转变为"有机团结"(Organic Solidarity),也就是说,随着社会结构和社会分工的发展,整个社会不再可能像机械团结的社会那样存在统一的集团意识(Collective Consciousness),"有机团结"的社会内存在着多元、异质而又密切联系的道德体系。在这种情况之下,社会要组合成一个整体,一条途径就是教育,教育是现代社会继续存在的必要条件之

[①] 刘成斌、吴新慧:《留守与流动:农民工子女的教育选择》,上海交通大学出版社 2008 年版,第 129 页。

一。"因为通过教育，在孩子幼年的时候就已经把集体生活所需要的主要共通性在他们中间树立起来。"① 概括地说，教育的社会化功能，就是使下一代内化那些社会继续存在和发展所必不可少的行为规范、价值准则，它既包括共通的、普遍的，也包括各式各类的、特定的行为规范和价值准则。

2. 帕森斯：学校内化正规组织所需的参与意识与能力

帕森斯是结构功能分析和行动理论学派的创始人之一。进入20世纪五六十年代后，帕森斯对教育社会化功能有了更完整和深入的认识。帕森斯认为，教育在社会中最重要的就是社会化和人力配置机构的角色，其中，社会化包括两个环节：一是使儿童从家庭的原始感情联系中解脱出来；二是使儿童内化那些比在家庭中所学到的价值和规则层次更高的社会价值和规范。社会化功能可概括为发展个人的参与意识和参与能力，这些参与意识和参与能力在未来角色系统中承担任务是必不可少的。②

帕森斯认为，宗教、家庭、学校等作为社会教育机构和场所，担负起树立共同的基本价值和规范的任务，因此起着模式维持的功能。学校和家庭在儿童社会化过程及内容上存在差异，家庭注重原始和非正规的行为价值取向，学校则强调继发和正规的行为价值取向，强调成就，重视普遍主义的、集体的和感情中性的行为取向。在低分化的社会，家庭承担着生产功能、生殖功能、情感功能、政治功能以及教育功能等。而在高度分化的现代工业社会里，家庭的这些功能逐渐被分离出来：生产功能由社会提供的职业场所来承担，教育功能主要由学校等正式教育机构来实施，政治功能也可以直接到相对专门的机构或场所中进行。而家庭主要承担情感功能以及建立在情感基础之上的生殖功能，成了抚慰心灵的港湾以及"无情世界的天堂"。概括地说，学校是家庭这个原始社群与社会上各种继发群体和正规群体之间的一个中介性社会化机构，孩子们通过学校各种正规结构和程序的作用，内化了社会上各种正规组织所需的参与意识与能力。

3. 英克莱斯：学校教育就是促进学生现代化的过程

随着科学技术的进步和社会生活的日益现代化，20世纪60年代后期

---

① 曾荣光：《教育制度的社会化功能》，《香港中文大学》（教育学报）1988年版。
② 曲恒昌、曾晓东：《西方教育经济学研究》，北京师范大学出版社2000年版，第274—275页。

的研究者认为，学校的主要功能是使学生现代化。英克莱斯就是这种观点的代表，他指出，学校不仅仅是进行教学的地方，它也是对孩子进行一般性社会化的场所，除了学术科目的正规教育外，学校也通过一系列的程序使学生现代化。这种现代化主要是现代企业高效率运作时对雇员必备素质的要求，包括对职业的激情、对外部世界的信赖和信心、高效率等。教育的过程就是培养青少年进入高度等级化、现代化和世俗化的社会和组织的过程。

综上所述，杜尔克姆、帕森斯和英克莱斯的观点虽各有侧重，但是他们都强调了学校的社会化功能。这种社会化是人类社会化在发展过程中的社会遗传，是社会正常运转所必须遵循的基本准则。教育起初的作用就是传递携带社会公认价值的文化，使人们在公认准则范围内行事，以维持社会的和谐运转。随着生产力的不断发展，社会内容也不断丰富，社会规则也在不断变化，此时，教育才逐渐增加了职业训练的内容。但是，这种改变依然没有脱离其社会化的功能，只是社会化的内容在不断丰富而已。三者所强调的社会化的内容是：学校传递给下一代一套普遍的行为规范和价值取向；就社会化的方法而言，学校和课堂的结构、程序及规则都自觉地、共同地规范着下一代，使他们必须遵从进而内化特定的行为规范；社会化的目的是创造社会继续存在的条件，维持社会体系的稳定与平衡或实现社会现代化。

(二) 新马克思主义学派关于社会化的主张

新马克思主义学派把教育制度的社会化作用与阶级关系和生产关系的再生产过程联系起来，创立了"再生产论"。首先将教育社会化作用引入再生产过程的是法国马克思主义的代表人物路易斯·阿尔都塞（Louis Althusser, 1918—1990），最后经过美国社会学家鲍尔斯（S. Bowles）和金梯斯（H. Gintis）的发展而完善。

1. 阿尔都塞：教育通过传播国家意识形态为生产关系再生产创造条件

阿尔都塞在《列宁与哲学》一书中指出，再生产包括生产力再生产和生产关系再生产两个过程，教育在这两个再生产过程中担当着重要角色。就生产力再生产而言，学校已为资本主义制度创造了它所需要的生产力再生产的两个基本条件——技能与态度。学生在校学习读、写、算，掌握了一些技巧及科学文化知识，具备了在不同生产岗位任职时所需要的技能；学生们在学校学习到了行为规范：道德规范、公民性及专业良知。这就是学生应当尊重的先行社会——技术分工的规则和统治阶级所确立的规则与秩序。就生产关系再生产而言，主要通过"国家的镇压机器"和"国家的意识形态机器"得以实现，而国家的意识形态机器就是指通过教育等途径传播统治阶级的意识形态，为特定生产关系再生产创造必要的文化与意识条件。阿尔都塞认为，教育之所以能担当起这个责任主要有三个方面的原因：第一，在资本主义社会中，没有任何其他国家意识机器可以使全体孩子，每周5天或6天，每天8小时，成为其义务的"观众"或工作对象；第二，学校学习阶段恰恰是孩子最易被塑造或受到扭曲的年龄；第三，教育机器的意识形态传递和再生产功能能够最好地被隐蔽起来，因为社会上往往认为它是一个"中性的、不受意识形态影响的场所"。

2. 鲍尔斯和金梯斯：教育是内化统治阶级特定行为规范的手段

鲍尔斯和金梯斯从理论和实践的结合上，全面系统地论证了教育制度在资本主义再生产过程中的功能，构建了一个较为完整的教育社会化理论体系。以鲍尔斯和金梯斯的理论为代表的再生产理论，认为教育的社会化功能主要是作为文化关系和生产关系再生产的手段，其社会化内容是统治阶级的文化资本和等级制度在生产中不同层次岗位的特定行为规范。

鲍尔斯和金梯斯认为，因为教育体系内部的社会关系与生产制度内的生产关系之间存在着一致性原则，教育在美国资本主义再生产中可以承担四个方面的职责：

第一，学校教育生产出不同层次和类型劳动所需要的专门技能和认知技能；

第二，通过所谓的客观与英才教育，减轻人们对等级性分工制度和不平等的个人地位形成过程的不满，促使经济不平等合法化；

第三，学校教育将培育和鼓励那些与等级分工相适应的个性特征；

第四，教育体系内部强调的等级制观念，助长了人们的分层意识，由此在经济上造成被统治阶级的分化或分裂。

鲍尔斯和金梯斯还认为，学校教育制度与生产制度的一致性并不全都停留在一个层面上。在企业内部，不同层次的职位对雇员的个性特征要求是不同的，与此相适应，不同层次和程度的教育机构将为职业等级中不同级别的职位提供不同个性的雇员，从而形成了教育制度与生产制度在多层次上的一致性。鲍尔斯和金梯斯所提出的一致性原则包括两层意思：一是儿童在家庭中内化的行为规范与他们父母在等级分工中所处的职业岗位强调的行为规范相一致；二是儿童在学校中所内化的行为规范和他们未来进入等级阶梯中的职业所强调的行为规范一致。通过这种一致性，使下一代具备了社会经济发展所需的不同社会性格，从而使隔代的生产关系再生产得以实现。在此基础上，鲍尔斯和金梯斯进一步分析认为，教育使下一代性格社会化的过程是一个差异化的过程，也就是说，在资本主义条件下，通过教育结构的分轨、教育决策的下移、地方分权以及教育多样化，不同阶级和不同家庭社会经济背景的学生将接受不同层次和类型的教育。教育制度在"再生产"过程中的功能主要在于为不同阶级的人培养出不同层次岗位所需的不同个性特征，从而使资本主义经济体能不断地运转下去；由于教育制度是被动的、从属的和服务于生产制度的，因而单方面的教育改革和教育扩展无法改变不平等的资本主义经济结构，当然也就无法改变人们收入不平等的现象；要想实现收入均等，只能从改变不合理的经济结构入手。

通过对西方社会化理论的简要回顾发现，它们都认同教育的社会化功能，社会化的主要内容就是传递文化、价值和规范，以使社会能继续下去。只是各派所认为的社会化的具体内涵和途径不尽相同。虽然西方社会化理论针对的是资本主义制度，但是我国现行经济体制也采用了资本主义的市场经济模式，这些理论对解释我国学校教育制度的功能具备可借鉴性。同时，我国实行的是社会主义制度，在意识形态领域有很多特殊性，用社会化理论解释社会主义制度下的教育制度时要灵活运用。另外，农村教育理论中描述的学校教育制度具有共通性，也具有特殊性，用社会化理论解释农村寄宿制学校更要注意理论和实际的谨慎结合。

二 农村寄宿制学校教育促进学生现代化的本体价值

我国农村寄宿制学校承载着农村地区义务教育的重任，担负着培养学生的基本素质和社会化的重任，它的合理性只有在和家庭教育的比较中才能得出。本书拟借鉴社会化理论，在比较农村家庭和农村寄宿制学校功能差异的基础上，阐述农村地区家庭教育让渡给寄宿制学校教育的合理性与重要意义,从社会化的角度证明农村寄宿制学校存在的合理性。

(一)农村家庭教育在学生现代社会性格形成中的劣势

在低分化的社会里,家庭承担着生产功能、生殖功能、情感功能、政治功能以及教育功能等。虽然教育只是家庭诸多功能中的一种,但其对个人早期社会化甚至一生的社会化都具有重要的意义,对个人的观念、心理和行为习惯都会产生潜移默化的深刻影响。传统意义上的完整家庭可以顺利地完成对儿童的家庭教育。改革开放以来,随着我国经济的高速发展和现代化进程的加快,农村剩余劳动力开始大规模地向城市转移。这种大规模的人口流动直接影响了传统家庭的完整性,出现了诸如夫妻分居型、夫妻子女分居型、全家外出型等家庭模式,由此也就出现了家庭教育功能弱化甚至缺失的现象。农村家庭教育功能与现代社会之间的不协调性妨碍了农村学生的社会化。

1. 农村地区特殊的自然条件使家庭教育具有先天的弱点

农村地区,特别是山区农村,一般地处偏远,山大人稀,居住分散,交通不便,信息闭塞、观念落后、生产和生活方式带有较强的原始性。尽管科技的发展已经改变了农村地区最初的原始状态,通村公路、电视广播的普及已经使农村具有了现代社会所具备的物质基础,但是,人们观念的转变远没有物质变化快捷。家庭教育在儿童社会化过程中传递的正是这种落后时代的落后文化,所以,农村家庭教育一开始就处于弱势。除此之外,农村世代形成的自然经济运行模式对人们的行为习惯的影响也是根深蒂固的,而这种建立在以个体家庭分散经营基础上的行为方式与社会化大生产是格格不入的。虽然农村地区的自然性保留了人性中的美与善,但是那种传统美德只能在理想的自然经济社会中才能发挥作用。市场经济鼓励人们在竞争中求发展,在"利己"行为中达到"利他"的目的,这都是与农村的古老文化相抵触的。城市的壮大缘于农村的分化,城市是农村精华的聚集,聚居是人类生存的方式。在农村文化与城市文化的较量中,农村代表了保守与惰性,而城市文化才是先进文化的引领者。人类社会发展到后工业时代,即将进入信息化时代,农村自然悠闲的景致只能是想象中的"世外桃源"。作为农村文化承载者和传播者的家庭,其功能随自然经济的解体而不断弱化,随着市场经济的发展而逐渐被赋予时代内容。随农业生产的工业化，乡村文明必将被打上工业化的烙印，农村文化的弱势决定了农村家庭教育的弱势地位。

2. 农民阶级的群体特征使家庭教育的内容具有落后性

鲍尔斯和金梯斯所提出的一致性原则，其中有一条就是儿童在家庭中内化的行为规范与他们父母在等级分工中所处的职业岗位强调的行为规范相一致。显然，农民阶级在社会分工中处于不利的等级地位，因而也就形成了循规蹈矩、因循守旧的品质。农村在改革中失却了方向，计划经济时代农民对社队的归属感随着家庭联产承包责任制的实行而荡然无存，因打破旧格局而出现的碎片向何方聚集？毫无疑问，这个方向就是城市。当无数农村人口通过合法方式成为城市居民的时候，任何人也不能设置障碍阻止后续者以合理的手段进入城市，如果说加以限制，那就是最大的不平等。而我国现行政策是在鼓励农民安于现状，追求一种和谐的社会愿景。这种强化会抑制农民意识的觉醒，使之固化自己的阶级特征。很难想象，这种环境下的家庭教育和潜移默化的影响能促成儿童的现代化。所以，要激发孩子积极向上进取的潜能，就要及早让孩子脱离这种社会化的环境，融入现代文明的氛围中。

城镇化是农村发展的必然趋势，是缩小城乡差距的最有效的办法。要克服农村教育的弱势，希望也在农村教育的城市化。建立农村寄宿制学校，模拟城市学生学习和生活的环境，以便将来学生进入城市之后能够迅速适应新环境，这才是公平竞争的规则。农村孩子以进城为目标，也是合理的，他们学习的目的不一定非得是为农村服务，其服务对象应该是社会主义现代化建设。陶行知先生曾经批评农村教育"教人离农"，那是时代所致。历史已经进入市场经济时代，供需矛盾调节着人们的去留，只要城市建设还需要劳动力，农村人口就会因其劳动力廉价的特征而流向城市。直到有一天，农村建设出现了极大的劳动力需求，这种需求会使劳动力价格攀升，劳动力又会自然回流到农村地区，这时回来的也许不仅仅是原来的农村人口，也会有城市中的竞争不利者以及大量原来选择了城市的农村人口。政府无须为农民离开自己的土地而担心农村的前景，农民也是理性的经济人，现代农村松散的特点使其具备了流动的条件，这正是市场规律在我国的体现。所以，不要批评我们的"离农教育"，其实，千百年来农民所追求的就是离农教育，正是由于这种理想才促使他们不顾一切地支持教育。当今的政策制定者一方面惊呼城乡二元结构对农村的制约，另一方面又不断制造城乡二元体制。为什么一定要有农村教育？为什么在没有考试区别的前提下要执行城乡二元结构的教材？现代城市文明有哪些东西不适合农村孩子？在教育结果评价体系没有改变的时候，人为划定农村教育和城市教育的界限，只会进一步拉大城乡差距。现在城市的居民很久以前不就是农民吗？凭什么允许他们变成城市人口之后封闭后来者的效仿之路呢？殊不知，正是由于有一条晋升之路才激发农民奋发向上，不断追求的过程才是一个和谐的过程，一味地扶持和强化其弱势特点只是一种愚弄。大胆地以寄宿制学校为突破口，尽早地让农村孩子接触现代文明和先进的城市理念，才能完成儿童的社会化、现代化。只有这样，才会避免孩子被父辈农民阶级的特征同化。也只有这样，才能真正消除城乡差距，达成城乡一体化的目标。观念差距消除之后，与城市的距离就不能阻碍城乡的融合了。其实，用寄宿制学校的方式促使儿童现代化在美国和加拿大都出现过，两个国家在对印第安人进行社会同化的时候都采用了寄宿制学校这种方式，虽然这种殖民教育招致了非议和反对，但寄宿制学校在对儿童社会化和现代化中的功用不可否认。

3. 农村剩余劳动力的转移使家庭教育缺位

虽然农村文化的落后性决定了农民家庭教育先天就具有弱点，但是，农民朴实、勤劳的传统美德却具有传承的价值。农民对是非、善恶的判断深藏着人性的真谛，这些也是不能完全否定农村家庭教育的重要因素，而且，在孩子很小的时候，这些教育是必不可少的。但是，由于改革开放的不断深入，城乡经济差距越来越大，大批农民或主动，或被动地离开故土，进城务工。把大批儿童放在家中，家庭教育形式发生了重大改变，他们或是隔代教育，或是委托亲戚朋友教育，留守儿童的教育问题成为了一个社会问题。也就是说，家庭选择了放弃在孩子社会化过程中施加影响的权利，原来日间学习之外的教育和监护权要么隔代实施，要么由亲戚代行。近年来，随着农村寄宿制学校的不断发展，更多的人选择了由学校代为实施监护权。

农村家庭由于生计和发展的原因造成的不完整主要可以分为四种类型：一是父亲常年在外，留下母亲和老人；二是母亲在外，让父亲和老人孩子在家中留守；三是父母均常年在外，留下老人在家照看孩子；四是父母常年在外,家中老人亡故,托亲戚朋友照看孩子。无论哪种情况,结果都会造成家庭教育功能的弱化或缺位。这种缺失从某种意义上对学校社会化功能的发挥具有一种正强化的作用,但是,家庭教育缺失后孩子要么出现监管"真空",学校以外的业余生活时间处于无人看管的状态,要么就处于爷爷奶奶等监护人不正确的教育观念之下,或者更为严重,让社会教育占领了这片空地,学生过早地接受社会不良风气的熏陶。所以,在家庭、学校和社会三方中,学校教育具有主导作用,学校接管留守儿童这段无人看管的"真空"地带是最合适的,也是最有效果的。但是,要接管这段时间,学校就必须将儿童的日常生活融入学校,安排专人配合教师对他们进行日常规范的训练,使之养成良好的生活习惯。这就要求学生寄宿学校,客观上产生了对寄宿制学校的需求。正是由于留守儿童的出现,寄宿制学校对儿童食宿等生活行为的管理才具备了充足的理由,这让儿童摆脱家庭的影响,及早接受集体生活规则的训练。按照帕森斯的观点,教育过程实际上是使儿童从家庭的原始感情联系中解脱出来的过程,更是使儿童内化那些比在家庭中所学到的价值和规则层次更高的社会价值和规范的过程。这些规范的内化需要时间和完整的生活场景,农村学生只有进入寄宿制学校,将自己完整的生活场景融入集体生活中,才能把适应社会化大生产的更高规则内化。

总之,人口的大规模流动促使农村客观上产生了对寄宿制学校的需求。这种需求来源于对学生生活的看管,但却给了学校教育影响孩子成长更多的时间和空间。同时,在这种历史背景下,接管学生管理的其他时间合情合理,变原来的被动为主动,更容易得到家庭的配合。从某种意义上说,这种接管实际上是在契约基础上农村家庭监护权利和教育权利的让渡,这是个体家庭将监护权和教育权让渡给国家的表现。

4. 家庭对孩子的影响力随年龄的增长而逐渐减弱

研究表明,随着孩子年龄的增加,家庭的影响有逐渐减弱的趋势。在人生的不同阶段,家庭、学校和社会对学生发展的影响是不同的。在童年时期,家庭的作用是很大的,儿童从其他方面获得的生活经验较少。义务教育阶段前期,家庭的影响作用开始下降,学校的作用明显突出。义务教育阶段的后期,家庭的影响进一步减弱,学校保持着突出的地位。到了成年期，家庭、学校影响作用大幅度下降，此时，社会教育开始发挥重要作用。[①] 小学高年级学生、初中生已经有脱离家庭管理的倾向，随着知识的增长，农村孩子与父母的现代知识拥有量的差距越来越大，由于父母文化水平普遍较低，随着孩子自身的成熟，他们对父母话语的信任度逐渐降低，这一个过程也就是家庭教育影响力减弱的过程。此时，学生学习和生活时间在家庭和学校之间的分配直接影响到教育的效率，家庭教育时间分配越多，学生社会化的速度就越慢，社会化的效果就越差。相比之下，学校教师在学生眼中就是知识的化身，更多的时候学生选择相信老师的话，并将教师作为楷模。所以，选择将日常生活交由学校管理是一种最有效率的教育方式。这也就意味着选择寄宿制学校会让学生早日从家庭原始的情感中摆脱出来。同时，除了低龄学生以外，孩子和父母的情感联系也遵循"距离产生美"的基本规律，适当分离不但不会影响亲情，相反，会因为一周5天左右的分离而更加亲近。或许离家之初会有一段时间存在思家的情绪，但是，习惯之后就会消除这种情绪，融入学校这个大家庭之中。

总之，农民和农村的弱势使农村儿童置身于不利的社会化环境中，难以内化现代工业文明的价值观念。农民的弱势在于落后的观念和因循守旧的社会性格。纵观中国城乡发展的历史，农耕文化总是滞后于时代的变化，现代工业文明逐渐地蚕食农耕文化，农民及其后代的处境越来越糟。长期以来的城乡二元结构使农民不断强化自身弱势群体的身份，淡化了农民的竞争意识。思想的封闭性和惰性使农民安于现状，这种观念内化于日常行为，在不断地潜移默化中影响着农村儿童的成长。农村的弱势缘于村庄的日渐萧条，"农民工经济"改变了乡村社会结构，大量农民走向城市的过程也正是农村"空巢"的过程。昔日农村"人丁兴旺"的喧嚣时代一去不返，留下的是令人揪心的荒凉。农村社会的衰败留给儿童残缺与原始的成长环境，农村与城市近在咫尺却恍若隔世。很难想象，在如此环境中成长的儿童能与工业文明熏陶的儿童具有同等的生存竞争力。因此，建立一个接近现代社会的真实场景对于农村儿童融入现代社会具有战略意义。

---

① 金一鸣：《教育原理》，安徽教育出版社1995年版，第192页。

(二) 寄宿制学校教育在农村学生现代社会性格形成中的优势

寄宿实质是学校与家庭对农村学生社会化时间与空间的争夺，寄宿制教育通过学校控制更多的时间和改变农村学生的生活空间而发挥育人的优势。我国城乡政治、经济呈非均衡状态，尤以农村人口价值观念落后和社会个性缺失著称。马克思在分析东方古代社会时曾指出："政治自我孤立封闭状态下的村社组织，构成了国家上层变动，基层社会却停滞不前的重要原因。"城乡隔离和农村人口现代化进程缓慢是我国现阶段城乡关系的显著特点，农村儿童现代化进程受家庭教育方式和学校环境的影响，随着学生年龄的增长，学校对学生社会化的影响力逐渐增强。从某种意义上说，学生未来的生存适应能力更多地取决于学校。寄宿制学校教育帮助农村儿童避开了农民和农村两大弱势因素对其社会性格形成的影响，增加了与教师和同辈群体接触的机会，更有利于儿童现代社会性格的形成。就社会化空间来看，寄宿制教育模式使农村学生生活场域更多地转移到学校。这种转移使学生的生活和娱乐环境发生了改变。非寄宿制教育模式下学生放学回家后的活动空间交与学校，学校实际上承担起了家庭抚养的功能。就社会化时间而言，学校通过寄宿制教育可以获得更多的影响机会。时空的转移有利于弥补家庭社会化功能的缺失，更好地促进学生的现代化。

首先，学校是现代社会的模拟，通过寄宿制教育延长学生在校时间有利于促进学生的现代化。学校教育具有培养专门技能和认知技能的功能，同时还鼓励和培养人们的等级分层意识，且具备把这种分层合理化的功能。学校与生产制度具有四个方面的一致性，正是这些一致性对学生产生潜移默化的影响，最后使学生具备了进入社会生活的基础。教育内部的社会关系，如行政人员与教师、教师与学生、学生与学生之间的关系，完全复制了生产制度内的等级制分工；教育制度内的权力结构，也同生产制度内一样，是由上而下的垂直权威关系；生产制度内劳动的异化在学校内则反映为学生对自己所受教育失去控制、学生的学习动力不是来自内部的需要而是来自对成绩和其他外部报偿的追求，学习本身也是毫无乐趣和意义的；资本主义生产制度中，劳动者的被分裂，在学校中则表现为学生为了那些表面成绩和评价而不断进行的破坏性的竞争。学校中所提倡和奖励的学生个性特征，恰恰是企业和用人单位欢迎和要求的；学校中反对和经常加以惩罚的个性特征，也正是企业和用人单位所不喜欢的和反对的。学校具有学生同辈的真实环境，学生如何在遵循学校规章制度的前提下，在同龄人中处理关系，获得自身的发展，本身就是对现实社会的模拟。而学校的规章制度往往又是随着社会的变化而不断变化的，所以，学校所反映的社会生活结构也是动态的、真实的。学校是学生社会化的最好场所，这点是毋庸置疑的。通过寄宿学校而延长在校时间，可以消除农村学生家庭在其社会化过程中的不利影响，强化集体生活和未来生活世界的规则。

其次，寄宿制学校增加了学生生活管理，是一种更真实的社会生活场景。学校结构和运行机制与社会生产制度同构，但是一般的走读学校缺少了学生生活的融入，缺乏场景的完整性。寄宿制学校融入了家庭的功能，使得这种学校生活更完整，同时也变得更复杂。学生寄宿学习更有利于社会化的实现。学生寄宿在校，学校接管了原来属于家庭教育的时间。这种安排的直接结果就是将有限影响学生成长的时间更多地分配给学校，弱化了家庭对学生社会化的负面影响。学生食宿在校，为构建一个完整的生活场景创造了条件，这样就能做到屏蔽社会不良影响和农村家庭自然经济观念的渗透，使学生更早地接近现代社会。学习和生活的有机结合实际上就是家庭教育和学校教育的融合。集体的规范生活可以使学生养成良好的生活行为习惯，在集体生活中检验自身行为的正误。适应集体生活的过程就是社会化的过程，渗透社会化大生产所需要的品质和文明行为习惯的过程就是促进学生现代化的过程。

最后，寄宿制学校教育增加了教师以及学生同辈群体互动的概率，有利于农村儿童现代社会性格的形成。寄宿制教育形式通过改变农村儿童成长的互动群体促进其完成现代社会性格的形成。在农村寄宿制学校中，学生住校往往使得教师也得住校，许多农村地区建立了周转房以保证这种格局的形成。这就意味着晚饭后至学生就寝之前的时段是由学校教职工管理的，农民家长和教师代理家长权责的转移改变了学生社会化的环境，有力地促进了学生的养成教育。另外，原来偏僻山村的孤独环境由于同伴的加入而热闹起来，集体生活的氛围为儿童未来社会交往奠定了良好的基础。总之，学校是个体社会化的最佳场所，农村学生融入学校的时间越长，教师的引领和同伴群体潜移默化的影响就越深，其社会化的效果就会越好。因此，当儿童具备了基本的独立生活能力的以后，延长他们学校生活的时间，将学生的生活全方位纳入学校集体生活中，更有利于孩子的社会化与现代化。

总之，中小学教育更多的是基础教育，与专业教育不同的是，学生的价值观、人生观、世界观都处于一种懵懂状态，需要在师生互动，同辈交往中逐渐形成。中小学阶段形成的个性品格会影响其今后的人生道路。同时，这个阶段也是学生开始脱离对家庭教育依赖的阶段，家庭教育力量和学校教育力量之间不断争夺着对学生产生影响的时间。从帕森斯的分析可以看出，家庭教育总是不断弱化的，随着孩子年龄的增长，家庭的教育功能最终必将让渡给学校和社会，而首先争得教育主导权的必然是学校。显然，学校是一个社会化的场所，学生在学校的时间越长，融入学校的集体生活越深，其社会化的效果就会越好。我国已进入"后工业化"时代，学校应该传递后工业化时代的文明，农村学校教育必须承担起消除学生因居住分散而形成的思维模式的任务。这些功能的完成一方面需要延长学校教育的时间；另一方面需要减少家庭教育的负面影响。而要完成这两项任务，农村学校就必须实行寄宿制，以此来保证学校教育的时间，削弱家庭教育的影响，通过学校模拟真实社会场景，以便更有效地促进学生的社会化。这种需求不仅仅针对留守儿童，也针对全部农村孩子。随着城镇化的进一步推进和大量农村人口的进城，农村生活会更加远离现代化大生产，更有必要通过寄宿制学校来弥补这种社会化场景的缺失，这是一段时期内农村教育服务社会的重要内容之一。

第三章 农村寄宿制学校的历史沿革及背景分析

我国农村中小学实行寄宿制教育有着深远的历史，对历史进行客观评价，才能真正理解现存问题产生的根源。同时，分析农村寄宿制学校发展与当时条件下农村经济、政治、文化和教育自身发展的关系，揭示其历史背景，可以为解决农村寄宿制学校教育目前面临的问题提供依据。科学地构建农村寄宿制学校运行机制，必须建立在对寄宿制教育历史充分了解的基础上，本章旨在考察农村寄宿制学校的发展历程和背景，为重构农村寄宿制学校运行机制提供经验借鉴。

第一节 我国农村寄宿制学校的历史沿革

我国农村寄宿制学校产生于20世纪五六十年代，主要出现在少数民族地区、边远山区和经济不发达地区。20世纪80年代初到90年代末，随着农村中小学布局调整的推进，寄宿制学校作为一种重要的办学形式逐渐推广开来。2004年以后，伴随西部"两基"攻坚计划和"中西部农村初中校舍改造工程"的实施而进入建设高潮。近年来，农村寄宿制学校又被作为解决留守儿童教育问题的手段备受社会关注。我国农村寄宿制学校循着两条路径发展：一条是在中央财政保障基础上建立起来的寄宿制民族中小学；另一条是在布局调整过程中地方财政支持建成的农村寄宿制学校，这两条路径并非平行延伸。农村寄宿制中小学发展至今，经历了一个曲折的历史过程，不同历史时期寄宿制学校肩负着不同的历史使命。归纳起来，农村寄宿制学校发展历程大致可以分为五个阶段：

一　1949—1978年：民族寄宿制中小学的"反反复复"

新中国成立伊始，百废待兴，人心思稳，举办寄宿制学校有着重大的政治意义。我国是一个多民族国家，民族团结是国家长治久安的保障。少数民族大多处在边远山区或牧区，具有经济落后、居住分散、交通不便和教育落后的特点。20世纪50年代初期，党和政府需要大量的民族干部，少数民族文化落后，远不能适应形势的需要。从长远计，国家在少数民族聚居地区创办了一些公费民族寄宿制中小学，以改变少数民族子弟读书难的问题，为以后培养民族干部，开展民族工作创造有利条件。由此，农村寄宿制学校以寄宿制民族班的形式进入萌芽阶段。新中国成立初期到1976年，我国政治活动频繁，一切发展都按照政治逻辑展开，其间经过了"大跃进"和"文化大革命"两次大的运动，民族寄宿制学校的发展也起落不定。

我国少数民族主要分布在四大地区的17个省区，其中西南四省区占33.5%；中南五省区占27.3%；西北五省区占20.7%；东北三省区占11.7%；其他地区占6.8%。形成一种大杂居、小聚居的分布。这些地区大多处于山区、牧区等偏远地区，人口稀少、居住分散、交通不便、信息闭塞，很多牧区还处于游牧状态，生活地点并不固定。现代教育一般以现实人口居住状况为首要参照，确定一定的服务半径建立学校，招收一定数量的学生和安排相应的教师进行教学活动，在教学空间、时间、内容和方式上明显表现出集中性和稳定性。少数民族地区的原始生产和生活方式与现代办学模式之间存在深刻矛盾，致使其基础教育的发展极其缓慢。据统计，1949年，宁夏儿童入学率只有10%，新疆各族儿童入学率为19.8%，湖南湘西在校生中，少数民族学生约占20%。据1950年的统计，在全国中小学在校生总数中，少数民族学生仅占2%左右，远远低于同期少数民族人口占全国总人口6%的比例。西藏1959年以前，全区只有6所地方政府办的旧式学校和少量私塾、家塾，文盲人口占比高达95%以上。[①] 落后的教育严重地阻碍了少数民族地区经济的发展，改变基础教育严重滞后的现状成为新中国成立之初的一项重要任务，提高少数民族地区

---

① 陈立鹏：《我国少数民族教育回顾及前瞻》，《贵州民族研究》1999年第3期。

人口素质是经济发展和民主政治建设的客观要求。要彻底改变民族地区教育落后的现状,提高学生的入学率和提高学校教育的质量是必然选择。为此,新中国成立初期到20世纪80年代中期,各级政府围绕着服从生产与办学规律的基本原则,不断探索适合少数民族地区特殊自然条件的办学模式。先后在少数民族地区实行半读制小学、马背小学（巡回小学）、简易小学、帐篷小学、小规模寄宿小学和山村走读小学等形式。各地在反复实践中不断总结教训,最后采取了综合的办学方式,即走读和寄宿制相结合的方式,寄宿制学校附带走读的学生,走读学校也附设少量寄宿生。[1] 这种办学的形式实际上就是每个学校都为有需要寄宿的学生提供条件,只是寄宿学生所占比例不同而已。由于新中国成立初期至20世纪80年代基础教育的主要目标是普及初等教育,因此,这一时期的民族寄宿制中小学主体是小学。小学升初中需要经过选拔,因而初中一般实行集中办学,实行寄宿制是一种必然的选择,只是在这一阶段这类学校的数量较少,也不是国家政策关注的重点。可以说,新中国成立初期至20世纪80年代以前的少数民族地区,中小学教育的办学形式在寄宿与走读之间不断反复,近20年的实践证明,举办寄宿制学校是解决山区、牧区基础教育的最佳选择。

20世纪50年代初期,四川省藏、彝族地区就专门设有民族寄宿制小学,这类学校大多设立在乡村,一般由国家（或地方政府和社队集体负担一部分）供给吃住,是新中国成立以后最早的农村寄宿制学校。但是,由于当时经济水平难以支持这种全免费教育,1953年7月,四川省教育厅在《我国少数民族小学现行情况及1953年计划要点》中指出:"专设民族小学均予百分之百的补助……发展下去会造成不良影响。"因此决定就地设置学校,除特殊困难可适当补助部分书籍文具费外,一般不予补助。因此,民族寄宿制小学失去了经济保障,50年代中期就停止了招生。[2] 同一时期,新疆维吾尔自治区政府为了解决部分地区孩子上学远的问题,在塔什库尔干、乌恰等县牧区创办了全部由国家供给食宿的小学。

---

[1] 格明多杰:《青海藏族教育的现状与两个主要问题的改善意见》,《青海民族研究》1992年第3期。

[2] 《中国教育统计年鉴（1949—1984）》,人民教育出版社1985年版,第1013—1014页。

1958年，牧区公社化以后，为延长牧区教学时间，提高教学质量，由牧区教育工作者和牧民自发地办起了一些寄宿制学校。靠近县和公社的中学也招收了牧区的寄宿生。寄宿制学校寄宿生的粮油按定量由牧业大队直接拨给学校，肉食由大队调拨牲畜给学校自养、自繁、自用来解决，奶酪由大队调拨奶牛自养自供，蔬菜由学校开荒自种，大队抽调年老体弱的社员到学校担负学生食堂的炊事工作和学生的保育工作，由大队给记工分。1958年以后，牧区中小学都开展了勤工俭学，牧区学校也组织学生挖药材、拾鹿角、种植油料蔬菜、饲养牛羊等，用劳动收入购买生活所需用品，解决寄宿生生活的需要，公社和大队也抽出一定资金来解决学生生活方面的问题。此类寄宿制学校，在20世纪50年代末60年代初期的伊犁、塔城、阿勒泰牧区都曾举办过，数量不多。但由于对牧区教育规律缺乏科学的总结，认识不深，这种办学形式未被提倡和推广，也没有发展完善，以致自生自灭，在"文革"前已基本消失了。云南楚雄彝族自治州1957年以前也曾经举办过20所寄宿制民族小学，在"文化大革命"中被撤销了。

1963年9月27日，青海省人民政府批转了省文教厅《关于在牧区举办寄宿制民族小学的报告》。报告就民族小学的性质、规模、教师编制、学生生活、学习费用、学生助学金、口粮标准及学校建设问题，做了具体规定。寄宿制民族小学的创建，为牧区民族教育的发展找到了一条比较有效的途径。到1965年，全省牧区寄宿制小学已达110所，在校少数民族学生5100余人。"十年动乱"期间，刚刚兴起的民族寄宿制小学被扣上了"三脱离"的帽子，大批被砍掉，代之以牧读小学。1974年5月，《红旗》杂志发表文章，对牧读小学做了充分肯定。实践证明，牧读小学并不适合牧区教育，1975年9月，青海省召开全省牧区教育工作会议，提出了关于普及小学教育的重点、学校布局、办学形式等八条意见。在这期间，广大群众、教师、干部顶住"四人帮"的压力，积极恢复被砍掉的民族寄宿制小学。据6个自治州的统计，到1976年，寄宿制民族小学又发展到270所，比1971年增加了近两倍半。

为了帮助少数民族地区发展教育事业，中央政府在教育经费上另设有补助费，地方政府也设法拨给一些补助经费。对在少数民族居住的牧区、山区兴办的寄宿制民族中小学的住校生实行助学金制度。内蒙古自治区规定：初中学生牧区住校生按 40%，农区住校生按 30%，每人每月补助 8 元 5 角；小学边境地区按 50%，一般牧区按 30%，每人每月补助 8 元。新疆维吾尔自治区牧区寄宿制小学住校生享受比例为 50%。四川省 1.46 万寄宿制小学学生中，享受助学金的有 1.16 万人。[①]

寄宿制办学形式不仅在牧区、山区不断涌现，在河南、湖南、安徽等省也先后出现了寄宿制学校的萌芽。1958 年 9 月，刘少奇同志在河南视察时指出，对小孩子要强调社会教育，不能把重点放在家庭教育上。在目前工农业生产突飞猛进的时代，在我们的祖国向共产主义过渡的时代，学校向寄宿制方向发展，是群众的切身利益，同时，它也使我国教育事业走上了一条更为宽广的道路。这一指示将寄宿制学校创设提高到了一个政治高度，客观上刺激了一些地方筹资兴建农村寄宿制学校。湖南省桂东县的中小学、湘潭黄龙桥小学、醴陵红旗人民公社等学校，在较短的时间内实现了小学生全部寄宿。湘潭黄龙桥小学在帮助公社秋收的时候，白天抢收，晚上学习。教学内容是以生产劳动成果编成的算术题，紧密结合生产实际。由于小学生住校，农村的妇女劳动力大大得到了解放，妇女不再为照顾子女而影响出工和学习了。1959 年 9 月，安徽省芜湖市鸠江人民公社渔业大队创办了一所寄宿制的渔民子弟学校，开班后短短 3 个月时间，就招收学生 76 人，实行在校寄宿，同吃、同住、同学习、同劳动。社里不仅包下了学生在校的伙食费、学习费，而且还对个别经济困难家庭的学生给予一定的生活补助，帮助他们制被子，缝棉衣。在学校，孩子们白天一起学习、劳动、唱歌，他们能够互相照顾，像兄弟姊妹一样愉快地生活着；晚上，二十几位敬老院里的老年渔民就像关心自己的孩子一样照料着他们，夜间怕孩子们着凉，替他们盖被子，有的老人还给孩子们洗衣服，整个学校充满着关怀、友爱的气氛。[②]

可以看出，由于国民经济处于复苏时期，中央财政只能支持少数民族地区寄宿制民族中小学的建设，这也是我国政治气候使然。随着"文化大革命"的到来，寄宿制学校被视为脱离实际、脱离劳动，脱离政治而

[①] 《中国教育统计年鉴（1949—1984）》，人民教育出版社 1985 年版，第 408 页。
[②] 芜湖市教育局：《共产党领导好，渔民也能办学校——一所渔民子弟学校的创办经过》，《安徽教育》1959 年第 2 期。

被否决了。各地抱以极大热情进行寄宿制学校建设，一方面是出于发展生产的需要，另一方面也是从政治的角度出发，为了培养学生的共产主义精神。另外，民族问题本身就是一个政治问题，牧区、山区的自然条件给少数民族地区的学生入学带来了极大困难，刚刚建立的社会主义新中国，对少数民族地区有所扶持是必然的。政治的力量是不可忽视的，新中国成立初期，民族地区寄宿制学校的运行模式与当时的经济条件并不相符，更多地处于理想状态。为了解决少数民族地区学生入学的寄宿制办学形式，迎合了民众的需要，但是没有强大的经济做支撑，在政治风暴来临时终究只能"昙花一现"。但是，经过新中国成立初期到20世纪80年代以前的"反反复复"，政府和学生家庭逐渐认识了农村寄宿制学校的优势，这也为以后的拨乱反正，农村寄宿制学校在全国农村的大发展奠定了基础。

二 1978—1986年：省级政府主导下民族寄宿制学校的兴起

十年"文化大革命"扰乱了正常的教学秩序，寄宿制中小学建设也陷入低潮。1976年"文化大革命"结束后，党中央及时进行"拨乱反正"，纠正"文革"期间的错误。十一届三中全会的召开在全国范围内掀起了真理标准的大讨论，各行各业又重新回到了"实践是检验真理的标准"的轨道上来。实践证明，"文化大革命"期间所倡导的"马背学校"和"帐篷学校"并不适合山区及牧区。这一阶段，少数民族地区不断恢复和新建寄宿制民族中小学，出现了寄宿制学校建设的第一次高潮。同时，举办寄宿制民族学校也被提升到国家层面，许多相关的政策文件相继出台，这既是对寄宿制办学形式的肯定，也为其后的发展奠定了基础。

粉碎"四人帮"以后，教育战线在邓小平的领导下率先开展"拨乱反正"，教育领域迅速恢复了正常秩序。1980年10月9日，教育部、国家民委在《关于加强民族教育工作的意见》（以下简称《意见》）中重新提出："特别要大力办好一批寄宿制学校，采取由国家管住、管吃、管穿的办法。对这些民族中小学，在经费上要给予必要的照顾，调配较好的教师，校舍和教学设备也要好一些。"这一文件的出台掀开了少数民族地区举办寄宿制学校的新篇章，原来时办时停的寄宿制学校得到第一次空前的大发展。《意见》首先考虑了民族地区教育落后的特点和地理条件的特殊性，坚持实事求是，目标直指少数民族地区落后的教育现状，其根本是要不断提高民族地区儿童的入学率和办学质量。"大力办好一批寄宿制学校,采取由国家管住、管吃、管穿"更显出了国家对提高民族地区基础教育质量的决心。20 世纪 80 年代,国家刚刚迈开改革开放的步伐,财政并不充裕,提出由国家管吃、管住、管穿既是寄宿制学校发展的根本保障,也是党和国家改变民族地区教育面貌的承诺,此举具有非凡的政治意义。正是这一文件的出台,给少数民族地区基础教育的发展指明了方向,注入了活力,从而促进了中小学教育的发展。

1982 年 10 月 11 日,教育部在新疆召开全国牧区、山区寄宿制民族中小学经验交流会。参加会议的有新疆、内蒙古、青海、宁夏、甘肃、广西、四川、云南、贵州、广东、辽宁、吉林、黑龙江 13 个省区,会后印发的《全国牧区、山区寄宿制民族中小学经验交流会纪要》指出:"在牧区、山区办寄宿制民族中小学优越性在于:第一,有利于提高学生的入学率和巩固率;第二,有利于集中师资、加强教学,提高教学质量;第三,有利于开展教师的教学活动和进修提高工作;第四,有利于集中大量改进办学条件和开展勤工俭学活动,使学生德、智、体、美全面发展,也有利于培养一定数量的合格毕业生。"据 1982 年对新疆等 14 个省、自治区的不完全统计,已有牧区、山区寄宿制民族小学 2720 所(含 555 个寄宿班),在校学生 271717 人;寄宿制民族中学 725 所(含 137 个班),在校学生 205332 人。[①] 会议纪要对寄宿制学校提高办学质量的功能给予了充分的肯定,后来实际上成为了各地举办寄宿制学校的依据。此后,会议纪要以文件的形式发到各省,实际上起到了政策指导的作用。因此,提高办学质量,促进少数民族地区学生的全面发展,也就成为之后各地政策的目标。1984 年 10 月颁布的《中华人民共和国民族区域自治法》规定:"在少数民族牧区、山区设立以寄宿制为主和助学金为主的公办民族小学和民族中学。"[②] 一系列国家层面的文件和政策的出台,使寄宿制民族中小学校得到较快恢复并获得很大发展。

1980 年出台的《关于加强民族教育工作的意见》是民族寄宿制中小学发展的"地标",1982 年教育部在新疆召开的全国牧区、山区寄宿制民

[①] 《中国教育统计年鉴(1982—1984)》,人民教育出版社 1985 年版,第 185 页。
[②] 刘英杰:《中国教育大事典(1949—1990)》,浙江教育出版社 1991 年版,第 2061 页。

族中小学经验交流会就是对《意见》的落实。1980年以后，农村寄宿制学校以民族寄宿制学校的形式在全国各地兴起。据新疆维吾尔自治区1981年的统计，牧区寄宿制学校已经发展到166所，在校学生27935人。伊犁哈萨克自治州10个县市中，4个属于纯牧区，为适应分散、游牧的生产方式，全州举办了24所寄宿制学校。为了办好寄宿制学校，新疆维吾尔自治区政府1981年8月批转了自治区教育厅《关于加强牧区中小学教育的意见》，决定提高寄宿制学校编制，按班计算，初中1∶3.5，小学1∶2.5，另每校设保健员1人，小学每30人设保育员1人，炊事员1人，以搞好学生的饮食起居和卫生保健；寄宿制学校学生中有50%享受助学金，以减轻牧民的负担。塔什库尔干县办起了3所寄宿制学校，招收了280名塔吉克牧民子女入学，除免收学杂费以外，由国家供给膳食和被褥，50%的学生由国家供给服装。为加强对学生的思想教育，活跃学生生活，有些学校还配备了小型放映机、电视、收录机等，一些牧场办的寄宿制学校，还由牧场调拨了牲畜、划定了草场，以解决学生食奶食肉问题。从1984年开始，寄宿制学校稳步发展（见表3.1）。牧区寄宿制学校的发展有力地促进了初等教育的普及。

表3.1　　新疆维吾尔自治区1984—1986年寄宿制民族中小学情况统计

年　份	寄宿制小学		寄宿制中学	
	校　数（所）	学生数（人）	校　数（所）	学生数（人）
1984	291	52707	93	9339
1985	331	59221	110	18141
1986	328	77963	107	23000

资料来源：《中国教育统计年鉴（1949—1981）》，第983页。

云南省政府从1980年开始，每年从省财政中拨出400万元兴建寄宿制民族中小学，到1981年秋已有34所寄宿制民族中小学开始招生，其中16所寄宿制民族中学，28个班，有初高中学生1371人；18所寄宿制民族小学，31个班，有小学生1218人。此外，各地州、县还自筹经费举办了大批寄宿制班。德宏傣族景颇族自治州共有216个中小学寄宿制班，学生13791人。1983年，云南省委、省政府从国家支援不发达地区的资金中，拨出专款，在民族贫困山区举办3000所寄宿制小学。1984年11月26日，云南省

《关于改革和发展我省民族教育的意见》中提出:"要下决心在边疆和内地贫困的民族山区,逐步在每个区重点办好一所寄宿制、每个乡重点办好一所半寄宿制的完全小学,学制可以根据实际需要延长。"

青海省 1980 年从基建投资中提取 114 万元,用于新建和扩建牧区的 18 所重点寄宿小学(见表 3.2)。到 1981 年全省共有寄宿制民族小学 368 所,学生 15733 人;寄宿制民族中学 39 所,学生 4567 人。青海省河南蒙古族自治县赛尔龙公社,7—11 周岁儿童 343 人,有 196 人就读于公社寄宿制完全小学。表 3.2 反映了 1965 年到 1980 年寄宿制小学的发展状况。[①] 1983 年,青海省制定了《青海省牧区寄宿小学暂行管理条例》,规定:"公社(乡)寄校应办成完全小学,学制为六年。社(乡)寄校应发挥骨干和示范作用,大队寄校原则上只办初小。"该文件对寄校规模也做了相应规定:"公社寄校一般不得少于 20 人,大队寄校一般不得少于 40 人。"内蒙古自治区人大常委会 1981 年 5 月 31 日通过的《关于自治区教育工作的决议》指出:"在牧区办学逐步做到集中为主、公办为主、寄宿制为主和全日制为主。"1984 年 8 月《全区牧区工作会议纪要》又提出:"逐步创造条件,为少数民族牧区和经济困难、居住分散的少数民族地区,设立以寄宿制为主和助学金为主的公办民族小学和民族中学。"[②] 1986 年,牧区和偏远分散地区共恢复新建了以寄宿制为主、助学金为主的公办小学 667 所,全区寄宿的小学生达到 63365 人,其中牧区小学生 40281 人,占全区寄宿小学生的 64.4%。寄宿中学生 93614 人。

表 3.2　　　　青海省 6 个自治州寄宿制小学发展情况统计

自治州	1965 年		1976 年		1980 年	
	学校数(所)	学生数(人)	学校数(所)	学生数(人)	学校数(所)	学生数(所)
玉树	28	1653	113	3360	92	3184
果洛	25	717	36	772	39	970
黄南	9	430	57	2273	77	2471
海北	7	395	16	450	46	2256

[①] 《中国教育统计年鉴(1949—1981)》,人民教育出版社 1985 年版,第 404 页。
[②] 刘英杰:《中国教育大事典(1949—1990)》,浙江教育出版社 1991 年版,第 2062 页。

续表

自治州	1965年		1976年		1980年	
	学校数(所)	学生数(人)	学校数(所)	学生数(人)	学校数(所)	学生数(所)
海西	27	1283	37	2589	37	6708
海南	14	685	10	667	56	2330
合计	110	5163	269	10111	347	17919

资料来源:《中国教育统计年鉴(1949—1981)》,第404页。

广西壮族自治区为了加速少数民族人才的培养,20世纪80年代中期以举办寄宿制民族高小班和初中班的形式,实行寄宿制。1984—1985年,自治区政府在10个民族县和10个老、边、穷县举办40个民族高小班和30个民族初中班。学生在校学习期间的生活及学习费用由国家给予适当补助,高中学生每月伙食费12—15元,初中学生每月伙食费为15元。县、乡也有类似的寄宿班,生活费采取哪一级举办哪一级负责的原则。

贵州省三都水族自治县为解决女童入学难的问题,从1983年开始,在少数民族集中、女童入学最难的水龙、九阡和都江三个区举办了高中女子寄宿班,专门招收边远农村的少数民族适龄女童。这些女生全部免收学费和书本费,每人每月发给10元生活费,还负责医药费用,发给衣、鞋、被等日用品,学校还专门配备了生活管理员,使这些学生不仅进得来,而且留得住。

宁夏回族自治区1980—1981年陆续兴办了寄宿制民族中小学72所,在校学生达6400余人。1981年宁夏回族自治区党委统战部、区民委从民族补助费中拨出109万元用于寄宿制回民中小学建设。寄宿制回民中小学生在校期间的膳食费、学习用具费、书本费、医疗费基本上由国家负担。

西藏的寄宿制学校带有强烈的政治色彩,以玛多县为例,这个县从20世纪50年代开始兴办小学,"文化大革命"中普遍办了流动教学的帐房小学,后来因为没有实际效果而散伙,重点转为办寄宿制小学后,送子女上学的牧民仍然很少。针对这种情况,1983年以来该县采取了一系列措施,其中主要的手段就是发展寄宿制民族小学,对牧民子女上学实行奖惩制度,明确规定,凡是有两个以上学龄儿童的牧户,必须按二送一的比例送子女上寄宿小学,超送一名每年奖励若干元,直至该生从寄宿制小学毕业；少送一名，则罚款若干元。同时，增加教育投资，从1984年起，每个乡每年从当年公共积累中抽15%—20%作为寄宿小学的经费，县上每月给寄宿小学生补贴15元。

甘肃省教育厅于1984年—1986年间共拨专款754万元，新建寄宿制民族中学5所，改建寄宿制小学49所。到1986年，民族地区寄宿制小学已由1983年的23所发展到75所，在校学生增加到7365人；寄宿制中学增加到9所，在校人数达1679人。民族地区9个牧业县都有了寄宿制中学，62%的牧业乡有了寄宿制小学。肃北、阿克塞、玛曲、碌曲4个县的乡中心小学全部实行寄宿。[①]

我国少数民族牧区、半农半牧区县257个，分布在内蒙古、新疆、青海、甘肃、四川、西藏6个省、自治区，面积达360万平方公里，占国土面积的38%；全国山区分布较广，农业山区主要在云南、贵州、四川、广东、广西、宁夏、湖南、湖北等省、自治区。我国牧区、山区的基本特点是：地广人稀、山高严寒、居住分散。山区、牧区教育发展受到这些自然条件的限制，新中国成立初期到20世纪80年代的实践证明了寄宿制民族中小学是牧区、山区民族教育的一种较好的办学形式。1986年以前，由于国家把普及初等教育作为发展基础教育的目标，普及初等教育的难点在民族地区，因此，这一阶段寄宿制民族中小学的重点在寄宿制小学。整个80年代兴办寄宿制学校给我们留下了宝贵的经验，在经济基础十分薄弱的情况下，国家拨出大量专款用于寄宿制民族中小学的建设，与此同时，国家还对寄宿生实行免学费和生活费补助政策，安排生活老师，无微不至地照顾寄宿制学校的学生，使学生感受到了家的温暖，因而大大提高了学龄儿童的入学率和巩固率。以新疆为例，20世纪80年代初，吉萨尔、新源等13个县，小学五年级巩固率为30%—50%，小学毕业生合格率只有20%左右。但寄宿制学校所在地的学龄儿童入学率在70%以上，巩固率在50%以上。办得好的学校，如察布查尔努拉洪寄宿制学校，入学率达到92%，巩固率在80%以上，教学质量有的接近或超过农业区的水平。如今争论激烈的低龄儿童寄宿问题其实早就出现过，事实证明，只

---

① 说明：本章后面所使用数据，除调研数据和已经表明出处的数据外，其他数据均来自《中国教育统计年鉴》。

要遵循寄宿制学校的特点,将学习和生活有机地结合起来,很多问题都可以避免。20世纪80年代民族地区大规模地举办寄宿制学校的经验值得我们思考。

三 1987—2007年:国家主导下的寄宿制学校在农村推开

从20世纪80年代中后期开始,我国基础教育重点转向普及九年义务教育,"普九"的难点仍然是老、少、边、穷地区,绝大部分属于民族地区。这一阶段,寄宿制学校除了继续承载民族地区义务教育的重任之外,也开始被部分农村地区自发地采纳。这一时期,民族寄宿制中小学进一步发展,寄宿制办学形式在全国农村逐步推开。

(一)普九初期(1987—2000):民族寄宿制中小学进一步发展

20世纪80年代中后期,国家继续在少数民族边远山区、牧区兴办大批寄宿制、半寄宿制民族中小学,坚持"以集中为主、公办为主、全日制为主"的方针。

1987年,新疆牧区寄宿制小学进一步巩固和发展,寄宿制小学数量达到378所,在校人数87786人,学校数比1986年增加了50所,在校生人数增加了9823人。牧区寄宿制中学达113所,在校学生36143人,比1986年增长57.14%。到1990年,新疆已办起牧区寄宿制学校487所,其中小学340所、中学147所,在校中小学生达13万人,牧区80%以上乡、镇、场都建立了寄宿制学校,学生寄宿率达到65%以上,牧区初等教育的入学率、巩固率、毕业率、普及率都有了较大幅度的提高。[①] 1990年甘肃牧区新增寄宿制小学75所,还投入资金对9所寄宿制民族中学进行进一步完善。这一年,国家针对西藏问题出台了文件《加强寄宿制学校建设,对少数民族实行特殊照顾政策》,其中强调:"西藏地广人稀、交通不便,发展基础教育必须以寄宿制为主,办好一批重点小学。"全区在城镇、乡村开办了一大批寄宿制中小学。1990年西藏普通小学住宿生达到了29561人,比1989年增加了6217人,寄宿生已占少数民族小学在校生总数的19.8%。普通中学共有住宿生8100

---

① 葛丰交:《从马背小学到寄宿制学校的跨越发展——新疆牧区教育60年发展巨变》,《中国民族教育》2009年第6期。

人，比1989年增加了236人，占少数民族中学学生总数的50.5%，初步实现了发展基础教育以寄宿制学校为主的目标。1991年广西寄宿制民族中学初中班有50个，学生2437人，寄宿制民族高小班132个，学生6567人。四川省民族地区寄宿制学校始于新中国成立初期，1966年以前各地认真执行党的民族政策，寄宿制学校得到较快发展。十一届三中全会以后，经过调整整顿，寄宿制民族中小学步入规范化发展时期。1990年新增寄宿制完小81所，累计建成500余所，占规划总数600所的80%以上。截至1993年，全国18个省、自治区共举办寄宿制民族中小学6000多所（班），在校学生近100万人。这批学校已经成为民族地区的骨干学校，对于提高民族地区的入学率、巩固率和毕业率，促进民族地区普及义务教育起到了积极作用。

1992年，国家教委、国家民委在《关于加强民族教育工作若干问题的意见》中提出："认真总结发展民族教育的经验，并在已有成就的基础上，抓住当前有利时机，进一步解放思想，加快改革开放的步伐，努力把我国民族教育提高到一个新的水平。"在提高民族教育的理念之下，提出了"发展民族教育必须坚持从实际出发，充分考虑民族特点和地区特点"的总的发展思路。在此基础上，《意见》提出的具体措施中指出："人口稀少、居住分散的地方或经常流动的牧区，学校的布局要相对集中，从一定年级起举办寄宿制学校。"这一文件把民族教育提到了"巩固和发展我国平等、团结、互助的社会主义民族关系，实现各民族共同繁荣，保持国家的长治久安，顺利进行社会主义现代化建设"的高度，给少数民族地区发展寄宿制学校，普及义务教育和提高教育质量提供了政策依据，也证明了国家政策的目标就是要提高义务教育的普及率和质量。

1994年，甘肃省已建成寄宿制小学99所，寄宿制中学9所，使民族地区"县县有寄宿制中学，90%的牧业乡有寄宿制小学"。1996年，湖南省民族地区（含散居民族乡）共建成寄宿制中心小学609所，在寄宿制中心小学就读的小学生占民族地区小学生总数的40%，其中五六年级学生占80%，距校5公里以外的高年级小学生全部住校就读，寄宿生人数达11万人。1996年，四川西部民族自治地方三类寄宿制中小学达到967所，寄宿制在校生88739人，占中小学民族学生总数的24.19%。其中，重点寄宿制中小学 110 所，在校学生 20935 人；普通寄宿制中小学 108 所，在校生 13790 人；乡寄宿制小学 749 所，在校生 54014 人。到 1999 年，四川省民族自治地区寄宿制小学共有 901 所，学生 89200 人，寄宿制初中达 136 所，学生 26000 人，寄宿制中小学占中小学民族学生总数的 29.90%。

2000 年，湖南省继续加大对贫困地区"普九"工作的支持，对 1999 年援建的 50 所寄宿制初中，每校拨款 10 万元完善配套设施建设；对 2000 年援建的 68 所寄宿制初中，每校拨款 20 万元，保证援建资金足额到位。同时针对怀化市、张家界市的实际情况，在原来援建寄宿制初中方案的基础上，新增援建寄宿制初中 43 所，投入资金 1300 余万元。几年来，通过寄宿制初中项目的建设，提高了贫困地区"普九"的硬件建设水平。四川省委、省政府制定了《四川省民族地区教育发展十年行动计划》，该计划提出："寄宿制学校有大的发展，从民族地区的实际出发，积极发展寄宿制学校，力争把所有寄宿制学校建成为办学条件基本完善，管理规范，家长放心，群众满意的学校。"并计划今后每年新增财政性投入 3 亿元，10 年累计投入 30 亿元用于发展民族地区教育，新增资金主要用于基础设施建设，寄宿制学生生活补助等。

从《义务教育法》颁布实施，到 2000 年全国绝大部分地区完成"普九"任务，这是举世瞩目的成就。作为"普九"工作的重心和薄弱环节，民族地区义务教育由于历史欠账太多，需要更多的投入。各地在"普九"过程中，都把薄弱学校的改造、寄宿制学校建设和改善义务教育学校办学条件结合起来，使得寄宿制学校得以进一步发展。其价值已经超越了解决民族地区少数民族义务教育的问题，民族地区已经开始把寄宿制办学模式作为解决农村教育问题的手段，全国各地已经开始自发地把这种办学形式应用到解决农村义务教育问题上。20 世纪 90 年代在人口自然减少和社会性减少的双重压力下，各地开始进行布局调整，由此带来了学生上学远的问题，这一原本属于少数民族地区的特殊矛盾成为了全国农村的普遍矛盾。因此，我国民族地区近 50 年的寄宿制学校办学经验也会给当下农村教育问题带来一些启示。这种用于山区、牧区的办学形式是否可以移植到平原、丘陵地区，解决农村因布局调整而出现的上学远的矛盾，是一个值得探讨的问题，也是本书的主旨所在。

(二) 两基攻坚 (2001—2007): 寄宿制办学形式在全国农村地区推广

2000年，我国绝大部分地区基本实现了普及义务教育。但是，中西部地区的很多县市仍然未完成普九验收，为了完成"两基"攻坚的任务，国家对中西部地区给予了大力扶持。以农村寄宿制学校建设为手段，改善落后地区义务教育学校的办学条件，完成"普九"达标是这一时期的主要举措。在此政策的推动下，全国各地农村在省级财政支持下，多方共同筹资兴建寄宿制学校，有力地促进了义务教育的普及。自此，在国家、各省政府的推动下，寄宿制办学形式在全国农村迎来了大发展的局面，2001年5月29日，国务院颁布《关于基础教育改革与发展的决定》（国发〔2001〕21号）指出："农村义务教育量大面广、基础薄弱、任务重、难度大，是实施义务教育的重点和难点。各级人民政府要牢固树立实施科教兴国战略必须首先落实到义务教育上来的思想；牢固树立解决好我国农业、农村和农民问题，要依靠大力发展农村教育，提高劳动者整体素质的思想，切实重视和加强农村义务教育。""因地制宜调整农村义务教育布局，按照小学就近入学，初中相对集中、优化教育资源配置的原则，合理规划和调整布局。在有需要又有条件的地方，可举办寄宿制学校。"这是首次以文件的形式将寄宿制学校的范围扩大到全国范围内有需要的地方。撤并大量小规模学校的直接后果就是学校布点分散，学生上学远。这种状况不改变必然会损害业已取得的普九成果，倡导举办寄宿制学校的政策目标是适应农村现实需要，巩固义务教育成果，提高义务教育质量，改变相对落后的状况。为了响应国务院的号召，2001年四川省制订了《民族地区教育发展十年行动计划》，全省3个少数民族自治州的"普初""普九"和扫盲工作全面完成，新增寄宿制学生17900人，寄宿学生达到13.8万人。地方政府加大投入的同时，也采取多渠道筹措资金的办法建设寄宿制学校。2002年，教育部、李嘉诚基金会和省政府共同资助贵州11个自治县各建设了1所民族寄宿制学校，省教育厅筹措资金对家庭困难学生的学习和生活给予补助。该项目的实施，对于推进和巩固民族地区普及九年义务教育，提高教学质量有着重要意义。甘肃省为了巩固发展青南牧区寄宿制学校的教学成果，从2002年开始，省财政每年安排助学金800万元，州、县两级财政各安排870万元，教育部、财政部每年安排500万元专项助学金、420万元免费教科书资金，重点用于资助贫困生，使当地寄宿制中小学助学金提高到人均65—70元，基本解决了长期困扰青南牧区义务教育发展的一大难题。截至2003年，全国少数民族地区已建成民族寄宿制学校10万余所，在校寄宿生472.9万人。寄宿制学校的建设，已经成为改善少数民族地区，特别是山区、牧区、边境地区贫困学生生活学习条件的一项德政工程。

2003年9月颁布的《国务院关于进一步加强农村教育工作的决定》提出："加快推进'两基'攻坚，巩固提高普及义务教育的成果和质量。"我国西部地区还有372个县没有实现"两基"目标，为了实现这一目标，该文件要求国务院有关部门和西部地区各省（自治区、直辖市）人民政府要制订计划，精心组织实施，确保"两基"目标实现。同时提出："以加强中小学校舍和初中寄宿制学校建设、扩大初中学校招生规模、提高教师队伍素质、推进现代远程教育、扶助家庭经济困难学生为重点，周密部署，狠抓落实。"显然，这一政策文件将农村寄宿制学校作为西部地区普及九年义务教育的重要办学形式，赋予了农村寄宿制学校"巩固提高普及义务教育的成果和质量"的重任。对于西部地区的扶持也突破了民族地区的范围，开始面向所有农村地区。对中部地区未实现"两基"的县市也给予了充分的关注。对于已经实现"两基"目标的地区特别是中西部地区，《决定》明确提出："继续推进中小学布局结构调整，努力改善办学条件，重点加强农村初中和边远山区、少数民族地区寄宿制学校建设。努力降低初中辍学率，提高办学水平和质量。"为了贯彻落实《决定》精神，教育部颁布了《2003—2007年教育振兴行动计划》，提出："以实施'农村寄宿制学校建设工程'为突破口，加强西部农村初中、小学建设。""到2007年，争取全国农村义务教育阶段家庭经济困难学生都能享受到'两免一补'（免杂费、免书本费、补助寄宿生生活费），努力做到不让学生因家庭经济困难而失学。"2004年2月6日《国家西部地区"两基"攻坚计划（2004—2007年）》中提出两基攻坚主要措施之一就是加快农村寄宿制学校建设。2004年2月19日，教育部、国家发展与改革委员会、财政部关于印发《西部地区农村寄宿制学校建设工程实施方案》的通知中提出："从2004年起，用4年左右的时间，中央投入100亿元，用于新建、改建和扩建一批以农村初中为主的寄宿制学校，解决西部未普九地区新增130万初中学生和20万小学生最基本的学习生活条件；同时，在合理布局、科学规划的前提下，加快对现有较差的寄宿制学校和不具备寄宿条件而又有必要实施寄宿制的学校进行改扩建步伐，使确需寄宿的学生能进入具备基本条件的寄宿制学校学习。"该"工程"实施范围以 2002 年年底西部地区尚未实现"两基"的 372 个县和新疆生产建设兵团的 38 个团场为主，包括纳入国家西部计划的部分中部省份的少数民族自治州，以及中部地区尚未实现"两基"的县，兼顾中西部地区虽已实现"两基"但基础仍然薄弱的部分地区。"西部地区农村寄宿制学校建设工程"以西部农村初中为主体，最终惠及全国农村教育落后的地区。在中央财政的支持和引导下，各省纷纷配套投入，拉动农村寄宿制学校建设资金远远超过了 100 亿元，有力地促进了农村寄宿制学校的建设。这表明国家已经将寄宿制学校作为应对农村义务教育问题的措施。

2004 年 8 月，教育部、国家发展与改革委员会和财政部联合下达了 2004 年"西部农村寄宿制学校建设工程"资金控制额度 30 亿元的要求。10 月，三部委对各省 2004—2007 年"农村寄宿制学校建设工程"项目规划进行了批复。"工程"规划 955 个县，涉及河北、山西、内蒙古、吉林、黑龙江、安徽、江西、河南、湖北、湖南、广西、海南、重庆、四川、贵州、云南、陕西、甘肃、宁夏、青海 20 多个省、自治区、直辖市和新疆生产建设兵团，拟建项目学校 7730 所，可增加寄宿学生 203 万人。自此，西部农村寄宿制学校工程在各地如火如荼地开展起来。2004 年 7 月，安徽省对全省 2004—2007 年农村寄宿制学校建设工程进行了规划：4 年共规划建设寄宿制学校 417 所，8 月底，国家下达了安徽省 2004 年农村寄宿制学校建设工程专项资金 4000 万元；广西确定在 41 个"两基"攻坚县共建设面积为 110 多万平方米的校舍，中央下达全区农村寄宿制学校建设工程 2004 年经费 2.10 亿元；海南省获得寄宿制学校专用资金 6000 万元，其中 2004 年中央下达资金 2000 万元；云南省有 35 个县参加农村寄宿制学校建设工程，预计总投资 10 亿元，其中 2004 年国家安排云南省建设专项资金 3 亿元，共包括 22 个县 227 个项目；河北省规划建设项目学校 171 所，中央预计安排资金 1.6 亿元，2005 年下达资金 4000 万元。其他项目规划地区也纷纷制订计划并组织实施"农村寄宿制学校工程"。2004—2007 年，"西部农村寄宿制学校工程"共批复项目学校 8363 所，其中 2004—2006 年按总体建设规划分年制订了年度计划，共批复项目学校 7651 所，2007 年又将预留的 10 亿元"以奖代补"资金落实到具体项目。从地域分布看，在全部批复的项目学校中，西部有 6079 所，占 72.7%；中部有 2284 所，占 27.3%。从学校类别来看，初中有 5413 所，占 64.7%；小学有 2950 所，占 35.3%。截至 2007 年年底，2004—2006 年批复的 7651 所项目学校全部建设完工，"工程"完工后新增校舍面积 1509.1 万平方米（学生生活用房 918.7 万平方米，占总面积的 60.88%；其中宿舍面积 753.4 万平方米，占新增面积的 49.92%；学生食堂 159.2 万平方米，占新增面积的 10.55%），新增寄宿生 202.6 万人。

"西部农村寄宿制学校建设工程"在加强寄宿制学校硬件建设的同时，将农村中小学现代远程教育工程、"两免一补"和"西部农村教师队伍建设工程"等作为配套措施。2003 年，国务院召开了全国农村教育工作会议，决定"实施农村中小学现代远程教育工程，促进城乡优质教育资源共享，提高农村教育质量和效益"，要求"在试点工作的基础上，争取用五年左右时间，使农村初中基本具备计算机教室，农村小学基本具备卫星教学收视点，农村小学教学点具备教学光盘播放设备和成套教学光盘"。截至 2007 年年底，中央和地方累计投入 111 亿元用于完善农村中小学远程教育设施。此项工程给农村中小学配备光盘播放设备 401028 套，卫星教学接收系统 278737 套，计算机教室和多媒体设备 44566 套。这些设备覆盖了中西部地区中小学教学点 78080 个，农村小学 250552 所，农村初中 29729 所。虽然"远程教育工程"面向西部所有地区，但是其重点仍然是农村寄宿制学校。2006 年，中央财政又设立专项资金，启动"农村义务教育阶段学校教师特设岗位计划"，招募高校毕业生到西部"两基"攻坚县农村学校任教。在解决了农村孩子上学远的问题之后，各级政府积极采取了一系列配套措施，确保入学的孩子"留得住"。其中，为了减轻寄宿制学校学生生活的负担，从 2004 年起，各级政府拨出专项资金补助家庭经济困难寄宿生的生活费。2005 年，享受寄宿生生活补助的学生为 372 万人，占全部寄宿生的 25.5%；2006 年增加到 490 万人，所占比例增至 37.1%；2007 年享受此项政策的寄宿生达 604 万人，占全部寄宿生的比例已经接近 50%，基本达到学生"留得住"的目标。[①]

[①] 国家西部地区"两基"攻坚领导小组办公室编：《民生之本，强国之基——西部地区"两基"攻坚报告》，人民教育出版社 2008 年版，第 45—46 页。

在"西部农村寄宿制学校建设工程"的带动下,没有被纳入"工程"计划的省份也积极加强寄宿制学校建设。辽宁省抓住大力推进建设农村寄宿制学校的契机,出台了《关于进一步做好农村寄宿制学校建设工作的实施意见》,决定从2004年开始启动农村义务教育标准化建设工程,与此同时,农村偏远地区要加快寄宿制学校建设。截至2007年,辽宁省新建寄宿制学校400余所。地处偏远的桓仁县从1999年建设第一所九年一贯制朝鲜族寄宿制学校开始,截至2006年秋季,全县城乡共建寄宿制学校20所,总面积150608平方米,总投资约1.8亿元,全县寄宿制学校建设任务全部完成。[①] 为了解决农村中小学布局调整与方便学生就近入学的矛盾,不因布局调整造成学生辍学,湖北省襄樊市积极推进农村寄宿制学校建设。截至2007年,全市共建设农村寄宿制中小学585所(初中173所,小学412所),占农村义务教育阶段学校总数的40.7%;寄宿制学校在校生40.77万人(初中23.42万人,小学17.35万人)。寄宿制学校寄宿学生27.75万人(初中18.87万人,小学8.88万人),寄宿学生占农村学校在校学生总数的42.24%。[②] 为了落实"两免一补"政策,2007年,内蒙古自治区各级财政安排1.88亿元用于提高47.8万名寄宿生生活补助标准;云南省以省级财政为主,安排专项资金6.22亿元,扩大寄宿生生活费补助范围,提高补助标准;广西有41.18万名贫困寄宿生享受生活费补助,全年各级财政安排资金6660.49万元;新疆维吾尔自治区从2007年秋季学期起,提高农村义务教育阶段家庭经济困难寄宿学生生活补助标准,即小学生每生每年500元,初中生每生每年750元。[③] 这些举措使寄宿制学校建设进入一个新的系统规划阶段,为完善寄宿制学校运行机制提供了保障。

以中央财政为主导的项目工程投入使得农村寄宿制学校人、财、物的保障体系逐步健全,寄宿制学校内部管理机制的完善被提上议事日程。因此,在实施"西部农村寄宿制学校建设工程"的同时,国家出台了相应

---

① 孙忠生:《农村九年一贯制(寄宿制)学校管理研究》,华东师范大学出版社2007年版,第7—11页。

② 《着力改善农村学校办学条件推动农村教育事业和谐发展》,湖北省教育厅网站(http://www.hbe.gov.cn/content.php?id=3880)。

③ 《中国教育统计年鉴(2005)》,人民教育出版社2006年版,第758—893页。

文件，旨在规范寄宿制学校内部管理，健全其内部运行机制。2005年4月25日，教育部、国家民委在《关于进一步做好民族地区寄宿制中小学管理工作若干问题的意见》中指出："大力兴办民族地区寄宿制中小学是贯彻《国务院关于深化改革加快发展民族教育的决定》和《国务院关于进一步加强农村教育工作的决定》，落实第五次全国民族教育工作会议精神，搞好民族地区义务教育工作的重要举措。做好民族地区寄宿制中小学管理工作是关系寄宿制中小学生存和发展及提高教育质量的大事，是为民族地区培养合格劳动者和各类人才，促进民族地区经济社会发展的必然要求。""改善和加强民族地区寄宿制中小学的管理，全面推进素质教育，努力提高教育质量和办学效益，促进民族地区寄宿制中小学规范化和现代化，发挥教育在民族地区促进经济社会发展、增强民族团结、维护国家统一的作用。""建立健全合理、规范、科学的民族地区寄宿制中小学管理制度，确保学校各项工作有序、有效地开展，保证民族地区基本普及九年义务教育和基本扫除青壮年文盲目标的实现和基础教育的健康、持续发展。"[①]

为防止在中小学布局调整过程中出现新的学生失学、辍学和上学难问题，切实解决农村边远山区、交通不便地区中小学生上学远问题，2006年6月9日，教育部发出《关于实事求是地做好农村中小学布局调整工作的通知》和《关于切实解决农村边远山区交通不便地区中小学生上学远问题有关事项的通知》，要求各地认真落实科学发展观，按照"以人为本"的要求，立足本地实际，充分考虑教育发展状况、人口变动状况和人民群众的承受能力，按照实事求是、稳步推进、方便就学的原则实施农村中小学布局调整，确保适龄儿童少年顺利完成九年义务教育。《关于实事求是地做好农村中小学布局调整工作的通知》强调，进一步加强寄宿制学校的建设和管理，按照国家和省级规定标准建设校舍、学生宿舍、食堂、厕所等设施，严格寄宿制学校的管理，及时消除各种安全卫生隐患，确保学生在校的安全。尽快消除大班额现象，努力改善寄宿条件，为学生提供良好的学习和生活环境，特别要优先解决因布局调整需要寄宿的学生

---

① 《教育部、国家民委关于进一步做好民族地区寄宿制中小学管理工作若干问题的意见》，2005年11月22日，中国教育科研计算机网（http：//www.eol.cn/20051122/3162128.shtml）。

的需求。切实落实补助贫困家庭寄宿学生生活费的政策,减轻学生经济负担。教育部在《关于切实解决农村边远山区交通不便地区中小学生上学远问题有关事项的通知》中要求各地教育行政部门:实事求是,因地制宜,坚持寄宿制学校建设和低年级学生就近入学并举的原则,采取有效措施,切实予以解决。寄宿制学校建设以初中为主,小学高年级学生确需住校的应征得当地学生家长同意。要加快对现有条件较差的寄宿制学校的改造工作,使确需寄宿的学生能进入具备基本条件的寄宿制学校学习。尤其要强化寄宿制学校的管理,确保低学龄学生在校的安全、生活和学习,努力为学生健康成长提供一个良好的环境。要进一步加强对农村边远山区、交通不便地区中小学校布局调整、寄宿制学校建设等方面的调查研究工作,慎重对待撤点并校,确保当地学生方便就学。①

从2001年国务院发文倡导在有条件的农村地区举办寄宿制学校开始,到2007年"西部农村寄宿制学校建设工程"顺利完成,农村寄宿制学校已经在全国各地农村铺开了。截至2007年,全国农村义务教育阶段共有寄宿生2985万人,寄宿率为20.76%。其中,小学寄宿生为715万人,寄宿率为8.12%;初中寄宿生为2083万人,寄宿率为44.58%。中西部农村地区共有寄宿生2312万人,寄宿率为23.32%。其中,小学寄宿生为632万人,寄宿率为9.72%,初中寄宿生为1680万人,寄宿率为49.24%。数据表明,到2007年,全国农村除中西部地区外,已有673万中小学学生就读于寄宿制学校。这充分说明,寄宿制学校已经远远超越了服务于民族地区义务教育的范围。从2001年国务院发文倡导在有条件的农村地区举办寄宿制学校开始,到2007年"西部农村寄宿制学校建设工程"顺利完成,农村寄宿制学校大规模向广大农村地区推开。农村寄宿制学校办学条件大为改观,很多地方出现了"学校是农村最好的建筑"的新面貌。

四 2008年至今:留守儿童问题及义务教育均衡发展

寄宿制办学形式已经成为我国农村地区,特别是山区农村义务教育阶

---

① 《做好农村中小学布局调整 解决上学远问题》,2006年6月12日,中华人民共和国网站(http://www.gov.cn/gzdt/2006—06/12/content_ 307899.htm)。

段的一种自然选择，截至 2013 年，我国农村地区中小学寄宿生人数已经达到 26100172 人，寄宿率为 27.2%。其中，农村初中学生寄宿率为 56.08%，小学生寄宿率为 14.0%。西部 12 省农村初中学生寄宿率总体达到 65.52%，小学生寄宿率也达到了 21.34%。① 目前，农村留守儿童教育问题和义务教育非均衡发展问题凸显，寄宿制办学再一次受到热切关注。

农村地区日益突出的"留守儿童"教育问题再一次赋予了寄宿制学校新的历史使命，通过寄宿制教育解决留守儿童教育问题是缩小群体差异，促进义务教育均衡发展的有力举措。如何发挥寄宿制学校的优势，解决农村留守儿童家庭教育缺失的问题，是完善寄宿制学校运行机制过程中应该着重考虑的问题。《国家中长期教育改革与发展规划纲要（2010—2020 年）》要求："加快农村寄宿制学校建设，优先满足留守儿童住宿需要"；并且强调"支持边境县和民族自治地方贫困县义务教育学校标准化建设，加强民族地区寄宿制学校建设"；"提高农村义务教育家庭经济困难寄宿生生活补助标准，改善中小学生营养状况"；要"改扩建劳务输出大省和特殊困难地区农村学校寄宿设施，改善农村学生特别是留守儿童寄宿条件，基本满足需要"。② 这表明，今后相当长时期，农村寄宿制学校将是解决留守儿童问题的重要手段。事实上，不少地方早已将寄宿制学校建设与解决留守儿童问题联系在一起了。2007 年，重庆市结合农村中小学寄宿制工程建设，切实加强了对留守儿童的关心和管理。重庆将农村留守儿童教育作为统筹城乡教育发展、促进教育公平的重要举措，2010 年新建农村寄宿制学校 480 所，加上此前已建成的 1600 所，重庆提前两年高质量解决了 101 万农村留守儿童的读书问题。当地还建成 2000 个"亲情视频聊天室"，安装"亲情电话"5000 部，为农村留守儿童与父母沟通和交流创造条件。③ 2007 年，四川省将农村"留守儿童"的教育管理纳入学校素质教育内容，建立"留守学生"寄宿制优先制度，同时加大投

---

① 教育部规划发展司编：《2013 全国教育事业发展简明统计分析》，2014 年版，第 205 页。
② 《教育规划纲要》工作小组办公室：《全国教育工作会议文件汇编》，教育科学出版社 2010 年版，第 203 页。
③ 《重庆两千余所寄宿制学校覆盖百万农村留守儿童》，2011 年 1 月 13 日，中国新闻网（http://www.chinanews.com/edu/2011/01—13/ 2786905.shtml）。

入,积极推动留守儿童寄宿制学校建设。2008年全省启动"乡村教育发展留守儿童寄宿制学校建设工程",投入3亿元建设400所"留守儿童"寄宿制学校,修建教学用房和学生宿舍,使项目学校基本消除了大班额、大通铺以及校外租房现象,并使学生学习生活条件得到明显改善。[1]

通过举办寄宿制学校提升农村教育质量是缩小城乡教育差距,推进义务教育均衡发展的又一大举措,也是近年来农村寄宿制学校迅速发展的动力来源,这可以从各地出台的政策文件中得到充分反映。改革开放以来,山西省朔州市经济社会取得长足发展,但农村学校在设施设备、师资质量、办学水平等方面与城镇学校差距越来越大,难以满足农村经济社会发展和农民群众日益增长的教育需求。为了尽快摆脱这种局面,从2005年开始,朔州市响亮地提出要抓好高标准寄宿制学校建设,把农村寄宿制学校建设作为优化义务教育总体布局、推进义务教育均衡发展、实现农村学生接受优质教育的治本之策。[2] 2011年7月7日,贵州省人民政府印发《贵州省农村寄宿制学校建设攻坚工程实施方案》(黔府发〔2011〕23号),明确提出:"为切实改善我省农村义务教育学校在校学生、教师的学习、生活条件,保障农村学生身心健康,稳定农村师资队伍,缩小城乡教育差别,推进义务教育均衡发展"而实施攻坚工程。[3]《福建省教育厅关于加强农村寄宿制学校设施设备配备与学校管理的意见》(闽教综〔2012〕45号)中也强调:"各地在国家和省级专项资金的支持下,陆续新建和改扩建了一批农村寄宿制学校,有效改善农村学校办学条件,促进义务教育均衡发展。"重庆市人民政府《关于深入推进义务教育均衡发展促进教育公平的意见》(渝府发〔2012〕42号)中提出:"为推进义务教育均衡发展,促进教育公平,完善2000所农村寄宿制学校配套功能,按照编制标准为农村寄宿制学校配备生活管理教师。"[4]

---

[1]《乐山市27所"留守儿童"寄宿制学校全面竣工》,2009年2月,四川省政府网站(http://www.sc.gov.cn/zwgk/zwdt/szdt/200902/t200902 09_ 577111.shtml)。

[2]《朔州:农村寄宿制学校建设实现城乡义务教育均衡发展》,中国教育新闻网(http://jijiao.jyb.cn/xw/200911/t20091111322826.html)。

[3] 贵州省人民政府印发《贵州省农村寄宿制学校建设攻坚工程实施方案》的通知,《贵州省人民政府公报》2011年第11期。

[4] 重庆市人民政府《关于深入推进义务教育均衡发展 促进教育公平的意见》,重庆市政府网(http://www.cq.gov.cn/publicinfo/web/views/Show! detail.action? sid = 1066274)。

总之，今后一段时期内，农村寄宿制学校的发展将会在推进义务教育均衡发展的背景下展开。寄宿制学校是山区、牧区农村义务教育的主体，发展目标是要成为全国农村义务教育的主体，这就决定了其在推进义务教育均衡发展中的战略地位。农村学校布局调整的直接目的之一是促进城乡义务教育均衡发展，这一举措的明显效果就是整合了教育资源，而布局调整只是完成了学校的布点工作，要让整合后的教育资源充分发挥作用，巩固布局调整的成果，寄宿制学校的建设与完善是最佳选择。集中力量办好寄宿制学校，率先实现农村寄宿制学校教育质量的提高，缩小城乡学校差距，是促进义务教育均衡发展的现实举措。反过来，以寄宿制学校建设作为推进义务教育均衡发展的手段，也会进一步推动寄宿制学校本身的发展。

第二节 农村寄宿制学校产生与发展的背景分析

农村地区是否应实行寄宿制教育从根本上取决于两个主要因素：上学距离和特殊人群的偏好。学生上学距离取决于学校的布局设点；就特殊人群的偏好而言，主要关涉少数民族教育问题、农村外出务工家庭及留守儿童、部分追求优质教育的家庭及学生，这三大群体寄宿教育的需求又源于农村经济发展方式的转变、教育行政部门对农村寄宿制学校工具价值的追求以及部分家庭对农村寄宿制学校提供优质教育的本体价值的认可。

一 民族教育问题与农村寄宿制办学

民族团结问题是新中国成立之初的主要政治问题之一，提高民族地区中小学生入学率，加强少数民族学生科学民主知识的普及和社会主义教育是促进民族团结的有效途径。然而，少数民族多居住在山区、牧区，人口分散，致使学校服务半径普遍偏大，加上山高路险、沟壑纵横等特殊的自然条件制约，学生上学艰难。为了保证少数民族地区孩子公平接受教育，民族寄宿制中小学应运而生，广大少数民族地区选择寄宿制教育模式存在着客观必然性。

（一）少数民族地区特殊的地理条件要求兴办寄宿制学校

我国自古以来就是一个统一的多民族国家，据 1954 年的统计，各少数民族人口总数在 4000 万左右,占全国人口的 7%;第五次人口普查,少数民族人口有 10643 万,占全国人口的 8.41%。少数民族绝大部分分布在从东北起,沿内蒙古、西北、西南、中南到华东数万里的沙漠、草原、高原和山区地带的国防线上。地广人稀、地形复杂、交通不便、信息闭塞是这些地区的典型特征。我国西部地区的新疆、青海、西藏三省以沙漠和高寒山区为主,除此之外就是大片的牧区;四川、云南多属横断山脉高山峡谷封闭区,高山深谷、气候寒冷。我国中西部大部地区海拔较高,地形复杂多样,交通十分不便。云南省少数民族聚居的地区都属地广人稀的边疆山区,也是交通闭塞、经济落后,解放初期,全省有公路 2783 公里,其中农村公路只有 259 公里。① 在这些地区如果不兴办寄宿制学校,就难以解决学生上学远、上学难的问题。

(二) 国家关于少数民族的教育政策提倡兴办寄宿制学校

少数民族教育是我国国民教育的重要组成部分,新中国成立以前,由于历代统治阶级实行民族压迫和歧视政策,再加上自然条件、社会环境、传统文化及宗教等诸多因素的影响,各民族聚居地区的教育非常落后。有的少数民族地区根本不存在现代意义的学校教育,有的地区的教育仅限于寺院之内,还有的地方虽有少量的私塾、学堂和中小学,但能上学者寥寥无几。② 新疆地区 1928 年学龄儿童入学率仅为 2%,西藏、宁夏地区 1949 年适龄儿童入学率只有 2% 和 10%,另据 20 世纪三四十年代的统计,有 22 个少数民族人口的文盲率在 95% 以上。③ 面对这种情况,新中国成立以后,国家非常注重对少数民族地区教育的扶持,新中国少数民族教育政策的核心是各民族教育权利平等。1949 年 9 月,中国人民政治协商会议通过的《中国人民政治协商会议共同纲领》中规定:"人民政府应帮助各少数民族的人民大众发展其政治、经济、文化教育的建设事业。"④ 这就为扶持民族地区教育事业奠定了制度基础。1951 年 11 月 23 日,教育部部长马叙伦在政务院第 112 次政务会议上做了《关于第一次全国民族教育会议的报告》,报告指出:"少数民族教育必须是新民主主义教育,即

---

① 涂济民:《对云南山区发展交通的初步探讨》,《农业经济问题》1980 年第 7 期。
② 俸兰:《新世纪我国民族教育发展研究》,民族出版社 2004 年版,第 2 页。
③ 杨军:《西北少数民族地区基础教育均衡发展研究》,民族出版社 2006 年版,第 63 页。
④ 方晓东:《中华人民共和国教育史纲》,海南出版社 2002 年版,第 18—19 页。

民族的、科学的、大众的教育,并采取适合于各民族人民发展和进步的民族形式;关于少数民族地区的教育经费,各地人民政府除按一般开支标准拨给教育经费外,并应按各民族地区的经济情况及教育工作,另拨专款,帮助解决少数民族学校的设备、教师待遇、学生生活等方面的特殊困难。"文件的下达为少数民族地区探索适合自身特点的基础教育提供了政策依据。1956年9月,国务院《关于少数民族教育事业经费问题的指示》中有如下规定:"今后一定时期内,民族地区的小学基本上仍由公办;民族小学的编制定额应予适当照顾,有寄宿生的学校根据需要设炊事员和保育员。"1958年的"大跃进"和后来的"文化大革命"时期,对少数民族教育没有给予重视,致使这一时期少数民族地区教育事业出现严重滑坡的局面,1976年粉碎"四人帮",结束"十年动乱",各领域实行"拨乱反正",民族政策才得以恢复。

为了鼓励少数民族地区举办寄宿制中小学,各地纷纷出台相关政策,其中对少数民族寄宿生实行学生助学金制度有力地激发了学生的寄宿热情。如1979年3月,青海省财政局、教育厅下发《关于发给民族中学和寄宿小学助学金的通知》,通知规定,海南、海北、海西和黄南州公社寄宿学校学生助学金每人每月10元,大队寄宿小学学生助学金每人每月5元;玉树、果洛州公社寄宿小学学生助学金每人每月12元,大队寄宿小学学生助学金每人每月7元。各地在执行上述标准的时候虽然高低不一,但是普遍有所提高,以乡(社)寄宿小学为例,最低10元,一般都在20元左右,最高的达到35元。[①] 1984年10月,《中华人民共和国民族区域自治法》颁布,其中规定:"在少数民族牧区和经济困难、居住分散的山区,设立以寄宿制为主的公办民族中小学。" 1993年,国家教委制定和颁发的《全国民族教育发展与改革指导纲要(试行)》中提出:"办学形式要适合少数民族和少数民族地区的实际特点,在一部分教育基础较差的贫困山区和牧区,应重点扶持办好寄宿制民族小学、中学或民族班,努力培养合格的小学和中学毕业生,为普及义务教育和培养各类人才打好基础。"一系列的倾斜政策是促成寄宿制民族中小学迅速发展的外部推动力量,同时也是寄宿制民族中小学正常运转的坚强后盾。

---

① 《中国教育统计年鉴(1949—1984)》,人民教育出版社1984年版,第263页。

(三) 少数民族地区的教育实践选择了寄宿制教育

绝大部分民族地区地域辽阔、交通不便、人口稀少、居住分散。新中国成立以后，党和政府根据民族地区当时的经济承受能力和特点，办起了"教学点""村小""马背流动学校"和"帐篷学校"，但这类学校师资力量较弱，教学时间和质量根本无法保证，致使民族地区基础教育长期徘徊不前。[1] 如何利用国家扶持政策改变民族地区落后的教育状况，寄宿制学校办学形式地位的确定经历了一个长期探索的过程。以新疆为例，新中国成立后，初期牧区教育主要有两种形式：一是政府在牧区的各牧场或县镇设立定点学校，供附近20里范围之内的牧民子女前来就读。二是政府在一些牧区举办帐篷学校和流动学校，吸收部分牧民子女入学。1958年，牧区公社化以后，为延长牧区教学时间，提高教学质量，由牧区教育工作者和牧民自发地办起了一些寄宿制学校，这类寄宿制学校因没有得到推广而自生自灭了。十年"文革"期间，由于受"左"的错误路线的影响，在牧区片面宣传和推行"马背小学""流动学校""帐篷学校"。这些形式的学校办学效率低下，学生的入学率、巩固率和毕业率难以得到保障，致使牧民怨声载道。牧区社会的变迁和教育自身的发展迫使人们寻找适宜的教学形式。20世纪70年代后期，新疆将牧区教育发展的战略思路转移到办牧区寄宿制学校上。1977年，自治区教育厅选择了阿勒泰地区吉木乃县作为试点，举办第一所寄宿制学校，该试验的成功推动了寄宿制学校的发展。1978年，自治区正式下文决定在牧区发展寄宿制学校。新疆维吾尔自治区的牧区寄宿制学校从吉木乃县的星星之火到全疆牧区的星罗棋布，发展迅猛。到1990年，牧区80%以上的乡镇都建立了寄宿制学校，学生寄宿率达65%以上。牧区初等教育的入学率、巩固率、毕业率、普及率大大提高。[2] 从马背小学到寄宿制学校的跨越是选择比较的结果，新疆寄宿制学校发展的实践证明，寄宿制学校才是适合牧区自然条件的最佳办学形式。甘肃省东南部甘南藏族自治州的夏河县以游牧为主，解放前一所学校都没有，20世纪70年代初政府提出"把学校办到贫下中牧的家门

---

[1] 白亮：《关于西北民族地区寄宿制学校办学若干问题的思考》，《当代教育与文化》2009年第5期。

[2] 葛丰交：《从马背学校到寄宿制学校的跨越发展——新疆牧区60年发展巨变》，《中国民族教育》2009年第6期。

口"的号召，一下子办起了许多马背学校、帐篷学校和巡回小学，可是没有一所学校坚持了下来，几年来没有培养出一个毕业生。1980年桑科乡办起了一所寄宿制小学，到1985年就有了第一批毕业生，而且全部考入县藏中，这是桑科乡有史以来的第一批小学毕业生。之所以如此，原因有两个：一是寄宿制学校适应了牧区居住分散、流动性强的特点；二是当地政府部门制定了一系列巩固和发展寄宿制学校的有力政策。[①] 从该县寄宿制学校发展的路径也可以清晰地看出，寄宿制学校是牧区经过长期探索做出的选择。

二 学校布局调整与农村寄宿制办学

我国农村中小学的布局调整经历了两个阶段，20世纪80年代初期，针对历史原因造成的学校布局不合理的现实，我国进行了第一次较大规模的农村中小学布局调整，各级地方政府以农村初、高中为重点，撤并了一批规模过小的"麻雀校"，初步整合了当时的农村教育资源。[②] 20世纪90年代中后期开始，随着计划生育政策的落实，农村学龄人口自然萎缩，伴随着城镇化水平的不断提高，我国农村地区再次出现了中小学生源不足、学校布局分散、规模小质量低的状况。为此，一些农村地区开始陆续对规模过小的中小学和教学点进行撤并。进入21世纪，针对农村税费改革后的实际情况，国务院于2001年颁布了《关于基础教育改革与发展的决定》，要求"因地制宜地调整农村义务教育布局，按照小学就近入学，初中相对集中，优化教育资源配置的原则，合理规划和调整布局"。2001年7月，教育部公布的《全国教育事业第十个五年计划》中提出："适应城镇化进程和学龄人口波动的需要，合理规划和调整中、初等学校布局。"自此以后，我国农村地区又开始了新一轮的中小学布局调整。

(一) 撤点并校导致农村学校布点分散

农村中小学布局调整的直接效应就是学校数目减少，学校分布更加分散，学生上学距离变远。为了清晰呈现农村中小学学校数和在校学生

---

① 李国早：《寄宿制是牧区普及教育的好形式——访甘南藏族地区桑科小学》，《人民教育》1987年第11期。
② 庞丽娟、韩小雨：《农村中小学布局调整的问题、原因及对策》，《教育学报》2005年第8期。

数的变化情况，本书梳理了 1985—2012 年的有关数据（见表 3.3）。分析发现，1985—2012 年，农村小学从 765829 所减少到 155008 所，28 年减少了 610821 所，现存农村小学仅是 28 年前的 20.2%；农村教学点从 1990 年的 142313 所减少至 62544 所，减少了 56.1%。农村初中从 63641 所减少至 13713 所，减少了 78.5%。图 3.1 更加清晰地显示了 28 年农村中小学总量变化的趋势，进一步分析图中中小学变化的曲线可以发现，1985—2012 年农村中小学数量减少主要在于小学数量的锐减。

表 3.3　1985—2012 年农村中小学学校数和学生人数变化情况统计

年份	小学 学校数（所）	小学 教学点（个）	小学 学生数（人）	初中 学校数（所）	初中 学生数（人）
1985	765829	—	110762600	63641	26987000
1986	762978	—	109138900	63512	28080300
1987	743975	—	104634500	62690	28550400
1988	725322	—	100437400	60389	27100400
1989	705097	—	97292000	58839	25481000
1990	697228	142313	95956344	57321	25662000
1991	640718	173728	92510963	54599	25387949
1992	612681	175730	90600034	51503	25027610
1993	584480	178330	89695217	49308	24370219
1994	571712	188679	91344541	47779	25204865
1995	558615	193614	93061879	45626	26598130
1996	535252	191063	94869111	44098	28188513
1997	512993	186962	95604440	42230	28376498
1998	493152	178952	94394988	41329	30752833
1999	468527	165374	90741269	40421	32697714
2000	440284	157519	85037137	39313	34284664
2001	416198	110419	86048027	35023	31213026
2002	384004	108250	81416791	33155	31088266

续表

年份	小学 学校数（所）	小学 教学点（个）	小学 学生数（人）	初中 学校数（所）	初中 学生数（人）
2003	360366	101674	76891519	32588	31603983
2004	337318	98096	73785984	32713	31682659
2005	316791	92894	69478276	30524	27846594
2006	295052	87590	66761432	28664	25636576
2007	271584	83118	62507310	26124	22433178
2008	253041	77519	59248829	24558	20642417
2009	234157	70954	56555439	22921	19345061
2010	210894	65447	51763169	21311	17844749
2011	169045	60972	40651984	15135	11629815
2012	155008	62544	36524886	13713	9740993

资料来源：根据《中国统计年鉴》以及《中国教育统计年鉴》相关年份数据整理而得。

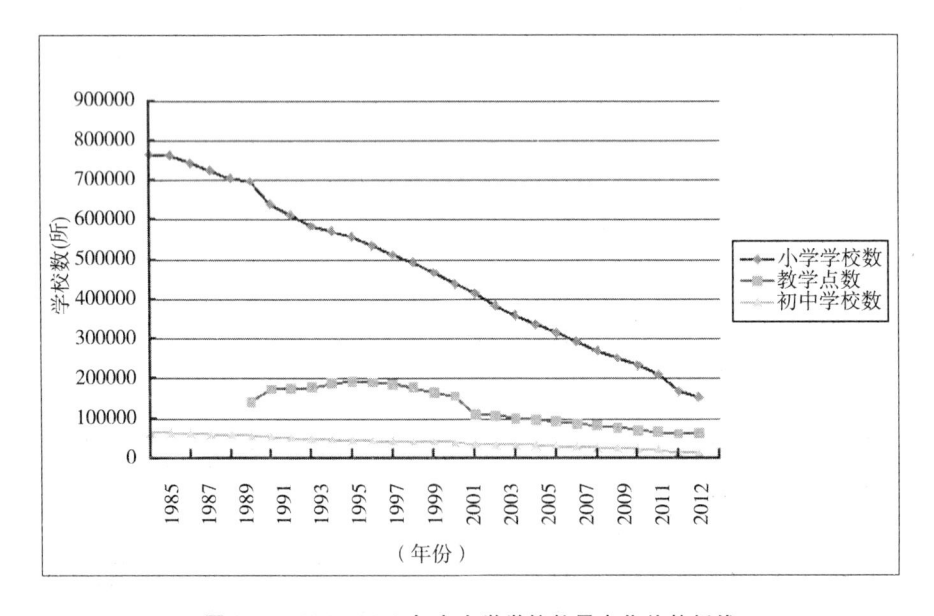

图3.1　1985—2012年中小学学校数量变化趋势折线

农村中小学数量减少主要受两个因素的影响：一是农村生源的减少，二是农村学校布局调整政策。分析表 3.3 数据发现，1990—2012 年，农村小学（含教学点）从 839541 所减少到 217552 所，减少了 74.1%，而小学生数量从 95956344 人减少到 36524886 人，减少 62.0%，学校数量减幅大于学生数减幅 12.1 个百分点；农村初中学校数从 1985—2012 年持续下降，但是学生数却呈现出时增时减的态势，1986—1995 年，农村初中受第一轮"读书无用论"思想的冲击，学生数逐年减少，1996—2004 年又呈现逐年增加的趋势。

（二）布点分散导致农村学校服务半径普遍增大

我国乡村土地面积占国土面积的 57.59%，约 556.8 万平方公里。[①] 据此可以估算出各年度农村中小学校服务半径的变化（见图 3.2）。1985—2012 年，全国农村小学平均覆盖范围从 7.27 平方公里上升到 35.92 平方公里，平均服务半径从 1522 米扩展到 3382 米，扩大了 2.22 倍（见图 3.2）。如果按照小学生步行速度 3 公里/小时计算，农村小学生上

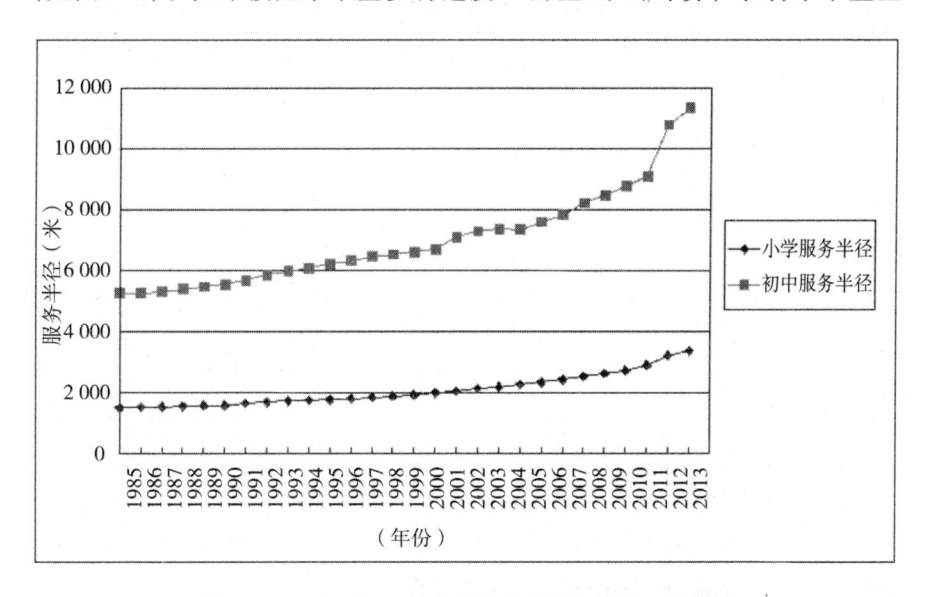

图 3.2　1985—2012 年农村中小学服务半径变化趋势

学单程平均为 1 小时左右（由于计算时没有算入教学点，这个结果有点

---

① 张碧华：《美国芝加哥北部乡村景观建设对中国的启示》，《现代农业科技》2010 年第 9 期。

偏大)。农村初中的平均服务半径从 5279 米扩大到 11372 米,如果按初中学生步行速度 5 公里/小时计算,单程上学时间大约为 2 小时。显然,经过两轮布局调整,学校服务半径明显加大,学生上学距离增大已经是不争的事实,这种状况严重影响了农村地区学生的有效学习时间。

(三) 服务半径增大扩大了农村学生寄宿教育需求

新一轮布局调整使农村中小学大量减少,学校服务半径增大,学生上学距离变远,客观上产生了对寄宿制学校的需求。表 3.4 是农村中小学学校数量减少与学生寄宿率变化的对比情况,充分说明了农村学校布局调整是寄宿制学校增加的原因之一。数据显示,2006—2013 年的 8 年间,农村义务教育阶段的学校数从 40.25 万所减少到 26.23 万所,减少了 34.8%,与此相对应,全国农村学生寄宿率由 19.4% 上升到 27.2%,提高了 7.8 个百分点,两组数据的相关系数达到 0.965,从很大程度上说明了寄宿制学校的发展缘于农村中小学撤点并校。

表 3.4　2006—2013 年农村义务教育阶段学校数量与学生寄宿率变化情况

年份	学校数(万所)	寄宿学生总数(万人)	在校学生数(万人)	寄宿率(%)
2006	40.25	2742	14115	19.4
2007	37.95	2805	13491	20.8
2008	35.88	3067	13029	23.5
2009	33.65	3129	12674	24.7
2010	31.23	3132	12340	25.4
2011	29.53	2908	10950	26.6
2012	28.20	2710	10329	26.2
2013	26.23	2610	9598	27.2

说明:表中学校数来源于教育部网站"教育数据统计"栏目,寄宿生总数来源于教育部发展规划司编《全国教育事业发展简明统计分析》(2006—2013),其中,2008 年数据为估算数。寄宿率根据以上两组数据计算得到。

贵州财经大学课题组 2012—2014 年的调查显示,58.2% 的农村小学生上学步行单程时间在 1 小时以上。20 世纪八九十年代,贵州各级教育行政部门在大力推进义务教育的过程中,积极推进中小学布局调整。2002 年 12 月 17 日,贵州省政府发出《关于印发农村中小学布局结构调整和优化农村中小学教师队伍意见的通知》提出："在农村完小服务半径3公里以内的区域,不能有（或新建）其他小学和教学点。"2012年6月20日,贵州省教育厅出台《关于进一步推进全省中小学布局结构调整的指导意见》提出："在乡镇中心小学和部分人口较多的社区小学建设寄宿制学校,逐步减少现有村小和教学点,形成以一定比例的寄宿制小学和必要的村小、教学点为补充的农村小学新格局。"经过布局调整,全省农村基本上完成了各个阶段的政策目标,农村小学数目发生了巨大改变,1985—2013年,全省农村小学（不含教学点）从25879所减少到9959所,减少了61.5%;从2002年布局调整至2012年新一轮布局调整政策出台,全省农村小学从13546所减少为10917所,10年时间减少了2629所,平均每年减少约263所,2012—2013年,减幅最大,达到958所。随着布局调整的推进,贵州省农村寄宿制小学数量也随之增加,2013年全省农村小学生寄宿率达到15.77%,充分表明了农村学校布局调整与农村寄宿制学校增加联系紧密。

"中国中西部地区农村中小学合理布局结构研究"课题组对中西部6省38县市177个乡镇的调查结果显示,内蒙古自治区学生上学路程是最远的,家长卷和学生卷显示平均值分别为4.85公里和4.98公里,而学校卷显示平均距离为24.34公里。学生上学花费时间最长的是广西和云南,家长卷显示广西学生上学时间平均为1.01小时,云南省平均上学时间为2.80小时。在广西、云南、陕西等较偏远的山区,上学远已经成为学生上学难的主要问题,很多学生需要步行将近10公里山路上学。

农村中小学布局调整是一项系统工程,必须予以科学规划。但是,由于布局调整主要是一种政府行为,政府在追求自身利益最大化的过程中,缺乏合理科学规划的意识,出现了"集体非理性化"的状态。[①] 一些地方政府将调整简单地理解为效率的提高和"撤并"的数量,将一年内撤并多少学校作为政绩追求的目标,而不顾客观实际,层层加码,以求超额完成任务。集体非理性以牺牲农民的利益为代价,使学校越来越远离学生家庭,上学远的问题进一步加剧。为了缓解这种局面,原本不具备实行寄宿

---

① 谢秀英:《农村中小学布局调整中的集体非理性分析》,《中国教育学刊》2011年第4期。

制条件的地方也对这种办学形式产生了迫切需求。如果说少数民族地区特殊的地理条件和人口分布客观上造成了学生上学远的事实，那么，布局调整则是人为地制造了学生上学远的问题。我国农村人口自然减少，加上人口流动及城镇化促使农村地区学龄人口社会性萎缩，为了整合教育资源，布局调整具有合理性。解决学生上学远的问题目前通行的主要做法就是实行寄宿制和校车接送。由于我国农村教育有实行寄宿制的传统，所以，农村寄宿制中小学成为众望所归，也是政策制定者的首选。一开始，发展寄宿制学校就作为布局调整的配套工程而加以实施。因此，寄宿制办学就成为农村中小学布局调整的一种必然要求。

三 西部地区"两基"攻坚与农村寄宿制办学

1986年4月12日全国人大通过了《中华人民共和国义务教育法》，决定于当年7月1日在我国正式实施九年义务教育。1993年，《中国教育改革和发展纲要》提出了"两基"的奋斗目标和任务，即到2000年"全国基本普及九年义务教育，即以县统计占全国总人口85%的地区普及九年义务教育；初中阶段的入学率达到85%左右；全国小学适龄儿童入学率达到99%以上；全国基本扫除青壮年文盲，使青壮年非文盲率达到95%以上"。1994年9月，原国家教委《关于90年代基本普及九年义务教育和基本扫除文盲的实施意见》又具体要求："到2000年全国85%人口的城市和经济发达地区普及九年义务教育；在10%人口的贫困地区普及和巩固5—6年级小学教育；在5%人口的特别贫困地区普及3—4年级小学教育。"1995年5月6日，中共中央、国务院在《关于加速科学技术进步的决定》中要求2000年全国实现"两基"。科教兴国战略把教育提升到兴国安邦的战略地位，极大地推动了我国教育的改革和发展。

到2000年年底，全国已基本实现"两基"目标，2002年年底，"两基"人口覆盖率达到91%，这是中华民族教育史上的辉煌篇章。但是，由于多方面的原因，2002年年底西部地区"两基"人口覆盖率只有77%，低于全国14个百分点；仍有372个县（市、区）以及新疆生产建设兵团的38个团场，共410个县级行政单位尚未实现"两基"，涉及345万平方公里国土面积和8300万人口。西部地区经济社会发展滞后，地方财政困难，教育基础薄弱，在未实现"两基"的372个县中有国家扶贫开发工作重点县215个，占58%，大多数农村中小学办学条件较差，必备的学生寄宿条件严重不足。西部地区地广人稀、山高沟深，造成了学校布局分散，特别是教学点散布各地，这些学校规模小，效率低下，分散的学校布局极不合理，致使教育投入增加，总体成本上升且质量难以保证。据2001年的统计，西部地区小学教学点多达75881个。[①] 2002年，西部地区一师一校点约9万个，占全国校点的80%以上；人口分布极不均衡，在一些高山、高原、高寒及牧区、半牧区和荒漠地区，80%左右的初中生，50%左右的小学生需要寄宿。我国多年发展中小学教育的经验使人们再一次把希望寄托在寄宿制学校上，"由分散办学转向集中办寄宿制"学校是保证两基任务完成的最佳途径。为此，2004年2月6日，教育部、国家发展改革委、财政部和国家西部开发办决定实施《国家西部地区"两基"攻坚计划（2004—2007）》，19日，教育部、国家发展改革委、财政部又制订了《西部地区农村寄宿制学校建设工程实施方案》，决定投入100亿元人民币，从2004年起用4年时间新建、改建一批以农村初中为主的寄宿制学校，解决好西部未"普九"地区新增130万初中学生和20万小学生最基本的学习、生活条件。由于这项工程还包括了中部省份的少数民族自治州和中部地区尚未实现"两基"的县，兼顾中西部虽已实现"两基"但基础仍然薄弱的部分地区，所以，"西部农村寄宿制学校工程"虽是作为"两基"攻坚的重要措施而实施的，实际上已经从国家层面将寄宿制学校建设推向了全国农村地区。

总之，在西部大开发的背景下，西部教育落后的问题呈现在决策者面前，而基础教育落后又是振兴西部教育的"瓶颈"，实施"两基"攻坚是西部大开发的基础工程。西部地区特殊的地理条件给"普九"带来了很多困难，其中，学生上学远就是一道最大的障碍，这一矛盾随着布局调整的不断推进更加显现。"两基"攻坚和布局调整工作同时进行，互相作用，布局调整的目的是整合教育资源，更好地帮助落后地区实现"普九"任务，但是，布局调整过程中大量教学点、村小被撤并，无形之中又加剧了学生上学远的问题。正是在"两基"攻坚和布局调整的背景下，农村寄宿制学校得以迅猛发展。

---

① 郑作广：《西部"两基"教育亟须攻坚》，《红旗文稿》2003年第5期。

四 留守儿童教育问题与农村寄宿制办学

20世纪80年代以来,伴随着中国城市化进程的加快,越来越多的农村剩余劳动力流入城市,其中一部分孩子随父母进入城市,但是,更多的孩子没有条件随父母流动到城市,只好继续留在农村,由自己的祖父母、外祖父母或其他亲戚朋友照料。华中师范大学课题组对湖北、河南、安徽等劳务输出大省部分县市的调查表明,大约80%进城务工农民的子女留在老家,成为留守儿童。从绝对数量上看,截至2013年,全国义务教育阶段在校生中,农村留守儿童规模达2126.75万人,占农村在校生总数的22.1%。[1] 统计表明,全国农村义务教育阶段在校生中留守儿童比例呈不断上升的趋势(见表3.5)。

表3.5 2007—2013年农村义务教育阶段留守儿童数量及比例情况统计[2]

年 份	农村义务教育阶段学生总数(万人)	农村留守儿童数量(万人)	农村留守儿童比例(%)
2007	13491	2037	15.1
2008	13029	2140	16.4
2009	12674	2224	17.5
2010	12340	2272	18.4
2011	10950	2200	20.1
2012	10329	2271	22.0
2013	9598	2127	22.2

农村留守儿童是伴随着大量农村剩余劳动力外出务工而产生的一个特殊社会群体。由于农民工进城务工待遇较低,很多家庭无法实现举家迁移,子女被迫留在农村生活和学习,离开了父母的监护,导致家庭生活的不完整和家庭教育的缺失,这些孩子无法享受正常的亲情关爱,成为社会

---

[1] 教育部发展规划司编:《2013全国教育事业发展简明统计分析》,内部发行资料,2014年版,第43页。

[2] 数据来源:《全国教育事业发展统计公报》(2007—2013年),请查看中华人民共和国教育部网站。

不可忽视的弱势群体。如何保证农村留守儿童公平接受教育,为他们健康成长创造良好的条件,已成为中国社会转型期的一个独特的社会问题。因为能否成功地解决他们公平接受教育的问题,不仅直接关系到他们的健康成长,而且涉及农村剩余劳动力能否顺利转移,关系到中国现代化建设的成败。而农村留守儿童公平接受教育,不只是学校和农民工自身的事情,而应该由学校、家庭、社会及政府各方面共同努力,协调合作,共同为留守儿童撑起一片蓝天。其中,搞好农村寄宿制学校建设,充分发挥学校教育的主体作用,不失为一种好的选择。因为在家庭功能不健全的情况下,学校应成为留守儿童社会化过程中一个极其重要的场所,如果学校能给予儿童更多的关爱与帮助,将会在很大程度上弥补他们家庭教育上的缺憾和保证他们公平接受教育。寄宿制学校可以解决留守儿童无人照看、学习和安全得不到保障的问题,解除进城务工农民的后顾之忧。

农村留守儿童教育问题的出现刺激了对寄宿制学校的巨大需求。课题组 2012—2014 年对贵州省农村学校的调查充分证明了这一事实。在 450 名被调查寄宿生中,父母一方外出务工的留守儿童有 207 人,占总寄宿生的 46%;父母同时外出务工的留守儿童为 154 人,占比 34.2%。铜仁地区的孙家坝小学 2009 年被列为思南县首批农村寄宿制小学建设试点学校。学校占地面积 36592.88 平方米,现有 33 个教学班和石门坎、笔架山和牌坊 3 个教学点;校本部有在校生 1529 人,住宿生达 616 人,其中留守儿童就有 507 人,占在校寄宿生的 82.3%。课题组 2013 年对台江县 3 所寄宿制小学进行了调研,调查结果进一步证明了农村学校留守儿童比例逐年上升的趋势(见表 3.6)。

表 3.6　施洞小学、南宫小学和巫西小学寄宿学生父母外出务工情况

	父母外出打工情况	频数(人数)	有效百分比(%)	小计(%)
施洞小学 (91 人)	一方外出打工	37	40.7	57.2
	双方外出打工	15	16.5	
	双方没有外出打工	39	42.8	
南宫小学 (35 人)	一方外出打工	12	34.3	57.2
	双方外出打工	8	22.9	
	双方没有外出打工	15	42.8	

续表

	父母外出打工情况	频数（人数）	有效百分比（%）	小计（%）
巫西小学 （45人）	一方外出打工	17	37.8	53.4
	双方外出打工	7	15.6	
	双方没有外出打工	21	46.6	

"人口流动背景下的义务教育体制改革"课题组对湖北、河南、安徽等的9个县、市4304名学生的问卷调查显示，其中有1974人选择在校住宿，住宿生中有1271人是留守儿童，占全部寄宿生的64.4%，这说明留守儿童的寄宿需求比其他学生更加迫切。对留守儿童是否选择在校寄宿的情况统计证实，在校住宿的1271名留守儿童中，父母都外出打工的占了63.7%。在校住宿实际上已成为留守儿童家庭监护职能在学校的一种延伸，是家庭监护权利的让渡。因此，在农村义务教育发展过程中，应在有条件且有必要的地方改扩建一批农村中小学寄宿制学校，同时加强对寄宿制学校教学、生活、安全方面的管理，以充分发挥学校教育的主体作用，帮助留守儿童克服面临的各种困难。

综上所述，我国农村寄宿制学校的发展呈现出明显的阶段性，每一阶段都有着深刻的社会背景。民族寄宿制中小学的实践表明，寄宿制教育形式对于改善民族地区教育落后的状况发挥了重大的历史作用，发展民族寄宿制中小学是保证少数民族地区孩子公平接受教育的客观需要。20世纪80年代到21世纪初，我国农村中小学布局调整得以顺利进行，寄宿制学校建设功不可没。尽管国家对于寄宿制教育模式在农村推广持谨慎态度，始终只是倡导有需要的地方实行寄宿制，但是，随着"西部农村寄宿制学校建设工程"的实施，政府有意识地引导发展农村寄宿制学校已初见端倪。新的历史时期，农村留守儿童教育问题和义务教育均衡发展的需要又给寄宿制学校赋予了重要的历史使命，了解农村寄宿制学校发展的历史有利于科学地制定相关政策，以便充分发挥寄宿制学校教育的优势，使其在缩小城乡义务教育差距等方面发挥更大的作用。

第四章 农村寄宿制学校发展现状的基本特征

随着农村城镇化的不断推进和农村大量剩余劳动力的转移，农村义务教育阶段生源减少的趋势在短时期内不可逆转。这一变化直接影响农村中小学校在空间上的合理定位，学校服务半径的扩大必然会刺激学生及其家庭对寄宿制学校教育的需求。也就是说，农村寄宿制学校的规模还将继续扩大。本章通过对调查问卷和访谈材料的综合归纳，结合现有文献资料，从农村寄宿制学校的规模、地域分布特征、生源特点、推进方式、供需状况、教师生存境遇、学校成本结构、学校硬件设施及管理等多方面入手，着力呈现农村寄宿制学校的基本特征，以便为促进农村寄宿制学校制定发展战略奠定基础。

第一节 农村寄宿制学校的规模判断

新中国成立以来，我国农村寄宿制学校首先以民族寄宿制中小学的形式出现，先后经过了两次大发展。第一次是20世纪80年代初至90年代末，发展动因源于国家普及九年义务教育；第二次发生在2001年至2007年间，这是一次中央财政直接支持的大规模的发展。目前，为解决农村留守儿童问题，各地正掀起了寄宿制学校建设的第三次高潮。随着寄宿生规模大幅增长，寄宿率持续增加，农村寄宿制学校已经遍布全国农村地区，并逐渐成为了中西部农村义务教育的承载主体。

一 调研数据显示：寄宿制学校已成为中西部农村学校主体

学生寄宿率是反映农村寄宿制学校发展规模的一个重要指标，近年来不断攀升的寄宿率有力地证明了中部地区农村寄宿制学校规模扩大的事实。

(一) 来自中部地区的调研数据

课题组2010—2013年对中部地区湖北、江西两省6县（市）30所农村中小学进行实地调研发现，抽样地区20所初中全部实行寄宿制，10所小学中，村完小以上学生基本实行寄宿学习。表4.1是湖北、江西两省6县（市）抽样学校寄宿学生比例情况，从表中可以看出，小学生寄宿率达60%，初中生达到77%。

表4.1　湖北、江西两省6县（市）中小学寄宿情况统计　　（单位：人）

样本县	小学 样本数	小学 寄宿人数	小学 寄宿率（%）	初中 样本数	初中 寄宿人数	初中 寄宿率（%）
湖北省浠水县	177	138	78	137	125	91
湖北省利川市	61	54	89	132	121	92
湖北省恩施市	104	73	70	651	508	78
江西省铜鼓县	150	72	48	350	245	70
江西省分宜县	100	46	46	200	138	69
江西省泰和县	100	32	32	200	151	76

江西省分宜县推行"小学进镇，初中进城"的布局调整政策，全县一所初中，占地面积为186亩，建筑面积为64766平方米，投资1.2亿元，2010年9月1日，这所全封闭寄宿制学校正式开学。目前，学校共有3个年级72个班，在校学生4140人，这些学生都来自农村，全部实行寄宿制。与此同时，小学集中到乡镇，将初中进城而闲置的校产直接转给小学，大大改善了小学的寄宿条件。铜鼓县位于赣西北边陲，属典型的山区县。全县现有义务教育阶段学校52所，其中村完全小学19所，村小、教学点25所，初中5所，九年一贯制学校3所。因为是山区，学生上学路途遥远，最远的乡镇离县城有60多公里，所以学校多以寄宿制为主，从小学开始便有寄宿，有的地方甚至从学前班开始寄宿。2003年，该县被江西省教育厅列为"山区寄宿制学校试点县"。2009年农村住校生比例达36%，小学生寄宿率达38%，寄宿制学校已经成为全县义务教育的主

体力量。全县有 33 所学校实行寄宿制，占学校总数的 63%，初中全部实行寄宿制，小学阶段村完小以上实行寄宿制，占小学总数的 53%。针对教师的问卷调查显示，小学中"寄宿学校"和"走读寄宿混合学校"占了调查总数的 44.9%，初中和九年一贯制学校这两项之和达 100%。铜鼓县大暾中学 3 个年级共有学生 431 人，其中寄宿生就有 330 人，寄宿率达 77%，除了离学校很近的学生以外，其他基本都住宿在校。该县三都小学是一所镇中心小学，在校学生 580 人，其中有 120 人寄宿在校，寄宿率为 21%，部分学生从一年级就开始寄宿。

湖北省恩施市红土乡是一个地处高寒的偏远乡，所辖人口 4.5 万人，在校学生 4747 人。由于计划生育政策的落实，农村人口出生率下降，加之越来越多的孩子随外出务工就业的父母进城上学，该乡适龄儿童不断减少。农村中小学布局调整后，红土乡辖区内有 2 所初级中学，1 所乡中心小学，5 所村级完全小学，18 个教学点。其中，石窑中学地处海拔 1800 米以上的高寒地区，20 世纪 70 年代中期就实行寄宿制。1985 年以后，小学学制由原来的 5 年改为 6 年，与此同时，小学五、六年级也开始实行寄宿。正因为寄宿制学校历史悠久，所以，截至 2010 年，除教学点以外，该乡小学从三年级就开始实行寄宿，初中实行全寄宿。红土民族中学地处偏远，距离镇中心还有 4 公里，管辖半径约为 20 公里，最远上学距离达 30 公里，学生基本全部寄宿，寄宿率达到 98.5%。武汉市江夏区于 2005 年率先在全市进行农村寄宿制学校试点建设，当年投入资金 180 万元，建成 3 所寄宿制小学，近 200 名偏远地方的学生上学不再跋山涉水。此后，该区不断加大寄宿制学校建设力度，2006 年、2007 年两年建设 17 所寄宿制学校，投入资金 1600 万元。2008 年，区委、区政府决定将 2008 年、2009 年两年的寄宿制建设任务合并到一年完成，建设总投入 2067 万元，为此区政府从土地出让金中列支 500 万元，弥补建设资金的不足。2008 年秋季开学，11 所新建农村寄宿制学校全部按时交付使用，在全市提前一年实现农村寄宿制学校全覆盖，新增住宿生 7000 人，使入住学生总数达到了 1.26 万，单程 2.5 公里以上学生入住 7300 人，占应住学生的 95.7%。①

---

① 马祥：《江夏寄宿制学校给农村孩子温暖的家》，中国教育报湖北记者站（http://jzz.e21.edu.cn/news.php?id=3303）。

（二）来自西部地区的调研数据

2011—2014年，课题组对西部地区的广西和贵州展开了深入调查，获取了大量一手数据和典型案例，已有数据表明，农村初中基本实行寄宿制，这一趋势正不断向小学延伸。

广西壮族自治区上思县那琴初中是那琴乡唯一的一所初级中学，全校10个教学班，在校生总人数536人，由于服务半径大，学校实行全寄宿制，全校寄宿人数达510人，寄宿率为95%，除了住在学校附近的学生外，基本上都在学校寄宿。东屏小学校本部位于上思县的东部，创建于1953年，该校服务范围覆盖5个村38个自然屯，管辖13个教学点，80%以上的学生来自凤亭河水淹区。全校共有9个教学班，在校生255人，其中寄宿生为152人，寄宿率达60%。上思县在妙中心校创办于1937年，是一所办学历史悠久、文化底蕴深厚的农村寄宿制完全小学。目前共有17个教学班，学生742人，其中寄宿学生近700人，寄宿率达到94%。除了特殊情况外，学校要求学生都实行寄宿。

贵州省黔西南州2013年共有义务教育阶段寄宿制学校220所，其中小学77所、初中105所、九年制学校38所。全州义务教育阶段共有在校生229445人，其中住宿生102511人，住宿率为44.7%。77所寄宿制小学，占全州1364所小学总数的5.6%；105所寄宿制初中，占全州208所初中总数的50.5%。兴义市住宿生比例最高，小学为31.89%，初中为63.58%。

独山县辖8个镇，133个行政村，9个社区（居委会），总人口35万人。从2012年起，独山县按照县委、县政府"小学分散，初中集中，高中聚集"的总体要求，稳步有序推进学校布局调整，全县义务教育阶段学校由164所（小学150所，初级中学14所）合并成130所，其中，小学125所，初中5所。由于撤并学校造成学生上学路程变远，该县广泛推行寄宿制教育，目前，4所初中全部办成寄宿制学校，寄宿制小学26所，占小学总数的20.8%。截至2014年，全县共有在校学生41912人，寄宿生总数22657人，寄宿率达到54.06%。麻江县辖7镇1乡，86个村（居）委会，总面积1222.2平方公里，总人口21.46万人，属典型的山区农业县，是国家新阶段扶贫开发重点县。目前，全县实际管理的义务教育阶段学校32所，其中，完小31所，教学点1个，在校小学生11360人；

初级中学6所，完中1所，在校初中生7289人。现在，6所初中全部为寄宿制，寄宿率92.3%；32所小学中有21所为寄宿制，小学生寄宿率49.8%。关岭自治县关索中学是一所农村寄宿制初级中学，距关岭县城3公里，学校始建于2004年，2005年8月建成正式投入使用。学校坐落于关岭县城西南角，地处城乡接合部，服务对象为关索镇西南片区，北口片区和大桥片区部分行政村，服务人口2万余人。学校现有学生1262人，19个教学班，寄宿学生990人，寄宿率为78.4%。

另外，本研究还参考了2008年华中师范大学"中西部农村中小学布局调整"课题组的调查数据。该课题组在湖北省钟祥、长阳、沙洋和石首4个县（市）共发放教师问卷1644份，针对所在学校是否为寄宿制的问题，有1127人回答"是"，占问卷总数的70.7%。在陕西乾县、彬县、石泉、汉阴、勉县、南郑等6县共发放教师问卷2638份，在回答"是否为寄宿制学校"问题时，有1353份问卷就这一问题作答，选择"寄宿学校"和"走读寄宿混合学校"的人数合计为1685人，占问卷总数的51%。课题组对湖北、河南、广西、云南、陕西、内蒙古等6省（自治区）38个县（市）177个乡镇中小学综合分析显示，在一些山区县，小学寄宿学生数和学校数均已超过50%，初中除学校所在地的学生外，已全部实行寄宿。[1]

二 统计数据表明：农村中小学生寄宿率逐年上升

教育部发展规划司数据显示，截至2013年，全国农村义务教育阶段寄宿生人数达到26100172人，寄宿率为27.2%。其中，农村初中学生寄宿率为56.08%，小学生寄宿率为14.0%。农村寄宿制学校在东、中、西部呈非均衡分布态势，西部12省农村初中学生寄宿率总体达到65.52%，小学生寄宿率也达到了21.34%，东部地区农村初中寄宿率约为44.11%，小学生寄宿率为5.98%，中部地区这两项指标分别为56.74%和14.23%。[2] 纵观农村寄宿制学校发展历史，虽然义务教育阶段寄宿生总

---

[1] 范先佐：《布局调整后的寄宿制学校建设问题》，《新课程研究》（教育管理）2007年第6期。

[2] 教育部规划发展司编：《2013全国教育事业发展简明统计分析》，2014年版，第225页。

数随农村学生总数的减少而呈现下降趋势，但是寄宿率却一直保持上升势头。表4.2是关于全国农村义务教育阶段寄宿生总数及寄宿率变化情况的统计，分析表中数据发现，2006—2013年，农村义务教育阶段学生总数从14115万人减少至9598万人，减少了32%；而寄宿生人数只从2742万人减少至2610万人，仅仅下降了4.8%。进一步分析可知，农村寄宿生绝对人数2006—2011年一直处于上升状态，2006—2013年，农村学生寄宿率逐年增长。

表4.2　　　　2006—2013年农村义务教育阶段学校数量
与学生寄宿率变化情况①

年 份	学校数（万所）	寄宿学生总数（万人）	在校学生数（万人）	寄宿率（%）
2006	40.25	2742	14115	19.4
2007	37.95	2805	13491	20.8
2008	35.88	3067	13029	23.5
2009	33.65	3129	12674	24.7
2010	31.23	3132	12340	25.4
2011	29.53	2908	10950	26.6
2012	28.20	2710	10329	26.2
2013	26.23	2610	9598	27.2

总而言之，各地区的农村学校布局调整基本根据当地实际进行，初中已基本形成"一乡一校"，实行寄宿制，小学尤其是中心小学实行部分寄宿，农村寄宿制学校已经成为了中西部义务教育的主体。而且，随着农村大量剩余劳动力转移到城镇，适龄儿童随父母外出务工就业而进城上学，农村生源不断减少，各地布局调整还将不断深入，学生上学远的问题必将进一步加剧，农村中小学实行寄宿制已经成为一种必然趋势。

---

① 说明：表中数据学校数来源于教育部网站"教育数据统计"栏目，寄宿生总数来源于教育部发展规划司编《全国教育事业发展简明统计分析》（2006—2013年），其中，2008年的数据为估算数。寄宿率根据以上两组数据计算得到。

第二节 农村寄宿制学校的地域分布特征

农村地区是否实行寄宿制教育取决于两个主要因素：上学距离和特殊人群的偏好。学生上学距离取决于学校的布局，而如何布局又取决于一个地区的学龄人口分布，最终与某个地区的人口密度密切相关。特殊人群的偏好主要来源于农村外出务工家庭留守儿童，这一群体需求与各地区经济发展水平和发展方式息息相关。近年来，随着农村中小学布局调整在全国范围内的实施及留守儿童问题在农村的出现，原来西部地区的特殊矛盾开始遍及全国农村，农村寄宿制学校也逐渐从以山区、牧区和高寒地区为主的西部向中东部农村推进。目前，寄宿制学校遍布西部农村，中东部增长迅速，寄宿制教育覆盖全国农村趋势明显。尽管如此，由于我国幅员辽阔，各地自然条件和经济水平差异显著，学生及家庭对寄宿制教育的需求程度不一，因而寄宿制学校地域分布呈现明显的非均衡性。农村寄宿制学校的地域特征可以概括为：区域差异明显，农村义务教育阶段寄宿制学校呈非均衡分布，这一特征可以从东中西部差异、省际差异和省内差异得到体现。

一 农村寄宿制学校地域分布差异显著

一般来说，人口分布和地理条件是学校布局的主要依据，人口分布密度不仅受到自然地理条件的制约，还与人口流动因素有关。可以说，我国东、中、西部地区在自然条件和人口分布密度上的显著差异直接导致了农村寄宿制学校分布的显著区域差异。

（一）我国农村自然条件和人口密度的区域差异

首先，农村自然条件区域差异十分明显。我国境内地形复杂，其中以山地、高原和丘陵居多，占国土总面积的69.27%，平原只占11.98%（见表4.4）。就海拔高度而言，西北地区平均海拔1877米，西南地区1865米，内蒙古地区1062米，青藏地区高达4536米。[1] 具体区域地形地

---

[1] Feng Zhiming, Tang Yan, Yang Yanzhao & Zhang Dan, "Relief Degree of Land Surface and Its Influence on Population Distribution in China", *Journal of Geographical Science*, 18 (2), 2008.

貌各不相同,如新疆、青海、西藏三省属于沙漠高寒地区,条件恶劣,四川、云南等地多高山峡谷,贵州属于喀斯特高原丘陵环境。除此之外,革命老区也多是地处偏远的山区,如沂蒙山、大别山、井冈山、闽浙赣等地。这些地方不仅海拔高,而且地形复杂,一个区域内多种地形交错存在,气候恶劣。由于断裂带纵横交错、断块山、断陷盆地、断裂谷众多,大多数居民居住在高山深谷、交通不便的地方。山高沟深、气候恶劣以及人口居住分散,给学生上学和学校布点都带来了很大困难。无论将学校设置在何处,都会有部分学生上学路程遥远。如果过多考虑学生就近入学,必然会耗费更多教育资源,而且学校难成规模,不利于师资合理配置。因此,山区和高原等地选择建立寄宿制学校可以充分保证学生学习的时间。另外,我国的牧区和半农半牧区分布在从松辽平原西部、内蒙古高原、黄土高原北部、天山南北至青藏高原的广大地区。全国120个牧区县(旗)和146个半牧区县(旗),土地总面积360多万平方公里,占国土面积的37%。[①] 牧区大多属于西部地区,自然条件差、交通不便、经济发展相对滞后。同时,大部分牧区高寒缺氧,冬季寒冷而漫长,加上牧区的生产生活具有流动性、季节性和偏远性等特点,教育基础及其支撑能力十分薄弱。

表4.3　　　　　　　　　我国土地分布状况

项　目	面积(万平方公里)	占总面积百分比(%)
国土总面积	960	100
山地	320	33.33
高原	250	26.04
丘陵	95	9.90
平原	115	11.98
盆地	180	18.75

其次,我国东、中、西部人口分布密度存在显著差异。西部地区一般指云南、贵州、四川、重庆、西藏、陕西、甘肃、宁夏、青海、新疆、内

---

① 张立中:《中国草原畜牧业发展模式研究》,中国农业出版社2004年版,第135页。

蒙古和广西等12个省级行政区及湖南湘西和湖北恩施两个土家族苗族自治州。① 中部包括山西、吉林、黑龙江、安徽、江西、河南、湖北、湖南8省，东部辖北京、天津、河北、辽宁、上海、江苏、浙江、福建、山东、广东和海南等11个省（市）。在中国的版图上，从黑龙江黑河到云南腾冲，有一条呈45度角的斜线，这就是地理学家胡焕庸1935年提出的我国人口密度划分线，亦称"胡焕庸线"（见图4.1）。20世纪30年代，这条线的东南36%的国土聚集了96%的人口，而西北以64%的国土承载着4%的人口。

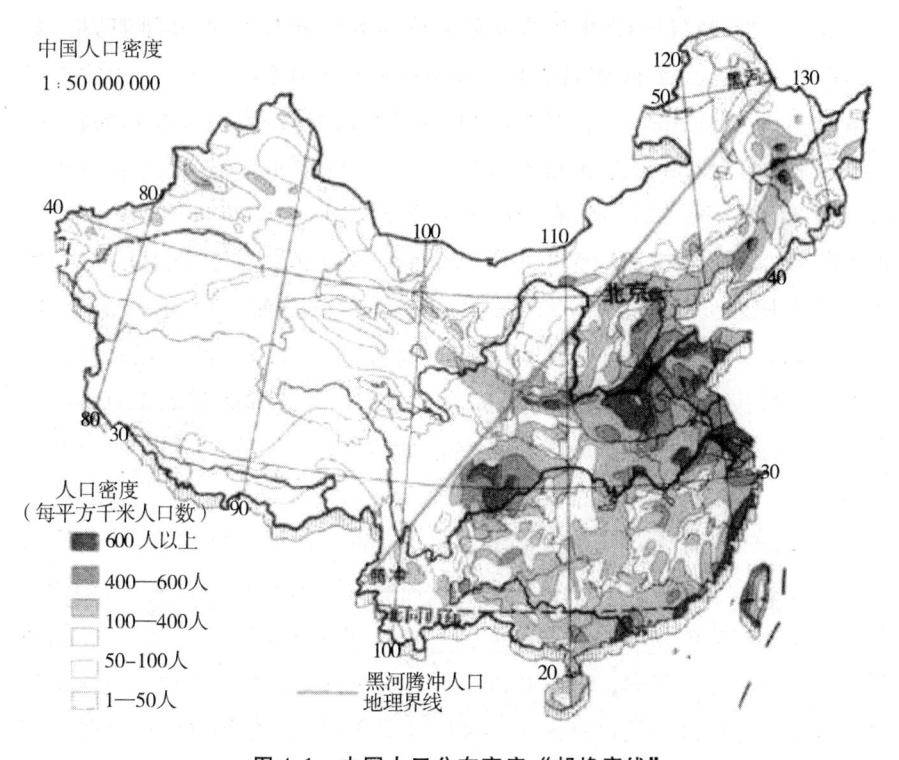

图4.1 中国人口分布密度"胡焕庸线"

中国科学院的地理学家根据2000年第五次人口普查的数据进行测算，发现这条线东南部人口仍占全国总人口的94.1%，西北部占5.9%。② 2010年第六次全国人口普查主要数据显示：首先，东部地区人口占31个省（区、市）常住人口的37.98%，中部地区占26.76%，西部地区占

---

① 说明：中国西部地区"10"+"2"+"2"新概念。
② 李培林：《新型城镇化与突破"胡焕庸线"》，《人民日报》2015年1月8日第16版。

27.04%，东北地区占 8.22%。与 2000 年人口普查相比，东部地区的人口比重上升了 2.41 个百分点，中部、西部、东北地区的比重都在下降，其中西部地区下降幅度最大，下降了 1.11 个百分点；其次是中部地区，下降了 1.08 个百分点；东北地区下降了 0.22 个百分点，这个结果再次证实"胡焕庸线"的准确性。[①]胡焕庸线西北部分基本包括了西部 12 个省级行政单位，充分说明了我国人口分布的基本特征，即西部人口密度远远小于中东部地区。

最后，我国农村经济发展方式的转变是人口分布密度差异的助推力。自然地理条件只能决定人口的自然分布密度，人口流动是另一个影响人口分布的主要因素之一。改革开放以来，我国农村经济发展方式开始转变，"农民工经济"的出现使得大量农村人口外出务工，劳务输出大省多在中西部，从而成为影响人口分布密度区域差异的助推力。中国国家统计局发布数据称，2013 年中国农民工总量 26894 万人，其中，外出农民工 16610 万人。从来源地来看，来自东部、中部和西部的农民工分别为 1.05 亿、0.93 亿和 0.71 亿人；从工作地来看，在东部、中部和西部工作的农民工分别为 1.62 亿、0.57 亿和 0.50 亿人。[②] 据统计，跨省流动就业的农民工主要来自安徽、江西、四川、湖南、湖北、河南、广西、重庆、贵州等中西部省份。2013 年这 9 个省份的跨省流动就业劳动力之和占全国总量的 81%。农民工跨省流动就业的主要去向是东部沿海发达地区和大中城市。2013 年，跨省流动农村劳动力的主要去向省（市）为广东、浙江、上海、北京、江苏、山东和福建，上述 7 省（市）吸纳了 82% 的全部跨省流动就业农村劳动力。其中，广东省依然是吸收跨省流动农村劳动力的最大省份，占全部跨省流动就业农民工的 47%。2013 年纳入市人社部门登记就业的异地务工人员 414.47 万人，其中外省籍 290.42 万人，湖南、广西、湖北、四川、河南、江西人数排名前 6 位。[③] 这种大规模的人口流动在很大程度上影响了人口的分布密度。

---

① 天苍：《工业文明也无法逾越的"胡焕庸线"》，《黄金时代》2011 年第 6 期。
② 周锐：《2013 年中国农民工增至 2.69 亿 逾 1.6 亿人外出务工》，中国新闻网（http://www.chinanews.com/gn/2014/05—12/6161392.shtml）。
③ 《多个劳务输出大省农民工省内转移人数超省外转移》，中国新闻网（http://news.xinhuanet.com/over-seas/2014—02/20/c_126164612.htm）。

(二) 农村寄宿制学校分布东、中、西部差异显著

人口密度是决定学校布局的主要因素之一,西部与中东部人口密度差距如此悬殊决定了我国农村学校服务半径的差异,从而决定了东中西部农村义务教育学校办学模式的差异。一直以来,农村寄宿制学校在地域分布上就存在东中西部不平衡的现象,近年,全国农村寄宿制学校数量持续上升,西部地区表现更明显,从而出现寄宿制学校分布呈现自西向东递减的态势。从相对指标来看,学生寄宿率是一个能够较好比较区域分布差异的指标。2007年,西、中、东部农村初中学生寄宿率分别为53.56%、48.31%、32.04%,西部高出东部21.52个百分点,比中部仅高出5.25个百分点,中部高出东部16.27个百分点;小学生寄宿率分别为11.62%、8.46%和3.95%,呈现出与初中同样的趋势,充分印证了农村寄宿制学校分布自西向东递减的现状。2013年,这一分布状态仍然明显存在,其中,初中寄宿生西部和东部寄宿率差距为21.41个百分点,小学寄宿率差距由7.67%拉大到15.36%,说明西部和东部中小学生寄宿率之差间距还在不断加大,进一步证明了农村寄宿制中小学分布的巨大区域差异。从绝对指标分析,2007年,东部与西部农村中小学寄宿生总数相差5491874人,西部与中部相差1217412人,中部与东部差额为4274462人;到2013年,东部与西部寄宿生绝对数量相差6533066人,西部与中部相差2779860人,中部与东部差额为3753206人,区域差异有进一步扩大的趋势。表4.4清晰地呈现了2007—2013年农村寄宿制学校区域分布的情况,近5年的数据都显示出一个规律:我国农村寄宿制学校地域分布呈现出由西向中、东部递减的非均衡状态。

表4.4　2007—2013年东中西部农村寄宿制中小学区域分布比较

年份		西部		中部		东部	
		寄宿生总数(人)	寄宿率(%)	寄宿生总数(人)	寄宿率(%)	寄宿生总数(人)	寄宿率(%)
2007	初中	8082915	53.56	7826468	48.31	4994273	32.04
	小学	3504050	11.62	2543085	8.46	1100818	3.95

续表

年份		西部		中部		东部	
		寄宿生总数（人）	寄宿率（%）	寄宿生总数（人）	寄宿率（%）	寄宿生总数（人）	寄宿率（%）
2010	初中	8473752	60.48	8016706	55.19	5033654	36.84
	小学	4569426	17.20	3861749	13.22	1369397	5.38
2011	初中	7897117	62.36	6986456	54.45	4314203	39.91
	小学	4765689	19.65	3874344	14.20	1237737	5.72
2012	初中	7363390	62.58	6330855	54.81	4209470	42.28
	小学	4456048	19.34	3477414	13.51	1269537	5.96
2013	初中	7137127	65.52	5708691	56.74	4033864	44.11
	小学	4667239	21.34	3315815	14.23	1237436	5.98

进一步分析表4.4发现，农村寄宿制小学的分布区域差异更大，2007—2013年，中西部地区农村小学生寄宿率上升趋势明显，其中西部地区小学生寄宿率一直保持大幅上升趋势：11.62%↗17.20%↗19.65%↗19.34%↗21.34%；中部地区基本上也呈上升趋势：8.46%↗13.22%↗14.20%↘13.51%↗14.23，而东部地区增幅微小，寄宿率始终低于6%。说明东、中、西部农村学校寄宿率悬殊主要因为近年来小学生寄宿的变化幅度不同。

二 农村寄宿制学校分布省际差异明显

前已述及，"胡焕庸线"客观描述了我国人口分布因地理条件差异而呈现出的规律，实际上，由于地理条件差异和经济发展方式不同而引致的办学形式的省际差异也十分明显。以下就农村学生寄宿规模和寄宿率两个指标，从全国31个省级行政区划单位（不含港澳台地区），用极差、极差率、标准差和变异系数四项指标进行差异分析（见表4.5）。

表4.5 全国分地区农村义务教育阶段寄宿生总数及寄宿率差异分析

地区	2007年		2010年		2011年		2012年		2013年	
	寄宿生数(人)	寄宿率(%)	寄宿生数(人)	寄宿率(%)	寄宿生数(人)	寄宿率(%)	寄宿生数(人)	寄宿率(%)	寄宿生数(人)	寄宿率(%)
极差	3206834	69.6	3428426	78.2	3014511	69.2	3065943	70.4	2993964	71.0

续表

地区	2007年 寄宿生数(人)	寄宿率(%)	2010年 寄宿生数(人)	寄宿率(%)	2011年 寄宿生数(人)	寄宿率(%)	2012年 寄宿生数(人)	寄宿率(%)	2013年 寄宿生数(人)	寄宿率(%)
极差率	295.6	34.1	516.1	61.2	1523.5	87.5	1567.7	101.6	1676.4	102.4
标准差	783904.4	13.4	872813.6	14.9	843728.1	15.1	799640.2	14.7	803335.3	15.3
变异系数	0.87	0.65	0.86	0.57	0.90	0.58	0.91	0.57	0.95	0.59
北京	26078	9.5	27959	11.8	23407	11.6	22128	10.8	20995	9.9
天津	10885	2.1	6656	1.3	5742	1.7	5728	1.7	5485	1.6
河北	1049976	16.1	1350977	21.2	1248721	21.1	1352358	22.3	1318785	22.8
辽宁	229638	9.4	243117	11.6	197645	11.0	224216	13.4	202909	13.4
上海	15371	3.2	14012	21.3	1980	0.8	1957	0.7	1787	0.7
江苏	1002397	17.8	972957	20.7	746952	20.5	635855	17.7	554275	15.8
浙江	622278	17.4	551549	16.2	465798	15.4	434292	15.0	429121	14.9
福建	577983	17.1	412779	16.7	367366	15.6	338314	14.4	303184	13.0
山东	1157696	15.1	1569704	20.3	1463081	20.6	1409255	21.2	1361332	21.4
广东	1221267	10.5	1050053	10.1	862915	12.2	872831	13.5	899972	15.1
海南	181522	14.6	203388	20.6	168333	21.5	182073	24.7	173455	24.6
山西	1092027	26.7	1121273	32.4	1040900	33.2	960793	33.5	821287	34.4
吉林	212537	10.8	232905	13.2	189376	14.3	171994	13.7	151099	13.0
黑龙江	410941	15.6	518543	21.6	406718	21.1	364303	18.9	255066	17.8
安徽	942866	12.5	910899	14.6	755261	13.2	691311	14.0	655706	13.7
江西	1113195	21.0	1515838	26.6	1466566	27.6	1321919	25.4	1040303	21.9
河南	3217719	23.9	3435082	25.6	3016491	23.5	3067900	24.7	2995751	28.8
湖北	1919671	35.9	2034282	43.2	1869644	44.0	1302282	39.8	1228814	38.6
湖南	1460597	24.9	2109633	35.1	2115844	37.4	1927767	35.9	1876480	35.6
内蒙古	723642	41.3	713008	48.1	655675	47.7	592412	46.1	534441	45.7
广西	1995749	32.4	2068420	36.3	1978099	37.8	1965286	38.2	1992423	38.5
重庆	894926	26.7	982278	34.2	835186	35.0	714681	32.2	639225	29.6
四川	2309728	24.7	2395086	29.9	2244917	30.5	2108248	30.4	1870889	30.0

续表

地区	2007年 寄宿生数(人)	2007年 寄宿率(%)	2010年 寄宿生数(人)	2010年 寄宿率(%)	2011年 寄宿生数(人)	2011年 寄宿率(%)	2012年 寄宿生数(人)	2012年 寄宿率(%)	2013年 寄宿生数(人)	2013年 寄宿率(%)
贵州	877653	14.3	1201203	20.4	1298956	24.1	1223325	24.3	1531325	32.2
云南	2353956	39.1	2765000	46.4	2963294	53.6	2714945	52.1	2885969	58.1
西藏	296825	71.7	314577	79.5	272929	70.0	269511	71.1	270738	71.7
陕西	856837	19.9	871173	25.4	801941	26.7	740088	28.3	658903	27.5
甘肃	639165	16.8	852080	26.1	715823	24.8	636038	23.9	582256	25.1
青海	180159	27.7	249898	41.0	264667	44.2	236968	41.5	232301	42.5
宁夏	82947	11.0	121830	16.9	116640	18.0	116835	19.1	108521	18.6
新疆	375378	15.0	508625	22.6	514679	24.6	501101	23.9	497375	24.1

从上表可以看出，北京、上海、天津3个地区2013年农村学生寄宿率分别仅为9.9%、0.7%和1.6%，而西部的云南、西藏农村义务教育学生总体寄宿率分别达到58.1%、71.7%。正是由于严重的两极分化，2013年全国31个省（市）寄宿率的极差达到71%，极差率为102.4倍，寄宿生总数极差率高达1676.4倍。2007—2013年寄宿率的极差率分别为34.1↗61.2↗87.5↗101.6↗102.4，进一步说明省际差距表现出扩大的趋势。标准差、变异系数均可从不同角度描述31个省（市）寄宿生分布及寄宿率的差异情况，标准差越大则说明省际差异越明显，变异系数反映了标准差与平均数的比值。分析各省农村学生寄宿率的标准差发现，2010—2013年标准差的值分别为14.9%↗15.1%↘14.7%↗15.3%，总体呈上升趋势；变异系数的值分别为0.57↗0.58↘0.57↗0.59，虽然其间有波动现象，但总趋势也呈上升趋势，由此可以说明，义务教育阶段农村学生寄宿率省际分布差异逐渐变大。一般来说，变异系数小于0.1说明数据分布比较均匀，[①] 偏大则表明数据间差异较大。31个省（市）农村寄宿生数2007—2013年差异系数分别为0.87↘0.86↗0.90↗0.91↗0.95，总体呈上升态势，说明近年来农村寄宿生分布省际差异逐年小

---

① 粟玉香：《教育财政学》，经济科学出版社2009年版，第86页。

幅加大；5年统计的差异系数值均在0.9左右，进一步说明了省际差异明显。总而言之，农村寄宿制学校省际分布差异较大，这种差异随着时间的推移呈加大趋势。

三 农村寄宿制学校分布省内差异较大

农村寄宿制学校区域分布在东、中、西部和省际呈现明显的非均衡状态，西部农村地区寄宿生总数和寄宿率均明显高于中东部地区。那么，农村寄宿制学校在同一个省内是否呈均衡分布呢？为了回答这一问题，贵州财经大学课题组对贵州省农村寄宿制小学进行了宏观和微观的调研，结果表明，农村寄宿制小学分布在省内地（州、市）及各县之间存在明显差异。

首先，省内地（州、市）因地理条件等因素不同而形成不同的寄宿需求，从而影响寄宿制学校区域分布。贵州省下辖9个地区共计88个县，2010年第六次人口普查数据显示，全省总人口3474.65万，其中乡村人口2299.87万，占比66.19%。由于9个州（市）人口分布密度不均衡，小学寄宿生在全省农村分布也呈现出不平衡性（见表4.6）。

表4.6 贵州省分地区农村小学寄宿生总数及寄宿率差异分析

地区	2011年 学生数（人）	2011年 寄宿生（人）	2011年 寄宿率（%）	2012年 学生数（人）	2012年 寄宿生（人）	2012年 寄宿率（%）	2013年 学生数（人）	2013年 寄宿生（人）	2013年 寄宿率（%）
极差	878544	103072	25.4	799967	88377	27.0	736590	92624	23.4
极差率	8.3	51.5	38.3	8.1	37.2	91.1	8.5	13.6	4.8
贵阳市	120341	2041	1.70	112455	2442	2.17	97825	7324	7.49
六盘水	251152	16730	6.67	211598	20661	9.76	191440	36059	18.84
安顺市	236067	6024	2.55	213367	6580	3.08	194354	14275	7.35
毕节市	998885	6790	0.68	912422	2698	0.30	834415	51183	6.13
遵义市	525078	33055	6.30	486398	31192	6.41	453232	50826	11.21
铜仁市	417852	105113	25.16	378054	85807	22.70	338314	99948	29.54
黔西南	334224	26800	8.02	319327	24300	7.61	287120	63051	21.96
黔南州	306694	52884	17.24	281970	34365	12.19	261676	54966	21.01

续表

地 区	2011年 学生数（人）	2011年 寄宿生（人）	2011年 寄宿率（%）	2012年 学生数（人）	2012年 寄宿生（人）	2012年 寄宿率（%）	2013年 学生数（人）	2013年 寄宿生（人）	2013年 寄宿率（%）
黔东南	352035	91707	26.05	332328	90819	27.33	316953	92820	29.29

2011—2013年，全省9个地（州、市）农村寄宿制小学寄宿生总数的极差率分别为51.5、37.2、13.6，表明省内州际差异较大，在时间上呈逐渐缩小的趋势，而学生总数的极差率分别为8.3、8.1、8.5，说明各州学生总数变化趋势大致相同；而2011—2013年农村小学生寄宿率的极差率分别为51.5、37.2、13.6，说明寄宿制分布差距缩小主要缘于全省西部地区农村小学生寄宿率的提高。调查显示，毕节地区绝大部分县农村寄宿制小学起步很晚，但近3年来发展迅速，2009年，9个县中除织金县和赫章县分别有263人和242人外，其他7个县小学没有寄宿生。2010年不仅没有新增寄宿生，相反，赫章县还出现寄宿生减少的现象，由原来的242人减少为110人。然而，从2011年开始，除黔西县没有寄宿生外，其他各县均举办了寄宿制小学，全州小学生寄宿率从2009年的0.046%增至0.68%，截至2013年，整个毕节地区农村小学有寄宿生51183人，寄宿率达到6.13%。

其次，以县为主的义务教育管理体制也是影响农村寄宿制学校分布不均衡的主要因素，省内县与县之间的差异能够反映寄宿制学校的分布特点。表4.7反映了以贵州省数据为基础分析的县际寄宿生分布情况。比较省内地（州、市）区域和县际差异：2013年9个地区在校学生数、寄宿生数及寄宿率的极差率分别为8.5、13.6、4.8，而2013年72个样本县的这三项指标分别为51.5、37.2、13.6，说明县际寄宿生分布差异明显大于区域之间差异。

表4.7 2013年贵州省部分县农村小学寄宿生数及寄宿率的差异比较 （单位：人）

名 称	在校生数	寄宿生数	寄宿率（%）	名 称	在校生数	寄宿生数	寄宿率（%）
开阳县	20940	1057	5.0	碧江区	6595	1276	19.3
息烽县	15547	415	2.7	万山区	7608	1849	24.3

续表

名称	在校生数	寄宿生数	寄宿率(%)	名称	在校生数	寄宿生	寄宿率(%)
修文县	15999	2130	13.3	江口县	16425	4382	26.7
水城县	63148	10560	16.7	玉屏县	10932	1384	12.7
盘县	68005	14656	21.6	石阡县	32116	11000	34.3
遵义县	58246	2924	5.0	思南县	54982	12321	22.4
桐梓县	49201	3940	8.0	印江县	36298	13286	36.7
绥阳县	34112	6419	18.8	德江县	52564	16687	31.7
正安县	36368	6636	18.2	沿河县	67193	14821	22.1
道真县	25310	3472	13.7	松桃县	53601	22942	42.8
务川县	34686	4890	14.1	兴仁县	42294	8323	19.7
凤冈县	29622	4219	14.2	普安县	32901	5931	18.0
湄潭县	32610	1875	5.7	晴隆县	33192	6024	18.1
余庆县	23205	4314	18.6	贞丰县	45389	8276	18.2
习水县	52324	4375	8.4	望谟县	36211	6628	18.3
赤水市	13515	4011	29.7	册亨县	20257	9970	49.2
兴义市	27636	8045	29.1	安龙县	25421	5038	19.8
普定县	38409	2007	5.2	黄平县	29393	5890	20.0
镇宁县	28666	1284	4.5	施秉县	13640	3051	22.4
关岭县	28453	2073	7.3	三穗县	15924	4307	27.0
紫云县	30186	1720	5.7	镇远县	19674	6005	30.5
大方县	86653	13765	15.9	岑巩县	17795	4769	26.8
黔西县	65733	609	0.9	天柱县	22196	4791	21.6
金沙县	61684	11530	18.7	锦屏县	13703	4418	32.2
织金县	101325	392	0.4	剑河县	19637	7577	38.6
纳雍县	105184	22150	21.1	台江县	13849	3330	24.0
威宁县	196248	840	0.4	黎平县	33236	9529	28.7
赫章县	95208	789	0.8	榕江县	28984	9479	32.7
长顺县	18309	3330	18.2	从江县	28845	12370	42.9
龙里县	15617	2823	18.1	雷山县	11426	3136	27.4

续表

名　称	在校生数	寄宿生数	寄宿率(%)	名　称	在校生数	寄宿生	寄宿率（%）
惠水县	33857	8568	25.3	麻江县	14411	7002	48.6
三都县	33683	8918	26.5	丹寨县	14250	5778	40.5
瓮安县	29619	6601	22.3	罗甸县	29217	5266	18.0
独山县	18810	5184	27.6	荔波县	12511	2211	17.7
平塘县	25419	4935	19.4	贵定县	19535	3524	18.0
极差率					29.8	58.5	123.0
标准差					29231.6	4818.4	11.4
差异系数					0.80	0.78	0.55

第三节　农村寄宿制学校的生源构成特征

由于上学距离远而被迫寄宿的农村孩子是寄宿制学校的主要生源，这些农村学生可以根据选择寄宿制学校的动机划分为三大类型：少数民族儿童、低龄寄宿儿童和留守儿童。调查显示，由于农村经济发展方式的转变和学校布局调整等因素的影响，原来的少数民族学生高比例态势依然，留守儿童寄宿比例逐年上升成为主要特征，而低龄寄宿儿童比例上升则是未来的趋势。深入分析农村寄宿制学校的生源构成，有利于针对相关群体制定特殊的政策。

一　少数民族学生依然是寄宿生主体

根据教育部民族教育司的统计口径，我国少数民族地区共涉及21个省级行政区划单位下的741个县级行政区划单位，具体分布为：内蒙古自治区、广西壮族自治区、西藏自治区、宁夏回族自治区和新疆维吾尔自治区等5区所辖440个县级行政区划单位；云南、青海、四川、贵州、甘肃、吉林、湖北和湖南8个省的少数民族自治州所辖的270个县级行政区划单位，再加上辽宁、河北、海南、重庆、广东、黑龙江和浙江等7个省市所辖31个少数民族自治县。近年来，民族地区义务教育阶段寄宿学生总规模继续增长，小学生寄宿规模的增长尤为明显（见图4.2）。从图中可以看出，2010 年，民族地区义务教育学校寄宿生总数达到 788 万人，其中小学生寄宿规模达 313.9 万人，比 2009 年增加了 10 万人，增幅达 3.3%。"十一五"期间，民族地区小学寄宿生年均增幅达 9.9%。2010 年，初中生寄宿规模达 474.1 万人，与 2008 年、2009 年基本持平。由于整个义务教育阶段学生总数呈逐年下降趋势，所以，初中寄宿学生总数增幅不大，而且有递减的趋势。但是，小学和初中学生寄宿的比例却在大幅度增长。

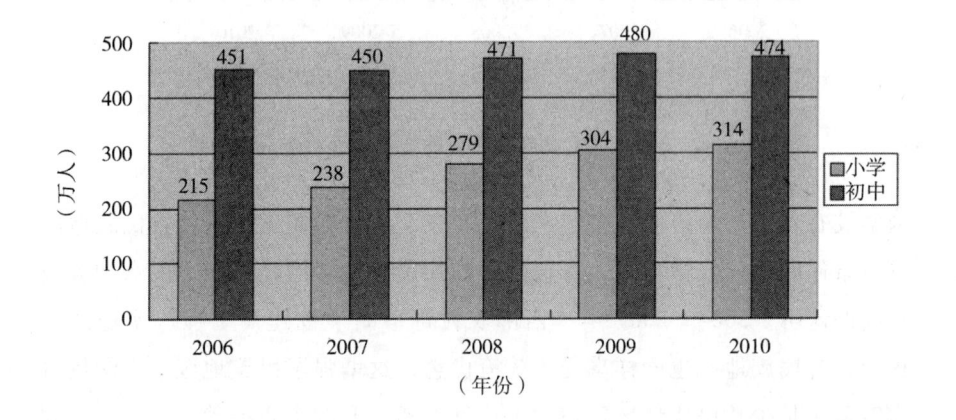

图 4.2　2006—2010 年民族地区小学、初中寄宿生规模①

2010 年，民族地区小学寄宿生占在校学生比例的 20.2%，比 2009 年提高了 1.2 个百分点，中、西部民族地区小学寄宿生比例均超过了 20%，分别为 25.3% 和 22.1%。"十一五"期间，民族地区小学寄宿生占在校生的比例年均增率为 12.1%。2010 年，民族地区初中学生寄宿率达到 62.1%，比上年提高 0.2%，西部农村寄宿率为 62.7%。其中，西藏、广西和云南 3 个省农村初中寄宿生比例超过了 75%，西藏更是达到了 91.1%（见图 4.3）。②

农村寄宿制办学肇始于少数民族寄宿制学校，少数民族地区举办寄宿

---

① 教育部发展规划司编：《2010 年全国教育事业发展简明统计分析》（内部资料），2011 年版，第 149 页。

② 同上书，第 150 页。

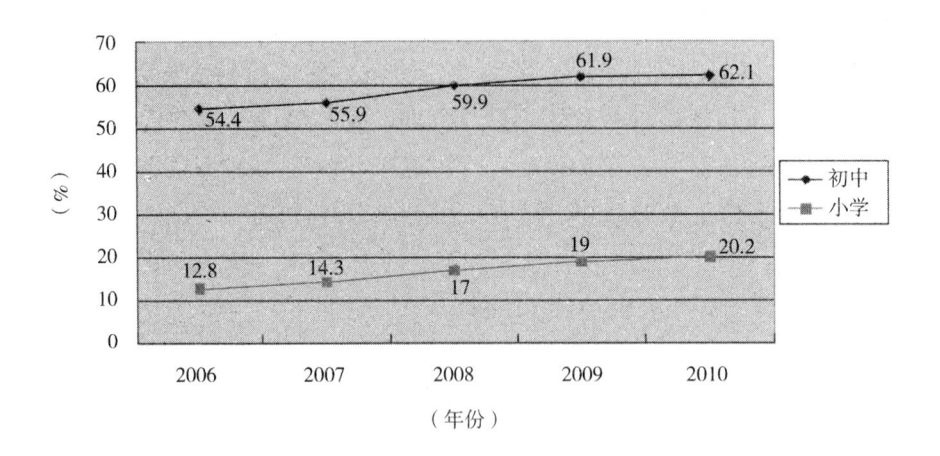

图4.3 民族地区义务教育阶段寄宿生占在校生比例情况

制学校有着悠久的历史。多年来的经验表明，寄宿制学校是适合民族地区自然条件的最佳办学形式，寄宿制学校在民族地区已经得到了民众和各级政府的认可。2004—2007年"西部农村寄宿制学校建设工程"实施的过程中，各民族地区也同样享受了政策优惠，这增强了民族地区中小学校寄宿容量，是少数民族地区寄宿学生比例不断上升的主要推动力量。寄宿制办学形式在少数民族地区义务教育普及过程中发挥了重要作用，在各地留守儿童问题显现的今天，寄宿制学校将被赋予新的功能而进一步发展。同时，寄宿制学校还将对缩小少数民族地区与汉族地区的差距，促进义务教育群体间的均衡发展发挥重要作用。

二 低龄儿童寄宿比例逐年上升

20世纪80年代以前的西部少数民族地区，由于特殊的自然条件和落后的经济状况的限制，为了普及初等教育，小学生实行寄宿并不少见。但是，随着农村中小学布局调整的不断推进，全国各地农村小学生寄宿需求不断增长，小学生寄宿已经十分普遍，寄宿生从小学高年级（五、六年级）不断向下延伸，少数学校还出现了一年级甚至是幼儿园就开始寄宿的现象。本课题所指"低龄寄宿儿童"主要是指12周岁以下在小学寄宿学习的学生。低龄寄宿儿童比例上升的趋势不仅在各省市官方网站公布的数据中有所体现，2012年以来课题组的实地调研数据也有力地证明了这一事实。

(一) 实地调研数据显示：低龄儿童寄宿比例逐年增长

2010—2013年的调查数据显示，湖北、江西、广东、甘肃和贵州等省农村小学三年级以上寄宿学生比例达到了91.6%左右（见表4.8）。进一步分析发现，小学阶段抽样学生总数为865人，其中寄宿在校的学生有751人，占调查总数的86.8%；寄宿在校外的学生42人，占比4.9%。在所有寄宿生中，四年级及以下寄宿生人数为226人，占寄宿生总数的28.5%。此次调查中有4所比较典型的学校，针对五年级以上学生发放的251份问卷中，有212名学生寄宿，寄宿率达到84.5%。小学高年级学生的寄宿率已经接近初中水平，4所学校抽样班级的寄宿率最高达到88%（浠水县杨祠小学），最低也达到了80%（浠水县读书中心小学）。

表4.8　　　　　　　　"年级—住宿情况"交叉制

		住宿情况				
		家里（走读）	学校宿舍	租　房	其　他	合　计
年　级	1	0	10	0	0	10
	2	0	8	0	0	8
	3	2	47	2	2	53
	4	6	145	14	1	166
	5	18	201	10	1	230
	6	37	340	16	5	398
	合计	63	751	42	9	865

2012—2013年，课题组对贵州省铜仁等地进行了调研。铜仁地区万山特区敖寨民族寄宿制小学现有学生290人，寄宿生就有172人，寄宿率达到59.3%。田坪镇中心小学共有学生872名，寄宿生80名，寄宿率仅为9.17%。碧江区瓦屋乡中心小学现有学生623名，其中寄宿生138名，寄宿率为22.15%。2012年，黔东南州已建成农村寄宿制小学139所，占全州农村小学总数1206所的11.53%；全州小学寄

宿学生9.2万人，寄宿率达到25.26%。① 黔东南州台江县的施洞中心小学共有学生900人，寄宿生为399人，寄宿率达到44.33%；南宫中心小学现有学生352人，寄宿生为144人，寄宿率达到40.9%；巫西小学143人，寄宿生113人，寄宿率达到79.02%。麻江县有寄宿制小学21所，小学寄宿生6467人，寄宿率达到44.9%。丹寨县小学寄宿生人数达到5184人，2012年寄宿率达到36.18%。黔西南州现有寄宿制小学77所，占全州1364所小学总数的5.6%；兴义市住宿生比例最高，小学寄宿生占31.89%。

2005年7月至2008年10月，华中师范大学"中西部地区农村中小学合理布局结构研究"课题组对湖北、湖南、广西、云南、陕西和内蒙古等6省38县177个乡镇进行了实地调研，调研收集了大量关于寄宿制学校的数据。课题组2008年在湖北省钟祥、沙洋、长阳、石首4县及广西荔浦、兴安、龙胜、德保、隆林、那坡、田阳、苹果、靖西和南丹等10县发放教师问卷1992份，其中，针对"是否寄宿制学校"的回答见表4.9（表中寄宿制学校是"寄宿制学校"与"走读寄宿混合学校"之和）。其中，发放到小学教师手中的问卷共计1252份，回答是"寄宿制学校"与"走读寄宿混合学校"的两项之和为848份，占问卷总数的67.7%，也就是说，湖北省、广西自治区抽样县接近70%的小学实行了寄宿制。目前，小学生寄宿主要集中在三年级以上，五、六年级寄宿生的比例已经基本接近初中阶段。通过对东中西部样本学校的分析可以看出，小学生寄宿规模在逐渐扩大，三、四年级学生寄宿的规模增长明显，有力地证明了全国农村各地近年来小学生寄宿比例不断增长的趋势。2008年东北师范大学农村教育研究所对870名小学寄宿生的调查显示，小学一年级开始寄宿的达27.1%，二、三年级开始寄宿的分别为13.6%和13.3%，即三年级之前寄宿的小学生累计百分比高达54%。②

---

① 资料来源：《黔东南年鉴（2013）》，第289页。
② 杨卫安、邬志辉：《农村学校布局调整后寄宿制学校利弊的总体判断与政策选择》，《教育导刊》2014年第5期。

表 4.9　湖北、广西"学校类别——是否寄宿学校"交叉分析　（单位：所）

		是否寄宿学校			
		寄宿学校	走读学校	混合学校	合计
学校类别	小学	166	404	682	1252
	初中	395	10	310	715
	九年一贯制学校	5	3	16	24
	其他	1	0	0	1
	合计	567	417	1008	1992

（二）宏观统计数据表明：低龄寄宿儿童总数和比例呈上升态势

教育部发展规划司统计数据显示，2007年全国小学生寄宿人数达到了759万人，占在校小学生总数的7.2%，其中，农村地区寄宿生就有715万人，占寄宿小学生总数的94.2%（见图4.4）。由于2007年是"西部农村寄宿制学校工程"的验收年，这项以西部为主，遍及全国23个省份的宏大工程初见成效，西部、中部地区小学生寄宿比例分别达到10.5%和7.6%，比2006年分别增长了0.7个和0.8个百分点。而西部和中部地区农村小学在校生寄宿率分别达到11.6%和8.5%，比上年提高了0.9个百分点，总体水平均高于全国。自然条件比较特殊的西藏、青海、内蒙古和云南4省（区）农村小学生寄宿比例均超过了20%。截至2013年，全国农村小学寄宿生人数高达9220490人，总体寄宿率达到14.0%，云南、青海和内蒙古等地的这一比例直逼40%，西藏更是高达66.7%。

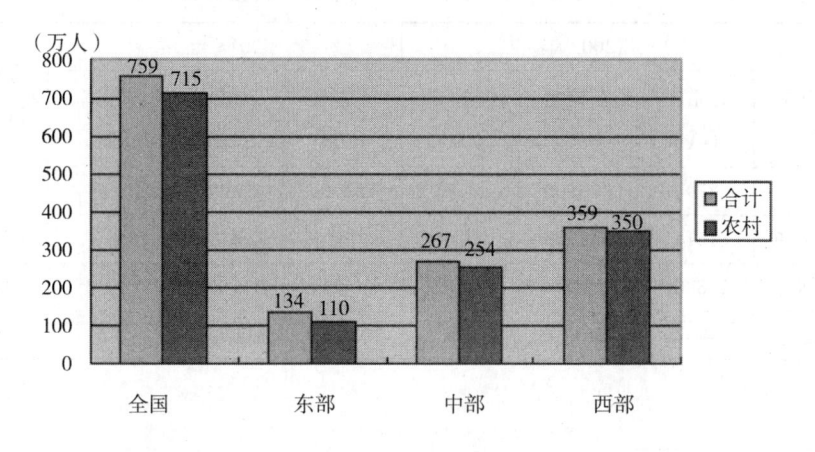

图 4.4　2007年分区域小学寄宿生规模及所占比例

统计近年来全国农村寄宿制小学寄宿率的变化情况，清晰显示了低龄寄宿生比例逐年上升的路径。表4.10是2007年、2013年各省农村小学寄宿生的总体情况，从表中可以看出，全国31个省（自治区、直辖市）①除了东部地区的天津、上海、浙江和福建外，小学生寄宿比例都有不同程度的增长。其中，中部地区的湖南增长了9个百分点，西部地区的云南增长幅度也达到了21.4%。从绝对数值来看，2007年全国农村小学寄宿生总数为7147953人，2013年小学寄宿生增加到9220490人，增加了29.0%；但是农村小学生在校总人数在不断减少，2007年，全国农村小学在校生总数为88029214人，2013年这一数字减少为65875768人，减少了25%。从表中还可以发现，小学寄宿生总数和比例增加主要发生在中西部，东部地区各省增长幅度很小，有4个省还出现了负增长，这主要是由东部部分省近年来农村小学生总数不减反增造成的。如河北省2007年在校小学生总数为3989864人，2010年增长到4530450人，增加了540586人，三年期间该省小学寄宿生总数从218806人增加到415922人，几乎翻了一番。再如上海，2007年农村小学生在校人数为272163人，2010年增长到439168人，增加了167005人，寄宿生尽管从3381人增加到了4107人，但寄宿率却呈下降趋势。就全国农村总体而言，小学寄宿生规模和比例呈逐年上升态势；分区域考察发现，这种增长主要发生在中西部地区，东部地区绝大部分省增长缓慢。

表4.10 　　2007年、2013年农村地区分省小学寄宿生情况统计

地 区	2007年 寄宿生（人）	2007年 在校生（人）	2007年 寄宿率（%）	2013年 寄宿生（人）	2013年 在校生（人）	2013年 寄宿率（%）	增减趋势
北京	8794	180200	4.9	8230	153982	5.3	+0.4
天津	1214	322963	0.4	785	230733	0.3	-0.1
河北	218806	3989864	5.5	446217	4316627	10.3	+4.8
辽宁	44362	1561103	2.8	55905	1008722	5.5	+2.7

---

① 说明：缺少中国香港、澳门、台湾地区相关统计数据。

第四章 农村寄宿制学校发展现状的基本特征

续表

地 区	2007 年 寄宿生（人）	2007 年 在校生（人）	2007 年 寄宿率（%）	2013 年 寄宿生（人）	2013 年 在校生（人）	2013 年 寄宿率（%）	增减趋势
上海	3381	272163	1.2	244	194483	0.1	-1.1
江苏	166297	3270420	5.1	120835	2530092	4.8	-0.3
浙江	165268	2341230	7.1	82967	2035368	4.1	-3.0
福建	158516	2090457	7.6	84910	1625781	5.2	-2.4
山东	126198	5078749	2.5	192869	4315195	4.5	+2.0
广东	153783	7884547	2.0	163176	3804008	4.3	+2.3
海南	54199	843011	6.4	81298	493611	16.5	+10.1
山西	368376	2651563	13.9	334290	1531465	21.8	+7.9
吉林	32183	1217931	2.6	43592	823454	5.3	+2.7
黑龙江	133166	1579015	8.4	103650	931581	11.1	+2.7
安徽	122433	4795148	2.6	115261	3258492	3.5	+0.9
江西	361653	3797148	9.5	335182	3357147	10	+0.5
河南	464771	9086472	5.1	1038685	7513149	13.8	+8.7
湖北	577738	2987629	19.3	566892	2232082	25.4	+6.1
湖南	482765	3928627	12.3	778263	3649255	21.3	+9.0
内蒙古	343855	1099677	31.3	311220	786954	39.5	+8.2
广西	346980	4156644	8.4	542139	3553651	15.3	+6.9
重庆	188023	2156246	8.7	152480	1449316	10.5	+1.8
四川	702774	6174029	11.4	646741	4182221	15.5	+4.1
贵州	102956	4308441	2.4	470622	2984590	15.8	+13.4
云南	1012328	4216416	24.0	1526963	3361329	45.4	+21.4
西藏	190873	292617	65.2	177664	266461	66.7	+1.5
陕西	258905	2556770	10.1	283731	1574897	18.0	+7.9
甘肃	127736	2549479	5.0	185285	1490941	12.4	+7.4
青海	101927	461558	22.1	142598	383136	37.2	+15.1

续表

地区	2007年 寄宿生（人）	2007年 在校生（人）	2007年 寄宿率（%）	2013年 寄宿生（人）	2013年 在校生（人）	2013年 寄宿率（%）	增减趋势
宁夏	9807	550543	1.8	18725	414819	4.5	+2.7
新疆	117886	1628554	7.2	209071	1422226	14.7	+7.5

资料来源：根据2007年、2013年教育部发展规划司《教育事业发展简明统计分析》整理。"+"表示上升；"-"表示下降。

（三）各地教育部门公布的数据印证：农村低龄儿童寄宿率不断上升

全国各地教育部门官方网站数据也有力地证明了农村寄宿制学校向小学延伸的现状。2007年，内蒙古自治区赤峰市阿鲁科尔沁旗20所完全小学全部实行寄宿制，寄宿小学生数占小学生总数的50%。[1] 江苏省地处东部，经济发达，不少地区在20世纪90年代后期开始在农村推行寄宿制小学。2004年，洪泽县共和镇诞生了该县第一所农村寄宿制小学，首批210名农家子女住进了学校。近年来，该镇加大布局调整力度，先后撤掉8所村小，全镇75%的小学生集中到中心小学就读，全部实行寄宿制。[2] 据2009年统计，江苏省大丰市农村小学全部实行寄宿制，农村小学在籍学生20085人，住宿生5061人，占25.2%；从年级来看，一年级住宿生比例为12%，最高的学校达到了26%；二年级比例为14.5%，最高的学校达到了54%；三年级比例为23.5%，最高的学校达到了51%；四年级比例为29.3%，最高的学校达到了62%；五年级比例为33.4%，最高的学校达到了61%；六年级比例为40%，最高的学校达到了77%。[3]

陕西省作为西部教育大省，随着国家西部地区"两基"攻坚计划和"西部地区农村寄宿制学校建设工程"的实施，农村寄宿制办学取得了实质性的进展。2011年数据显示，该省所辖的10个市共有寄宿制小学2645所，小学寄宿生总人数达到392580人，这一数字比2010年的322100人

---

[1] 胡延鹏：《农村寄宿制小学情感关怀缺失问题研究》，硕士学位论文，东北师范大学，2009年。
[2] 赵长斌：《江苏洪泽诞生第一所农村寄宿制小学》，《新华日报》2004年4月16日。
[3] 李晓明：《盐城大丰农村小学实行寄宿制的可行性调查报告》，2009年7月5日，江苏教育新闻网（http://www.Jsenews.com/site/boot/newsmorea200907058000.html）。

增加了 70480 人，校均寄宿生人数为 148 人。① 该省延安市子长县在农村剩余劳动力大量向城镇转移、小学生源萎缩的情况下，适时进行布局调整。县政府在 2008 年夏季做出决策：彻底放弃原先以"乡""村"为单位设立小学教学点的政策，用农村小学寄宿制全面解决农村教育顽疾。2008 年 9 月 4 日，《子长县关于推行农村小学寄宿制工作实施意见》正式出台。子长县教育局按照县委县政府统一部署，到 2009 年春季开学，全县 137 所分散的农村初小集中撤并为 34 所寄宿制小学，2757 名小学生全部归并到布点小学或中心小学，全面实行寄宿上学。②

甘肃酒泉市金塔县三合小学是 2007 年金塔县学校布局调整时，撤并 10 所村级小学而成立的一所农村寄宿制完全小学，主要承担三合乡适龄儿童接受小学阶段教育的任务。截至 2011 年 10 月，该校在校学生总数为 673 人，其中寄宿生 628 人，寄宿学生比例达 93.3%。③ 河北省井陉县苍岩山中心小学共有学生 270 余名，其中 240 人在校住宿，寄宿率达到 88.9%，是一所典型的低龄儿童寄宿制完全小学。学校的学生来自苍岩山镇的 13 个行政村，学校除了一至六年级的学生以外，还有二十几个学前班的孩子，大都是 6 岁左右。④

无论是我们调研的数据，还是全国各地公布的有关寄宿制学校的信息，都反映了一个不争的事实：农村寄宿制学校正逐步从初中向小学阶段延伸，从小学高年级向低年级推进。大量数据显示，农村小学五、六年级学生的寄宿率已基本接近初中，三、四年级学生甚至是更低年龄学生寄宿正显现出强劲势头。这是我国农村寄宿制学校发展的新情况，反映出寄宿制办学模式正逐步为各级政府及农村家庭所接受。农村小学实行寄宿制在争议中不断发展，寄宿制小学的办学成效正引导决策者和民众搁置争议，不断完善寄宿制学校机制，使其适应小学生身心发展特点。

---

① 李贵安：《陕西省农村寄宿制小学基本现状调查》，《陕西教育》（高教）2011 年第 4 期。
② 《子长农村小学全面实行寄宿》，2009 年 1 月 11 日，华商网（http://news.sina.com.cn/c/2009-01-11/020515013569s.shtml）。
③ 《走进甘肃酒泉农村寄宿制小学的幸福生活》，2011 年 10 月 14 日，中国新闻网（http://www.chinanews.com/sh/2011/10—14/3388797.shtml）。
④ 《寄宿制小学需要更多关爱》，2011 年 9 月 20 日，燕赵都市报电子版（http://epaper.yzdsb.com.cn/201109/22/116312.html）。

三 寄宿生中留守儿童所占比例越来越大

寄宿制学校将学生的学习和生活融入学校内，部分承担了家长的监护责任和抚养义务，同时也弥补了家庭教育的缺失，正因为如此，寄宿制学校受到各地的高度重视。《国家中长期教育改革和发展规划纲要（2010—2020年)》明确要求："加快农村寄宿制学校建设，优先满足留守儿童住宿需求。""改扩建劳务输出大省和特殊困难地区农村学校寄宿设施，改善农村学生特别是留守儿童寄宿条件，基本满足需要。"赋予农村寄宿制学校留守儿童监护与教育的功能已经进入了国家决策层面。留守儿童家庭对寄宿制教育的需求和国家政策的促进，使得近年来农村寄宿制学校中留守儿童比例越来越大。

（一）实地调研数据显示：农村寄宿生中留守儿童比例增大

针对学生家长外出务工的情况，湖北、江西、甘肃、广东和广西等5省13个县30所中小学的4050份学生问卷显示，父母单方外出务工的学生有1408人，双方外出务工的有1386人，两项合计为2794人，留守儿童寄宿生占调查总数的69.1%（见表4.11），这一比例明显高于教育部2010年公布的数据。进一步分析留守儿童寄宿生寄宿的情况发现，样本中有2482人住宿在校，占寄宿学生总数（3482人）的71.3%，即调查样本中，留守儿童寄宿生占了寄宿学生总数的71%，占所有留守儿童（2794人）的89.1%。也就是说，留守儿童绝大部分都进入了寄宿制学校学习。这一结果有力地证明了农村寄宿学生中留守儿童比例增大的现实情况。

表4.11　　　　　　"父母工作—住宿情况"交叉制　　　　　（单位：人）

		住宿情况				合计
		家里(走读)	学校宿舍	租房	其他	
父母工作	父打工	106	1056	12	30	1204
	母打工	42	156	0	6	204
	都打工	95	1270	10	11	1386
	都在家	224	994	20	12	1250
	其他	0	6	0	0	6
	合计	467	3482	42	59	4050

湖北省恩施州利川市谋道小学地处海拔1400米的谋道镇，课题组2011年调查数据显示，全校986名学生中留守儿童706人，占在校生总数的71.6%。虽然地处集镇，该校仍然实行寄宿制，在601班随机抽取了32名学生，其中寄宿学生为26人，寄宿率为81.3%。26名寄宿生中，留守儿童寄宿生数为18人，占寄宿生的比例为69.2%，占抽样学生总数的56.3%。可以看出，无论是在整个学校中，还是在班级里，留守儿童数量都已经超过了60%，而且，绝大部分留守儿童选择了寄宿在校。调研期间在谋道中学发放学生问卷128份，其中寄宿生就有107人，寄宿率达83.6%。在107名寄宿生中，父母一方或双方打工的学生有100人，留守儿童比例占调查总数的78.1%，占寄宿学生总数的93.5%。总体来看，该市初中与小学高年级的寄宿率大致相当，但是初中阶段留守儿童比例及其寄宿率都远远高于小学阶段。

2013年，课题组对贵州省农村寄宿制小学的调查证明了寄宿生中留守儿童比例较大的事实。在450名被调查小学寄宿生中，留守儿童207人，占总寄宿生的46%。铜仁地区的孙家坝小学2009年被列为思南县首批农村寄宿制小学建设试点学校。现有33个教学班和石门坎、笔架山和牌坊3个教学点。校本部有在校生1529人，住宿生有616人，其中留守儿童就有507人，占在校寄宿生的82.3%。台江位于贵州省东南部、黔东南苗族侗族自治州中部，全县辖2镇6乡，157个村（居）委会，3个社区，2个居委会，全县人口159361人。课题组2013年对台江县3所寄宿制小学进行了调研，调查数据显示，留守儿童寄宿生比例分别达到57.2%、57.2%和53.4%（见表4.12）。

表4.12　　施洞小学、南宫小学和巫西小学留守儿童寄宿情况

	父母外出打工情况	频数（人）	有效百分比（%）	小计（%）
施洞小学（91人）	一方外出打工	37	40.7	57.2
	双方外出打工	15	16.5	
	双方没有外出打工	39	42.8	
南宫小学（35人）	一方外出打工	12	34.3	57.2
	双方外出打工	8	22.9	
	双方没有外出打工	15	42.8	

	父母外出打工情况	频数（人）	有效百分比（%）	小计（%）
巫西小学（45人）	一方外出打工	17	37.8	53.4
	双方外出打工	7	15.6	
	双方没有外出打工	21	46.6	

（二）文献资料分析表明：农村寄宿学生中留守儿童比例增大

2008 年，四川省农村义务教育阶段留守儿童约 300 万人，占学生总数的 30% 以上。该省启动了"留守儿童寄宿制学校建设工程"，安排 3 亿元省级专项资金，建设、改造 400 所农村留守儿童寄宿制学校的教学用房和学生宿舍，主要在县城以外农村地区实施。泸县将留守儿童寄宿制学校建设列为全县的民生工程和重点建设项目，全县 11 个农村寄宿制学校建设项目被纳入国债资金农村教育服务体系，目前，有 6000 余名留守学生实行了寄宿。[①] 2010 年，重庆市义务教育阶段学校有留守儿童 134.2 万人，占义务教育阶段在校学生总数的 37.3%。其中，小学有农村留守儿童 84.4 万人，占小学在校学生总数的 37.6%；初中有农村留守儿童 49.8 万人，占初中在校学生总数的 36.9%。截至 2009 年年底，全市已累计投入资金 51.04 亿元，建成农村寄宿制学校 1600 所，留守儿童寄宿生 62.5 万人，农村留守儿童寄宿难问题基本得到解决。市政府规划到 2012 年，在农村镇（乡）政府所在地以及交通方便、适龄儿童较多的集镇建设 2000 所农村寄宿制学校。[②] 截至 2009 年年底，重庆市垫江县共有义务教育阶段留守儿童 41350 人，其中小学生中双亲外出的农村留守儿童有 26560 人，占总数的 64.2%，初中留守儿童人数为 14790 人，占 35.8%。初中寄宿留守儿童总数为 12320 人，占初中留守儿童总数的 83.3%。[③] 江西省赣州市 A 县 B 小学是当地政府为了解决农村留守儿童教育问题，按照统筹城乡教育一体化发展，高标准新建的一所省级示范性寄宿制公办学校。全校现有 93 个教学班，242 名教师，5313 名学生，共有 2726 名留守儿童，

[①] 雷鑫平：《留守儿童：寄宿后的欢喜忧愁》，《农村农业农民·A 版》2011 年第 1 期。

[②] 《62 万留守儿童住进寄宿校》，网易新闻（http://news.163.com/10/0705/03/6AQ4V2C900014AED.html）。

[③] 杜海波：《垫江县农村留守儿童管理工作的实践与启示》，《新重庆》2010 年第 9 期。

其中在校寄宿留守儿童 1245 人，留守儿童寄宿率达 45.7%。[①]

第四节 农村寄宿制学校的发展方式选择

农村寄宿制学校的发展实际上是政府、学校、教师和学生及其家庭的博弈过程，也是村民与政府的利益格局的调整过程。在推进农村寄宿制学校建设过程中，政府始终居于主导地位，使得寄宿制学校的推进方式的选择呈现出教育行政与政治的特点。依据政府行政方式的不同，可以大致将农村寄宿制学校的推进方式分为三种：强制型、示范型和自发型。

一 强制型

所谓强制型，是指政府利用手中的资源，用行政手段对农村小学教育行使直接控制和干预，将举办寄宿制学校作为实现优化农村学校布局的措施，从而实现政府节约公共支出的目标。各级政府之所以能够采取强制的方式推行寄宿制小学教育，是因为我国教育的发展主要以行政力量推进，相关群众往往是被动的参与者，其在教育改革中的角色由政府设定。与此同时，乡村社会缺乏对政府强有力的监督和有效的群众意见表达机制，政府与村民这种互动结构是导致政府发动强制性变迁的基础。

贵州省推行小学寄宿制教育的强制性可以从各级政府规定的硬性指标中窥见一斑。推行寄宿制教育与农村学校布局调整是一个问题的两个方面，因此，从各级政府颁布的关于布局调整的文件中可以发现这种强制性。2002 年 12 月 17 日，贵州省人民政府发出《关于印发农村中小学布局结构调整和优化农村中小学教师队伍意见的通知》，提出："2002 年基本取消复式班，2003 年基本取消教学点，2004 年村小在 1999 年基础上减少 50% 以上。在农村完小服务半径 3 公里以内的区域，不能有（或新建）其他小学和教学点。"可以看出，最大限度地取消教学点，缩减村小规模，扩大服务半径是这一规定的主旨，这种强制的结果必然是学生上学远，从而产生寄宿需求。实际上，政府顶层设计中解决问题的办法就是实

[①] 刘诗波、郑显亮：《农村寄宿制学校留守儿童家庭教育功能补偿探索——以江西 A 县 B 小学的实践为例》，《中国教育学刊》2014 年第 10 期。

行寄宿制教育。《意见》中提出:"重点办好乡(镇)中心小学以上完小,完善办学条件,扩大办学规模,配备相应教师,开办寄宿制。"省人民政府《关于印发贵州省农村寄宿制学校建设攻坚工程实施方案的通知》[黔府发〔2011〕23号]进一步明确:"十二五期间,强力推进农村寄宿制学校建设,使农村小学在校生寄宿率达到30%,初中在校生寄宿率达到70%。"2012年6月20日,省教育厅出台《关于进一步推进全省中小学布局结构调整的指导意见》提出:"在乡镇中心小学和部分人口较多的社区小学建设寄宿制学校,逐步减少现有村小和教学点,形成以一定比例的寄宿制小学和必要的村小、教学点为补充的农村小学新格局。"各级政府除了以行政命令的方式推行寄宿制学校外,还通过变相强制的方式达成目标。课题组在铜仁地区某县访谈时了解到,村民对于撤销教学点多持抵触态度,为了使学生到寄宿制小学就读,当地政府一方面不断完善寄宿制学校的办学条件,吸引边远农村家庭送孩子寄宿;另一方面,教育管理部门通过弱化村小办学力量的方式变相迫使家庭选择寄宿制学校。如某一个村小撤并时遇到村民强烈反对,拒绝到离村很远的寄宿制小学就读,当地教育部门在与村民僵持不下的情况下,调走了原来学校的年轻教师,留下一些即将退休的老教师来坚守。后来,部分家庭开始动摇,最终选择了寄宿制学校。

推行寄宿制教育的强制性还体现在学生和老师对寄宿的态度方面。在课题组对贵州某地区发放的600份学生问卷中,对"你喜欢在学校住宿吗"问题,有近24.6%的学生选择了"不喜欢"。在与部分教师交谈中也明显感觉到一种无奈,几位老师非常留恋原来就近教学的生活,一是走读学校精神压力较小,放学后学生的学习生活交由家庭负责;二是因为学生寄宿,自己也得寄宿在学校,没有时间和精力照顾家庭,原来放学后可以帮家里干些家务,现在责任全部落到妻子身上,自己感觉很内疚。加上学校并没有对这些老师进行额外补助,所以,寄宿制教育对这些老师来说是一种被动选择。

二 示范型

所谓示范型的方式就是教育主管部门以成功的经验来推动整个区域农村寄宿制学校的发展。具体做法一般是政府加大农村寄宿制学校的投入力度，不断改善办学条件，提高教学质量，以此来吸引农村家庭选择寄宿制学校。如果说上级教育主管部门通过行政命令的方式强制性推行寄宿制教育能够行得通，那么县级教育主管部门由于面对千家万户的多样性需求，具体实施过程中强制实行就难以奏效。因此，很多县级教育主管部门往往采取因势利导，强化寄宿制学校示范性来完成省政府的指标。

低龄儿童寄宿是目前义务教育学校的新动向，而选择低龄寄宿的家庭一般都是不得已而为之。政府建寄宿制小学的初衷是解决学生上学远和留守儿童教育问题，但是，很多农村家庭对寄宿制学校起初持着怀疑态度。显然，引导特殊儿童群体进入寄宿制学校学习不能通过强迫方式。湖南省怀化市沅陵县推进低龄寄宿学校的方式就属于示范型。从2005年2月第一所寄宿制学校——太常小学的创建开始，采取由点到面，逐步铺开的方式，寄宿制学校和低龄寄宿生不断增加，目前全县农村寄宿制小学教育已占"半壁江山"。在兴办寄宿制学校之初，学校领导和广大教师主要担心两点：一是基础设施不达标、办学条件达不到要求；二是群众思想有顾虑，不肯把学生送到学校集中住宿。对于群众的顾虑，县委、县政府要求每一所寄宿制学校在兴办之前，必须把做好家长思想工作，争取群众大力支持放在首要地位，各乡镇政府和学校组织广大干部教师深入村组，下到农户家里，发放告家长书，召开座谈会，进行耐心解释，确保学生家长的支持拥护率达到90%甚至更高。对一些思想上实在转不过弯的家长则让他们到已办成的寄宿制学校参观，在亲眼看到学校宽敞明亮的教室，井然有序的宿舍，亲自品尝到食堂里花样繁多、味道可口的饭菜，亲身体会到保育人员兢兢业业、无微不至的生活服务后，那些原本思想上有顾虑，对学校教师放心不下的学生家长纷纷改变态度，积极把学生送到学校集中住宿学习，为寄宿制学校的兴办和发展奠定了坚实的群众基础。有的家长还说："看到把孩子送到学校，老师把他们当作自己的小孩一样悉心照顾，心里再没有什么担心的了。"[①]

贵州省麻江县教育局推行小学寄宿制教育也以示范为主。麻江县教育局考虑人口分布、交通条件和民族生活习惯等因素合理布局学校。近10

[①] 梁兴科、向志家：《沅陵县农村低龄寄宿制学校调研报告》，沅陵县教育科学研究室，2011年5月。

年来，该县率先实现了村村通柏油路、组组通水泥路，农村交通十分便利，为路途较远的学生上学提供了必要的交通条件，解决了农村家庭对于学生远距离上学途中安全问题的后顾之忧。为了吸引学生及家庭选择寄宿制学校，麻江县在每一个乡镇选择1—2所小学进行改扩建，按标准建设学生宿舍、食堂、教学楼和厕所，逐步完善学生浴室和运动场，改善校园环境，增强师资力量。环境优美、质量上乘的寄宿制小学对边远山区小学的孩子产生了极大的吸引力。与此同时，该县还加强宣传工作力度。学校建成以后，组织拟撤并的学校的学生及家长到校参观体验新环境，并从学生的成长环境、共享优质资源等方面宣传寄宿制教育环境对学生未来发展的重要性。由于麻江县采取了先建后撤和细致入微的宣传工作，该县寄宿制小学得到学生和家长的大力支持，学校没有因为撤并举办寄宿制学校而流失一个学生，相反，由于学校条件变好带来的示范效应，原来随父母外出打工的学生回来很多。正是由于标准化的基础设施和规范化的管理，该县21所寄宿制小学2014年的寄宿率达到48%。

三　自发型

所谓自发型就是当地政府采取消极的应对方式，对辖区寄宿需求放任或者不作为。这种发展方式主要是因为该地区小学寄宿需求不强，导致教育主管部门对相对较小的寄宿要求重视程度不高。

课题组在对贵州西部的毕节地区HZ县的调研中发现，此地农村寄宿制小学才刚刚起步，而且中间曾出现反复的现象。访谈中一位教育主管部门的领导认为，该县小学寄宿需求不是很强，要在2015年前达到30%的寄宿率困难很大。正是由于领导这种顺其自然的发展方式，该县几乎所有小学都还没有实行寄宿制，大多处于筹备阶段。而且，全县规划协调也出现一些问题，有的地方宿舍楼建好了没有人住，而有的地方宿舍楼没建好但同学们已经迫不及待地想住进去了。例如，该县YMC小学学生公寓2010年就建好了，至今没有人进住，因为原来需要寄宿的学生现在全部移民到学校附近，政府修建了移民新村，学生没有了寄宿的必要。不仅如此，错误还在继续进行，在原来的学生公寓闲置的同时，一栋24套教师周转房又开始建设了，而该校教师基本住在学校附近，没有在学校寄宿的诉求。相比之下，MGZTQ小学则不同，这里寄宿需求旺盛，但学校却没有能力提供。这样的问题出现无疑是因为政府在规划的时候不顾各个地方的具体实际情况，犯了平均主义的错误，片面地认为每个乡镇都应该同等对待，而没有想到根据地方的实际灵活调整教育资源的配置，使教育资源得到最大限度的利用。将 HZ 县小学寄宿推行的进度与贵州省的其他县相比，农村寄宿制小学建设进度要缓慢很多。这与地方政府主管部门对推动此事的积极性不高有很大的关系，当然推动此事的积极性不高更多的是由于资金等各方面条件的限制，推动难度较大。从当地教育局领导的谈话中我们发现，教育局个别领导以紧邻县城的一所学校为例，片面地认为全县小学生的寄宿需求都很小，以偏概全，忽略了各个乡镇的实际情况尤其是偏远山区的情况。政府对各地区实地调研不足，对调研工作的重视力度不够，政策规划不能与时俱进，不能做到统筹协调，个别领导责任心不强是导致以上问题的重要原因。

总之，政府、学校、家庭在推进农村寄宿制学校建设中动机各不相同。政府举办农村寄宿制学校的动力来源于保证布局调整的顺利进行，举办寄宿制学校总体来说是一种"自上而下"的政府行为，往往是基于"公益性"的一种强制行为。学校热衷于举办寄宿制学校是因为这种教育形式能更有保障地完成"应试教育"，实行寄宿制教育可以相对延长学生学习时间，而将新增时间用于学习几乎是所有学校的首选。农村学生家长对寄宿制学校的认同问题比较复杂，初中及小学高年级家长一般都认同寄宿制学校对学生接受教育的优势，而低龄小学生的家长大多觉得这是一种无可奈何的选择。但是，总体来说，随着教育竞争的日益加剧，为了学生未来的前途，绝大部分农村家长已经把缩小城乡教育质量差距的希望寄托在寄宿制学校教育上。当前农村义务教育的主要矛盾表现为学生及其家庭对优质教育资源的追求与国家优质教育资源供给不足，农民不再满足于"有学上"的基本要求，"上好学"成了他们的更高目标。随着农村经济的不断发展，农民经济实力增强，观念也随之发生转变，绝大部分家庭已经具备投资教育的经济实力。相对而言，由于农民自身文化水平的限制，他们愿意将孩子的家庭教育权利和监护权利移交给学校。在广大的山区农村，农村学生寄宿学习已经习以为常，即使住在离学校很近的学生家长也往往选择让学生住校，目的是保证他们有更多的学习时间，以提高学习成绩。从某种意义上说，农村家庭对寄宿制学校的认同经历了一个从被动到主动的过程,农村特殊的自然条件和布局调整人为制造的上学远问题使农村学生选择寄宿制学校是一种被动,寄宿制学校可以保证充足的学习时间、培养学生独立生活的能力等优势又成为农村家长认同寄宿制学校的原因。在整个过程中,教师和学生基本失去话语权,处于被动状态。从某种意义上说,学生寄宿就意味着教师寄宿,很多农村小学教师基本属于"半边户"①,寄宿给他们带来极大不便。农村寄宿制学校的迅猛推进是政府、学校及家庭协同完成的一项工程。

第五节 农村寄宿制学校教育的供需状况

近年来,在"西部农村寄宿制学校建设工程"的直接作用和推动下,我国农村寄宿制学校建设已经取得了显著成就,各地纷纷建起寄宿制学校。随着农村中小学布局调整的不断深入,集中办学已经成为必然趋势,但是,由于边远山区农村的特殊自然条件和人口分散等因素的影响,很多孩子的寄宿需求还没有得到解决,政府寄宿制教育供给滞后于家庭旺盛的需求。农村义务教育阶段学生校外住宿学习的人数和部分学生上学路途的艰难程度是反映寄宿制教育供给不足的两个重要指标。

一 大量校外寄宿生存在有力地证明了政府供给不足

部分农村小学生选择校外寄宿,充分说明了寄宿制学校教育机会供给的不足。农村小学生选择校外寄宿学习主要有两方面原因:一是学校提供的寄宿条件绝对数量不足,很多有寄宿需求的孩子不符合学校设定的基本条件;二是学校提供的条件难以满足学生及家庭的需要(或者称为有效供给不足)。在所有反映寄宿制学校教育供给总体数量不足的指标中,学生选择校外寄宿的比例是一个比较直观的量。

2013年,课题组对贵州省部分小学的调查有力证明了寄宿制教育供给不足的现状。针对小学生发放的469份问卷中,有39人住在校外农户或亲戚家,校外寄宿率为8.3%。对"你为什么不在学校住宿呢"问题的回答中,选择"学校没地方住"的有38人,有效百分比为20.9%,选择

---

① 对农村教师家庭中夫妻双方有一方在家务农的习惯叫法。

"学校住宿条件不好，不愿意住"的有 61 人，有效百分比为 33.5%，两项合计占比达到 54.4%（见表 4.13）。说明农村小学寄宿制教育供给数量和质量明显存在不足。

表 4.13　农村学生选择校外寄宿的情况及原因统计

你在学校住宿还是在学校附近农户住宿？

		频数（人）	百分比（%）	有效百分比（%）	累计百分比（%）
有效	学校	430	78.5	91.7	91.7
	附近农户家或亲戚家	39	7.1	8.3	100.0
	合计	469	85.6	100.0	
缺失	系统	79	14.4		

你为什么不在学校住宿呢？

		频数（人）	百分比（%）	有效百分比（%）	累计百分比（%）
有效	学校没地方住	38	6.9	20.9	20.9
	学校住宿条件不好	61	11.1	33.5	54.4
	住学校不自由	83	15.1	45.6	100.0
	合计	182	33.2	100.0	
缺失	系统	366	66.8		

教育部 2009 年对安徽、重庆、江苏、四川、贵州、广西等省（自治区）的调研结果也表明，中西部农村寄宿制学校的覆盖面与寄宿条件远远不能满足当地的实际需求。西部一些高山、高原、高寒级牧区等地方，大概有 80% 左右的初中生和 60% 的小学生需要寄宿。此外，现在的农村义务教育办学也逐渐集中，使得农村儿童寄宿的要求大幅增加。由于很多学校没有寄宿条件，不少学生被迫在校外租房，或者是投靠亲友来解决住宿问题。据不完全统计，仅在 2007 年中西部地区义务教育阶段的校外住宿学生就达到了 1000 多万名。

二　来自留守儿童的寄宿教育需求远远没有满足

目前，义务教育阶段的留守儿童有 2000 万人左右，绝大多数集中在安徽、江西、河南、湖北这样的中西部劳务输出大省。这些留守儿童由于父母不在身边,或隔代抚养,或投亲靠友,或租房寄住,长期缺乏父母的呵护与完整的家庭教育,在思想、心理等方面很容易出现问题。把这些孩子送到寄宿制学校中学习生活,能够尽力弥补家庭教育和关爱的缺失,对这些孩子未来的成长大有裨益。然而,很多劳务输出大省的义务教育学校根本无法满足为数众多的农村"留守儿童"寄宿的需求,尤其是生活用房及设施不够不全,学校缺乏心理辅导教师,"留守儿童"待在寄宿制学校里边,经常是住不了、住不好也管不到。[①] 显然,大量留守儿童具有强烈的寄宿需求,但是由于寄宿制学校供给不足,或是现有寄宿条件难以满足要求,不得不选择校外住宿。

2010年,重庆农村"留守儿童"已近130万人,由于父母不在身边,绝大部分儿童有寄宿需求,但是,已有学校难以满足农村"留守儿童"寄宿学习的需求,尤其是生活用房及设施不够不全,"留守儿童"住不了、住不好的问题非常突出。[②]一项对江西省赣南地区某市三个县的调查显示,近年来农村中小学寄宿制学校出现"供不应求"的局面。截至2008年年底,该市有寄宿制学校1096所,住宿生比例达到学校学生总数80%以上的学校,占全市中小学的36%。与2005年相比,三县寄宿制学校数量平均增加了24%,但是,寄宿制学校中小学寄宿生数却增加了近30%,三县共有农村寄宿学生5.2万人,占三个县农村中小学在校学生的50%。从对三个县30所寄宿制学校校长的访谈中了解到,在尚未寄宿的学生中,仍有将近10%的学生急需安排寄宿就读,另有10%左右的学生(及其家长)有强烈的寄宿愿望,因种种原因目前尚未寄宿就读。当地的学生家长、教师一致认为,除了极少数人口集中的地区,几乎所有的农村学校都应该采取寄宿制。三县"绝大多数农村中小学都不得不创造条件招收部分寄宿学生"。同时,已经建成的寄宿制学校实际容量参差不齐,很多学校采取"简单扩充"的方式解决问题,三个县只有8所初中列入了国家寄宿制学校建设工程,其他77所都是在原来学校的基础上简单扩

---

① 马晖、田淑兰:《2000万留守儿童的生活要"达标"》,2010年3月9日,21世纪网(http://www.21cbh.com/HTML/2010-3-9/167768.html)。

② 刘宏伟:《关于进一步完善农村寄宿制学校建设和管理的思考》,《中国教育技术装备》2011年第8期。

充而成，绝大多数学校的"扩充"只是为新增的寄宿学生增加了教室、宿舍，满足"能上课、有地方住"的最低需要。[1]

三 布局调整形成的小学生寄宿需求旺盛

农村义务教育阶段中小学寄宿制学校也呈现出发展不平衡的态势，小学阶段寄宿制学校供给不足是目前存在的主要问题。目前，初中学校基本实行集中办学的形式，2004年实行的西部农村寄宿制学校建设工程主要对象是初中。因此，初中阶段寄宿制学校在数量上已经基本满足寄宿需求，关键是要改善办学条件，提高有效供给；而小学阶段则任务艰巨，既要不断发展数量，也要改善寄宿条件。以贵州为例，一段时间以来，农村寄宿制学校建设主要集中在初中，乡镇寄宿制小学建设尚在起步阶段。黔东南苗族侗族自治州自实施"两基"攻坚以来，农村义务教育的办学条件得到了很大改善，162所农村初中均建有学生宿舍、食堂、厕所等设施，但农村小学基本没有学生宿舍和食堂等配套措施，只有少数乡镇的小学挤出部分教室安排少量学生住校。[2]

四川省教育大县宜宾县为了整合教育资源，不断进行撤点并校，2006年，该县村级小学还有341所，2011年只剩229所，5年内撤并了村小112所，平均每年撤并22所左右。仅2011年暑期就有13个乡镇撤并了31所村小。受撤并影响最大的是被撤学校的学生，为了上学，有的学生要很早起床，有的甚至早上6点就得起床，走十几里路才能到学校，寄宿需求十分迫切，但该县现有农村寄宿制学校根本无法满足需求。该省珙县恒丰乡第二小学由多个村小合并而成，多数学生往返学校要两三个小时，学校没有住宿条件，又是全天上课，因为家庭贫困和学校食堂方面的条件限制，很多学生在学校没有午饭吃。这学期在志愿者的帮助下，100多个饿肚子上学的娃娃才吃上"免费的午餐"。[3]显然，由于大量村小撤并而激

---

[1] 杨润勇：《关于中部地区农村中小学寄宿制学校的调查与思考》，《教育理论与实践》2009年第8期。

[2] 刘超祥：《贵州民族地区农村寄宿制学校状况调查研究——以黔东南苗族侗族自治州为例》，《山东省农业管理干部学院学报》2010年第3期。

[3] 《现有农村寄宿制学校无法满足学生寄宿需求》，2011年11月6日，"三农"直通车网（http://www.gdcct.gov.cn/life/focus/czdxcjy/hy/201111/t20 111106_ 614939.html）。

发的寄宿需求正不断增长，而作为布局调整配套工程的寄宿制学校建设并没有同步跟进，这种状况如得不到根本改变，将会严重影响农村学生公平接受义务教育。

四 贵州省案例：低龄儿童的强烈寄宿需求

2012年7月以来，课题组深入贵州铜仁地区、黔东南、遵义、黔西山区进行实地调查。访谈中个案真实客观地反映了边远山区对寄宿制学校教育的需求，尽管各地方政府加大了寄宿制教育的供给力度，但是相对于旺盛的需求，供给稍显滞后。

（一）黔西北HZ县的调查：访谈个案折射的强烈寄宿需求

黔西北HZ县MG镇TQ学校是一所九年一贯制学校，在校学生605人，其中小学部356人。调研了解到，该校有45名小学生由于学校没有寄宿条件而选择在校外的民房租住，说明部分学生实实在在地产生了寄宿需求。还有部分学生想到学校寄宿但苦于学校没有条件而不得不选择每天走路上学。HZ县经济发展相对落后，农村地区青壮年外出务工现象非常普遍，农民工外出务工收入往往是家庭经济的主要来源，由此而产生的留守儿童教育问题也刺激了对寄宿制教育的需求。据TQ学校对本校留守儿童数量的最新统计数据，2013年该校共有留守儿童65人，他们大多跟爷爷奶奶共同生活，爷爷奶奶年纪偏大，在知识教育方面往往不能给予他们任何帮助，且住的地方离学校距离遥远，寄宿制可以为他们提供很多的便利，这部分留守儿童的寄宿需求也较为迫切。

同学LF（12岁），就读于TQ学校四年级，家住MG镇的HH村，距学校大概1个小时的路程，父母都常年在外打工。他和哥哥一起就读于该校，兄弟俩相依为命，平时生活完全靠自己打理。兄弟俩每天一起去上学，放学一起回家，来回2小时的路程让他们很是疲惫，但又无可奈何。早上6点钟哥哥就要起床做早饭，只为了能赶上8:20的早课。冬天天亮得晚，有时候还得打着手电筒去上课，早上随便吃点饭后就得立即赶往学校，中午没饭吃，实在饿了只能买点零食充饥，不然就只能撑到下午3:50放学回家，到家并没有可口的饭菜等着他们，做好饭差不多已经5点了。显然，这种生活节奏对于正在长身体的小学生而言，营养根本无法得到保障，投入学习中的精力相应要减少很多。虽然近年来国家实行了

"免费午餐"计划,中午吃饭的问题解决了,但其他的问题依旧存在,兄弟俩非常希望学校的宿舍楼能赶快修好,自己能早日在学校住宿。孩子的父母常年在外也非常不放心兄弟俩,他们也非常希望孩子们能住宿,这样不但可以解决吃住问题,还不用每天为孩子的安全提心吊胆。另一个叫 FP 的同学(12岁),就读于四年级,家住田坝场民联村,距离学校一个半小时的步程,父母都在江苏打工,收入尚可,但是他已经很久没见过父母了,非常想念他们。因为每天来回 3 个小时的上学路实在太难走,并且耽误了很多学习时间,回家还得做家务,冬天天还没亮就要从家里出发,手和脸常常冻得裂开,非常疼,该同学坦言,做梦都想住在学校。家里也比较支持他寄宿,这样可以有更多的时间学习,也不用那么辛苦。

课题组在与部分教师的交谈中侧面了解到学生对寄宿制教育的强烈需求。二年级的王老师从自己的切身感受出发表达了对寄宿制的看法。王老师班上共有 40 名学生,其中有 10 个留守儿童,留守儿童占了 25% 的比例。全班同学离学校普遍较远,从家到学校走路需要 50 分钟以上的学生占到了 2/3。小学二年级学生大多在 8 岁左右,每天 6 点多就要起床吃饭,7 点多出发,8 点多到达学校上课。山里的冬天常常伴随着小雨,由于泥泞的山路和草丛中的露水,孩子们到达教室的时候裤腿和鞋子往往都完全湿透了,每次看到这种场景,老师们感觉十分揪心。王老师非常希望这些同学能寄宿在校,尽管寄宿会让孩子们远离父母,带来很多的问题,但王老师实在不忍看到孩子们被冻得通红的双手。很多学生在父母外出打工后都出现了成绩下降的情况,爷爷奶奶除了照顾孩子们的生活,在学习上并不能给予任何帮助,如果在学校,孩子们可以随时请教老师或者寻求同学的帮助。对于孩子太小生活无法自理的问题,王老师希望学校能配备专业的生活老师来照顾孩子们的生活,对孩子们可能出现的心理问题进行疏导。

相比之下,政府对寄宿制教育供给的努力稍显不够,致使旺盛的需求难以满足。从 2011 年开始,虽然省政府已经出台相关政策及给予配套资金大力推进农村寄宿制,但 HZ 地区推进速度相对较慢,全县几乎所有小学都没有寄宿条件,大多学校还处于筹备阶段。TQ 学校的宿舍楼目前正处于施工阶段,与校长交谈得知,该宿舍楼总投资 84 万元,建筑面积 400 平方米,可容纳寄宿学生 160 名左右,容纳能力有限。由于学校有小学部和初中部，校长明显倾向于推动初中部的寄宿，将小学部的寄宿放在次要位置。校长明确表示，该栋宿舍楼将优先考虑安置初中部的学生，只会留下少部分的名额给小学部。可见，即使大楼设施设备完善了，我们访谈中的那些小主人公的处境依然难以改善。目前，在学校周边租住的学生中不乏小学生，低龄儿童独自居住，自身安全意识淡薄，安全隐患十分突出。另外，作为寄宿配套设施的食堂尚未开建，学校只得继续使用原来由旧教室改造而来的食堂，学生也将继续在教室就餐。实行寄宿制后仍无专门的食堂供学生就餐，无疑会影响学校的教学秩序。通过对整个学校的走访，我们深刻感到学校从校长到教师对推行寄宿制积极性之高。校长对即将实行的寄宿制充满了期望，如今也在积极地推动。他介绍说，学校留守儿童较多，而且大多数孩子离学校较远，每天学生们把大量的时间浪费在了上学的路上，回家之后大多数孩子需要做很多例如放牛、喂猪、做饭等繁杂的家务，根本没有充足的时间进行学习。由于学生自我约束能力较差，上学来回路上的安全问题也十分突出，家里父母大都没有文化，不能对孩子的学业给予辅导，学生在家往往对学习产生懈怠。

(二) 赤水丹霞山顶的心声：方坑小学孩子辛酸的上学路

赤水丹霞以其幽深的峡谷、红崖绝壁、溪流飞瀑及茂盛的森林和竹海等而享誉天下。课题组赤水之行恰好经过这一地区，我们在陡峭的山路艰难前行中碰到了山腰几个学生模样的"小商贩"，正在向游客兜售饮料，职业的敏感使我迅速地和这些孩子聊开了。交谈中得知，这些孩子住在丹霞绝壁后面的山顶上，是山下方坑小学的学生。为了了解更多情况，课题组成员与孩子妈妈进行了交谈。原来，在气势宏伟的红崖绝壁依附的山顶上有20多户人家，共有7个小学生，其中三年级1个，四年级3个，五年级1个，六年级2个。这些孩子每天上学往返时间超过4个小时，没有公路连接着家和学校，他们只能步行。为了上学不迟到，他们每天早上5点左右就要起床，打着手电筒从山上沿着陡峭的山路下山，放学后又得艰难向山上爬行。遇上下雨天，山沟里的大水会堵住上学的路，他们只有等到风停雨住后才能到学校。一位家长吐露了自己的心声，非常希望学校能给孩子们一个住宿的地方，每个星期回家一次，这样才能保障学习时间，做家长的也放心。家长们说，从孩子上学开始，他们就悬着一颗心，希望能早日到学校寄宿学习。显然，要解决地处偏远的这些孩子们上学远的困难，家长们比较容易接受的办法就是学校提供住宿。那么，学校是否对此知情呢？几位家长告诉我们，他们曾多次向学校反映过，但是学校表示无能为力。当地政府曾试图通过移民工程将山上的20多户人家迁到山下，但前提条件是每户人家拿出20万元的迁出费，才能真正住下来，这对于村民来说无疑是天文数字，因此，这一计划也就自然而然搁浅了。看着面前这些"小大人"，我们心头禁不住一阵酸楚。回过头来问孩子们是否愿意住在学校学习，他们均高兴地点头说好。也许，全省还有很多农村边远地区的孩子像方坑小学的这些孩子们一样，翘首盼望通过住校结束这种担惊受怕的求学路。

总之，由于经济和教育背景各异，各县教育主管部门推进小学寄宿制教育的进度也不一样，造成了同一个地区学生及家庭寄宿需求满足程度不均衡的局面。正是这样一种不均衡发展的现状说明了很多地方学生寄宿需求没有真正得到满足的客观事实。

第五章 农村寄宿制学校建设的成效与问题

任何事物都具有两面性，寄宿制教育模式本身有利有弊，在不同场域其功用不尽相同。传统意义的完整家庭，父母及家庭成员对学生影响很大，住校求学会因为失去家庭的关照而给孩子带来生活及心理上诸多不便，从而反过来影响他们的学习。但是，在家庭抚育缺位和学生离学校空间距离越来越远的情况下，寄宿学习又因为可以最大限度弥补这两大缺陷而具有现实意义。近年来，农村小学教育的经济基础发生了深刻变化，农村教育在经济转型的推力和城市教育的拉力下举步维艰，在诸多解决问题的办法中，寄宿制教育形式"一枝独秀"，在化解农村学校教育的矛盾中成效显著。但是，由于寄宿制教育模式不成熟，相关配套制度还不健全，寄宿制教育模式本身还存在诸多问题，制约了其育人优势的发挥。本章旨在总结农村寄宿制学校取得的成效和客观分析存在的问题。

第一节 农村义务教育学校寄宿制办学取得的成效

解决学生上学远问题和弥补家庭抚育功能缺失是农村寄宿制学校的基本功能，借此保障农村学校布局调整实施和解决留守儿童教育问题是政府举办寄宿制学校的初衷。农村寄宿制学校与布局调整联袂整合了农村学校教育资源，改善了农村地区办学条件，提升了农村学校教育教学质量，取得了巨大成效。以提升农村寄宿制学校质量为突破口，缩小城乡教育差距，对于促进城乡义务教育的均衡发展有着极其重要的作用。

一 解决了上学远的矛盾，保证了学校布局调整的顺利实施

农村地区发展寄宿制学校的初衷就是解决学生上学远的问题。近年

来，由于人口出生率下降和农民工子女随迁外地的人数增加，致使农村学校普遍存在生源严重不足、学校规模偏小和办学资金使用效率不高等问题。经济与教育的关系表明，国民财富用于发展的部分有上限约束，提升资金使用效率是理性选择，撤点并校，调整农村学校布局势在必行。然而，规模办学的结果必然是扩大学校服务半径，加剧本已经存在的学生上学远的问题。在诸多保障学校布局调整实施的措施中，兴办寄宿制学校成为各地政府的最佳选择，大力发展农村寄宿制学校有效地促进了学校布局调整工作的顺利实施。

学生入学率变化情况是反映寄宿制教育解决上学远问题的重要指标。一般情况下，随着学校不断撤并，学生上学距离变远，如果不采取相应措施，很多学生会因为路途遥远而放弃学业。相反，随着学校数目的不断减少，寄宿率呈上升趋势，且学生入学率没有降低，而是保持不变甚至是升高，则可以说明寄宿制学校教育成功地解决了上学远的困难。分析全国农村学生入学率、寄宿率和学校数变化情况发现，随着农村学校数量的不断减少，全国农村学生入学率并没有出现明显下降的趋势，有些年份还有所增长，这充分说明了寄宿制学校在保证农村学校布局调整中的巨大作用。2004年国家实施了"西部农村寄宿制学校建设工程"，这一工程以西部为主要攻坚对象，后来发展成为全国农村的一项巨大工程，工程的完工使得全国农村特别是西部地区义务教育普及率大幅度提高。2002年年底，西部地区"两基"人口覆盖率只有77%，低于全国14个百分点。到2007年年底，全国普及九年义务教育的人口覆盖率已经达到99.3%，实现普九的县已经达到98.5%，其中，西部地区普及率达到99%，比2002年增加了21个百分点。全国除了42个县因为人口居住分散没有实现普九外，其他3000多个县（市、区）都于2007年年底实现了普九目标，由于大量兴办寄宿制学校，西部地区与全国平均水平差距大幅度缩小。正是由于以"西部农村寄宿制学校建设工程"为龙头的"两基"攻坚计划的实施，2007年11月26日，教育部在新闻发布会上宣布："经过四年努力，西部地区攻坚任务如期完成。""两基"攻坚目标的实现也标志着全国普及义务教育目标的如期实现。[①] 统计2006—2013年的相关指标发现，随着全

[①] 石鸥：《中国基础教育60年》（1949—2009），湖南师范大学出版社2009年版。

国中小学数量的逐年减少,农村学生寄宿率呈逐年上升趋势(见表5.1)。相应地,中小学生的入学率并没有因为学校数目减少而下降,进一步分析发现,学校数与寄宿率两组数据呈明显的负相关关系,Person相关系数为 -0.965,在0.01水平上显著相关(双侧),由此可见,寄宿制学校在保证学校布局调整顺利实施中的重大作用。

表5.1　2006—2013年全国中小学生入学率及农村学生寄宿率变化情况

年 份	学校数（万所）	寄宿学生总数（万人）	入学率（%）小学	入学率（%）初中	寄宿率（%）
2006	40.25	2742	99.27	97.0	19.4
2007	37.95 ↘	2805	99.49 ↗	98.0 ↗	20.8 ↗
2008	35.88 ↘	3067	99.54 ↗	98.5 ↗	23.5 ↗
2009	33.65 ↘	3129	99.40 ↘	99.0 ↗	24.7 ↗
2010	31.23 ↘	3132	99.70 ↗	100.1 ↗	25.4 ↗
2011	29.53 ↘	2908	99.78 ↗	100.1 ↗	26.6 ↗
2012	28.20 ↘	2710	99.85 ↗	102.1 ↗	26.2 ↘
2013	26.23 ↘	2610	99.71 ↘	104.1 ↗	27.2 ↗

资料说明:所有数据来源于2006—2013年全国教育事业发展统计公报和《全国教育事业发展简明统计》。其中,小学入学率指儿童净入学率,初中指毛入学率。"↘"和"↗"分别表示下降和上升。

课题组2013年对贵州省的调查进一步证明了寄宿制学校建设与布局调整之间相辅相成的关系。YP县TPZ中心完小由周边4所学校合并而成,由于撤并了3所村级小学,学生上学距离骤然变远。据学校领导介绍,由于学校管辖区域呈狭长状,最远学生在10公里以外,平均离校距离为3—4公里,有将近80人离学校近5公里。如果按照小学生步行时速3公里/小时计算,这些学生步行上学往返需要近3个小时,如果不寄宿学习,这些学生很难正常完成学业。为此,该校在寄宿条件还不十分成熟的情况下,首先给离学校5公里以外的儿童提供住宿条件,保证学生没有因为上学距离变远而辍学。万山特区的AZMZ小学离校最远的学生距离学校7.5公里左右,学校平均服务半径4公里,该校所辖区域除了一所村小因为村民强烈反对而无法撤并外,其他村级小学都已经集中到镇上,如果不实行寄宿制，绝大部分孩子无法正常学习。寄宿制学校可以保证离校距离较远学生的食宿，避免路途艰辛和时间耗费。因此，寄宿制学校弥补了布局调整带来的弊端，实行寄宿制教育有效地解决了学生上学远的问题，从而保证了国家整合教育资源与提高教育普及率双重目标的实现。贵州省教育厅统计数据显示，2009 年全省共有小学 12862 所，2013 年小学减少到 9959 所，农村小学生寄宿率和小学生净入学率变化趋势分别为 5.38% ↗ 6.48% ↗ 9.68% ↘ 9.20% ↗ 15.76% 和 98.35% ↘ 97.89 ↗ 98.75% ↘ 99.34% ↘ 99.29%，二者基本保持一致的变化趋势（见图 5.1）。说明近年来撤点并校，举办寄宿制学校并没有对学生入学产生过多负面影响，进一步证明了举办寄宿制学校是保障农村学校布局调整的有力措施。

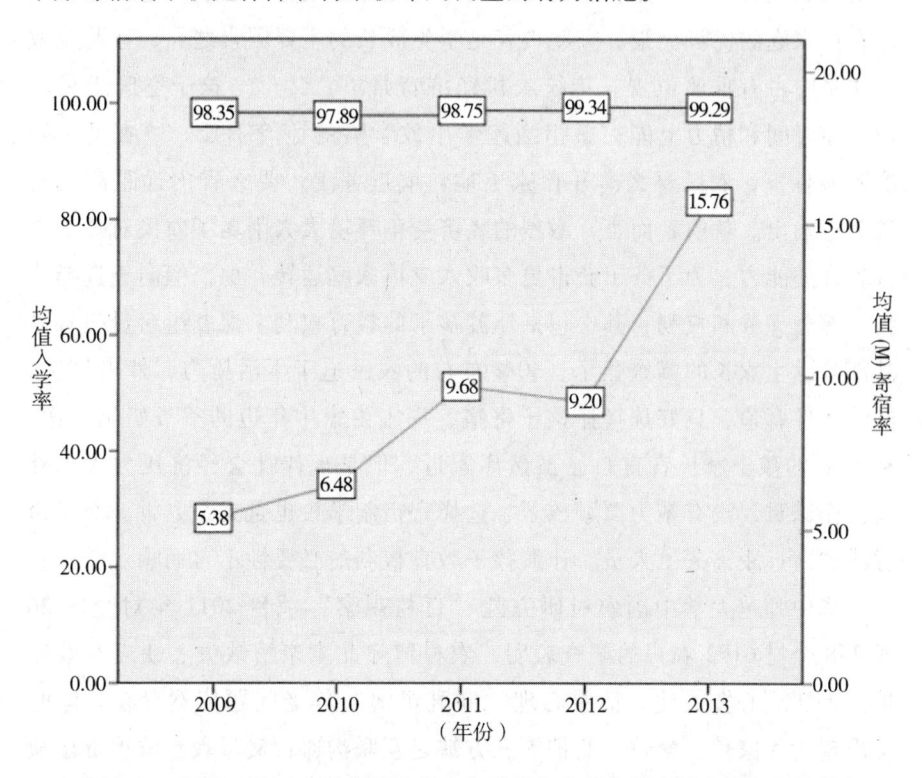

图 5.1　2009—2013 年贵州省小学生入学率与农村小学生寄宿率变化趋势

二　弥补了家庭抚育功能缺失，解决了农村留守儿童问题

改革开放以来，农村剩余劳动力向城市转移促使"农民工经济"形成，打破了农村传统家庭的完整，导致家庭抚育功能缺失，直接引发了农村留守儿童问题。关注农村儿童健康成长，需要不同教育主体共同努力，创设有利于儿童发展的学习和生活环境。以农村寄宿制学校为主体，依托政府部门及社会力量支持，共同补偿农村留守儿童家庭教育部分功能是一条必由之路。农村寄宿制学校通过拓展职能，转变管理和服务方式，延展育人时空，发挥整体育人优势，为农村留守儿童提供了全面教育关怀，补偿了家庭教育功能的缺失。

(一) 农民工经济引发的农村留守儿童问题

农业生产力提高的推力和工业发展对廉价劳动力的需求刺激农村剩余劳动力进城，改变了传统家庭的生活模式及生存方式，这种改变必然弱化传统家庭教育管理功能，从而使农民让渡一部分义务和权利，选择寄宿制是农村家庭的优势决策。家庭教育是学生成长的主要因素之一，在儿童教育体系中占有重要位置。传统农村经济背景下，父母与孩子空间距离较近，在时间和精力上能完整担当起学生放学后的监管责任。"农民工经济"条件下，农民要么离开自家土地，就近务工，要么省内远距离或跨省劳务输出。就前者而言，激烈的经济竞争环境大大削弱了农民对孩子进行教育的能力，为了务工获得更多收入支撑家庭运转，他们倾向于选择让渡一部分义务和权利，其中包括让渡孩子的教育权利。课题组对贵州省盘县部分学生家长的调查显示，30%左右的农民迫于生活压力，外出打工，经济条件窘迫，只好选择让孩子寄宿，周末由家中年迈的爷爷奶奶接送。有10%的孩子家长直言自己虽然离家近，但是现代社会经济压力大，外面工作繁重，没有精力照顾孩子，选择寄宿制学校也是无奈之举。对于跨省或省内远距离务工人员，让渡孩子教育权利的必要性不言而喻。

华中师范大学中国农村研究院"百村观察"项目2011年对全国26省248个村6192农户的调查表明，农村留守儿童亲情缺失、缺乏有效监护人、缺乏心智关注、情感心理"断乳饥渴"等老问题依然存在。同时又出现诸如家长、学校、监护人三方缺乏互联沟通；父母教育监护责任缺位；农民工子女打工地求学"两头不到岸"现象严重；"新读书无用论"在留守儿童家庭有抬头趋势；留守儿童营养状况令人担忧等新问题。[①]

[①] 王坤、刘影春:《新时期农村留守儿童教育问题及对策》，《教育学术月刊》2013年第9期。

2011年贵州全省农村留守儿童达到782841人,占农村在校小学生总数的22.1%（2011年全省农村小学生总数为3542328人）。2012—2013年,贵州财经大学课题组对贵州省的调查显示,农村小学父母都出外务工的家庭比例达到了28.1%。父亲外出务工比例达到46.7%,母亲一方外出务工比例也达到了35.8%。大部分留守儿童由老人在家照看,隔代教育带来家庭教育的"隐性缺失",由于这种缺失,留守儿童在家中实际上处于一种无人监管的状态,对于自控力较弱的学生来说,无人监管会带来一系列的问题。如何保证农村留守儿童公平接受教育,为他们健康成长创造良好的条件,已成为中国社会转型期的一个独特的社会问题。因为能否成功地解决他们公平接受教育的问题,不仅直接关系到他们的健康成长,而且涉及农村剩余劳动力能否顺利转移,关系到中国现代化的成败。由此可见,因为农民工进城务工造成了留守儿童教育与看护的相对缺失,隔代抚育和委托亲戚等方式难以解决农民的后顾之忧。

（二）农村寄宿制学校解决留守儿童教育问题作用凸显

在家庭功能不健全的情况下,学校应成为留守儿童社会化过程中一个极其重要的场所,如果学校能给予更多的关爱与帮助,将会在很大程度上弥补学生家庭教育的缺失并能保证他们公平接受教育。寄宿制学校的老师充当了代理家长的角色,使留守儿童的日常生活、行为习惯和学习有了保障。一方面保障了这一特殊群体的受教育权利,另一方面,这一举措保证了农民工全身心投入工作,增加了收入,促进了农村经济的发展,缩小了城乡经济差距,反过来为教育发展差距缩小奠定了基础。有研究表明,农村寄宿制学校教育对于留守儿童身心健康、学习支持、社会认知和行为养成等四个方面具有重要作用。全国各地农村学校创建留守儿童之家的实践表明,寄宿制教育可以在一定程度上补偿家庭抚养功能之不足。

课题组2013年对贵州省10县30所小学的调研显示,所有学校都创建起了留守儿童之家,并且开展了实质性活动,有力地弥补了低龄留守儿童家庭关爱不足的缺陷。黔东南州麻江县针对寄宿生的特点,出台了《麻江县寄宿制管理办法（试行）》《住校生管理人员职责》和《住校生守则》等系列制度,实行精细化保姆式管护。针对留守儿童亲情缺失的现状,创建了留守儿童之家,开设悄悄话信箱、设置亲情聊天室、开展生活指导和心理咨询等,通过精细化保姆式管理,让留守儿童的身心健康得到保障，感受到了家庭式的温暖。隆昌小学把学生宿舍直接命名为"留守儿童之家"，安排寝室时，细致入微，按照自然村寨安排学生住下，这样学生之间既有亲情感，又大小结合，便于相互照顾。毕节地区部分寄宿制小学建立了留守儿童关爱之家，设立了留守儿童活动室，安装了亲情电话和亲情聊天视频，定期或不定期地让学生与家长沟通，消除学生心理上的孤独感。同时，学校定期邀请有关专家到校开展励志教育活动，邀请有经验的心理辅导教师到校对特殊学生进行心理辅导，让有经验的教师担任生活教师，对学生进行心理疏导，培养学生的自理能力。学校还对家庭特别困难的学生实行减免生活费的优惠政策，对留守儿童进行关爱帮扶，力求关爱到每一个学生，关爱到学生的每一个方面，不放过每一个可施教的细节。许多学生都说，老师对我们的关心，远远超过了我们的家长。

寄宿制学校教育对于解决留守儿童教育问题的功用还可以通过一线教师的认同度得到印证。对2011年湖北省农村寄宿制学校775份教师问卷分析发现，针对寄宿制对留守儿童的作用一题，85.2%的教师认为寄宿制学校对留守儿童的教育与看护比家庭更有效。在2013年对贵州省的调查中，针对寄宿制小学教育的功能设计的问题"寄宿制学校的好处"，71份教师问卷中，认为"小学实行寄宿制的好处：解决了留守儿童教育问题"项比较重要的占51.6%，选择了"很重要"这项的占39.1%，两项合计达到90.7%，表明一线教师对寄宿制学校解决留守儿童教育问题的高度认可（见表5.2）。

表5.2　　小学实行寄宿制的好处：解决了留守儿童教育问题

		频数（人）	百分比（%）	有效百分比（%）	累计百分比（%）
有效	不重要	1	1.4	1.6	1.6
	不太重要	5	7.0	7.8	9.4
	比较重要	33	46.5	51.6	60.9
	很重要	25	35.2	39.1	100.0
	合计	64	90.1	100.0	
缺失	系统	7	9.9		
	合计	71	100.0		

三 生活设施不断改善,为提升农村儿童生活品质奠定了基础

寄宿制教育与非寄宿制教育的本质区别不在于儿童的学习管理,弥补农村家庭生活设施及生活教育之不足,提升儿童生活品质才是其应该追求的价值目标。为了实现城乡义务教育均衡发展,仅仅走以学习成绩为中心的传统老路难以有新的作为,保证农村儿童在学校吃得科学、住得舒适是寄宿制教育的应有之义。近年来,农村寄宿制学校的生活设施配套建设初见成效,为提升农村儿童生活品质奠定了坚实的基础。

(一) 农村寄宿制学校宿舍条件明显改观

学生宿舍是寄宿制学校区别于非寄宿制学校的重要标志之一,宿舍也是学校分担家庭抚育和监护职责的重要场所,宿舍条件的优劣直接关系到学生寄宿生活的质量。生均宿舍面积是反映寄宿制学校学生住宿条件的重要指标,长期以来,由于生均宿舍面积不足,农村寄宿制学校普遍存在宿舍拥挤的现象。宿舍基本设施是学生住得舒适的基本条件保障,基本设施配套反映了学生寄宿生活的质量。宿舍设计不能仅仅考虑学生休息问题,在保证舒适宽敞的基础上,要努力构建寝室文化,使宿舍成为学生饮食起居的依托,让学生对宿舍有一种归属感。近年来,农村寄宿制学校的宿舍生均面积及配套基本设施发生了明显改变,为改善儿童住宿条件奠定了坚实的物质基础。

1. 农村寄宿制学校生均宿舍面积逐年增加

生均宿舍面积是反映寄宿制学校学生住宿条件的重要指标,长期以来,由于生均宿舍面积不足,农村寄宿制学校普遍存在宿舍拥挤的现象。随着义务教育经费保障新机制的实施,国家对农村学校投入逐年增加,农村寄宿制学校学生宿舍条件也在不断发生改变。

全国统计数据有力地证明了农村寄宿生生均宿舍面积逐年增加。近年来,在国家贫困地区义务教育工程、农村中小学危房改造工程和中西部农村寄宿制学校工程的直接推动下,农村义务教育阶段寄宿制学校学生宿舍不断改善。特别是西部农村寄宿制学校建设工程的实施,使得我国农村绝大部分地区学生宿舍面积不断增加。"寄宿制工程"着重改善了学生生活设施,共建设学生生活用房918.7万平方米,占新增校舍面积的60.88%。在生活用房中,重点建设了学生宿舍,新建面积达753.4万平

方米，占新增校舍面积的49.92%。[①] 2007年，全国小学生均宿舍面积达到2.6平方米，比2006年增长了0.1平方米，而西部地区的改善更为明显，2007年生均宿舍面积达到2.0平方米，比上年增加了0.2平方米。全国有11个省份农村小学寄宿生生均宿舍面积比上年增加了0.3平方米以上，其中有8个是中西部省份，宁夏、贵州进步最快，分别比上年增加了0.6平方米和0.5平方米。2007年，全国农村初中寄宿生生均宿舍面积为2.6平方米，比2006年增长了0.2平方米。全国有12个省农村初中生生均宿舍面积比上年增加了0.3平方米以上，其中中西部占了7个省份。[②] 表5.3是2006—2011年全国各地农村小学和初中生均宿舍面积的统计情况。从表中可以看出，2006—2011年初中阶段生均宿舍面积逐年大幅度增加，具体为：2.41㎡↗2.57㎡↗2.90㎡↗3.20㎡↗3.60㎡；而小学总体亦呈上升趋势，只是幅度小于初中，具体为：2.31㎡↗2.41㎡↘2.34㎡↗2.52㎡↘2.45㎡。全国分区域考察，东、中、西部虽然表现出不同的变化特点，但是总趋势都是上升的。

表5.3　2006—2011年农村义务教育阶段寄宿生生均宿舍面积比较　　（㎡）

地区	2006年 初中	2006年 小学	2007年 初中	2007年 小学	2009年 初中	2009年 小学	2010年 初中	2010年 小学	2011年 初中	2011年 小学
合计	2.41	2.31	2.57	2.41	2.90	2.34	3.20	2.52	3.60	2.45
东部	3.30	4.14	3.48	4.08	3.72	3.52	4.19	3.78	4.52	3.87
中部	2.23	2.26	2.33	2.27	2.75	2.18	2.86	2.10	3.38	2.02
西部	2.04	1.76	2.24	1.99	2.53	2.08	2.94	2.50	3.28	2.42
北京	4.75	3.59	4.61	3.52	4.68	4.18	5.03	4.40	5.52	4.86
天津	5.44	12.3	5.78	7.03	8.61	9.51	11.2	9.61	9.25	4.60
河北	3.07	3.11	2.94	3.15	3.20	2.85	3.65	2.92	4.15	2.92
辽宁	2.86	1.34	3.27	1.37	4.65	1.70	5.21	1.53	6.49	1.88
上海	2.43	5.22	2.64	5.23	3.85	0.95	4.90	1.21	26.7	23.7

---

① 国家西部地区"两基"攻坚领导小组办公室：《民生之本　强国之基——西部地区"两基"攻坚报告》，人民教育出版社2008年版，第40页。
② 教育部发展规划司编：《2007年全国教育事业发展简明统计分析》，内部资料，2008年。

续表

地区	2006年 初中	2006年 小学	2007年 初中	2007年 小学	2009年 初中	2009年 小学	2010年 初中	2010年 小学	2011年 初中	2011年 小学
江苏	3.76	4.51	3.76	3.75	4.17	3.48	4.84	4.02	5.63	3.77
浙江	4.23	3.77	4.82	4.48	5.64	5.48	6.26	5.91	7.09	7.39
福建	3.13	3.88	3.30	3.41	3.60	5.38	4.36	6.25	5.23	6.07
山东	2.63	4.28	3.22	3.62	2.96	2.04	3.03	2.05	3.06	2.34
广东	3.73	6.33	3.52	7.55	3.76	4.67	4.60	6.05	4.45	6.42
海南	2.43	2.59	2.74	3.10	3.43	2.77	4.12	2.97	5.20	3.03
山西	2.43	2.05	2.71	2.36	3.51	2.67	3.51	2.77	4.04	2.95
吉林	2.37	2.56	2.66	2.99	3.13	2.13	3.56	2.07	4.69	1.70
黑龙江	2.48	2.65	2.47	2.64	3.54	2.65	3.33	2.09	4.42	2.03
安徽	2.26	1.99	2.20	2.19	2.80	2.84	3.28	3.08	4.58	3.00
江西	2.76	1.93	2.98	1.95	2.94	1.82	2.99	1.71	3.21	1.49
河南	1.81	2.45	1.78	1.87	2.24	2.04	2.31	1.98	2.84	2.10
湖北	2.25	2.34	2.51	2.52	2.88	2.44	2.93	2.26	3.24	2.14
湖南	2.62	2.34	2.89	2.40	2.87	1.86	3.03	1.85	3.30	1.60
内蒙古	2.31	1.60	2.55	1.69	3.22	1.95	4.02	2.55	4.75	3.17
广西	2.43	2.82	2.56	2.87	2.81	2.80	3.04	2.99	3.24	2.87
重庆	2.34	2.59	2.49	2.49	2.34	2.29	2.84	2.89	3.39	3.38
四川	2.06	1.78	2.09	2.03	2.42	2.10	3.04	2.99	3.55	2.93
贵州	2.36	1.27	2.78	1.81	2.87	1.52	3.00	1.74	3.06	1.50
云南	2.01	1.53	2.15	1.86	2.26	1.98	2.68	2.37	2.71	2.02
西藏	2.13	2.01	3.83	2.06	3.99	2.05	4.01	2.13	4.46	2.77
陕西	1.46	1.43	1.86	1.80	2.68	2.45	3.20	2.71	3.75	2.72
甘肃	0.78	0.74	1.01	0.82	1.48	0.99	1.99	1.44	2.63	2.31
青海	1.00	1.08	1.19	1.23	2.50	1.39	2.84	1.57	3.90	1.60
宁夏	1.68	1.64	1.83	2.28	2.40	1.83	3.14	2.23	3.56	2.88
新疆	1.89	2.39	1.80	2.64	2.87	2.92	3.04	2.84	3.66	1.68

资料来源：根据2006年、2007年、2009年、2010年、2011年《全国教育事业发展简明统计分析》数据整理。

2011年国家教育部、卫生部出台的《农村寄宿制学校生活卫生设施建设与管理规范》中提出："人均居室使用面积不宜小于3平方米。"表5.3的数据显示，2006—2011年东部地区初中生均宿舍面积31省平均水平早已超过了3平方米的基本标准，中西部地区平均水平也在2011年达标。2006—2011年，全国31个省初中生均宿舍面积达标率变化趋势为22.6%（7/31）↗29.0%（9/31）↗48.4%（15/31）↗83.9%（26/31）↗90.3%（28/31），至2011年，除了河南、甘肃和云南3省外，其他省份初中生均宿舍面积均超过了3平方米的标准，而且呈逐年上升趋势。小学的总体情况没有初中理想，截至2011年，全国农村小学生均宿舍面积仅为2.45平方米，总体没有达到基本标准。出现这种情况并不能说明农村寄宿制小学宿舍条件状况逐年变坏，而是近年来小学成为农村寄宿制学校的增长点，小学寄宿生增加是目前义务教育阶段发展变化的新趋势，小学寄宿生增加的速度快于寄宿条件改善的速度，就会使生均宿舍面积从总体上出现小幅度增长，甚至是下降的趋势。比较2010年和2011年的情况发现，全国有17个省小学生均宿舍面积比上年有所增加，有8个省份已经达到3平方米的标准，特别是西部地区的内蒙古和重庆，在小学寄宿生快速增长的情况下还能保持生均宿舍面积达标，说明当地政府付出了巨大努力。2007年贵州省农村寄宿制小学宿舍面积为186350平方米，2010年达到445445平方米，2011年为511716平方米。2012—2013年，全省建设小学生宿舍项目1692个，建筑面积新增161万平方米，2013年全省农村寄宿制小学宿舍面积猛增到2121716平方米，生均宿舍面积达到4.42平方米，超过了全国农村寄宿制小学3.2平方米的平均水平。台江县的三所寄宿制小学调查证明了这一点（见表5.4）。

表5.4　　　　　　　台江县部分小学生均宿舍面积

学校名称	宿舍总面积（㎡）	寄宿生人数	生均占有面积（㎡）
施洞小学	2032	399	5.09
南宫小学	600	144	4.17
巫西小学	680	113	6.02

2. 学生宿舍基本设施配套逐渐完善

《农村寄宿制学校生活卫生设施建设与管理规范》中规定宿舍必须具

备床铺、附建式厕所、盥洗室、通风取暖设施、照明设施及应急照明和应急疏散指示灯、有效的防蚊、蝇、蟑螂和防鼠害的设施等,本研究将浴室也作为学生宿舍条件的基本设施。实地调查表明,样本学校基本具备了其中部分设施,并且在逐年完善。

笔者 2010 年对湖北、甘肃、广东及贵州等省农村寄宿制学校进行了实地调查,发放问卷 1200 份,收回 1010 份。问卷设计了宿舍房屋状况、房间情况、每间寝室住多少学生、几个人一铺、房间里有无储藏东西的柜子、自来水及厕所等项目,表 5.5 是对所有问题的回答统计结果。从表中可以看出,2010 年农村寄宿制学校虽然提供了基本的设施,但是总体水平偏低,每个寝室睡 30 人左右的学校占了将近 1/3,大通铺还占有相当高的比例。

表 5.5　　农村寄宿制学校宿舍基本设施情况调查问卷结果统计（2010）

问题	样本数	缺失	回答统计结果
宿舍房屋状况	1010	170	"钢混结构平房" 31.4%,"木石结构" 63.3%,其他 5.2%
房间情况	1010	193	"8 人以下小房间" 9.3%,"大房间" 81.2%,其他 9.5%
每间寝室住多少学生	1010	226	"10 人以下" 11.4%,"10—20 人" 45.9%,"20—30 人" 29.2%,"30 人以上" 13.5%
几个同学一铺	1010	198	"一人一铺" 43.1%,"大通铺" 21.2%,其他 35.7%
有无储物柜	1010	178	"有" 占 54.6%
自来水及厕所	1010	177	"在房间内" 3.2%,"宿舍外 30 米以内" 81.8%,"宿舍外较远" 7.3%
有无桌椅	1010	164	"有" 占 22.5%
洗漱是否方便	1010	183	"方便" 占 59.0%,"不方便" 占 38.1%
有无浴室	1010	172	"有" 占 58.8%

2013 年,课题组对贵州省部分农村寄宿制小学进行了同样的问卷调查,共发放问卷 1200 份,表 5.6 是调查结果统计。比较表 5.5 与表 5.6

发现，寝室住宿人数明显小规模化，2010 年平均每间寝室住着 30 人以上的占 13.5%，每间寝室 20 人以上的占了 42.7%；2013 年的调查显示，一间宿舍 10 人以下的占了 41.3%；2010 年的数据显示，当时大通铺的情况占 21.2%，一人一铺只有 43.1%；2013 年情况大为改观，一人一铺占了 81.0%，大通铺基本绝迹。实地观察也可以看到，2010 年走到农村初中，绝大部分寝室都是由原来的教室改装而成，往往是一个班的男生或女生住一间，几十人住在里面，空气污浊，卫生不好管理。2013 年走到农村寄宿制学校，寝室焕然一新，很多小学寝室 8 人一间，房间标准，设备齐全，空气清新，很多寝室里面有卫生间和盥洗室，给人耳目一新的感觉。由此可见，农村寄宿制学校发展至今，在宿舍基本设施配备方面逐渐完善。

表 5.6　贵州省农村寄宿制小学宿舍基本设施情况调查问卷结果统计（2013）

问　　题	样本数	缺　失	回答统计结果
宿舍房屋状况	1200	230	"钢混结构平房" 76.7%，"石木结构瓦房" 7.0%，"木质结构" 3.2%
你觉得宿舍拥挤吗	1200	233	"很拥挤，感觉不舒服" 10.9%，"拥挤但可以忍受" 29.4%，"比较宽敞，住着舒适" 59.7%
每间寝室住多少学生	1200	264	"10 人以下" 41.6%，"10—20 人" 37.1%，"20—30 人" 21.3%
几个同学一铺	1200	187	"一人一铺" 81.0%，"二人一铺" 17.9%，"大通铺" 0.2%
你睡的什么床		86	"铁架床" 81.1%，"木架床" 17.5%
有无储物柜	1200	224	"有"占 65.9%
自来水及厕所	1200	200	"在房间内" 6.8%，"宿舍外很近" 81.8%，"宿舍外较远" 11.4%
宿舍有灭火器吗	1200	185	"有"占 73.3%
楼道有照明应急灯吗	1200	238	"有"占 80.9%
有无浴室	1200	128	"有"占 50.4%

（二）农村寄宿制学校食堂设施渐趋完善

食堂是农村寄宿制学校的重要组成部分，承担着保证学生健康成长的重任。随着各地寄宿生的不断增加，学校食堂的面积和质量都必须相应地得到提高。近年来，随着针对农村寄宿制学校的专项工程的推进，农村寄宿制学校食堂有了明显的改观。部分贫困地区农村学校借力国家"营养餐计划"，加强标准化食堂的建设，食堂硬件设施不断得到改善。与此同时，食堂的运营管理也逐渐被纳入议事日程，寄宿制学校开始将食堂管理与学生营养结构的合理安排结合起来，以现代化的理念思考和设置食堂的功能。另外，各地学生食堂功能逐渐多样化，一般都附设了开水房，负责师生的热水供应。

实地调研显示，绝大多数农村寄宿制学校已经拥有设备较为齐全的供餐系统。2010年以来调查数据显示，农村寄宿制学校食堂在数量和质量上都发生了实质性改变。在湖北、江西两省发放学生问卷1010份，教师问卷113份，针对食堂情况设计的问题"学校有无食堂"，回收有效学生问卷809份，其中回答"有"的为790份，占比为97.7%；回收有效教师问卷110份，回答"有"的为106份，占96.4%，与学生问卷基本吻合。从抽样调查的学校情况来看，基本上实现了校校有食堂。2013年以来，课题组对贵州省农村寄宿制小学的调查也充分证明了食堂条件改善的事实。2011年以来，贵州省开始实施农村寄宿制学校建设攻坚工程，适逢国家在贫困地区推行"营养午餐计划"，在两大项目的推动下，贵州省农村寄宿制学校食堂标准化建设拉开帷幕。营养午餐计划的实施带来了学校食堂面积的扩大，并逐步实现食堂设备标准化配置。没有推行营养午餐计划前，全省大多数寄宿制小学食堂是利用闲置校舍改造而成的，面积狭小、容量不足、设施简陋，许多村小仅有一个"伙房"。随着营养改善计划的推进实施，食堂普遍超负荷运转，各地加大了对食堂建设的投入，仅2012—2013年，全省就新建学生食堂面积96.67万平方米，新增学生餐桌位11.8万个。调研中针对学生提问"学校有餐桌吗"，97.7%的同学回答"有"，其中有20.3%的同学回答"有，但不够用"。台江县的三所小学食堂都有冰箱、消毒柜、学生餐桌椅，有了冰箱可以防止剩菜变质，并对离菜市场较远的学校有很大用处。课题组在麻江县和丹寨县两县调研时观察发现，条件较好的LC小学和 YW 小学，餐桌基本上可以满足全体学生同时就餐的需要，其他几所学校通过按照年级轮流就餐的方式也能基本满足就餐需求。在调查的 LC 小学、XW 小学、YW 小学和 XR 小学等 4 所学校中，学校食堂所用的器具都是不锈钢材料，卫生状况良好；食堂有专门的大型消毒柜，有个别学校将消毒柜安放在每个教室的角落，学生自己负责管理自己的餐具；食堂都有储物室，专门用作菜品堆放。丹寨县的 XR 小学食堂储物室还划分为大米存放区、油料存放区、鲜鸡蛋存放区和配料存放区等，储物室保持通风干燥。在储物室的一角，专门放有食品留样柜，可以放置两天里学生就餐的菜品样本，一旦出现食品安全事件，食品留样柜里的菜样本就是重要的物证。在食堂的做菜区域到储物室之间有一个通道，通道旁安放有一个更衣柜，是专门为食堂后勤员工准备的更换食堂统一制服的地方，柜子贴有每个员工的照片、姓名。

农村寄宿制学校食堂条件的改善还可以从各地公布的数据中得到证实。西部农村寄宿制学校工程实施以后，全国新增学生食堂 159.2 平方米，占新增校舍的 10.55%，极大地改善了农村寄宿制学校食堂条件。福建连城县从 2007 年起开始进行食堂标准化改造，隔川中学是该县一所农村寄宿制初中，新建学生食堂共有两层，一楼由主食库房、副食库房、餐具消毒间、紫外线消毒间等组成，各种功能用房一应俱全。二楼 300 多平方米的餐厅整齐地摆放着成套餐桌椅，独立的备餐间摆着十几道色香味俱全、荤素搭配合理的菜肴。[1] 湖北省枣阳市 2009 年有中小学 195 所，其中，农村寄宿制学校 112 所，寄宿生 40883 人。从 2006 年开始，枣阳市已投入 5000 余万元解决农村寄宿制学校"露天就餐、如厕、喝开水"的问题。有安全的学生宿舍、有设施配套的学生食堂、有面积充足的厕所、有符合卫生标准的学生饮用水、有澡堂是该市近年来追求的目标。为了达成这一目标，全市选取 14 所基础设施较好的寄宿制学校作为试点，达到了宿舍建设公寓化、食堂建设标准化、澡堂建设人性化。[2]

---

[1] 《福建连城县 36 所寄宿制中小学校食堂实现标准化》，2011 年 5 月 28 日，中国教育新闻网（http://www.jyb.cn/basc/xw/201105/t20110528_433224.html）。

[2] 曹勇：《寄宿制学校比家还要舒适温馨》，《襄阳日报》2009 年 7 月 29 日。

四　整合了乡村教育教学资源，提升了农村儿童综合素质

农村寄宿制学校提供优质教育的价值正好体现在整合教育资源功能上。在既定条件下提供相对充足的人力、物力和充足的时间，保障优质师资、管理制度科学、共享信息物质载体和提供丰富的娱乐活动设施设备，所有这些就是提供优质教育的保障。研究发现，农村寄宿制学校教育在缩小城乡学生家庭教育的差距、强化学生的养成教育、整合乡村教师资源、整合农村学生时间资源等方面取得明显效果，提升了农村儿童综合素质。

（一）缩小了城乡学生家庭教育的差距

城乡学校整体水平的差距既缘于学校办学实力，也与学生的家庭教育息息相关。学生寄宿与否，实质上是学校和家庭影响学生力量博弈的结果。家庭主动或是被动地将学生的监护权转移给了学校。学生家庭背景的影响力直接影响着寄宿制学校的功效，父母的受教育程度和家庭生活状况是家庭影响力的决定因素。学生家庭背景的差距包括经济条件、父母的综合素质以及由此而形成的生活方式，家庭显性教育与隐性教育的潜移默化与学生的成长密不可分，教育结果的城市化判断标准使得城乡学生从一开始就处于不同的起跑线上。因此，家庭教育是推进义务教育均衡发展中不可忽视的因素。

1. 城乡学生父母教育背景差距十分明显

城市学生父母文化层次普遍高于农村，学生成绩的差距往往起源于家庭教育的差距。实行寄宿制教育，由老师负责全体住校生课余时间的课程辅导、娱乐以及文明生活方式的养成教育，弥补了城乡家庭背景差异造成的家庭教育不均衡的缺陷，有利于提高农村学生的综合素质。实地调研中，针对学生"家长上学情况"一题，2362份问卷中，回答"父母只上小学"的为738人，占31%；回答"父母上了初中"的有1301人，占55%；父母上了高中及以上的学生只有50人。而同期对湖北武汉"华一寄宿制学校"的一次调查问卷显示，50名学生中，父母大专以上文化程度的占总数的60%。显然，这种家庭文化背景的差距将会对学生学习成绩及综合素质产生巨大影响。由于实行寄宿制，人、财、物相对集中，学校除了有充足的资金购置业余活动设施，还给音、体、美等配备了专业老师。与非寄宿制办学模式相比，学生会把闲散在山野林间的时间用来学习更多的现代文明,学生在寄宿制学校的生活比分散在家丰富而有意义。

2. 农村寄宿制学校有效地缩小了城乡家庭背景差距

寄宿制学校管理最重要的一环在于学生放学至就寝的活动安排,由于寄宿在校,学校实际上已经成为学生学习和生活的全部场所,学校承担起了绝大部分社会教育和家庭影响的功能,学校结合自己的特色和传统,构建家校一体化的学习和娱乐体系,组织学生开展丰富多彩的课外活动,有利于培养学生广泛的兴趣和爱好,丰富生活,健全人格,陶冶情操,从而缩小城乡学生因家庭经济和文化等背景不同而引致的差异,促进义务教育均衡发展。江西省铜鼓、分宜和泰和三县开展的寄宿制小学"四个一小时"活动,规范了寄宿制学校管理,提高了农村学生的综合素质。"四个一小时"是对学生原来生活方式的重构,"一小时开展文体活动"丰富了学生寄宿生活,陶冶情操,提高了综合素质;"一小时处理个人事务"提高了学生独立生活能力,养成了文明生活及健康的习惯;"一小时观看电视节目"尊重了儿童的天性,丰富了学生课余文化生活,还克服了学生无休止看电视的毛病。"一小时自由学习活动"可以让学生在老师的帮助下解决当天学习中的疑难,在轻松的环境中达成学习目标。对家长的深度访谈也证实了寄宿制学校这一功能,铜鼓县大塅小学一位姓黄的家长说:"现在小学的课程越来越难了,我虽然是个初中毕业生,但是很多作业都辅导不了,把孩子放在学校寄宿,有老师辅导作业,我们省心。"这位家长还说,孩子每天回家做完作业后,总是抱着电视不放,在学校就可以把这个毛病改了。

(二) 强化了学生的养成教育,促进农村儿童融入现代社会

养成教育是指导学生行为,促成其良好习惯养成的一种教育模式。养成教育的内容主要包括生活自理能力、文明生活习惯及综合素质等方面的培养。家庭教育与学生文明行为习惯的形成息息相关,偏远山区农村家长由于自身行为习惯和观念限制,要么忽略孩子养成行为习惯方面的教育,要么将不良行为传递给下一代,这对农村学生今后融入现代城市生活负面影响极大。按理说,非寄宿制学校也可以对学生进行养成教育,但是,没有真实场景和充足时间,往往只是"纸上谈兵",效果不佳。寄宿在校不仅仅是增加了学校教育对学生的影响时间,更关键的是将完整的生活场景移植到学校,避开了农村家庭教育的放任性甚至是落后性,增加了学生与

教师和同辈群体接触的机会，更有利于儿童现代社会性格形成的影响。

为了深入了解寄宿制学校对小学生行为习惯及现代社会性格形成的影响，课题组设计了三个选项来判断教师对此的看法，三个问题分别是：有利于培养学生独立生活能力；促进农村儿童社会化；有利于农村儿童养成良好的生活习惯，每个问题设计了"不重要；不太重要；比较重要；很重要"四个选项，统计结果见表5.7，从表中可以看出，对于这三个问题，回答"比较重要"和"很重要"两项的累计百分比分别为90.7%、84.4%、85.7%，充分说明一线教师对寄宿制小学在学生养成教育中作用的认同。

表5.7　　　　农村寄宿制小学教师对养成教育的看法统计

	样本数	缺失数	不重要	不太重要	比较重要	很重要
"有利于培养学生独立生活能力"	213	21	3.1%	6.3%	56.3%	34.4%
"促进农村儿童社会化"	213	24	7.8%	7.8%	53.1%	31.3%
"有利于农村儿童养成良好的生活习惯"	213	21	9.5%	4.8%	54.0%	31.7%

寄宿制小学对农村学生培养生活自理能力、养成文明生活习惯和提升综合素质等功用在实地调研中得到充分印证。贵州省各地农村寄宿制小学围绕"四在学校"活动，通过规范学生的"吃、住、学、乐"加强养成教育。铜仁地区的孙家坝小学根据寄宿生课余时间较长的特点，依托"体育大课间"和"乡村学校少年宫"开展活动，提升农村学生综合素质。体育大课间活动开展飞山羊、打陀螺、转铁圈、滚铁环、跳绳、打篮球、排球、羽毛球、踢毽子、转呼啦圈、打金钱杆等20余项传统游戏和运动，培养学生的活动兴趣和爱好，确保每天1小时体育锻炼时间，让学校充满活动力与生气。"乡村学校少年宫"结合小学生兴趣爱好，采取"分时段、分场地、分辅导教师"的方式，"民间与现代、室内与室外"相结合开展兴趣活动，成立了钢琴、棋类、书法、绘画、唢呐、笛子、二胡、舞蹈、经典诵读、土家花灯、球类、田径类、打腰鼓等多种兴趣班

级，有效利用课外活动时间，为每个学生培养两项以上特长，彰显学生的个性特点。学校坚持文化育人、环境育人的办学理念。宿舍管理做到军事化管理，宾馆式服务；学校为寄宿生提供15人一间的宿舍，每层楼设有"亲情电话"，寝室贴有"学生信息卡"，寝室内设学生活动室、医务室，聘请兼职医务人员，生活指导教师分楼层定点负责，每天24小时值班，检查学生寝室设施的安全状况，并给寝室开窗通风；每晚督促学生按时就寝，提醒学生及时如厕，帮助学生盖好被子等；对特殊学生认真做好记录、细心管理。每间寝室都做到"六个一"，即被子一样方，床单一样平，牙刷一头倒，脸帕一样晾，盆子一样齐，鞋子一样放。每月至少对寝室进行一次消毒和被褥拆洗、翻晒，确保学生们住得舒心，家长们放心。在校寄宿学生除了拥有班级这个统一的集体之外，还有宿舍这个新的集体。在宿舍内，寄宿生要遵守宿舍的卫生和作息制度，参与宿舍的考评和业余活动，个人的言行已经与宿舍的荣誉融为一体，这在客观上有利于宿舍同学集体主义精神的培养。比如，中午和晚饭后的宿舍卫生，就寝纪律，宿舍的衣物、口杯、饭盒等杂物的摆放，直接关系到"流动红旗"（以周为单位的宿舍表彰）的得失，个人的行为表现代表的不仅仅是个人，更是与宿舍甚至班级的利益捆绑在一起。寄宿生在校期间脱离了家庭对其的生活关爱和学习帮助，不得不独立或在教师的帮助下处理生活问题。这一方面给学生的生活和学习造成了压力，另一方面也在客观上有利于学生生活自理能力的培养。[①]

综上所述，学校是个体社会化的最佳场所，农村学生融入学校的时间越长，教师的引领和同伴群体潜移默化的影响就越深，其社会化的效果就会越好。因此，当儿童具备基本独立生活能力以后，延长他们学校生活的时间，将学生的生活全方位纳入学校集体生活中，更有利于孩子的社会化与现代化。

（三）整合了乡村教师资源，保证了教育教学质量

教师资源是学校的核心要素，教师素质的高低从某种意义上决定了一个学校的质量。在教育管理实践中，通常用两种方式来判断教师资源的质量，一是资质分析，即对教师的学历、职称、教龄等与职业能力相关的要

---

① 瞿章文：《寄宿制学校在农村中小学布局调整中的作用》，《教育学术月刊》2013年第3期。

素进行评价；二是绩效评价，即对教师的工作成果的认定和评价，往往用于教师的业绩考核。[①] 本书采用资质分析的方法，用高学历、高职称和中青年教师比例来衡量整合之后的教师资源水平。调研数据表明，抽样寄宿制学校中不仅高学历、高职称和中青年骨干教师比例明显高于全省及全国农村平均水平，而且教师结构明显优化，充分证明了寄宿制学校整合师资的功能。

1. 农村寄宿制学校高学历教师比例高于全省及全国农村平均水平

1993年10月31日颁布的《中华人民共和国教师法》中规定："取得小学教师资格，应当具备中等师范学校毕业及其以上学历。"我国教师准入制度在1993年以后做了重大调整，教师来源超出了原来的师范专业，开始引进非师范专业的毕业生进入学校任教，而1999年高校扩招之后，我国大学招生人数猛增，新毕业大学生中拥有专科及本科以上学历的学生数量也不断增长。因此，要真实反映农村小学教师资源的差别，仅以合格学历为标准，已经没有区分度了，本研究把小学教师专科及以上视为高学历。

2010—2013年，湖北、江西、甘肃、广东、贵州和广西6省（自治区）调查数据证明农村寄宿制学校高学历教师高于全省及全国平均水平。针对教师学历问题，共发放教师问卷600份，回收有效问卷561份，回收率为93.5%。其中，小学高学历教师155人，占调查总数（177人）的百分比为87.6%；中学高学历教师284人，占调查总数（404人）的百分比为70.3%（见表5.8）。据教育部规划司的统计，2009年，全国农村地区小学教师大专及以上学历的比例为71.72%，而初中阶段本科及以上学历教师比例为54.43%；2010年全国小学高学历教师比例为75.41%，初中阶段这一比例为59.38%。

表5.8　湖北、江西、贵州等6省寄宿制学校教师学历抽样调查　（单位：人）

样本学校	学历层次					合计
	初中	高中或中专	大专	本科	研究生	
绿杨中学	0	1	6	45	0	52

---

① 王东：《关于义务教育阶段教师资源均衡配置问题的思考》，《大连教育学院学报》2008年第6期。

续表

样本学校	初中	高中或中专	大专	本科	研究生	合计
汪岗中学	0	1	11	40	0	52
英格中学	0	0	2	25	5	32
七里中学	0	0	20	50	2	72
金子中学	0	0	12	26	0	38
谋道中学	0	0	31	51	4	86
白果中学	0	0	16	36	0	52
杨祠小学	0	0	5	3	0	8
谋道小学	0	3	25	6	0	34
尖山小学	0	0	5	0	0	5
红太阳小学	0	4	5	0	0	9
读书中心	0	1	5	0	0	6
施洞小学	0	9	41	18	0	68
南宫小学	0	3	18	10	0	31
巫西小学	0	2	5	9	0	16
合　　计	0	24	207	319	11	561

分地区比较，2010年湖北、江西、甘肃、广东和广西5省农村小学教师高学历比例分别为69.53%、63.78%、68.49%、79.39%和72.26%，农村初中高学历教师比例分别为47.71%、51.16%、55.50%、52.77%和59.99%。[1] 无论是与全国平均水平，还是与5省（自治区）自身水平相比，农村寄宿制学校教师学历总体水平都处于绝对优势，表明寄宿制学校集中了大部分高学历教师的事实。2012—2013年课题组对贵州省农村寄宿制小学进行了抽样调查，发放教师问卷213份，专科和本科学历教师共有195人，合计占比91.5%，高中及中专以下仅2人，占比0.94%。贵州省教育厅数据显示，2012年全省农村小学教师专科以上学

---

[1] 资料来源：《2010年全国教育事业发展简明统计分析》"分地区小学大专及以上学历教师比例"与"分地区初中阶段本科及以上学历教师比例"。

历占比只有 81.02%，2013 年略有增加，达到 83.90%。而 2012 年和 2013 年全国农村小学大专以上学历教师的比例分别为 81.7% 和 84.4%。

2008 年华中师范大学"中国中西部地区农村中小学合理布局研究"课题组在湖北、陕西、广西、云南和河南 5 省的调查数据说明农村寄宿制学校教师高学历比例高于全省及全国农村学校平均水平（见表 5.19）。此次调查将走读和寄宿混合的学校与寄宿制学校归为一类，由于没有区分初中和小学，因此在比较高学历的时候只考虑了本科及以上学历。统计结果显示，5 省寄宿制学校教师本科以上学历所占比例远远高于走读学校。其中，河南省和陕西省两项之间差距超过了 20 个百分点。

表 5.9　5 省（自治区）农村寄宿制与非寄宿制学校教师高学历比较　（单位：人）

省份	寄宿制学校			走读学校		
	样本数	高学历	百分比（%）	样本数	高学历	百分比（%）
湖北	808	264	32.7	171	33	19.3
河南	601	182	30.3	267	13	4.9
陕西	684	170	24.9	664	36	5.4
广西	887	126	14.2	259	8	3.1
云南	1344	493	36.7	298	43	14.4
合计	4324	1235	28.6	1659	133	8.0

2. 农村寄宿制学校高职称教师比例高于本省及全国农村平均水平

职称结构是衡量一所学校教学水平的重要标志，一般情况下，教师的职称与其教学能力之间具有正相关的关系。本文将初中阶段"中学一级教师及其以上职称"、小学阶段"小学高级教师及其以上"作为高职称，小学高级教师与中学一级教师等同。表 5.10 是关于 6 省抽样调查情况的统计表，统计结果表明寄宿制学校高职称教师高于全国当年的平均水平。从表中可以看出，中学教师中"中学一级教师"或"小学高级教师"职称及以上的有 190 人，占中学抽样教师总数（340 人）的 56.1%；小学阶段"小学高级教师"有 22 人，占抽样教师总数（31 人）的 71.0%。2010 年，湖北、江西、甘肃、广东和广西 5 省（自治区）小学阶段拥有"小学高级"及以上专业技术职称教师的比例分别为 69.77%、50.89%、

36.19%、61.63%、52.09%，全国农村小学教师中高职称平均水平为52.09%。2012—2013年对贵州省213名教师的调查显示，小学教师中级以上职称的占比41.8%，高于2012年全省40.9%的平均水平。需要说明的是，由于贵州省经济远远落后于全国，中级以上职称教师水平离全国农村平均水平还有一段距离（2012年全国农村小学教师中级以上职称占比53.0%）。高于全省平均水平已经足以证明农村寄宿制学校教师专业技术职称较高的事实。

表5.10 湖北、江西、贵州等6省样本农村寄宿制学校教师职称抽样情况　（单位：人）

样本学校	未评	小二	小一	小高	中三	中二	中一	中高	合计
绿杨中学	0	0	0	10	5	10	20	0	45
读书中心	2	0	0	4	0	0	1	0	7
汪岗中学	0	0	0	10	0	15	30	0	55
杨祠小学	0	0	1	3	1	0	0	0	5
红太阳小学	0	0	2	3	0	0	1	0	7
英格中学	0	0	0	0	0	10	20	0	30
七里中学	3	0	5	0	5	18	20	10	61
金子中学	0	1	0	5	0	20	15	5	46
白果中学	3	0	0	5	0	15	15	5	43
谋道中学	0	0	5	10	10	20	10	5	60
谋道小学	0	0	1	4	0	1	1	0	7
尖山小学	0	0	1	5	0	0	0	0	6
合　计	8	1	15	54	26	109	133	25	371

3. 农村寄宿制学校中青年教师比例高于本省及全国农村平均水平

我国学者对教师专业发展的研究表明，处于不同任职年限的教师对其日常教学活动关注重点有所不同（见表5.11）。[①] 一般教师在工作10年以后才能熟练掌握因材施教的技巧，形成自己的教学风格。根据我国现行学

---

① 范国睿：《学校管理的理论与实务》，华东师范大学出版社2003年版，第507页。

制，教师入职的年龄一般在 23 岁左右，也就是说，一个年轻教师成为骨干教师的年龄大约在 33 岁。另有学者将教师的成长分为了五个阶段，认为教师在任职之后第 23—31 年进入平静和保守期，长期的教育工作使之成为了资深的教师，丰富的教育经验和技巧往往使其对专业工作充满自信，由此滋长职业自满情绪，并因此而失去专业发展的热情。[1] 按此推算，教师专业发展水平在 46 岁左右出现下降趋势，所以本文将处于 33—46 岁这一阶段的教师定义为"中青年骨干教师"，并以其在教师中所占比例来衡量教师资源。2010 年，湖北、江西等 5 省调查数据显示，在 371 份有效问卷中，年龄在 33—46 岁这一阶段的人数为 182 人，占总数的 49.1%。据统计，2009 年全国农村 36—46 岁的初中教师约为 396319 人，占总数（1321560 人）的 30.0%。[2] 农村寄宿制学校抽样调查数据超出全国农村平均水平近 20 个百分点，说明农村寄宿制学校教师的年龄结构普遍优于非寄宿制学校。

表 5.11　　　　　教师任教年限与关注重点之间的关系　　　　（单位：人）

	备课上课	思考差异	形成风格	因材施教
工作 5 年	82.6	1.2	10.0	6.2
工作 10 年	9.0	48.4	23.2	19.4
工作 15 年	3.5	12.6	60.0	23.9
工作 15 年以后	5.5	7.5	40.0	47.0

第二节　农村义务教育阶段寄宿制办学存在的问题

寄宿制办学模式从最初解决远距离求学的问题，逐渐演变成将学生的学习与生活整合在一起的一种办学形式，其功能日益完善，学习与生活的有机结合使寄宿制学校具有独特的育人功能。在我国农村义务教育长期的发展过程中，寄宿制办学模式已经逐渐为学生及其家庭、政府及社会所认可。农村寄宿制学校在保证布局调整的实施、解决农村留守儿童教育问题

---

[1] 曾洁珍：《终身教育与教师继续教育》，《现代教育论丛》1998 年第 3 期。
[2] 《中国教育统计年鉴（2009 年）》，人民教育出版社 2010 年版，第 545 页。

等方面发挥作用的同时，自身也逐步发展壮大，寄宿制办学模式日趋成熟。但是，我国幅员辽阔，区域之间自然条件、经济状况、人文环境和教育基础差异较大，使得农村寄宿制学校发展极不均衡。一些边远农村地区的寄宿制学校因陋就简，硬件设施、人力配置、经费保障和管理制度等方面还存在着很大的问题。如果这些问题得不到妥善解决，就会影响农村寄宿制学校自身的发展，从而影响整个农村义务教育质量的提升。

一 农村寄宿制学校基本生活设施配套不完善

学校食堂、宿舍等生活设施是寄宿学生在校学习、生活的重要场所，建设与管理的好坏，直接关系到广大学生的人身安全和身心健康。学生宿舍必须做到安全牢固、通道畅通、空气流通、光照充足。一般由居室、管理室、盥洗室、厕所、储藏室及清洁用具室组成。学校食堂必须做到安全卫生、功能齐全、设施完备。除此之外，寄宿制学校还应包括一些附属设施，如厕所、浴室等。近年来，农村寄宿制学校问题引起了各级政府的高度关注，同时也加大了投入力度，使寄宿制学校硬件设施有了显著改善。但是，通过长期以来收集的材料分析，农村寄宿制学校的硬件条件仍然处于低水平，难以满足学生寄宿需要。

（一）农村寄宿制小学生均宿舍面积不达标

农村寄宿制学校宿舍数量不足主要体现在小学。农村初中寄宿制办学历史较为悠久，可以说20世纪80年代开始就已经起步，发展至今，一个乡镇一所初中的格局基本形成，学生宿舍也逐步标准化。近年来，有不少地方甚至将初中集中到县城，集中举办寄宿制学校，硬件设施水平大幅提高。如江西省分宜县2011年就将全县所有初中学生集中到了县城，政府为学生寄宿条件改善投入了大量资金，学校面貌焕然一新，宿舍楼里条件一流，基本设施配备一应俱全。很多省没有将初中集中到县城，但大多集中到了镇上，学生宿舍条件也很好。农村寄宿制学校学生宿舍数量不足的矛盾在小学表现比较突出，近年来，农村地区因撤点并校而减少的学校大多是村小和教学点，农村小学撤并的速度远远大于寄宿制学校兴建的速度，很多学校在条件还不成熟的情况下就撤销了村小和教学点，致使寄宿制小学往往因陋就简。2011年教育部、卫生部出台的《农村寄宿制的学校生活卫生设施建设与管理规范》中提出："人均居室使用面积不宜小于

3平方米。"截至2011年,全国农村小学人均宿舍面积的平均水平仅为2.45平方米,总体没有达到基本标准,中部地区生均宿舍面积还呈现出逐年下降的趋势。出现这种情况并不能说明农村寄宿制小学的宿舍条件状况逐年变坏,而是近年来小学成为农村寄宿制学校的增长点,小学寄宿生增加是目前义务教育阶段发展变化的新趋势,小学寄宿生增加的速度快于寄宿条件改善的速度,就会使生均宿舍面积从总体上出现小幅增长,甚至是下降的趋势。比较2010年和2011年的情况发现,全国有17个省(自治区)小学生均宿舍面积比上年有所增加,但是仅有8个省份达到3平方米的标准(见表5.12)。

表5.12　　2006—2011年农村寄宿制小学生均宿舍面积情况　　　　（㎡）

地区	2006年	2007年	2009年	2010年	2011年
合计	2.31	2.41	2.34	2.52	2.45
东部	4.14	4.08	3.52	3.78	3.87
中部	2.26	2.27	2.18	2.10	2.02
西部	1.76	1.99	2.08	2.50	2.42
北京	3.59	3.52	4.18	4.40	4.86
天津	12.3	7.03	9.51	9.61	4.60
河北	3.11	3.15	2.85	2.92	2.92
辽宁	1.34	1.37	1.70	1.53	1.88
上海	5.22	5.23	0.95	1.21	23.7
江苏	4.51	3.75	3.48	4.02	3.77
浙江	3.77	4.48	5.48	5.91	7.39
福建	3.88	3.41	5.38	6.25	6.07
山东	4.28	3.62	2.04	2.05	2.34
广东	6.33	7.55	4.67	6.05	6.42
海南	2.59	3.10	2.77	2.97	3.03
山西	2.05	2.36	2.67	2.77	2.95

续表

地区	2006 年	2007 年	2009 年	2010 年	2011 年
吉林	2.56	2.99	2.13	2.07	1.70
黑龙江	2.65	2.64	2.65	2.09	2.03
安徽	1.99	2.19	2.84	3.08	3.00
江西	1.93	1.95	1.82	1.71	1.49
河南	2.45	1.87	2.04	1.98	2.10
湖北	2.34	2.52	2.44	2.26	2.14
湖南	2.34	2.40	1.86	1.85	1.60
内蒙古	1.60	1.69	1.95	2.55	3.17
广西	2.82	2.87	2.80	2.99	2.87
重庆	2.59	2.49	2.29	2.89	3.38
四川	1.78	2.03	2.10	2.99	2.93
贵州	1.27	1.81	1.52	1.74	1.50
云南	1.53	1.86	1.98	2.37	2.02
西藏	2.01	2.06	2.05	2.13	2.77
陕西	1.43	1.80	2.45	2.71	2.72
甘肃	0.74	0.82	0.99	1.44	2.31
青海	1.08	1.23	1.39	1.57	1.60
宁夏	1.64	2.28	1.83	2.23	2.88
新疆	2.39	2.64	2.92	2.84	1.68

小学寄宿生数量增速过快，生均宿舍面积呈下降的趋势在此次调研中也得到了印证。针对"宿舍拥挤吗"这个问题，回答"很拥挤，感觉不舒服"的占10.9%，"拥挤但可以忍受"的占29.4%，"比较宽敞，住着舒适"的占59.7%，即有40.3%的学生认为宿舍比较拥挤，说明学生宿舍数量明显不足。农村寄宿制学校宿舍数量不足的矛盾主要体现在小学，并不是说初中就完全达标。实际上，还要不少农村初中生均宿舍面积不达标，2011年，河南、甘肃和云南三省初中生均宿舍面积仍然低于3平方米。笔者2011年的调查显示，学生宿舍是"大房间"的占81.2%，每间

寝室住 30 人以上的占 13.5%，说明宿舍实际上还有很大的改进空间。

（二）学生食堂餐厅面积严重不足

前已述及，近年来农村寄宿制学校在食堂建设上加大投入，基本做到了每个学校都有食堂。但是，食堂的条件却参差不齐，很多学校食堂基本条件不完善，学生就餐极为不便。在所有基本条件中，食堂餐厅面积过小是普遍存在的问题。课题组调研的所有学校中，食堂餐厅都偏小，能供学生用餐的餐桌严重不足，多数学校的餐桌只是一个摆设，根本无法满足学生一次性就餐的需要，有的学校采取分批就餐的方式仍然难以缓解这种紧张局面。因此，很多学校一到开饭的时候，校园遍地都是就餐学生，或站着，或蹲着，或三五成群，基本处于一种无序状态，给学校清洁卫生的保持带来极大麻烦。当然，绝大部分学校都由班主任统一组织进教室就餐，这是相对较好的选择。如果寄宿制学校食堂仅仅服务寄宿生，后勤压力相对较小，但是，随着营养餐计划的实施，寄宿制学校食堂变得异常紧张。全国学生营养办公布的数据显示，2012 年营养改善计划覆盖 22 个国家试点省份 699 个县级单位（含新疆生产建设兵团 19 个团场）2542.4 万余名农村义务教育学生。[①] 营养计划覆盖区的食堂餐厅更紧张，基本难以满足学生就餐的需求。如果遇到雨天，学生就餐更加艰难。

2013 年，课题组对贵州省 TJ 县 3 所小学进行了实地调查，SD 小学学生总数 900 人，其中寄宿生 399 人。该校食堂面积 521 平方米，生均食堂面积 0.58 平方米，寄宿生人均食堂面积 1.31 平方米。由于该校实施营养餐计划，实际只能按生均 0.58 平方米计算，相对来讲，该校总体条件较好，学生食堂有标准的固定摆放的餐桌椅，学校统一为学生蒸饭。NG 小学学生总数为 352 人，寄宿生总数为 144 人，食堂面积 90 平方米，生均食堂面积仅 0.26 平方米，学生食堂没有标准的餐桌椅，学生目前使用的餐桌椅是由以前的学生课桌组成的，餐桌椅摆放在食堂内壁两侧，由于餐桌椅数量有限，平日里有部分学生只能站着或者蹲着用餐。WX 小学在校人数为 143 人，寄宿生为 113 人，食堂面积 70 平方米，生均食堂面积 0.49 平方米。由于食堂只有 70 平方米，因此并没有固定摆放学生餐桌椅

[①]《全国 22 省区农村义务制学校将实行营养餐计划》，中国新闻网（http://www.chinanews.com）。

的位置，在没开饭之前，餐桌椅被整齐堆在食堂的一处角落，在准备为学生开饭之前，才把餐桌椅搬出，供学生就餐。学生餐厅面积不足的问题由来已久，发展至今改善甚微。2007年，湖北省十堰市郧县有义务教育阶段中小学校215所，在校学生56259人。其中，寄宿制学校94所，寄宿学生27646人，占学生总数的49%。实施寄宿制学校建设工程后，该县寄宿制学校办学条件有较大改善。但是，由于资金不足，寄宿学校普遍存在生活设施配套不足的现象。调查发现，全县寄宿制学校食堂有60%以上使用面积不到100平方米，操作间狭小，布局不合理，按国家规定的生均1.5平方米计算，尚差25472平方米。不仅如此，餐厅面积严重不足，生均餐厅面积只有0.3平方米，有餐厅或就餐大棚的学校72所，其中只有县实验中学和安阳镇居峪小学有标准化的学生餐厅，其他学校学生餐厅和就餐大棚内均无餐桌椅等设施。还有39所学校的寄宿学生只能露天打饭、就餐。梅铺中学712名就餐学生遇到雨雪天气只好在屋檐下、教室内就餐。白浪九年一贯制学校因就餐大棚面积小，1—6年级由学校用饭桶送饭，集中在操场打饭、就餐。

（三）学生浴室数量不足，开放率不高

学生寄宿在校，一般一周才能回家一次，加上义务教育阶段的儿童活泼好动，运动量较大，浴室的数量和质量是保障寄宿生个人卫生的基本条件。同时，培养学生良好的卫生习惯也对浴室提出了较高的要求。但是，农村寄宿制学校普遍存在浴室数量不足、开放率不高的问题。课题组针对这一问题在湖北、江西、贵州等省展开调研，共发放学生问卷1700份，回收1558份，回收率91.6%，统计结果见表5.13。从表中可以看出，样本学校没有浴室的占了44.3%，也就是说，几乎有一半的寄宿制学校没有浴室。有浴室又经常开放的学校就更少了，多数学校虽然有浴室，但是由于数量不足、设备落后、热水供应不上等原因，浴室开放率很低。针对"学校有地方洗澡"问题的573份问卷中，回答每天都开放的占比63.2%，一周2—3次的占15.5%；回答"一周一次"和"很少开放"两项的合计占5.8%。也就是说，有36.8%的学校的浴室并不是每天都对学生开放。显然，这种状况对寄宿生的身心发展会产生很大的负面影响。

表 5.13　　　　　　　　　学校有地方洗澡吗

		频数（人）	百分比（%）	有效百分比（%）	累计百分比（%）
有效	有	740	47.5	55.7	55.7
	没有	588	37.7	44.3	100.0
	合计	1328	85.2	100.0	
缺失	系统	230	14.8		
合计		1558	100.0		

总之，农村寄宿制学校由于生活设施配套不完善降低了对学生的吸引力，同时也影响了其他设施的功能发挥。生活设施不足与简陋是全国各地农村寄宿制学校普遍存在的问题，这在寄宿制小学表现得更为明显。小学生寄宿本身就面临着诸多不便，如生活自理能力差等，学校相应生活配套设施不足给小学生寄宿生生活带来了更多不便，影响了寄宿制学校优势的发挥。

二　农村寄宿制学校新增寄宿成本缺乏财政保障

一般来讲，教育成本是指培养学生所耗费的社会劳动，包括物化劳动和活劳动，其货币表现为培养学生由社会和受教育者个人直接和间接支付的全部费用，教育成本可以分为固定成本和变动成本。学校土地、建筑物、设备、仪器和图书资料等费用形成固定成本，学校教师和临时聘用人员工资；学生本人及家庭为接受义务教育直接支付的生活差距费、住宿费、交通费；水电、燃料费和各种办公支出等公用经费等构成变动成本。本文所研究的寄宿制学校运行成本主要指变动成本，具体包括学校食堂管理成本、宿舍管理成本、安全卫生管理成本、新增业余时间管理成本和学生生活及交通成本等。

（一）寄宿制学校运行成本结构的变化

寄宿制学校与非寄宿制学校相比，宿舍、食堂、新增业余时间的管理以及由于聚居而产生的安全管理是明显的新增成本项目。同时，学生离家生活，交通和生活成本必然增加。因此，学生寄宿在校使得寄宿制学校成本结构发生了很大变化。

1. 宿舍管理人员工资成本

有宿舍是寄宿制学校与非寄宿制学校的最明显的区别，就是保证学生寄宿的核心要素。撇开建设成本，规范的宿舍管理需要大量的人力投入。寄宿制学校的宿舍不仅仅是学生睡觉的地方，也是学生学习之余的"歇脚"之地，承担着家庭的部分功能。因此，必须配备专门的生活指导教师，关心学生，指导学生生活，这一点对低龄寄宿学生尤为重要。课题组2011年3月对湖北省恩施市和浠水县所做的1262份调查显示，67.2%的农村寄宿制学校都配备了专门的生活指导老师，生活教师与学生之比平均为1∶144。也就是说，一所规模800人左右的寄宿学校会配备5个左右的生活指导老师。由于没有正式编制，这些人员大都从社会上聘请，月基本工资在1000元以内，按每年工作10个月计算，聘请一个生活指导教师年成本为10000元左右。在没有配备专职生活教师的学校，这项任务责无旁贷地落到了任课教师头上，虽然学校给任课教师的补贴远远低于聘请专职人员的开支，但这项成本的增加是肯定的，只是发放对象不同而已。

2. 食堂运行成本

食堂是寄宿制学校得以正常运行的重要保证，对于正在成长中的青少年来说，食堂不仅仅要让学生吃饱饭，更应该考虑学生身体发育所需的营养。因此，规范的食堂运作必须有严格的管理措施，而聘请高素质的食堂管理人员和合格的食堂员工需要有资金做保障，食堂运作成本成为寄宿制学校一项重要的新增成本。如湖北省恩施市龙马中学现有学生700余人，85%的学生寄宿在校，学生食堂聘请了5名员工，月固定工资1200元，食堂员工还可以享受学校福利，每年按工作10个月计算，仅人员工资一项支出就是6万元左右；同时，食堂还承担着学生开水和澡堂的热水供应任务，每年需要燃煤近100吨，按当地价格300元/吨计算，需要近3万元，加上水电费，食堂全年合计支出近10万元。目前，食堂员工工资和日常支出基本来源于收支差价，其根本来源还是学生家庭。学校虽然没有因此而付费，但是，我们不能就此否认食堂运行成本的存在。

3. 新增业余时间管理成本

非寄宿制学校学生业余时间管理责任由各个家庭分担，因为学生寄宿，原来一家一户的责任集中到学校。学生晚餐到就寝这段时间是寄宿制学校新增的业余时间，一般长达4个多小时。2011年5月课题组在江西省铜鼓县调研了解到，地处城郊的农村中学——温泉中学，晚餐时间是17：30，非毕业班就寝时间是21：10，九年级毕业班就寝时间为21：40。对于这段时间，除了17：30—18：25这段时间属于学生自由活动时间外，其他时间均以学生晚自习代替，自习时间学校一般安排老师值班，实际上学校老师一般都利用这段时间复习或者讲解本门学科，更多的老师把自习当作正课上。针对"晚自习老师是否讲课"这一问题的485份问卷中，63.2%的学生回答"是"。寄宿制小学业余时间的处理虽然没有完全用上课代替，但是免不了教师到班监督。铜鼓县2008年开始在寄宿制小学推行"四个一小时"活动，除了4：30—6：30由生活指导老师负责外，6：30—8：30安排学生看电视和自习的时间都有老师陪着，高年级老师也经常有讲课的现象。对于教师新增的劳动量，一般学校都采取低微的课时补贴来处理。事实上，按8小时工作制计算，这一时段工作量相当于半个工作日，一周新增工作量2.5个工作日，一学年按40周计算，新增工作量100个工作日。如果以货币计算，这是一笔惊人的数目。

4. 学生生活与交通成本

由于学生寄宿，生活费和交通费增加是毋庸置疑的。学生在家食宿，家庭伙食边际成本很小甚至可以忽略不计，但是一旦离开家门单独生活，日常生活用品的支出、货币化生活费开销以及零花钱等都会急剧上升。同时，一周一个来回的交通费更是不可避免。这些支出是学生的求学成本，也应该是寄宿制学校运行成本的组成部分。课题组对湖北、江西两省6县（市）发放学生问卷2362份，其中寄宿生1742人，非寄宿生620人，对"每个月伙食费"问题的回答，统计显示：均值为208元，中位数为200元，众数为200元。对"每个月的零花钱"回答的统计显示：均值为49元，中位数为30元，众数为20元。对"你每个月因上学而支出的车费"的回答显示：均值为32元，中位数为25元。综合三项结果，寄宿生平均每月生活及交通费用共计约289元，一年按10个月计算支出总数为2890元，再加上每年两期的基本生活用具购置，一个寄宿生一年的支出大约是3200元左右。胡映兰（2009）对湖南益阳市调查显示：家庭条件较好的寄宿生每学年开支约为4500元，家庭条件一般的学生每学年支出也达到了3500元左右。① 这对于没有多少经济收入的农村家庭是一个沉重的负担。

5. 集体安全防范成本

寄宿制学校与非寄宿制学校相比，安全问题尤为重要，学生寄宿意味着原来由各个家庭分担的安全责任全部落到了学校。学校安全工作至少在四个方面增加了成本：一是对重大安全事故的应急处理设备配置和人员训练；二是食品安全问题管理；三是学生就寝之后需要有保卫人员值班，以防止校园突发事件和校外人员对学生生命及财产的侵犯；四是需要校医对学生临时生病的应急处理。学校安全保卫人员与医务室人员的配备会增加寄宿制学校的成本。当然，非寄宿制学校也需要门卫等安保人员，但是其工作量远远小于寄宿制学校。调查发现，一个门卫的工资一年大概是10000元，一个校医的工资约是20000元，加上学校常规药物的配备，仅医务室一项初期成本就需50000元左右。对湖北、江西两省6县的调查显示，所有寄宿制学校都有门卫，所有寄宿制学校都没有医务室。

2010年，21世纪教育发展研究院课题组的一项调研结果也证明，学校实行寄宿制改变了成本结构，增加了学校成本。学校成本支出至少新增了以下项目：宿舍及食堂等基础设施建设与维护成本、宿舍与食堂工作人员成本、宿舍与食堂的管理成本、寄宿生早晚自习教学辅导人员的经费支出。此外，一般学校都有的水费、电费等成本项目也会因为寄宿制而迅速增加。从表5.14中可以看出，水、电、煤三项资源类支出占了总经费的7.56%。寄宿制学校校长认为，"每增加一个寄宿生，学校最少要增加100—150元的经费支出"。四川雅安市三合小学校长则称因为实行寄宿制，学校每个月亏损1000元上下。②

---

① 胡映兰：《从"两免一补"看农村义务教育均衡发展——以湖南益阳市为例》，《教育与经济》2009年第3期。

② 21世纪教育研究院：《中国中西部地区农村寄宿制中小学调查》，社会科学文献出版社2009年版，第48页。

表 5.14　　　　　　　样本寄宿制学校新增成本占总经费之比

项　目	新增寄宿成本（％）
宿舍工作人员支出	1.57
食堂工作人员支出	3.86
早晚自习教学辅导人员支出	0.43
宿舍及食堂等基础设施维修费	2.17
增加水费	0.62
增加电费	1.50
增加燃煤等其他资源	5.44
合　计	15.59

（二）寄宿制学校运行成本的分担

举办寄宿制学校新增的成本原则上应该由公共财政负担，这是由寄宿制学校公共产品属性决定的。但是，各地目前的做法并非如此，绝大部分成本通过隐性的方式实行了转嫁。通过对湖北、江西两省 6 县（市）调查数据的分析发现，学校、教师和学生家庭分别以不同的方式承担新增成本。

1. 政府公用经费拨付不足，学校压缩开支分担新增管理成本

寄宿制学校新增成本部分表现为学校管理费用的增加，包括办公费、水电费、临时聘请的食堂炊事员、寝室管理员和保安人员工资福利支出、取暖费、助学金、差旅费、交通费、维修费、班主任津贴、寄宿专用设备购置及维修（寝室和食堂大宗物件）等。对两省 6 县（市）30 余所中小学的调查数据分析发现，寄宿制小学一学期生均管理成本约为 283 元，寄宿制初中生均管理费约为 462 元，而调查县每年拨给学校的公用经费是小学生均 500 元，初中生均 700 元，生均公用经费的拨付并没有区分寄宿制学校和非寄宿制学校。这一拨款标准对非寄宿制学校来说基本可以维持开销，但是，寄宿制学校生均管理费要远远高于非寄宿制学校。据江西省铜鼓县三都小学反映，一个寄宿生每年的开支要比非寄宿制学生多出近 200 元。该校有学生 412 人，240 人寄宿在校，生均管理费大约为 900 元/学年，超出该县拨款 200 元，考虑非寄宿制学生略有宽裕，二者合并计算，

每年就有3万多元管理费用的亏空。一项对湖南益阳市的调查显示，2008年一个寄宿生一学年的教学管理成本约为1000元，而益阳市（县）两级公用经费拨款只有572.6元。① 由此可见，学校在没有其他任何资金来源的情况下，只好采取压缩开支，向教师和学生转嫁部分经费的方式来维持学校运转。

2. 新增工作量没有相应人员编制，教师超负荷工作分担成本

如前所述，寄宿制学校每天有大约4小时的新增业余时间，这段时间需要有老师和专人管理，由此而产生了新增劳动量的工资成本。但一般学校并没有配置足额的生活管理教师，即使有配备，也是从社会上招聘的非专业人员。因此，这段业余时间管理的责任最终落到了每个教师的身上，学校在公用经费运转紧张的情况下，自然无力全额补偿教师的额外劳动。一般学校都采取象征性补贴的形式，变相地把工作量强加给专任教师，教师实际成了这部分新增成本的分担主体。我们对6县（市）的调查验证了这一点。对"每天有几节课"的回答显示，有16.4%的学生回答10节，26.8%的学生回答11节，28.1%的学生回答12节，还有7%的学生回答13节，回答10节课以上的人数占78.3%，如果白天按8—9课时计算，一般寄宿制学校都有1—4节晚自习。无疑，这是因学生寄宿而新增的工作量。那么，承担这些任务的老师是否取得了相应的报酬呢？以恩施市龙马中学为例，该校共有学生625人，11个教学班（其中3个毕业班），专任教师40人。该校自建校以来就实行寄宿制，学校规定，非毕业班每天上2节晚自习，毕业班上3节。一周6天有晚自习，一学年按44周计算，该校因寄宿新增晚自习6600节，每学年人均新增课时达155节之多。学校给教师的超课时量补助是2元/节，如此计算，专任教师报酬是330元/学年，这显然不是劳动价值的真实体现。可以看出，教师通过超负荷工作分担了一部分成本。另外，一般寄宿制学校教师都有晚上巡查学生就寝的任务，这个时间一般要延迟到晚上11—12点。这一部分工作量各校虽然在计算绩效工资时有所反映，但也不是教师辛苦劳动的真实价值体现。

---

① 胡映兰：《从"两免一补"看农村义务教育均衡发展——以湖南益阳市为例》，《教育与经济》2009年第3期。

3. 贫困寄宿生生活补助力度不大，学生家庭分担新增生活成本

前已述及，一个寄宿生每学年因寄宿而产生的生活成本的货币表现约为3200元，如果除去零花钱和在家食宿两项，生活费差距大约为2000元。国家"两免一补"政策出台，其中"一补"就是贫困寄宿生生活补助。6县（市）的调研结果显示，寄宿生享受这项补贴的覆盖率大都在50%左右，补助金额为小学生700元/学年，初中生1000元/学年，据此推算，地方财政大约承担了生活差距费的25%。同时，贫困寄宿生生活补助对象是贫困生，补助是从资助的角度发放的，没有考虑所有寄宿生成本增加这一事实，有违义务教育的本质属性，影响了义务教育公平。除此之外，学生还是食堂成本的承担者。尽管各级政府反复强调，学生食堂不允许盈利，但是，很多学校往往将水电费、各种名目的补助费打入了食堂成本加以计算。这样无形之中就增加了食堂成本，影响了伙食质量，加重了学生及家庭负担。

综上所述，政府虽然是农村寄宿制中小学基础设施建设成本的承担主体，但没有真正成为寄宿制学校新增运行成本的主要承担者。国家分担比例过低严重影响了寄宿制学校的正常运行，制约着义务教育均衡发展的实现。前已述及，农村寄宿制学校是义务教育的一种特殊办学形式，其性质属于公共产品，寄宿制学校本身并不能节约成本，新增成本没有相应的资金来源，这是农村寄宿制学校目前面临的最大问题。

三 农村寄宿制学校人力资源配置不当

农村寄宿制学校肩负着教学和监护学生生活的双重任务。因此，涉及生活和学习的各个环节都应该有相应的人力资源投入。学习和生活的不同性质原则上要求配备不同的专业人员，各司其职。教师是学校教学工作的主体，对学生的学习负主要责任；学生生活管理与教学则有很大的不同，必须配备相应的生活指导教师。学校生活有别于家庭生活，学校生活内容本身就具有育人功能，要求生活指导教师具备一定的素质。就目前的实际运行状况来看，各地基本上没有将学生的学习和生活严格区分开来，致使教师既担负着教学的任务，又要负责学生的生活管理，很多学校由教师兼任生活指导老师。这一方面加重了教师负担，分散了教师精力，影响了教学工作；另一方面，由于工作性质不同，专任教师负责学生生活管理并不专业，使得学校生活教育的功能难以发挥。因此，农村寄宿制学校目前的人力资源配置不当问题严重地制约着其功能的正常发挥，使得寄宿制学校的教育优势难以真正显现。

(一) 专任教师与生活指导老师比例不当，加重了教学人员负担

生活指导教师是寄宿制学校中学生课余生活的主要负责人，是学生身心健康发展的教育者和监护者，是学生课余生活的设计者，行使着代理家长的职责。寄宿制学校集学校、家庭、社会功能于一身，除自身的学校教育职能之外，还承担着家庭抚育与社会教育的职能，生活教师工作繁杂，责任重大。随着学生寄宿的低龄化和留守儿童的增加，生活指导教师更显重要。但是，目前农村寄宿制学校中普遍存在着生活指导老师数量不够、专业素质不高和队伍不稳定的问题。这就迫使专任教师要承担更多的额外任务，进而分散教学精力，影响教育教学质量的提高。缺少生活教师，对于学生就寝休息的管理，要么就是由任课教师代替，要么就是临时请社会人员充当管理人员。前者分散教师精力，增加教师的负担，后者所请社会人员素质不高，管理方法简单、粗暴，很难形成校园文化氛围，难以充分发挥宿舍的育人功能。

兼任生活教师的班主任和任课教师，既要承担教育教学任务，又要负责学生日常生活管理。白天他们要督促学生午睡，夜晚要负责校园巡视，甚至要在宿舍值班，以防学生生病、打架、不按时入睡等行为的发生，每天都在超负荷运转，工作量非常大。针对生活教师的配置，问卷设计了五个问题，即"有无生活指导教师""一个生活教师管理多少学生""生活教师检查学生情况""解决学生宿舍问题""学生生病看护"以及"学生安全"。5省学生问卷统计结果显示，67.2%的学生回答有生活指导教师；对于一个生活教师管多少学生，教师问卷显示，寄宿制初中大约是60—700人，也就是说，一个2000多人的学校有时可能只配备3名生活指导老师。按照国家规定，小学每50名学生、初中每百名学生需要配备1位生活教师，以上这种配备显然是不足的。对河北丰宁县的一次调查也证明了农村寄宿制学校生活教师不足的事实，该县两所小学的184名寄宿学生只有两位生活教师，平均每个生活教师负责92个学生；初中336个寄宿学生，只有1位生活教师。无论小学或初中，生活指导教师的数量都远远

低于编制规定的人数。①

对于学生生活中的问题,目前仍然是由任课教师与生活指导教师共同负责,而且教师承担了大部分工作。统计显示,近30%的学生认为生活老师没有关心学生的生活;45%的人认为生活老师没有解决宿舍问题;77.8%学生认为生活老师没有看护生病的学生;43.4%的学生觉得生活老师没有关注安全问题。相比之下,教师仍然是完成上述工作的主体,76.2%的学生认为教师经常关心学生的生活;60.5%的人认为是教师在解决宿舍问题;认为教师看护生病学生和关心学生安全问题的分别占53.8%和66.8%。对教师的调查显示,有63.5%的老师回答"有生活指导老师",这与学生问卷是一致的,说明绝大部分学校已经开始意识到生活教师的重要性,并采取了相应的行动。由于缺少专门的生活指导教师和宿舍管理员,因此,农村寄宿制学校任课教师实际上肩负着教师和宿舍管理员两种职责。农村寄宿制学校实际上是按照非寄宿制学校的模式在运行,因此,人员的配备也就没有考虑到因学生寄宿而产生的诸多需求。这不但增加了教师的负担,而且分散了教师的精力,不利于教师全身心投入到教学工作中。

(二) 生活指导教师素质偏低,难以发挥宿舍的育人功能

生活指导教师一方面要负责照顾学生的生活与课余监护工作,另一方面又是学生行为习惯的引领者,一位合格的生活教师应该具备教育学、心理学、儿童心理学、初级卫生防疫学和文化基础科目等知识。专任教师的工作岗位在教室,生活指导教师的工作中心就是宿舍,充分发挥宿舍的育人功能是生活指导教师的工作重心。宿舍是寄宿制学校育人的另一个重要场所,要将学生的生活与学习有机结合起来,就必须重构农村寄宿制学校的功能,重新定位生活指导教师的职责。真正意义上的寄宿制学校起源于英国公学,而公学的宿舍就具有独特的含义,涵盖了物质和意识两个方面。一所宿舍既是一座实在的楼房,也是一个特定的群体和一种意识。对于生活在一所公学的学生来说,宿舍的重要性难以形容,学生与其说加入了一间学校,不如说加入了一间宿舍,学生被学校接纳正是从舍监接纳其进宿舍开始的。公学宿舍的职

---

① 中央教育科学研究所课题组:《贫困地区农村寄宿制学校学生课余生活管理研究——基于广西壮族自治区都安县、河北省丰宁县的调研》,《教育研究》2008年第4期。

责在于提升一种理念,即学生对每个特定宿舍的选择是该宿舍的一种荣誉,这种荣誉是在与其他宿舍的竞争中赢得的,新生一旦录取就要对其宿舍负责。学生几乎总是在宿舍的旗帜下与其他学生进行竞争,而宿舍精神和集体团结又在学生的校园生活中得到强化。[①] 学生宿舍是锻造完满人格的熔炉,生活指导教师的职责应该是"教师"与"家长"之和。但是,目前农村寄宿制学校的生活教师充其量就是一个宿舍管理员和保育员,素质普遍低下,难以将宿舍教育功能整合进学校整体育人功能之中。

实地调研发现,学校生活教师的来源绝大部分是临时聘请的无业人员,这些人在学校中待遇低下,除了负责学生宿舍的清洁工作和维持一下纪律外,基本没有教育引导学生人格形成的职责和能力。在调查过程中,针对生活教师来源的问卷设计了四项内容,包括本校教职工、校外人员、教师家属、没有专职管理员。统计发现,本校教职工转岗过来的占27.3%,教师家属占15.2%,两项合计占42.5%,来自校外的占57.5%(见表5.15)。利用超编教师和家属的主要目的是将生活教师问题与人员安置结合起来,这种做法实际上阻碍了生活教师的专业化。对生活指导教师文化程度的问卷调查更明显反映出素质偏低的问题。针对生活教师的问卷中,初中文化程度占总数的79.6%,高中及以上人数仅占总数的15.9%,还有5人仅仅具有小学文化。这样的生活教师除了照顾学生生活外,基本上难以发挥生活育人的功能。

表5.15　　　　　　　　　宿舍管理员来源

		频数(人)	百分比(%)	有效百分比(%)	累计百分比(%)
有效	本校教职工	18	15.9	27.3	27.3
	校外人员	27	23.9	40.9	68.2
	家属	10	8.8	15.2	83.3
	没有专职管理员	11	9.7	16.7	100.0
	合　计	66	58.4	100.0	

---

① 原青林:《揭示英才教育的秘密:英国公学研究》,黑龙江人民出版社2005年版,第24—25页。

		频率（人）	百分比（%）	有效百分比（%）	累计百分比（%）
缺失	系统	47	41.6		
	合计	113	100.0		

对于低龄寄宿学生来说，生活指导教师的行为习惯和素质直接影响着学生行为的养成。小学生活指导教师工作的每一个细节都可能会影响学生的行为养成。一个生活教师所需要的职业素质决不亚于一个任课教师，其职业价值不可低估。不难发现，目前农村寄宿制学校中生活教师的素质与其所担负的职责是极不相称的。正是由于学校对学生生活问题的忽视，才造成了重任课教师质量而轻生活教师素质的普遍现象。这种人力资源配置的后果就是任课教师被迫分担学生管理责任，因而加重了任课教师负担，影响了寄宿制学校正常功能的发挥。完善寄宿制学校运行机制，必须配备经过专门训练的生活指导教师，负责学生的学习、生活及思想的训导，他们既是宿舍的管理者，又是学生的长者。生活指导教师要随时了解学生的思想动态，增进彼此间的理解和信任。用爱心浇灌集体，给远离父母的学生以家庭的归属感，这样就可以把专任教师从琐事中解脱出来，专心教学。必须对学生业余活动进行科学安排，把业余时间交给经过专门训练的生活指导老师负责，生活指导老师的地位与专任教师一样，以宿舍为中心管理学生的课外事务。寄宿制学校必须形成专任教师、生活指导老师和后勤服务人员三足鼎立的格局，各司其职。

四 农村寄宿制学校内部管理中存在的问题

学校内部管理制度设计对寄宿制教育的特殊性考虑不够，导致寄宿生课余生活单调、安全管理僵化、饮食营养关注不足及低龄儿童心理健康关注不力等问题，这些问题直接影响了儿童寄宿生活的完整性。

（一）农村寄宿制学校学生课余生活单调

寄宿生在校的时间可以分为三部分，即学习时间、课余生活时间和休息时间。与非寄宿制学校相比，寄宿制学校在时间分配上最大的特点是：课余生活时间增加，休息时间交由学校安排。如何科学地分配学生的时间直接关系到学生的身心发展。学习时间过长，课余生活与休息时间被压缩是目前农村寄宿制学校时间分配中存在的最大问题。保证农村学生的有效学习时间本来是寄宿制学校的优势之一，但是，一味地增加学习时间就会适得其反。走读学生的课余时间除了完成家庭作业外，其余可以自由支配，自由时间可以满足儿童喜欢游戏的天性，自由活动可以减轻学生的思想压力。但是，寄宿生的课余时间必须在学校度过，一般寄宿制学校都实行封闭管理，为了防止安全事故，学校一般是尽量压缩自由活动的时间，采取"以上课代替管理"的方法，即使是课余活动时间也因缺乏丰富的活动而显得单调。由于学习时间过长而挤压课余活动时间和休息时间的现象在寄宿制学校普遍存在，这必然会影响学生的身心发展。

1. 寄宿生学习负担重，挤占了课余活动时间

由于实行寄宿，学生在校时间增加，原来由家庭分散负责的课余时间交给学校集中管理，合理分配这些时间可以使寄宿生活丰富多彩，相反，则会带给学生沮丧与厌烦的情绪。为了避免安全事故发生，目前的寄宿制学校普遍采取"以课代管"的方式消极地消化多余时间。针对"学生自由活动时间"与"上课节数"的2362份问卷中，回答11节课的人数为633人，约占26.8%；回答12节课的人数为664人，占总数的28.1%；两项合计为54.9%；"是否有晚自习"一项，96.2%回答"有"，回答有2节晚自习的学生占82.3%，回答3节晚自习的学生占12.8%。比较发现，寄宿制初中晚自习时间明显多于寄宿制小学；统计显示，寄宿学生学习时间平均为13.8小时，自由活动时间平均为1.8小时。针对"寄宿生学习时间是否过长"的775份教师问卷中，540人回答"是"，占总数的70%。可见，绝大部分寄宿制学校对于晚上的时间采取上课的方式进行管理。正是由于寄宿制学校没有处理好上课与业余活动时间的分配，致使很多寄宿生不喜欢寄宿生活，对于"是否喜欢住校"的问题，有54.5%的学生回答"不喜欢"，针对不喜欢寄宿的原因，有67.4%的学生认为"上课时间太长"，在问及"每天上几节课你比较满意"时，82%的学生认为8节课比较合适。

江西省铜鼓县温泉中学是一所地处城郊的农村寄宿制初中，学校有12个教学班，400多名学生，其中寄宿生200多人，教职工共59人。为了提高教学质量，该校采取"时间+汗水"的基本策略，通过寄宿来保障学习时间。学校实行早晚自习，没有寄宿在校的学生也必须按时赶到。

分析该校夏季作息时间表发现，从早上 6：00 起床，到非毕业班学生 21：40 就寝，时长为 15 小时 40 分，其中上课时间为 9 小时 38 分（毕业班 10 小时 38 分）。其实，课间 10 分钟学生基本不能出教室，顶多上趟厕所，再把这段时间算上，学生每天花在学习上的时间大约是 10 小时 38 分（毕业班 11 小时 38 分），占白天时间的 67.9%。属于学生自由活动的时间只有中餐和晚餐后的 2 小时 45 分，仅占学生白天活动时间的 17.6%。如果没有实行寄宿制，晚餐以后的时间就属于学生自由支配时间，从 17：30—21：10 中间有近 4 个小时的时间，除了用大约 1 小时的时间完成家庭作业外，其他时间都可以自由活动。正是由于寄宿制学校将课余时间安排了上课，所以学生普遍觉得课业负担过重。本可以生动活泼的寄宿生活变得枯燥无味，这也是很多学生不喜欢寄宿生活的主要原因。如果说初中有升学的压力，师生会不自觉地达成共识，充分利用下午放学后至晚上就寝前这段时间。那么，寄宿制小学的时间安排如何呢？表 5.16 是贵州省玉屏县田坪中心小学的作息时间表，从表中可以看出，下午 4：55 以前的时间与非寄宿制学校没有区别（也不是本研究关注的时间段），4：55—9：20 这段时间长达 4 小时 25 分钟，这段时间除了进晚餐以外，主要活动就是娱乐和自习。针对该校发放的学生问卷 63 份，对问题"晚自习老师讲课吗"，回答"经常是"的占 60.4%，回答"不上课，学生自习"的占 35.8%，可以看出，晚自习绝大部分班级都以上课为主，这样无形之中增加了小学生的课堂学习时间，增加了学生课业负担。其实，对于没有升学压力的小学来说，延长学生上课时间并非举办寄宿制学校的初衷。

表 5.16　　田坪中心完小 2012—2013 学年度第二学期作息时间

时间	季节	夏　季	冬　季
上午	预　备	7：50	8：20
	早锻炼	8：00—8：20	8：30—8：50
	第一节	8：30—9：10	9：00—9：40
	第二节	9：20—10：00	9：50—10：10
	课　间　操	
	第三节	10：30—11：10	11：00—11：40

续表

时间 \ 季节		夏 季	冬 季
下午	午 间 休 息		
	预 备	1：50	
	第四节	2：00—2：40	
	眼 保 健 操		
	第五节	2：55—3：35	
	第六节	3：45—4：25	
	课外活动	4：35—4：55	
	放 学		
晚上	预 备	7：20	6：50
	第七节	7：30—8：10	7：00—7：40
	第八节	8：20—9：00	7：50—8：30
	就 寝	9：20	8：50

2. 寄宿生课余生活受限，扭曲了学生的童年生活

一般来讲，农村寄宿制学校学生课余生活主要包括六大类：一是生活类，包括衣食住行帮扶服务和自我服务、自理能力以及自护、自救、防灾、防险等生存意识、生存能力的培养训练；二是学科类，包括学科知识巩固提高，读书、看报、自学，发展学生的智力和求知能力；三是科技类，包括小观察、小制作、小发明，培养学生的动手操作能力、科技思维能力；四是艺术类活动，包括声乐、器乐、舞蹈、美术、书法，发展学生的个性特长；五是体育活动类，包括球类、田径、跳绳、棋类，增强学生的体能，培养学生的竞技心智；六是休闲类，主要是组织学生收看电视，特别是新闻和少儿节目，扩大学生视野，陶冶思想情操。[①] 要保障以上内容的开展，学校必须在活动空间、活动时间和活动设施上予以保证。但是，由于种种原因，目前农村寄宿制学校学生业余生活在空间上受到封闭

---

① 吴霓、廉恒鼎：《农村寄宿制学校学生课余生活研究综述》，《河北师范大学学报》（教育科学版）2010 年第 12 期。

管理的制约，在时间上受到教学的挤压，在内容上受制于活动设施的缺乏。

（1）寄宿制学校实行封闭式管理，寄宿生课余活动空间受限

课余生活的本质要求是放松紧张的神经，如果学生课余生活像课堂一样就失去了意义。但是，为了避免安全事故发生，寄宿制学校普遍采取封闭式管理，将学生限定在校园这个狭小的空间里，没有与自然和社会的接触，学生的课余生活特别是娱乐活动就没有了源头。学生的娱乐活动具有其自身的特点，课余生活必须具有自主性、自愿性和选择性才能激发学生的灵感。义务教育阶段的学生（特别是小学生），正处在猎奇的年龄阶段，活泼好动是儿童的天性，在与同伴的游戏与玩耍中他们忘却了烦恼。参加丰富的课余活动是一种主动遗忘，这种主动遗忘对学生的学习具有促进作用。同时，丰富多彩的课余活动本身就是儿童生活的重要组成部分，将课余生活限定在校园狭小的空间里影响了儿童生活的完整，扭曲了他们的童年生活，从而影响了他们的正常发展。表5.17是关于学生去校外的一项调查统计，从表中可以看出，随时都可以去校外的情况几乎没有，仅有0.2%的学生回答"可以"，61.1%的同学回答只有在放假后才能到校外活动。这有力地证明了目前寄宿制学校大多实行封闭式管理的事实。

表 5.17　　　　　　　　　寄宿生去校外时间

		频数（人）	百分比（%）	有效百分比（%）	累计百分比（%）
有效	都可以	2	0.2	0.2	0.2
	放学后	307	30.4	31.7	32.0
	放假后	591	58.5	61.1	93.1
	其他	66	6.5	6.8	99.9
	33	1	0.1	0.1	100.0
	合计	967	95.7	100.0	
缺失	系统	43	4.3		
	合计	1010	100.0		

（2）寄宿制学校课余时间受限，难以满足学生活动的要求

前已述及，由于寄宿制学校采取"以课代管"的管理办法，使得学

生的寄宿生活处于一种超负荷的学习状态之中，严重地挤压了学生课余活动时间。学生课余时间包含了寄宿生活各个重要组成部分，如生活习惯的养成、课外兴趣的培养、个性的展现、特长的训练和娱乐活动的开展等，这些内容也是学校教育的重要形式。特别是，学生的休闲娱乐更能培养其创造力和提升素质，是学校劳逸结合基本原则的重要体现。但是，农村寄宿制学校陷入应试教育的泥坑难以自拔，学校为了考试成绩不惜牺牲学生的业余时间，扼杀了儿童的天性。表5.18是对学生娱乐时间调查问卷的统计结果。从表中可以看出，55.9%的学生认为真正属于自己"玩的时间"只有半个小时；累计达75.1%的学生回答"玩的时间"在1小时以内，学生白天的时间一般在15小时左右，只有约6.7%的时间属于自由活动时间。这么短的时间满足不了学生好玩的天性，很多学生从周一到周五基本上一直处于一种高压状态。对于一些孩子来说，这种时间的剥夺是一种痛苦和压抑，他们的灵性与创造力在无形之中被湮没在繁重的功课之中。

表 5.18　　　　　　　　　　寄宿生课余时间

		频数（人）	百分比(%)	有效百分比（%）	累计百分比（%）
有效	半小时	497	49.2	55.9	55.9
	1 小时	171	16.9	19.2	75.1
	2 小时	148	14.7	16.6	91.8
	3 小时	28	2.8	3.1	94.9
	3 小时以上	45	4.5	5.1	100.0
	合计	889	88.0	100.0	
缺失	系统	121	12.0		
	合计	1010	100.0		

（3）寄宿制学校课余活动设施缺乏，影响了学生对课余生活的选择

封闭式管理限制了学生的活动范围，有限的自由活动时间限制了寄宿生课余活动时间，缺乏相应的课余活动设施则影响了学生对课余生活的选择。也就是说，对时间和空间的限制是出于保证安全和学习的需要，在相对的时空内仍然是可以有所作为的。但是，目前寄宿制学校的课余活动设

施缺乏使得学校难以开展更多的课余活动。表 5.19 是对湖北省部分农村寄宿制学校课外活动设施的调查情况。

表 5.19　　湖北省部分农村寄宿制学校课余活动设施调查问卷统计

	图书馆（室）		音乐教室		课外活动室		篮排球场	
	有	无	有	无	有	无	有	无
频数（人）	371	616	42	752	93	881	839	154
有效百分比（%）	37.6	62.3	5.3	94.7	9.5	90.5	84.5	15.5

从统计结果可以看出，除了篮排球场是各个学校所共有的课外活动设施外，其他如音乐室、课外活动室、图书馆等几乎没有。对这一问题的教师问卷同样显示出学生娱乐游戏设备的缺乏，63%的教师认为目前学校缺乏学生游戏玩耍的场地及设施。

一项对山西平遥县农村寄宿制学校的调查显示，7 所学校中有 6 所学校虽有图书馆但并不开放，而且 6 所学校图书馆看不到报纸杂志；有音乐室、舞蹈室和美术室的学校各 2 所，音乐室和舞蹈室存在一室多用的问题，有 1 所学校的美术室是幼儿园放学后空出来的教室。在所调查的 7 所学校中，没有操场和篮球场的学校各 2 所，没有 1 所学校有足球场、排球场和游泳馆等设施。虽然 7 所学校都有乒乓球场，但全都是露天的水泥台子。平遥县段村镇第三初级中学位于山沟旁边的一小块难得的平地上，学校旁边就是陡峭的山沟和废弃的采石场，学校没有操场，没有篮球场，更没有音乐、美术、舞蹈教室，甚至没有一块可以升旗的地方，学校几乎没有课余活动的设备，唯一有的器材是一个满是铁锈的双杠和一条断成两截的拔河绳子。丰宁鱼儿山乡明德小学是一所新建学校，新建学校所需的土地是从当地初中分出来的，可用面积极为有限，进学校门口是一排学生宿舍房间，再走就是教学楼，教学楼前面有一个小广场，广场中央是升旗台，整个学校空间极为有限，甚至没有地方建设操场。针对教师的调查问卷显示，57.5%的教师认为所在学校的场地不具备开展课余活动的条件，77.6%的教师认为所在学校的设备不具备开展课余活动的条件。[①]

[①] 廉恒鼎：《农村寄宿制学校留守儿童的课余活动研究——基于山西平遥、河北丰宁的调研》，硕士学位论文，北京邮电大学，2012 年，第 58 页。

在学生活动范围和活动时间受到限制的情况下，活动设施就是保障学生课余活动的必要条件，活动设施充足与否直接决定着学生课余生活是否丰富。扩大活动范围，延长课余活动时间是学生身心发展的必然要求。但在实际执行过程中往往会受到传统观念的影响并存在实际困难，不过增添业余活动设施却是可以办得到的。如果不解决这一问题，必将影响学生寄宿生活的完整性，降低寄宿制学校对学生的吸引力，从而最终危及教育教学质量的提高。总体来说，由于农村寄宿制学校课余活动时空受限，活动设施缺乏，在实际操作中采取管制型和松散型两种形式。管制型以保证学生安全为由，限制学生的活动。具体而言，管制型一味地将学校的田径、球类、集体游戏等减少，缩小活动范围，降低活动频率，目的是为了把学生"管"在校园里不出"事"，"安全"地度过每一天。更有甚者，课余活动时间基本变成奥赛培训、作文训练、英语背诵等学科知识的补充时间，甚至让学生完成各学科配套练习册等，做一些重复练习，将课余活动当作课堂的延伸。松散式管理，漫无目标，任学生自由活动，让学生在学校嬉戏追逐，不加以基本指导，沿袭走读学校的做法。显然，这两种做法都是有违课余活动的本质要求，不利于学生身心发展的。

(二) 寄宿生营养状况有待改善

寄宿生大部分时间都在学校，他们离开家庭进入集体生活，远离家庭的膳食照顾，所需营养主要由学校提供，学校的膳食营养环境对其健康成长产生巨大影响。家庭将学生抚育权部分转移给学校，学校有义务保证学生的合理营养结构，保障学生身体的正常发育。近年来，农村寄宿制学校在食堂硬件设施的建设上投入了大量的资金，使学生就餐条件大为改观。但是，由于部分学校营养意识淡薄，提供的饭菜营养结构不合理，影响了学生身体的正常发育。义务教育阶段学生正处在身体发展的关键期，学生的营养状况直接影响他们体格、智力的正常发育。初中学生已经进入了身体发育的第二个高峰期，同时学习任务繁重，脑力和体力活动频繁，需要充足的热量和营养素，应注重三餐膳食的合理性，如果没有充足的营养保障，必然会影响学生的正常发育。

1. 农村寄宿制学校师生营养意识淡薄

农村寄宿制学校绝大多数没有进行过营养知识方面的教育，由于缺乏专职的健康教育教师，多数学校都是班主任代讲。张倩等2009年对山西、重庆、广州、河南、黑龙江、湖北、湖南、内蒙古等8个省的14县（市）的54所寄宿制学校的1479名教师进行了问卷调查。80.4%的教师反映"目前学校为学生提供的饮食只能解决温饱，谈不上营养配餐、合理膳食及食物种类的多样"。17.6%的教师认为学校伙食"能吃饱，但吃得不好"，"能吃饱，谈不上营养"。访谈中了解到，部分学生自己带米蒸饭，买学校提供的菜，有的学生还自己带辣椒，吃辣椒拌饭。"吃菜难、吃肉难"的问题一直困扰着部分学生。家庭条件好的学生1周能吃到2—3次肉，吃上1—2个鸡蛋。而多数学生从来不喝牛奶、豆浆，很少吃鸡蛋和水果。[①] 杜世明（2007）对一所农村寄宿制学校821名寄宿生的调查表明，学生缺乏营养知识，长期养成了不良的饮食习惯和行为习惯（见表5.20）。[②] 从表中统计可以看出，有37%的学生有挑食和偏食的毛病，41.1%的学生"零食不断、影响正餐"，还有43.8%的学生喜欢吃过冷或过热的食物。这些都是不良的饮食习惯，长期保持这些习惯会影响学生正常营养的摄入。很多农村地区还停留在解决吃饭问题上，营养意识淡薄。笔者2011年4月在江西省铜鼓县调研时发现，某寄宿制小学很多学生午餐用快餐面拌米饭，这种情况的出现并不仅仅是因为经济贫困所致，学校饭菜质量不佳和学生没有营养意识也是重要的原因。西北社会经济发展研究中心和中科院农业政策研究中心的学者共同组成的"农村教育行动计划"（REAP）项目组，在样本学校调查的144位学校校长和食堂管理人员中，只有13%左右的被调查人员知道一些简单的营养学知识。144所样本学校中仅有33所学校曾请过专业人员为学生讲授饮食、营养与健康方面的知识。营养学知识对于农村学生家长而言，更加陌生。调查中，甚至有15%左右的家长认为，简装方便面要比家里做的西红柿鸡蛋面更有营养。

---

① 张倩：《我国农村寄宿制学校教师对学生营养工作的认识和态度》，《中国学校卫生》2010年第9期。
② 杜世明：《农村寄宿制初中学生营养状况调查分析及改善营养途径的探讨》，《基础教育研究》2007年第1期。

表 5.20　　　　　　　　寄宿生饮食习惯调查情况统计

	学生数（人）	所占百分比（％）
早餐经常不吃、午餐少吃或不吃	466	56.8
挑食、偏食	304	37
有时会暴饮暴食	310	37.8
吃饭前后经常从事剧烈的运动	253	30.1
节食、盲目减肥	40	4.9
经常不按时就餐	67	8.1
零食不断、影响正餐	340	41.1
喜欢吃过冷或过热的食物	360	43.8

2. 农村寄宿制学校学生营养结构欠合理

马冠生等 2008 年至 2009 年对宁夏、甘肃、广西、贵州、云南、黑龙江、内蒙古、河南、山西、湖北、湖南、重庆、广东 13 省（市）29 市（县）78 所学校进行的调查表明，大多数学生反映在学校期间每天吃 3 顿饭，部分学生反映每天吃 2 顿饭，三餐多数由学校提供，宁夏、甘肃等低收入地区学生反映"学校仅提供中餐和晚餐，早餐是周末从家自带的干粮"。大多数学生反映，平均每周能吃到 1—3 次肉，但菜多肉少，肥肉较多，部分学生还反映在学校从来没有吃过肉。大多数学生反映平均每周吃 2—3 次鸡蛋，部分学生反映吃不到鸡蛋。多数学生说他们在学校期间从未喝过牛奶，个别学生反映每 2 周能喝 1 次牛奶（约 200ml）。大多数学生反映从未喝过豆浆，部分学生反映平均每周喝 2—3 次，部分学生反映每周能吃到 2—3 次豆制品。[①] 杜世明的研究表明，由于农村食堂设施较差，距离城镇较远，再加上学生经济条件的限制，造成学生饭菜品种单一，主食和副食比例不合理，造成了严重的营养搭配不合理现象，特别缺少青少年身体发育所必需的蛋白质（见表 5.21）。[②] 调查显示，有 60.5%

[①] 马冠生：《我国农村寄宿制学校学生膳食营养认知需求分析》，《中国学校卫生》2010 年第 9 期。

[②] 杜世明：《农村寄宿制初中学生营养状况调查分析及改善营养途径的探讨》，《基础教育研究》2007 年第 1 期。

的寄宿生"对奶、蛋、豆制品及瘦肉等高蛋白食品摄取量没有或很少"。

表 5.21　　　　　　　寄宿生饮食结构调查情况统计

	学生数（人）	所占比例（%）
主食和副食比例不合理	246	30
对奶、蛋、豆制品及瘦肉等高蛋白食品摄取量没有或很少	497	60.5
用水果代替蔬菜	132	16
每日青菜摄取量很少	253	30.9
每日饮水量不足	375	45.7

为了充分了解学生食堂硬件条件、食堂管理、饭菜供应等因素对农村学生，特别是寄宿制学生营养摄入、身体发育和健康方面的影响，"农村教育行动计划"（REAP）项目组在 144 所样本学校中选取了 10 所学校，对 2000 多名学生做了跟踪调查。抽样调查发现，只有 16% 的在校寄宿学生每 2—3 天能吃到一次肉菜，这种肉类蛋白的摄入情况，要远远差于在家食宿的学生，在家吃饭的学生中，有 29% 的人能每 2—3 天吃到一次肉菜；蛋白质摄入的另一个重要来源就是蛋类食品，调查发现，只有 10% 的寄宿制学校学生，能每 2—3 天吃到一次鸡、鸭、鹅蛋等蛋类，这远远低于非寄宿学生 43% 的比例；在植物蛋白的摄入方面，寄宿制学校学生虽然情况稍好，但与非寄宿制学生还存在一定的差距。以豆制品的消费为例，寄宿制学校学生每 2—3 天内，能吃到豆制品菜肴的比例为 36%，略低于非寄宿制学生 43% 的比例。这说明，寄宿制学校学生的蛋白质供应主要来自植物蛋白。[1]

综上所述，由于农村寄宿制学校教师及学生营养素意识淡薄，学生营养知识不足，导致学生自身形成了不良的饮食习惯，影响身体发育所需营养的摄入。同时，由于部分农村寄宿制学校食堂实行承包经营，经营者追逐利润的目的使得食堂饭菜质量不高，普遍存在肉类、蛋白质和奶类供应不足的情况。中小学生正处于生长发育的关键时期，如果膳食种类单一，

---

[1] 柯进：《农村寄宿制学校学生的正常发育为何"迟到"?》，《中国教育报》2009 年 4 月 5 日第 3 版。

优质蛋白严重缺乏,势必会影响生长发育,最终影响学生的学习成绩。

(三) 农村寄宿制学校学生安全得不到充分保障

与非寄宿制学校相比,寄宿制学校需要承担原先由家庭承担的学生放学后的安全责任。学生集体住校会产生一系列安全问题,包括重大应急事故、财产安全、食品卫生安全、上学途中的交通安全,这些安全隐患严重地威胁着学生的生命财产安全。但是,目前农村寄宿制学校普遍存在安全设施不足的现象。

1. 缺少预防学生安全的条件和处置重大应急事故的能力

人群聚居往往存在重大的安全隐患,一旦事故发生其危害难以估量。因此,人口密集的场所不仅需要具备安全防范的措施,还必须让个人具备对重大事故的应急能力。寄宿制学校学生自我防范意识和能力不强,需要学校加强安全事故防范的措施并对学生进行逃生方式的训练。但是,目前寄宿制学校普遍缺乏对重大应急事故处理的条件和能力。

首先,寄宿制学校火灾隐患不容忽视。每年发生在中小学校学生宿舍里的火灾可达数千起之多,烧死烧伤学生、烧毁财物的事例屡见不鲜。目前,消防存在的主要问题表现在四个方面:一是由于乡镇学校合并,学校规模扩大,校内学生密集,一旦发生火灾疏散极为困难。二是消防设施落后,消防水源缺乏。有的学校没有任何消防水源,也没有配备相应的灭火器材。有的学校虽然配备了灭火器,但灭火器长期无人保养而过期失效,根本无法使用,更谈不上扑救火灾。三是学校管理者消防安全意识不强,存在侥幸心理。许多农村寄宿制中小学校为了便于管理、防止学生晚上私自外出、防盗等,在学生宿舍的安全出口、外窗等地方都安装了影响安全疏散和应急救援的铁栅栏。有的学校宿舍楼内同时住了男生、女生,为了防止男女学生之间"串门",在宿舍楼每层走道内增设隔墙或在走道、楼梯上增设铁栅门,人为地增加了疏散障碍,减少了安全出口。有的值班人员在晚上学生休息后将安全出口的铁栅栏一锁了之。四是寄宿生缺乏消防安全意识,用火用电随意性大。[1] 在所调查的学校中,从学生到教师,都没有对突发事件的应急意识,很多学

---

[1] 黎承:《乡镇寄宿制中小学校火灾隐患及对策》,《广西师范学院学报》(哲学社科版) 2007 年第 7 期。

校连基本的消防设备都不具备，如此状况一旦遇到失火等事件发生，后果不堪设想。

其次，寄宿制学校缺乏食物中毒的处理能力。由于寄宿制学校食堂职工并非学校在编人员，国家财政也没有给予相应的补贴，尽管各级政府规定寄宿制学校学生食堂不允许盈利，但是，各学校食堂基本上自负盈亏，食堂职工工资等基本上来自食堂盈利。这样就会造成食堂经营者为了增加利润而采取投机行为，采购学生食堂的原料时大都注重价格而疏于质量和安全，一旦因贪图便宜而采购到过期和有毒的原料，就会发生集体食物中毒事件。就目前情况而言，绝大部分学校根本就没有应急预案，有的学校远离集镇，学校并没有医务室。在调查样本中，80%的学生回答学校没有卫生室。有的学校离医院很远，学生若生病，很难及时采取措施，更难应对这种重大事故。近年来，寄宿生食物中毒事件频频发生。2008年11月23日下午，湖北省红安县二程镇初中26名寄宿生食用了食堂的剩菜之后，腹疼腹泻，县疾控中心现场调查分析，得出初步结论：腹疼腹泻学生属食源性疾患，是不洁食物引起的肠炎。2008年12月4日，湖北省沙洋县沈集镇中心小学六年级寄宿学生吃完晚餐后，47名学生出现不同程度的呕吐，最后查明是因土豆未煮熟引起的食物中毒，所幸抢救及时，没有出现学生死亡。[①] 2011年10月17日，云南省文山壮族苗族自治州文山市红甸乡小六寨小学发生食物中毒事件。该校是一所半寄宿制学校，17日11时40分左右住校学生在学校食堂吃了凉白菜汤煮米线后，相继出现头晕、恶心、呕吐症状。学校立即将学生送往红甸乡卫生院救治，经卫生院检查，初步定性为食物中毒，累计22名学生有中毒症状。文山市疾病预防控制中心将这次事故最终定性为毒鼠强中毒。[②]

最后，寄宿制学校缺少预防流行性疾病和重大安全事故的条件。随着农村中小学布局调整的推进，一乡一所初级中学，小学完小由多村联

[①] 《湖北红安26名学生疑食物中毒 食堂不洁食物引起》《湖北沙洋47名小学生食物中毒 吃未烧熟土豆而致》，2008年11月25日，华商网（http: //news. hsw. cn/2008—11/25/content_ 10426720. htm）。

[②] 刘娟：《云南文山22名学生食物中毒 初步检验为毒鼠强引发》，2011年10月18日，新华网（http: //news. xinhuanet. com/society/2011—10/18/c111105582. htm）。

办的格局基本形成。很多村子条件落后，根本就不具备举办寄宿制学校的基本条件，为了压缩教育支出也仓促上阵。结果造成硬件建设跟不上，大部分农村寄宿制学校的住校生是几人睡一张床，宿舍活动空间小，空气流通困难，加上天气变化等原因，学生发生流感等疫情的概率很大。一个宿舍住的人太多，宿舍十分拥挤，从所调查的几所学校的情况来看，小学生平均每个寝室住10人左右，而初中一般都在15—30人，有的甚至一个寝室住40人。湖北、江西等6省调查数据显示，10所学校平均每间宿舍有20人左右，宿舍空间不足，一般学校都采取几个学生睡一个铺位的方式来解决。调查显示，一人一铺的学生约43%，还有20%的学生是睡通铺，另有35%是两人一铺或三人一铺。学生住宿空间狭小极易引发重大安全事故，2008年12月1日晚，陕西省榆林市定边县堆子梁中学发生一氧化碳中毒事故，该校小学四年级一女生宿舍12名女生集体中毒。造成11人抢救无效死亡，年龄最大的只有11岁。[①]

2. 寄宿生上学交通存在着重大隐患

严格意义上来说，农村中小学布局调整是造成学生上学距离远的根本原因。但是，绝大部分农村寄宿制学校（特别是寄宿制小学）是布局调整工程的配套性措施，因此，学生上学的交通问题就成了阻碍学生寄宿的问题。2010年9月，笔者对湖北省恩施自治州部分县市以及浠水县进行调查，结果显示，学生上学距离均值为10.1公里，中值为5公里，标准差为15.2，学生上学距离在5—20公里范围内的百分比为38.2%，说明学生上学远的确是事实。显然，步行10—40公里上学是不现实的，绝大部分学生必然选择乘车上学。由此可以看出，交通工具的选择事关农村寄宿生的上学安全。表5.22反映了五省农村寄宿生上学交通工具的选择情况。可以看出，寄宿生上学乘坐简易三轮车等代步工具的比例高达88.9%。很多三轮车司机安全意识淡薄，交通知识不足，机车性能不强，超载现象屡禁不止，简易代步工具使农村寄宿生上学险象环生。

[①] 《陕西一学校发生一氧化碳中毒事故11名学生死亡》，《中国青年报》2008年2月3日。

表 5.22　　　　　　　　　　你一般怎么上学

		频数（人）	百分比（%）	有效百分比（%）	累计百分比（%）
有效	步行	5	26.3	27.8	27.8
	骑车或乘坐简易三轮车	11	57.9	61.1	88.9
	客运汽车	1	5.3	5.6	94.4
	其他	1	5.3	5.6	100.0
	合计	18	94.7	100.0	
缺失	系统	1	5.3		
	合计	19	100.0		

长期以来，农村寄宿制中小学校学生上学普遍存在重大交通安全隐患。寄宿制中小学校交通条件普遍较差，经济欠发达的山区乡镇尤为明显。周末家长接送学生基本是靠低速载货汽车、三轮车、拖拉机以及摩托车，乘坐公共汽车和小汽车的学生寥寥无几。加之山区特殊的地理条件，村级公路等级低、路况差、路窄、弯多、坡陡，缺少相应的交通安全标志和必要的防护设施，群众受机动车驾驶正规培训较少，多数属于无证驾驶。此外，由于目前农村寄宿制小学接纳寄宿生的能力有限，迫使很多学生选择乘车走读，大规模地撤点并校致使学生远距离上学交通需求陡增，在相应配套措施没有跟上的情况下，农用车等不具备载客资质的简易交通工具乘虚而入，给学生上学安全带来了极大隐患，此类交通事故时有发生。2010 年 12 月 27 日，湖南省衡南县松江镇一辆送 20 名小学生上学的农用三轮车，连车带人坠入河中，造成 14 名学生遇难，6 名学生受伤。2010 年 12 月 31 日，成都市交警二分局民警在天回小学门口查获了一辆送娃娃上学的"火三轮"，1 平方米的车厢挤进了 7 个娃娃，车子严重超载。据调查，"火三轮"变身"娃娃车"的现象在成都并不是孤例，这其中存在的安全隐患令人担忧。①

农村寄宿生上学存在交通安全问题已是不争的事实。寄宿制学校学生

---

① 《成都部分三轮车接送孩子上学，一车装 20 人》，2010 年 12 月 31 日，新华网（http://news.xinhuanet.com/2010—12/31/c_12937369.htm）。

实际由住读生和走读生组成,走读生每天面临着上学乘车的安全问题,住读生每周一次的往返也离不开交通工具。但是,由于缺少专用校车,很多无证驾驶的简易农用工具便成了学生上学的主要交通工具。这种状况使寄宿制学校学生上学途中的安全得不到保障,一旦发生事故,后果就不堪设想。

3. 农村寄宿制学校周边社会环境复杂

农村寄宿制初中一般都建在乡镇上,小学一般也建在人口相对集中的地方,学校周边社会环境对寄宿生的学习生活影响很大。如学生被盗失窃、不良网吧和游戏厅的引诱、社会闲杂人员的干扰、校外小商小贩兜售不卫生食品等,均会给学生造成安全隐患。

如江西省铜鼓县温泉中学是地处城乡结合部的一所寄宿制学校,学校共有410名学生,其中寄宿生212人。为了保证寄宿学生晚上的安全,学校每天晚上自习至10点左右,值日教师和行政人员12点左右离开,12点以后学生就寝安全一般都交给门卫负责。但是,学校只有一个年迈的门卫,精力不济,根本难以胜任对学生的夜间管理。学生摸清了这一规律,在值日教师和学校行政人员休息之后就偷偷翻墙溜出校园,到网吧和游戏厅通宵玩耍。该校学生多次在网吧和游戏厅与社会闲杂人员发生争执甚至大打出手,造成了极坏的社会影响,同时也给学生安全带来了极大隐患。湖北省恩施自治州利川市谋道中学是一所农村寄宿制初级中学,学校共有学生2100多人,占地33350多平方米,实行全寄宿制。如此大的校园居然没有围墙,校外人员可以随意出入。每天都会有社会闲杂人员肆无忌惮地在校园闲逛,学生被勒索钱物的情况时有发生。

此外,学校附近的网吧、游戏厅等娱乐场所置公安部门禁令于不顾,经常引诱中小学生上网玩游戏,防不胜防。特别是父母均外出打工的留守儿童,这些社会不利因素对其成长造成极大的影响。铜鼓县温泉中学校长说:"网吧、游戏厅严重地影响了学生的成长,寄宿在校的学生学校可以严格管理,基本上可以控制,但是走读学生学校根本管不了,有将近10%的学生被网吧害了,学校有5人已经上网成瘾,属于根本无法对付的人。"

(四)低龄寄宿儿童生活适应性问题突出

前已述及,农村低龄儿童寄宿现象越来越普遍。住校与走读的选择实际上就是家庭教育与学校教育责任的重新分配,其分配依据就是学生身心发展规律。对于小学生来说,对家庭的依赖要大于学校,这种依赖是其在生活、学习、情感以及解决问题时所表现出来的依靠别人而不能自立的心理特征,主要表现在日常生活需要照顾与情感的依附两个方面。小学生从走读转向住读,最大的障碍就在于完成这种依赖的转移。学生对家庭依赖越强,其在寄宿制学校的生存适应能力就越差。因此,随着义务教育阶段学生寄宿年龄的逐渐下移,寄宿制学校低龄学生寄宿的问题就逐渐凸显。

1. 低龄寄宿生生活自理能力普遍较差

生活自理能力是指孩子在日常生活中照顾自己生活的自我服务能力,是一个人应该具备的最基本的生活技能。孩子生活自理能力的形成有助于培养其责任感、自信心和处理问题的能力,对其今后的人生也会产生深远的影响。生活自理能力包括生活态度、生活习惯和生活技能三部分。生活自理能力的形成是一个渐进的过程,其形成既依赖于身心发展的状况,也与环境影响有关。小学生身心发展还不成熟,生活自理能力不强是客观事实,就身心发展规律而言,小学生并不具备寄宿学习的条件。虽然如此,孩子生活自理能力并非不能强化,改变环境会提高其生活自理能力,这就给学校行为训练提供了依据。无论是出于解决上学远的矛盾,还是希望通过寄宿制教育培养学生的独立性,低龄寄宿已经成为现实的必然选择。因此,讨论低龄学生是否适宜寄宿并无多大现实意义,目前需要解决的问题是怎样培养小学低龄学生的生活自理能力。

学生离开父母独立生活,需要自己解决的问题主要是吃饭、穿衣、睡觉和卫生等。但是,计划生育政策实施以后,农村人口也发生了很大变化,大多数家庭只有两个孩子,还有一部分家庭是独生子女。正因为如此,家庭对孩子的溺爱现象普遍存在,导致很多小孩连吃饭、穿衣这种日常生活都依赖父母。显然,低龄学生过早离开家庭独立生活有很大难度,学校生活老师虽然可以部分起到父母的作用,但终究难以像父母那样细致。所以,低龄寄宿生往往会因为生活小事不会料理,从而引发心理和身体健康方面的问题。

2. 部分低龄寄宿生存在心理问题

儿童对家庭、学校和社会的依赖程度在不同的年龄阶段是有差别的。小学阶段,特别是小学低年级的儿童对家庭的依恋要大于学校和社会,随着年龄增长,初中学生的情感开始倾向于学校和同伴群体,高中阶段的学生更倾向于社会。农村寄宿制小学生因为学习、生活环境的改变,心理和行为也会随之发生变化。因此,农村寄宿制学校的学生从一年级开始住校,最初可能适应不了学校的环境而有不良的心理反应。同时,父母与孩子相对交流和沟通的时间较少,孩子要学会独自面对生活中的各种挑战,如果得不到教师的及时帮助和引导,在长期缺乏亲情抚慰和关怀的情况下,容易缺乏安全感、焦虑、紧张,进而引发自闭、社交恐惧、对他人无信任感等心理问题。①

实地调研发现,部分寄宿学生在校住宿期间存在心情郁闷和思念家人的情况。学生问卷统计结果显示,42.0%的学生回答寄宿期间心情郁闷(见表5.23)。这种状况如果得不到及时改变,轻者将会使学生寄宿生活索然寡味,降低学习兴趣,重者还会引发抑郁症等心理疾病。

表5.23　　　　　　　　学生"住校心情郁闷"统计

		频数(人)	百分比(%)	有效百分比(%)	累计百分比(%)
有效	是	792	19.6	42.0	42.0
	否	1092	27.0	58.0	100.0
	合计	1884	46.5	100.0	
缺失	系统	2166	53.4		
	合计	4050	100.0		

由于小学生人际交往能力有限,当自己心情不愉快的时候很难想到与别人沟通,日常生活中的不便,过长的学习时间以及同伴之间的不愉快相处等,都可能成为其心情郁闷的原因和内容。另外,由于离开父母呵护,低龄学生失去了情感依托,同学间的友谊和老师的关心短时期内难以取代父母的位置,情感缺失使他们缺乏安全感,这种安全感的缺乏状态又会反过来激发学生思念家人的情绪。针对"在校寄宿最大的问题是什么"的回答,有65.8%的同学答案是"很久见不到家人"(见表5.24)。

---

① 殷雪莲:《农村寄宿制小学存在的问题与对策探讨》,《文教资料》2011年第9期。

表 5.24　　　　　　回答"很久见不到家人"的百分比

		频数（人）	百分比（%）	有效百分比（%）	累计百分比（%）
有效	是	1240	30.6	65.8	65.8
	否	644	15.9	34.2	100.0
	合计	1884	46.6	100.0	
缺失	系统	2166	53.5		
合计		4050	100.0		

对于处在学龄期的儿童而言，自我意识和孤独感有着显著的变化与发展，它们皆与个体的社会环境、家庭互动密不可分。儿童自我意识是个性的一个重要方面，其发展水平标志着个性的成熟度，与心理健康存在明显的相关性。有关资料显示，儿童青少年的心理健康水平与孤独感有显著性相关。[1] 学龄期既是儿童自我意识发展并逐渐复杂化、抽象化和丰富化的重要阶段，也是儿童孤独感认识与发展的关键时期。若自我意识发生障碍，则会对个体的行为、学习及社会能力造成不良影响，导致情绪不安、脾气暴躁、缺乏自信、执拗任性，不能和别人友好相处等不良人格，使个体的人格发生偏离，从而也更容易体验到孤独。[2] 自我意识和孤独感都是一种主观体验，它们皆是在与社会环境相互作用过程中发展起来的，故学习生活环境的差异必然会影响儿童自我意识和孤独感的发展。

综上所述，农村寄宿制学校办学模式已经成为了我国农村地区发展义务教育的必然选择，经过多年的发展，成效显著，作为解决社会问题的工具，对于确保农村学校布局调整工作的推进、解决留守儿童教育问题、提升农村儿童生活品质及提高其综合素质等方面成效显著；就寄宿制学校自身建设而言，设施逐步完善，管理逐步规范，成绩也是显而易见的。尽管如此，由于寄宿制办学模式本身还处于探索中，农村寄宿制学校存在的问

---

[1] 谢华：《近十年来我国儿童青少年孤独感本土化研究综述》，《当代教育论坛》2007年第11期。

[2] 史静华、李亚琴、孙玉梅：《儿童自我意识的研究进展》，《护理研究》2007年第21期。

题仍然很多，这些问题涉及硬件设施建设、人力资源配置、财政保障、学生的生活保障体系建设、低龄儿童问题等方面，如果得不到及时解决，这些因素会影响寄宿制办学优势的发挥，从而难以完成促进城乡义务教育均衡发展的重任。

第六章 农村寄宿制办学模式现存问题的原因分析

现行农村寄宿制学校建设在硬件设施、经费保障、人力配备和管理制度等方面均不同程度地存在一些问题,解决这些问题是完善寄宿制办学模式及提升农村义务教育水平的关键。然而,要真正解决问题,必须全面系统地剖析这些问题形成的根源。农村寄宿制办学模式现存问题的原因相当复杂,既有农村经济社会发展滞后的影响,又有历史形成的教育管理体制机制的因素,还与政府、学校的价值取向密切相关。深入分析影响农村寄宿制学校发展的经济因素、管理体制、办学理念和学校制度设计等,方能找到问题根源所在,从而为采取行之有效的应对策略奠定基础。

第一节 农村经济发展与寄宿制学校建设的关系

经济是教育发展的物质基础,教育活动本身就是物质资料生产发展到一定阶段的产物。教育作为培养人的社会活动,它是社会发展的重要组成部分,其发展必须以经济发展为基础。经济发展最终决定教育的供给与需求,而教育的发展又直接取决于教育的供给与需求。[1] 农村经济发展水平与农村经济发展方式是影响农村寄宿制学校硬件建设水平的主要因素。农村经济发展水平决定了农民的收入水平,从而决定了家庭分担寄宿制教育成本的能力。"农民工经济"的产生及发展改变了农民的生产经营方式,破坏了传统农村家庭的完整性,改变了农村义务教育生态环境,刺激了寄宿制教育需求的快速增长,致使政府相对投入减少,降低了农村寄宿制学

---

[1] 王善迈:《教育投入与产出研究》,河北教育出版社2004年版,第45—48页。

校硬件建设水平。本节主要从经济的角度分析农村寄宿制学校硬件设施方面存在问题的根本原因。

一 农村经济发展方式的转型打破了寄宿制教育供需平衡

改革开放以来,农村经济发展方式的最大转变就是"民工经济"的出现。所谓"民工经济"就是以农民进城务工经商、获得城乡差别效益为主要特征的一种经济形态。[①] 这种经济形式改变了农民生存经营方式,改变了农村家庭教育和学校教育的外部环境,必然会带来农民教育决策的变化。新中国成立初期至20世纪80年代以前,农村地区形成了与传统农村经济相适应的"村村办小学"的办学格局。改革开放以后,剩余劳动力向城市转移促进了"农民工经济"的形成。农村经济转型打破了原初教育格局,改变了农村学校教育的外部环境,由"农民工经济"衍生的留守儿童问题刺激了寄宿制教育需求的快速增加,政府供给相对滞后,出现了供需失衡的局面。政府的矫正行为以简单扩大供给为特征,从而产生了以次充好的无效供给,影响了农村寄宿制学校基础设施的水平。

(一)剩余劳动力转移促使"民工经济"形成

农村经济发展以农业为主的模式受到来自工业高附加值的挑战,粮价形成机制的不完全市场化与农资、劳动力等要素价格形成机制的相对市场化之间的矛盾,使得工业与农业之间形成了"剪刀差"。工业劳动价格高于价值,而农业劳动价格低于价值,价值规律这只"无形的手"将大量农村劳动力引向了工业,因而出现了大量农村剩余劳动力主动或被动转移的现象。20世纪80年代,伴随着农村劳动力向城市转移,民工经济首先在我国的一些农业省份兴起。从20世纪90年代开始,我国的民工经济以空前的规模不断发展壮大,成为农民增加收入的重要产业。2005年的统计显示,我国农村每年外出务工人员达1.2亿人,每年平均外出就业时间为8个月,全国异地劳务总量达5300亿元,2004年农民工年平均务工收入为6471元。[②] 另据国家统计局对全国31个省(区、市)6.8万个农村

---

① 李克海:《民工经济与农民现代化》,《江苏社会科学》2005年第1期。
② 《我国外出务工人员已达1.2亿人》,2005年9月19日,中国经济网(http://www.ce.cn/macro/gnbd/ sn/nc/200509/19/t20050919_ 4722844.shtml)。

住户和 7100 多个行政村的农民工监测调查结果推算,2009 年度全国农民工总量为 22978 万人,其中外出农民工 14533 万人,占全国人口的 11% 以上。① 2011 年,农民工总数达 25278 万人,比 2010 年增加 1055 万人,增长 4.4%。农民工工资水平快速提高,2011 年,外出农民工月均收入突破 2000 元大关,达到 2049 元,比 2010 年增加 359 元,增幅达 21.2%。② 2013 年全国农民工总数约为 2.69 亿人,其中在省内务工的农民工比上年增长 3.9%,占农民工总数的 54.3%。③

另根据国家统计局农业司发布的农民工监测调查报告显示,截至 2009 年年末,全国外出从业 6 个月以上的农民工达到 14533 万人(2010 年达到 1.53 亿人)。在这 1.45 亿人中,举家外出的农民工为 2859 万人,仅占外出农民工家庭的 19.7%,住户中外出农民工(即家庭中有个别劳动力到城市务工,其他家人留守老家)为 11182 万人,占外出农民工的 80.3%。上述数据一方面反映了我国外出农民工规模庞大且逐年增加;另一方面,也说明我国的进城农民工中绝大部分为个人外出,无法携配偶、子女举家迁移。④ "民工经济"改变了农民的生存经营方式,成为了农村经济的强劲增长极,这是农民及农村现代化的基础。但是,这种经济发展方式的转型却带来了农村教育环境的巨大变化。

(二)"民工经济"对农村教育环境的影响

农村经济发展方式的转型改变了农民的生存经营方式,同时也改变了农村家庭教育和学校教育的外部环境。

1. "民工经济"削弱了家庭教育管理功能

农业生产力提高的推力和工业发展对廉价劳动力的需求刺激农村剩余劳动力进城,改变了传统家庭的生活模式及生存方式,这种改变必然会弱化传统家庭教育管理功能,从而使农民让渡出一部分义务和权利,选择寄

---

① 国家统计局农业司:《2009 年农民工监测调查报告》,2010 年 3 月 19 日。
② 杨志明:《把握趋势,稳中求进推动农民工工作和家庭服务业工作新发展》,人力资源和社会保障部网站(http://www.mohrss.gov.cn/SYrlzyhshbzb/dongtaixinwen/difangyaowen/201202/t20120229_94528.htm)。
③ 尹蔚民:《全力以赴做好就业这篇大文章》,《求是》2014 年第 10 期。
④ 陶然、周敏慧:《父母外出务工与农村留守儿童学习成绩——基于安徽、江西两省调查实证分析的新发现与政策含义》,《管理世界》2012 年第 8 期。

宿制是农村家庭的优势决策。家庭教育是学生成长的主要因素之一，在儿童教育体系中占有重要位置。传统农村经济背景下，父母与孩子空间距离较近，在时间和精力上能完整担当学生放学后的监管责任。"农民工经济"条件下，农民要么离开自家土地，就近务工，要么省内远距离或跨省劳务输出。就前者而言，激烈的经济竞争环境大大削弱了农民对孩子教育的能力，为了获得更多收入支撑家庭运转，他们倾向于选择让渡出一部分义务和权利，其中包括让渡出孩子教育的权利。课题组对贵州省盘县部分学生家长的调查显示，30%左右的农民是迫于生活压力外出打工，经济条件窘迫，只好选择让孩子寄宿，周末由家中年迈的爷爷奶奶接送。有10%的孩子家长直言自己虽然离家近，但是现代社会经济压力大，工作繁重，没有精力照顾孩子，选择寄宿制学校也是无奈之举。对于跨省或省内远距离务工人员，让渡孩子教育权利的必要性不言而喻。

2. "民工经济"使农村学校生源锐减

"民工经济"一方面形成了庞大的留守儿童群体；另一方面也因为子女随迁造成了农村学龄人口锐减的局面，导致原来村办学校规模不足，难以为继。教育部统计数据显示，2011年，全国进城务工人员随迁子女小学在校生为9327416人，占在校生总数（99263674）的9.4%，初中生随迁子女为3282303人，占在校生总数（50668024）的6.5%；2012年，随迁子女小学生10355426人，占总数（96958985）的10.7%，随迁初中学生3583291人，占总数（47630607）的7.5%；2013年，随迁小学生数9308533人，占总数（93605487）的9.9%，随迁初中生3463140人，占总数（44401248）的7.8%。[1]农民工子女随迁城市，直接减少了农村学校的生源，再加上农民工随迁子女的不稳定性，给农村学校成班率、成校率带来极大影响。在教育资源有限的情况下，撤点并校也就成了各级政府的现实选择，从而产生了学生上学远的问题，直接刺激了寄宿教育的需求。从2009年至2013年的统计数据来看，贵州农村小学生数量从4189679人减少到2984590人，5年减少了1205089人。[2]农村小学生数量

---

[1] 数据来源：教育部2011—2013年教育统计数据整理（http://www.moe.gov.cn/publicfiles/business/htmlfiles/moe/s7567/list.html）。

[2] 数据来源：贵州省教育厅统计数据整理。

减少除了人口自然出生率降低造成的影响外,农民工子女随迁是重要原因。例如,2010 年全省农村农民工子女随迁小学生人数累计达到了302654 人,占小学生在校人数的 6.89%,当年流出人数达 50924 人;2011 年子女随迁小学生人数略有减少,仍有 297183 人,占全省在校小学生数的 7.27%,当年随迁人数仍保持在 50176 人。[①] 可以说,"民工经济"引发的子女随迁减少了农村生源,是农村集中办学实行寄宿制的重要原因之一。

3. "民工经济"直接引发了留守儿童问题

根据全国妇联发布的《我国农村留守儿童、城乡流动儿童状况研究报告》,按《中国 2010 年第六次人口普查资料》样本数据推算,目前全国农村有留守儿童 6102.55 万人,其中,义务教育阶段留守儿童规模为 2948 万人,小学(6—11 岁)和初中(12—14 岁)学龄阶段留守儿童在农村留守儿童中分别占 32.01% 和 16.30%,规模分别为 1953 万人和 995 万人。[②] 有数据表明,近年来留守儿童低龄化现象凸显。以贵州省为例,该省近年来形成了一个近 800 万人的农民工群体,绝大部分人的经济水平难以承受子女随迁的成本,正是由于这种没有家庭全体成员参与的完整意义上的人口迁移,使得农村地区形成了一个庞大的留守儿童群体。教育部发展规划司数据显示,2009 年贵州省农村小学留守儿童人数为 716377 人,2010 年比 2009 年增长了 6.69%,达到 764303 人。2011 年继续增加到 782841 人,占农村在校小学生总数的 22.1%(2011 年全省农村小学生总数为 3542328 人)。课题组 2012—2014 年的调查数据显示,农村小学生父母都外出务工的家庭比例达到了 28.1%。父亲外出务工的比例达到了 46.7%,母亲一方外出务工比例也达到了 35.8%。由此可见,近两年来农村小学生中留守儿童比例还在继续上升,未来几年,这一比例还将保持上升态势。由于留守儿童的父母一方或双方进入城市,导致家庭生活和教育的缺陷,使这些孩子无法享受正常的亲情关爱,成为社会不可忽视的弱势群体。如何保证农村留守儿童公平接受教育,为他们健康成长创造良好

---

① 数据来源:《全国教育事业发展简明统计分析》(2010 年、2011 年)。
② 李远方:《留守儿童首次写入政府工作报告 6100 万留守儿童成全国两会关注焦点》,《中国商报》2014 年 3 月 11 日第 P10 版。

的条件,已成为中国社会转型期的一个独特的社会问题。因为能否成功地解决他们公平接受教育的问题,不仅直接关系到他们的健康成长,而且涉及农村剩余劳动力能否顺利转移,关系到中国现代化的成败。由此可见,农民工进城务工造成了留守儿童教育与看护的相对缺失,隔代抚育和委托亲戚等方式难以解决农民的后顾之忧,寄宿制学校教育往往成为务工人员的首选。从某种意义上说,农村留守儿童教育问题的存在客观上加剧了低龄儿童寄宿制教育的刚性需求。

(三)农村家庭和政府的抉择影响了寄宿制教育的有效供给

农村家庭面对自身抚育功能缺失而带来的留守儿童问题,最佳的抉择是选择寄宿制学校,由此增加了需求,加大了政府供给压力。加上生源减少,政府的经济理性抉择就是撤点并校,利用规模效益来化解财政压力。但是,政府的行为出现偏差,直接引发硬件设施供给"以次充好"的现象。

1. 农村学生新增寄宿需求导致寄宿压力加大

农村剩余劳动力转移改变了农村传统的家庭抚养和教育方式,隔代抚养和教育的现象普遍出现,很多老人实际上已经不具备完全承担监护职责的能力,隔代抚养与教育正严重威胁着新生一代农村人口的成长。实践证明,在所有留守儿童监护与教育的方法中,农村寄宿制学校教育不失为最佳选择。2008年华中师范大学课题组对中西部5省的家长调查显示,更多外出务工的农民工选择了寄宿制学校(见表6.1)。

表6.1　　5省外出务工人员"留守儿童"教育问题调查统计　　(单位:人)

		解决办法					合计
		让学生住校	定点班车接送	家长接送	教师护送	其他	
省份	湖北	50	42	20	3	12	127
	河南	108	96	27	18	24	273
	云南	58	14	13	0	7	92
	广西	80	39	6	7	8	140
	陕西	114	53	22	2	10	201
	合计	410	244	88	30	61	833

从表中可以看出,832个样本中,有410人选择让孩子寄宿,占调查

总数的49.3%,有243人选择"定点让校车接送",占调查总数的29.2%,可见,农村留守儿童家庭对寄宿制学校教育有着比较强烈的需求。要满足留守儿童寄宿的需求,需要相应扩大寄宿制学校的承载能力,而寄宿制学校承载能力的扩大需要大量的资金投入,这对本来就捉襟见肘的农村经济来说无疑是雪上加霜。因布局调整造成的部分农村学生上学远的问题还没有彻底解决,新增需求给县级财政造成极大的经济压力。问题不仅仅如此,新增有寄宿需求的留守儿童还表现出低龄化趋势,一般外出务工的劳动力正处在青壮年时期,他们的孩子绝大部分正在上小学。低龄寄宿对条件要求更高,寄宿成本和风险更大。

农村经济发展的滞后造成了经济发展方式的转变,对儿童的教育也随之发生改变。为了应对这种变化,农村地区选择寄宿制办学已经成为一种趋势。又因为校车事故频发,为了减少交通事故发生的概率,实行寄宿制的优势将会逐渐显现,这也就意味着将会有更多的家庭选择寄宿制学校。显然,现有简陋的寄宿条件更难适应这种形势的变化,所以,学校食宿条件紧张、服务质量差、有效供给不足的问题逐渐显露。特别是低龄寄宿学生的问题归根结底是农村经济落后所引发的,理论上讲,低龄寄宿并不是一种理想选择。但总的来说,农村经济发展的现实状况决定了寄宿制学校存在的合理性,同时也是现有寄宿制学校办学条件难以满足要求的根本原因。新增的寄宿需求打破了农村地区勉强维持的寄宿制学校教育供需平衡的状态,使本来就显不足的供给更加紧张。如果不能解决好留守儿童教育问题,不仅会影响留守儿童受教育权利的实现,而且会反过来掣肘农村剩余劳动力的转移,从而影响我国经济的总体发展水平。

2. 政府投入相对不足导致农村寄宿制学校简单扩张

农村寄宿制学校承载着普及义务教育的重任,寄宿制学校是实现农村义务教育的实然选择,满足有寄宿需要的学生寄宿学习是政府义不容辞的责任。山区、牧区及高寒地区等由于自然条件造成的学校服务半径过大的现状不可逆转,农村中小学布局调整还在不断深入,留守儿童的教育问题必须恰当解决,由此形成了强大的寄宿学习需求。为了满足这一需求,政府加大对寄宿制学校建设的投入应是无条件的,义务教育公共产品属性决定了公共财政支持是寄宿制学校投入的主要途径。然而,由于农村自身经济力量薄弱,寄宿制学校的学习条件很难有效满足当前需要。一方面是各种原因形成的寄宿需求必须满足,另一方面却是投入不足难以形成有效供给,供需失衡的调整方式就是采取寄宿制学校的简单化扩张,降低服务标准和质量从形式上满足现有需求,以此保证政府保障义务教育普及职责的实现。为了完成政府义务教育职责,很多地方在撤并村小和教学点以后,临时拼凑了寄宿制学校,办学条件不能达到基本要求,无法保证寄宿学生生活基本要求,更为严重的是,这样的学校还存在着巨大的安全隐患,导致宿舍失火、食物中毒、校车事故等校园和学生安全事件频发。

农村地区自然条件无法改变,农村留守儿童问题客观存在,由此决定了二者引起的寄宿需求无法控制,但是,由于各地盲目撤并村小和教学点而导致的学生寄宿需求增长是可以适当控制的。可以说,各地撤点并校存在集体非理性的现象,功利化的目的和纯粹压缩、节约教育经费的目标使得农村中小学布局调整异化。一些地方政府缺乏对布局调整政策的全面了解,违背了公平与效率兼顾的基本原则,将调整仅仅理解为办学效率的提高,甚至理解为"撤并"或"减少"农村中小学,将目标错误地认定为一定年限内撤并一大批农村中小学,这导致地方政府不顾客观实际,盲目追求政绩,加快了农村中小学的撤并速度。如西南某县在一次介绍布局调整经验时谈道:"两年来,我县顺利撤并小学261所、初中15所,从而提前三年完成了农村中小学布局调整的'十五'规划。"[①] 类似的情况屡见不鲜,这些地方政府所谓的政绩背后是边远贫困地区甚至是广大农村地区家长和学生付出的艰苦代价。当然,农村中小学布局调整后,解决学生上学远上学难问题,无一例外都寄托于寄宿制学校建设,按照规定,农村中小学撤并后举办寄宿制学校的原则是"先建后撤"。但是,各地布局调整规划方案中往往忽视农村地区经济贫困、地理环境复杂和民族传统文化等原因,在学生住地和学校距离这一指标上实行"一刀切",使同一直线距离下的山区少年儿童上学行路难成为了突出问题。为解决这一问题而匆忙上马的寄宿制学校必然条件简陋,同时还给农村家庭带来了沉重的经济负担。还有一种情况是撤并带来的寄宿需求没有得到应有的重视,出现"新校未建,老校简陋"的局面。

---

① 宋洲:《农村中小学布局调整之痒》,《时代潮》2004年第4期。

以江西省铜鼓县为例，1998年前全县共有中小学181所，到2011年，小学由2001年的113所撤并为44所，初中合并为5所。诚然，这种撤并速度一方面是因为生源稀疏的现实，另一方面也是为了整合教育资源，为农村义务教育提供优质教育资源奠定基础。但是，如此大规模地撤并并没有按照规划中的要求给予后续资金保障，致使很多规划中的条件并没有得到满足，全县现有寄宿制学校的办学处于一种低水平的均衡状态。2010年，县财政收入仅有1.0358亿元，按照县政府和教委的规划，拟兴建教育园区，全县保留4所中学，其中两所在城区，集中了近80%的学生，这对学生享受相对公平的教育资源无疑是大有裨益的。但是，6000万元左右的投入实际上已经超越了县财政的承受能力，而且，初中的进一步调整必然带来小学布局的变化。县教委主任算了一笔账，如果按规划执行下来，建设标准化农村中小学近10年内需要投资3个亿左右，巨大的资金缺口仅仅靠县财政是难以解决的。但是，正是这个"画中之饼"阻碍了对现有的学校投入，城郊两所拟撤并的初中（温泉中学和三都中学）已经有10年左右没有基建投入，校舍陈旧，学校基本靠公用经费维持运转，对一些地方修修补补；大塅中学是拟建中东河片的保留学校，为了按规划建设，学校的教学楼基本上还是20世纪80年代的建筑，有一栋教学楼已经成为危房，县二中地处县城，也没有很特别的豪华建筑。全县义务教育处于一种低水平均衡状况，提升义务教育发展的整体水平所需资金已经超出了县级财政的承受能力。

  由此可以看出，自然因素和人为因素共同作用，使得对农村寄宿制学校的教育需求不断上升，如果不满足这些要求，学生要么面临失学的危险，要么只能选择在学校附近租房寄宿上学，两种结果都会损伤义务教育的公平。各地政府为了解决这一问题，在财力不足的情况下降低寄宿制学校标准，提供简陋的寄宿条件，勉强维持现有局面，这是目前农村寄宿制学校条件不达标的根本原因。这种采取"超载"方式提供的寄宿制学校教育机会并不是有效供给，从表面上看是降低服务质量，实质是以损害学生的身心健康作为代价，从形式上保证普及义务教育，这种做法得不偿失。寄宿制学校建设不仅需要有一个底线标准，而且还需要相应的配套政策和措施，否则，匆忙上马的寄宿制学校必将隐患重重，近年来校车事故频发已经给决策者敲响了警钟。

二 农村经济发展滞后影响了家庭的成本分担能力

教育供给是指一定时期内社会可能提供的教育机会。有效供给则是按照一定质量要求提供的教育机会，是质与量的统一。农村地区提供给学生寄宿学习的机会需要有相应的人、财、物作保障，在一定时点上，社会总资源中能够分配给教育多少资源，最终取决于经济发展水平。作为义务教育的特殊形式，农村寄宿制学校教育机会的提供取决于经济发展水平，社会可能为寄宿制学校提供的资源，是寄宿制学校发展的基础和条件。农村寄宿制学校建设和运行本身需要耗费更多的资源，需要强有力的经济后盾，而由于我国农村经济基础薄弱，区域差距较大，影响了义务教育总量投入，严重地制约了农村寄宿制学校的发展。

农业比较效益低，农民经济上的贫困已经成为不争的事实。考察GDP发现，2002年农业增加值只占国内生产总值的15.4%，也就意味着占全国劳动力总数50%的农民在国内生产总值中仅有15%左右的贡献。统计显示，占全国总人口近70%的农业人口，金融资产的占有率不到30%，社会购买力不到40%。与城镇居民相比，我国农民总体上经济贫困，农民经济贫困与人地关系紧张和农业是弱势产业紧密相连。我国城乡居民收入差距悬殊，早在2005年，国际劳工组织就有数据显示，绝大多数国家的城乡人均收入比都小于1.6，只有三个国家超过了2，中国名列其中。而同一时期美、英等西方发达国家的城乡人均收入比一般是在1.5左右。[①] 我国2010年城镇居民人均可支配收入与农村居民人均纯收入之比为3.23∶1，2012年仍保持在3.10以上。图6.1清晰地描述了我国从1978年至2012年城乡居民收入比的变化情况。正是由于城乡经济状况差距悬殊，所以社会总资源投入农村教育的份额也就相应减少，以2002年为例，全社会的各项教育投资是5800多亿元人民币（其中政府投入不到70%），其中77%用于城市，在接受义务教育的孩子中占总数70%的农村孩子只获得剩余的23%。[②]

[①] 《中国城乡居民收入差距悬殊》，2011年9月2日，大公网（http://www.takungpao.com.hk/news/11/09/21/ZJ—1406825.htm）。

[②] 上海财经大学公共政策研究中心：《2004中国财政发展报告——中国农业、农村、农民政策研究》，上海财经大学出版社2004年版，第437页。

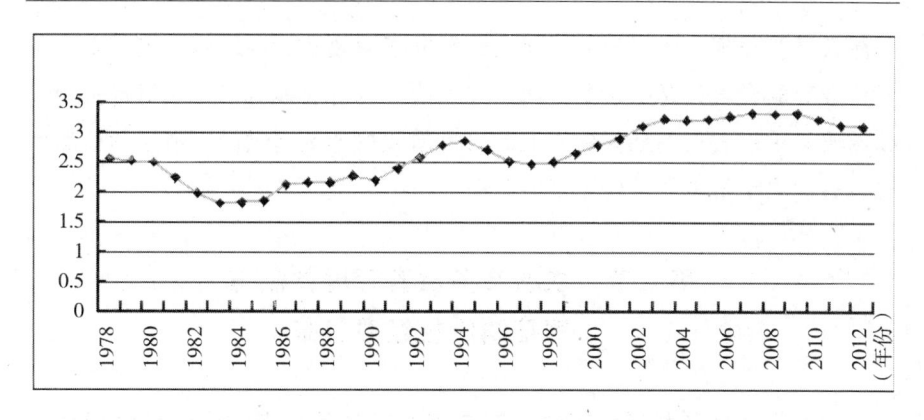

第六章 农村寄宿制办学模式现存问题的原因分析 221

图 6.1 1978—2012 年城乡居民收入比变化情况

农村经济发展滞后直接影响着县级财政收入和农村学生家庭的教育支付能力，同时也决定了农村地区的基本建设投入不足。县级财政收入低不仅影响着教育的投入，而且催生了一系列的问题。为了节约财政支出，各地纷纷压缩开支，教育支出首当其冲。一段时间以来，农村中小学布局调整、撤点并校都是以压缩教育支出、整合教育资源为目标的。农村地区特殊的地理位置和人口分布状况使得很多学生本来就有寄宿的需求，撤点并校人为制造了学生上学远的问题，客观上刺激了学生对寄宿制学校需求的增大。但是，举办一所寄宿制学校的成本要远远高于非寄宿制学校，撤点并校在总体上节约资金的同时，增加了每一所寄宿制学校的成本。如果节约资金没有对口用于寄宿制学校建设，其实际效果就是压缩义务教育支出，这是财政的"挤出效应"。如果县级财政紧张，为了维持农村寄宿制学校运转必然会采取一系列替代办法。其中主要办法就是降低农村寄宿制学校配置标准，采取简单扩张的方式，"以次充好"满足学生寄宿的需求，这样处理的结果就是目前农村寄宿制学校普遍存在的硬件设施简陋、人员安排不足的现状，这种供给从表面上看是满足了学生寄宿的需求，实际上是一种无效供给；除此之外，政府节约的成本以另外的方式转嫁给学生及其家庭，因学生寄宿而产生的成本，如交通费、生活费等目前基本上都是由学生家庭负担的。农村经济发展滞后而引发的一系列问题正是困扰寄宿制学校向深层次发展的障碍。总之，农村经济发展落后的状况影响了地方财政对寄宿制学校的投入，也降低了农村学生家庭对寄宿制学校教育需要的实际支付能力。而学生上学远的问题随着农村中小学布局调整的不断深入日益显现,由于地方经济实力影响了财政实力,政府对农村寄宿制学校教育的供给只是从量的方面简单回应,没有底线标准的农村寄宿制学校的质量难以真正得到保障,因此,目前农村地区提供的寄宿制学校教育机会有效供给量总体呈现不足的状态。

第二节 农村义务教育管理体制与寄宿制学校经费保障

教育管理体制与教育财政体制有着密切联系,集中或分级管理背后总是蕴藏着一个教育财政问题,即谁来承担教育经费。在一个高度集中管理的国家,中央政府负责筹措所有的教育经费,并承担所有的教育支出。而在分权制的国家,教育经费主要由地方承担。当中央政府由于种种原因感到财政压力很大的时候,就会倡导一种从集中管理走向分权、分级管理的变革,与之相伴的便是教育财力的筹措和使用权下放。[①] 前已述及,农村寄宿制学校已经成为农村地区义务教育的主体,在中西部地区的小学和初中两个维度表现更为明显。因此,农村寄宿制学校的经费保障对中西部来说,实质就是义务教育经费保障。义务教育行政管理体制和财政体制都会影响农村寄宿制学校的发展。"以县为主"的行政管理体制和重心过低的教育财政体制不同程度地阻碍了寄宿制学校的发展,带来了一系列问题。

一 "以县为主"的教育行政管理体制对寄宿制学校的影响

所谓教育管理体制就是一个国家领导教育的最基本的方式。具体来说,教育管理体制就是教育行政权力的确立与划分、教育行政机构的设置、各级教育行政部门之间的隶属关系等方面的基本制度,而这些问题归根到底是采用什么方式领导教育的问题。我国教育管理体制从总体上看倾向于中央集权制,在中央统一管理的前提下,强调地方的参与。经过新中国成立以后的不断演变,我国农村义务教育管理体制基本形成了"国务院领导,省、自治区、直辖市人民政府统筹规划实施,县级人民政府为主

[①] 吴志宏:《教育行政学》,人民教育出版社1999年版,第66—67页。

管理的体制"。"以县为主"的管理体制将原来乡镇管理的矛盾上移至县,解决了管理重心偏低的问题,同时也带来了新的矛盾,对农村寄宿制学校发展产生了直接影响。

(一) 重心上移导致乡镇及县级政府出现卸责行为

对农村中小学进行布局调整,建设寄宿制学校,终极目标应该是提高农村义务教育的质量,从而推进教育发展的均衡化,确保农村学生享有和城市学生一样的教育条件和教育资源。建设标准化寄宿制学校应该充分发挥地方政府的主动性,在整合区域内教育资源的基础上接受外部援助,补充农村教育资源总量的不足。但是,各地基层政府缺乏挖掘自身潜力的意识,不能有效地优化整合本地区的教育资源,在建设方面过分依赖国家和省级财政支持是造成寄宿制学校建设出现诸多问题的重要原因之一。[①]

1. 基层政府不顾自身经济实力,以发展农村寄宿制学校为由套取国家建设资金

发展农村寄宿制学校必须从当地的实际情况出发,一方面要考虑生源分布情况,合理布局,理性发展,在确有寄宿需要的地方建立寄宿制学校;另一方面,要全方位规划寄宿制学校建设,初期投入必须与后期资金供给能力结合考虑。对于山区、牧区和偏远农村地区而言,自然条件的特殊性给学校布局设置带来了极大困难,以任何位置为中心建立中小学都会带来部分学生上学远的问题,发展校车系统更是成本巨大,选择寄宿制办学模式具有必然性。对于平原、丘陵等地区来说,寄宿制学校并非唯一选择,可以将发展寄宿制学校与校车系统结合起来。然而,许多地方政府为了套取国家扶持资金,不顾自身经济实力,盲目兴建寄宿制学校。其结果要么就是国家资金到位而地方配套资金缺位,要么就是初期投入到位而后续运行经费得不到保障。有的地方甚至为了得到扶持资金,不惜举债,致使寄宿制学校建成之后债务累累,严重阻碍其正常运转。在绝大部分学校撤并的情况下,不少农村因为建寄宿制学校影响了整体教学质量。以"西部农村寄宿制学校建设工程"为例,该项工程旨在帮助西部地区农村中小学改善办学条件,以完成普及九年义务教育的攻坚任务。但是,全国

[①] 杨兆山、杨清溪:《农村义务教育阶段标准化寄宿制学校建设的思考》,《教育科学》2007年第12期。

其他省份也纷纷争取这笔专项资金,最终导致寄宿制学校建设工程实际上在全国范围内展开,人为地扩大了对农村寄宿学校教育的需求。建设农村寄宿制学校的动机不纯造成后期运行经费没有保障,学校高规格建成之后配套费用难以为继。

2. 部分乡村政府忽视辖区内义务教育发展,过快放弃支持农村寄宿制学校的责任

义务教育管理体制从"县乡村三级办学,县乡两级管理"向"省级统筹,以县为主"过渡的过程中,乡村两级政府过快放弃了辖区内中小学投入和管理的责任,致使很多地方资源难以充分利用。发展农村寄宿制学校有很多隐性资源可以利用,乡村政府对辖区内中小学的支持就是其一。寄宿制学校承担着保障学生饭菜质量的责任,在物价普遍偏高的前提下,农村地区完全可以利用自身土地资源,发展养殖业和自种蔬菜等。乡村政府可以在土地征用和技术指导等方面为学校提供支持。目前,很多农村寄宿制学校存在安全隐患,原因之一就是对学校周边社会治安管理不力,乡村政府出面治理学校周边环境可以取得事半功倍的效果。但是,随着乡村义务教育资金投入责任的上移,乡村政府过快放弃了一切责任,无形之中增加了学校的货币支出总量,相对降低了有限资金的使用效率。其实,充分挖掘乡村政府潜力,提高基层政府服务辖区内义务教育学校的意识,有利于农村寄宿制学校更好地发展。

(二)为减小管理强度导致撤点并校,客观上人为扩大了寄宿需求

从管理学的角度看,学校的布点越多、越分散,管理成本就越高,管理难度越大,管理效率越低,管理工作就越不方便。20世纪90年代末,我国开始实施政府机构改革,原来设在乡镇的教育组(站)被撤销,改为中心校校长兼任教育干事负责督导和管理本地教育事务的新型管理体制。管理人员的缩减使各地教育干事或中心校校长负担农村中小学管理事务加重。特别是大量交通不便、偏远山区的学校和教学点的存在,使得教育管理的成本增加,难度进一步加大。[①]为了提高管理效率,节约管理成本,县级以下的农村教育管理代办机

---

① 范先佐:《中国中西部地区农村中小学合理布局结构研究》,中国社会科学出版社2009年版,第72页。

构大都具有撤点并校、集中举办寄宿制学校的内驱力。方便管理的动机与追求规模效益的经济思维结合，催生了大批农村寄宿制学校，客观上制造了寄宿需求。

为了管理方便而集中举办寄宿制学校的初衷是节约工作时间和资金，因撤点并校而节约的管理成本并没有相应投入到寄宿制学校建设中，实际上形成了财政"挤出效应"。然而，标准化寄宿制办学本身对人力、财力和物力有着特殊要求，需要更多的经费支持，这显然与决策者的初衷相违背。如前所述，对于这部分人为制造的寄宿需求只能以牺牲质量予以保证，有效供给不足会导致保障条件大打折扣，从而影响寄宿制学校办学条件的提升，阻碍了寄宿制教育本身价值的实现。

二 义务教育财政体制与寄宿制学校经费保障机制

寄宿制学校作为农村义务教育的主要办学形式之一，其发展历程与义务教育财政体制密切相关，农村寄宿制学校的发展速度和办学条件的改善直接受义务教育财政体制的制约。我国农村寄宿制学校的发展过程与义务教育财政体制的变迁路径一致，地方政府每一次有关寄宿制学校的决策均受制于财政供给。回顾农村寄宿制学校经费保障机制的历程，有助于透过现象发现寄宿制教育现存问题的真正原因。

（一）中央及省级财政保障下的民族寄宿制中小学

从1949年新中国成立至20世纪70年代末，全国财政实行统一收支，教育事业也基本上走的是依靠国家办学的道路，教育经费由国家财政统包，在具体实施过程中，农村基础教育基本上采取社队办学并举的方式，办学经费以社队负担为主，群众负担为辅。在此期间，国家推行普及小学教育而不是义务教育。为了解决民族地区基础教育落后的问题，普及小学教育，国家针对民族地区自然条件的特殊性，在新疆、西藏、内蒙古和四川等少数民族聚居的山区、牧区举办寄宿制民族中小学。由于有中央财政的支持，这些地区的学生上寄宿制学校可以得到国家免费提供的食宿，农村寄宿制学校的硬件设施和人力、财力保障相对来说有比较稳定的来源。以四川省为例，20世纪50年代初，藏族、彝族地区专设的民族小学大多是由国家供给吃住的寄宿制小学。这种办学形式虽然在50年代中期停止了，但是自 1979 年以来又开始大力发展。① 20 世纪 80 年代，新疆维吾尔自治区牧区小学三年级以上的学生要实行寄宿，牧区教育以公办为主、国家为主，寄宿制学校办学条件的保障水平达到了一定层次。从教师配备来看，初中按照 1∶3.5，小学按照 1∶2.5 的标准配备，同时还配备了炊事员、保育员和保健员；自治区政府还明文规定，给予牧区寄宿制中小学 50%的学生以助学金，标准是每月 14 元，学生粮、油、肉由社场供应，并要求社场拨给一定数量的奶牛和羊，由学校自行放牧繁殖，以解决肉食和奶酪供应问题。为了解决牧区寄宿制学校的运输困难，国家还给这些学校配备了部分汽车。② 其他如宁夏、青海等少数民族地区的寄宿制学校办学条件也都得到了充分的保障。因此，相对于当时普遍落后的基础教育来说，民族寄宿制中小学独树一帜，确保了国家扶持少数民族地区基础教育目的的实现。

从新中国成立至 20 世纪 80 年代初期以前的农村基础教育以国家统一管理为主，地方财政和社队群众积极参与，少数民族地区的农村寄宿制学校有国家的大力支持，其他农村地区少量的寄宿制学校也因为有地方财政和社队的大力支持，整体办学条件相对于当时的经济条件并不十分落后，这一局面的出现应该归功于教育管理和财政体制的高层次和高级别。

（二）财政分权背景下农村寄宿制学校经费保障的弱化

农村寄宿制中小学经过 20 世纪 50 年代至 70 年代末的反复，其办学优势逐步被人们认识并接受。从 20 世纪 80 年代开始至 21 世纪初，农村寄宿制学校在各种力量的推动下，从少数民族地区走向了全国农村，这一过程是伴随着我国义务教育管理体制和教育财政体制的变化而展开的。从某种意义上讲，农村寄宿制学校在发展过程中所面临的一切问题，我们都可以从管理体制和教育财政体制的变化中寻找答案。1983 年至 1985 年 3 年间，国家的政治架构发生了改变，"社改乡"的结束使人民公社及其下属生产队不复存在，出现了 61766 个乡镇政府和 847894 个村民委员会。③ 与此相适应，基础教育管理体制也开始转向由地方负担，中央只给予少量

---

① 《中国教育统计年鉴（1949—1984）》，人民教育出版社 1984 年版，第 1013—1014 页。
② 同上书，第 1316 页。
③ 江文涛：《改革开放以来我国农村义务教育相关投入政策回顾与评价》，《农业经济问题》2006 年第 6 期。

专项补助。实践中的农村义务教育基本上实行"乡办初中,村办小学"的格局。从财政管理体制来看,1980 年国务院决定实行"划分收支,分级包干"的新财政体制,使得地方财力不断增强,应该说地方具备了承担义务教育的经济实力。但是,这一时期教育领域的改革重点却是高等教育,农村地区的中小学不但没有得到加强,相反还被大幅撤销和合并,造成农村学龄儿童的入学率和小学毕业生升学率持续下降。而这一时期正值国家提出基本普及小学教育的阶段,地方财力增强与农村地区办学经费紧张形成鲜明对比,乡镇政府撤并学校,整合教育资源实际上就是为了压缩教育支出以维持其他事务的正常运转。撤并学校带来的直接后果就是学校服务半径过大,学生上学远。学生要么选择辍学,要么到学校寄宿,由此引致大批学生及家庭对寄宿制学校的需求。撤并学校会减少后期支出,当下问题是安置撤并后学生的去处,因此,由寄宿需求而产生的建设寄宿制学校的资金缺口出现。为了完成普及义务教育任务,1984 年年底国务院发布的《关于筹措农村学校办学经费的通知》中首次提出:"乡人民政府可以征收教育事业费附加。"并将附加率的决定权交给了乡政府。尽管如此,在整个农村义务教育财政总体投入不足的背景下,以减少学校数目来节约支出,同时提供简陋的寄宿条件作为撤并学校的配套措施也就成为了乡级政府的必然选择。1987 年进一步实行"财政大包干"体制,20 世纪90 年代后期乡镇企业走向衰弱,县乡财力增长势头也开始减弱,这就更进一步影响到了农村义务教育的投入,从而也波及到农村寄宿制学校建设的投入。尽管国务院在 1990 年、1993 年和 1994 年三次调整教育费附加率,但是,县乡政府财政并没有好转,弱小的乡镇财政已经无力满足巨大的农村义务教育需求,通过不断撤并学校来减少教育支出成了乡镇政府的首选。20 世纪 90 年代是农村义务教育矛盾突出的时期,计划生育政策的效果显现,适龄儿童人数减少,从而使得生源稀疏,部分农村小学生源不足现象严重。一方面是教育经费紧张,另一方面却是教育资源得不到充分利用而造成的巨大浪费,在此情况之下,通过建寄宿制学校达成整合教育资源的目标无疑是最佳选择。

可以说,从 1980 年开始,到 1993 年《义务教育法实施细则》颁布以前,"低重心"的义务教育管理体制和财政投入体制刺激了农村寄宿制学校的需求,但是,没有财力保障的农村寄宿制学校必然条件简陋,勉强为之。

（三）分税制改革背景下农村寄宿制学校经费保障状况

为了适应建立社会主义市场经济体制的要求，合理划分中央和地方之间的财权和事权范围，1994年国家开始了分税制改革。分税制改革大大增强了中央财政实力，但是县、乡财力由此而更加困难，无法保证农村公共产品的提供。就农村义务教育而言，实行分税制以后主要经费提供者还是乡级财政，省级政府和中央政府只是根据实际情况给予一定财政转移支付。在义务教育领域，1993年《义务教育法实施细则》颁布后，为了落实《义务教育法》及其《义务教育法实施细则》的规定，确保2000年基本普及九年义务教育，各地将义务教育入学率、巩固率作为硬性指标层层下压，同时，各地还要按照"普九"硬件设施标准建设农村中小学，很多地方政府采取"普九"任务"一票否决"的行政领导绩效评定办法，迫使乡镇政府一方面大规模压缩学校数量，整合教育资源，改善办学条件；另一方面大规模举债完成普九任务。这一举措虽然客观上起到了改善农村寄宿制学校办学条件的作用，但是，由于撤并学校而新增的寄宿需求在短时间内难以满足，很多农村寄宿制学校在规模受限的情况下，只能超负荷运转，学生宿舍拥挤不堪，食堂简陋，校园安全无法得到保障。由于乡镇财力不足和农村学龄人口的不断减少，又加上面临着"两基"重任，从20世纪90年代中后期开始，一些农村地区开始陆续对规模过小的中小学和教学点进行大规模撤并，新一轮布局调整拉开序幕。布局调整使得农村地区学生上学远的问题进一步凸显，直接刺激了对农村寄宿制学校的需求。

乡镇财政难以支撑寄宿制学校办学条件改善所需的大量资金，为了保证布局调整顺利完成，以便节约更多资金，采取提供简陋寄宿条件的方式满足寄宿需求就成了权宜之计，有部分地区采取将负担转嫁给农民的方式举办农村寄宿制学校。湖北省恩施市红土乡是一个近3万人的山区乡，管辖13个行政村。该乡地处偏远，财力匮乏，为了完成"普九"任务，一方面，实行撤并部分中小学的方法压缩教育支出；另一方面，采取将寄宿制学校成本转嫁的方式来保证撤并后学生上学的问题。1993年以前，该乡有稻池中学、新农中学、茅田中学和红土镇中学等4所中学，1993年将初中合并为两所，由此造成红土镇以下四个管理区的学生被迫寄宿。但是，由于财力有限，学校根本难以提供学生住宿所需的设备。新生上寄宿制学校必须自己准备铺板,按照当地市价计算,一块 1.8m×0.6m 的铺板价值 50 元左右;除此之外,寄宿生还要自备粮食,学校只能提供简陋的蒸饭设施。撤并后的茅田中学和红土镇中学地处高寒,冬季取暖支出全都由学生自行缴费解决。再加上当时该乡的教育费附加率已经达到农民收入的 5%,大大超过了国家规定的 3% 的标准。尽管将大量的新增寄宿支出转嫁给学生及其家庭,学校的基本条件仍然难以保证。整个 20 世纪 90 年代,该乡初中基本实行寄宿制,学生普遍住在简易土木结构的楼房中,身心发展受到严重影响。小学从五年级开始也实行寄宿,由于小学一般由村级政府负责,寄宿条件更难以保障。尽管如此,该乡仍然不断撤并村小和教学点,原来村村办小学的格局不复存在,86 个村小及教学点合并为 5 所完全小学和一所中心小学,保留了 18 个教学点。完小实行寄宿,寄宿所需设施绝大部分也由学生自己提供。乡政府为了节约开支维持各机构的正常运转,最大限度地将寄宿成本转嫁给农民。这就是 20 世纪 90 年代我国山区农村寄宿制中小学的典型缩影。在教育经费总量投入不足的情况下,各乡镇一方面负债经营;另一方面将负担直接转嫁给农民,农民通过缴纳教育费附加、教育集资以及学费等方式承担了大量义务教育经费,同时也分担了农村寄宿制学校建设的费用。

(四) 税费改革背景下农村寄宿制学校经费保障的机遇与挑战

实践证明,基础薄弱的乡级财政根本难以支撑包括义务教育在内的各项工作的正常运转,大量的支出压向农民。减轻农民负担,规范农村税费制度,势在必行。2000 年 3 月,安徽省开始试行农村税费改革,2001 年江苏省也启动了税费改革,税费改革工作随后在全国范围内展开。税费改革截断了原来农村义务教育经费的重要来源——教育事业费附加和教育集资,相当于取消了农村中小学教育经费总投入的 30%。以 1998 年为例,该年全国农村教育事业费附加为 148.55 亿元,农村教育集资经费 64.04 亿元,两项合计 212.59 亿元,当年全国农村中小学教育经费总投入为 811.99 亿元,教育事业费附加和教育集资约占 26.18%,成为仅次于国家预算内拨款的第二大教育经费来源。税费改革使得农村基层政府财力进一步削弱,巨大的资金缺口使得乡财政难以应对,就连县级财政也是困难重重。为应对农村义务教育运行困难的局面,各省一方面严格控制学校乱收费行为，另一方面要求进一步合并乡村学校，进行布局调整，精简教师。① 显然，合并乡村学校，布局调整的直接目的就是缓解财政危机，作为布局调整配套工程的农村寄宿制学校自然也就成为了缓解财政危机的工具。精简学校和教师而节约的资金并没有继续用于教育，出现了财政"挤出效应"，因此，农村寄宿制学校建设并没有因为节约了教育支出而得到相应的后续补给。相反，因为大规模地撤并乡村学校带来的巨大寄宿需求使现有寄宿制学校超负荷运转，办学条件进一步恶化。面对着"普九"重任和财力日衰的境况，乡级财政举步维艰。

为了完善管理体制，保障农村教育经费投入，2001 年国务院颁布了《关于基础教育改革与发展的决定》规定，农村义务教育实行"在国务院领导下，地方负责、分级管理、以县为主"的体制。"以县为主"的管理体制是我国义务教育财政体制的基础，这一新体制将义务教育的投资主体上升到县，同时加大了中央政府对农村义务教育的转移支付力度。也正是在这样的管理体制和教育财政背景之下，我国农村寄宿制学校才迎来了新一轮由国家主导的大发展。2001 年国家明确提出对农村义务教育阶段贫困家庭学生实施"两免一补"政策，其中由地方政府负责"补助寄宿生生活费"。为了完成"两基"攻坚任务，教育部、财政部和国家发展与改革委员会联合发文决定：2004—2007 年投入 100 亿元专项资金用于西部农村寄宿制学校建设，这一工程的竣工使得全国农村地区新增寄宿制中小学 7651 所，西部地区农村寄宿制学校办学条件大为改观。但是，由于"以县为主"的管理体制和财政投入体制没有改变基层政府作为投资主体的局面，专项投入只是面对中西部地区的贫困县，农村寄宿制学校受惠地区有限。同时，高水平投入带来的寄宿学校高额的运转和维护费用困扰着贫困地区的寄宿制学校，"西部农村寄宿制学校建设工程"之后的长效运行机制设计不完善，致使现行学校由于缺乏资金而出现运转艰难的境况。另外，"西部农村寄宿制学校建设工程"主要是针对西部贫困地区，但最后却发展成面向全国农村贫困地区的一项政策，各省为了争取扶持资金，纷纷撤并中小学，举办寄宿制学校。中央设立的财政转移支付制度只是在义务教育经费短缺时的一种权宜之计，缺乏法律依据和稳定性，具有明显的

---

① 邬志辉：《农村义务教育经费保障机制》，北京大学出版社 2008 年版，第 13 页。

临时性和过渡性。

（五）农村义务教育经费保障新机制的"是"与"非"

农村义务教育是公共产品，必须全面纳入公共财政保障范围。为此，2005年12月24日，国务院发布《关于深化农村义务教育经费保障机制改革的通知》提出，"明确各级责任、中央地方共担、加大财政投入、提高保障水平、分步组织实施"的基本原则。2006年新修订的《中华人民共和国义务教育法》规定：义务教育实行"经费省级统筹，管理以县为主"的财政制度。与此同时，财政部、教育部于2006年4月21日联合印发了《农村义务教育经费保障机制改革中央专项资金支付管理办法》，规范了中央的专项转移支付制度。"新机制"的实施提高了义务教育经费保障的级别，使农村义务教育经费有了长效保障机制。2006年9月28日，国家西部地区"两基"攻坚项目领导小组办公室印发《国家西部地区农村寄宿制学校建设工程项目学校管理暂行办法》的通知，明确规定了农村寄宿制学校管理体制。寄宿制学校实行由地方政府负责，以县为主，地方教育行政部门和学校具体组织实施的属地管理体制。省级人民政府及教育行政部门要统筹解决寄宿制学校管理的保障条件问题，包括经费保障、校舍建设、危房改造等。县级人民政府及其教育行政部门要按照"小学就近入学，初中相对集中"的原则合理配置资源、规划学校布局，增加本级财政保障，加强教师队伍建设，做好寄宿制学校及校园周边环境综合治理工作等。[①] 无疑，农村寄宿制学校资金来源及管理主体均有了政策依据。

但是，由于政策制定者对寄宿制学校的特殊运行机制疏于关注，对于日益壮大的农村寄宿制学校规模并没有给予足够的重视。正是由于这样，"新机制"在人力要求、新增成本和硬件设施要求方面，将寄宿制学校与非寄宿制学校同等对待。即使部分地区考虑了寄宿制学校的特殊性，也没有形成长效经费保障机制，经费供给基本还是在非寄宿制学校框架下的"修修补补"，很多投入都是以专项投入的方式进行，具有很明显的临时

---

① 国家"两基"攻坚办印发《国家西部地区农村寄宿制学校建设工程项目学校管理暂行办法》，教育部网站（http://www.moe.edu.cn/publicfiles/business/htmlfiles/moe/s3034/201001/xxgk_78207.html）。

性和不稳定性。实践中也有少数省份对寄宿制学校的公用经费、生活教师及后勤服务人员工资等给予了充分考虑，无奈，寄宿制办学模式在西部贫困地区居多，省级财政"心有余而力不足"。课题组对贵州省的调研发现，该省在经济基础十分薄弱的情况下高度重视农村寄宿制学校建设，关注农村寄宿制学校公用经费标准、宿管、保安及食堂工勤人员的工资等问题。2014年1月29日，贵州省教育厅和财政厅联合答复了省政府督导室转来的《贵州省农村寄宿制学校调研报告》，从回复中可以明显感受到财政厅解决问题的力度和决心，但是，从这份回复中也感受到了地方政府有心无力的实际情况。以下是关于寄宿制学校生均公用经费提标的答复原文："我省2013年农村寄宿生共1704787人，其中，小学寄宿生561877人，初中寄宿生1142910人。根据龚贤永主任在给赵克志书记信中提到的'管理1名寄宿生使用的公用经费相当于1.5名非寄宿生'，按照目前农村生均公用经费标准，则小学寄宿生、初中寄宿生生均公用经费标准需分别提高280元和380元，我省各级每年需新增资金6亿元，省、市、县三级将分别承担3.6亿元、1.2亿元、1.2亿元。一方面，由于我省各级财力都很困难，民生支出刚性压力很大，在没有中央财政支持的情况下难以实现农村寄宿制学校生均公用经费提标；另一方面，通过实地调研，我们认为，在现有条件下，可通过充分发挥现有相关专项资金的使用效益有效缓解这一问题。"这段答复言辞诚恳，地方政府并非不了解寄宿制学校新增成本，只是财力有限，往往捉襟见肘。所以，要真正解决农村寄宿制学校经费保障问题，中央财政应该对西部地区和贫困地区加大分担力度，承担更大的责任。从某种意义上说，农村义务教育经费保障新机制忽视寄宿制学校的存在，亟待修订。

总之，从农村义务教育财政体制的变迁考察，财政投入重心首先是层层下放直至乡镇和村，随后又逐步上移，实行"以县为主"。在《义务教育法》重新修订后，伴随着农村义务教育经费保障新机制的实施，中央和省级政府的投入增大，投入重心再次出现上移倾向，"以省为主"的投入体制雏形已经显现。[①] 尽管"新机制"的实施给农村义务教育经费保障

[①] 马青：《农村义务教育投入的主体再认与保障制度变革》，《教育发展研究》2009年第11期。

机制带来希望，但是，长期以来的"低重心"管理体制和教育财政体制留下的"后遗症"短时期内难以根除。无论是"三级办学，两级管理"还是"以县为主"的义务教育管理体制，都属于"低重心"管理，县及乡镇财力薄弱使其客观上产生了压缩支出的需求，而教育经费支出的弹性使其成为低层政府压缩支出的首要对象，客观上刺激了县乡撤点并校，盲目发展寄宿制学校。由于效率崇拜的经济思维作祟，面对日益缩减的生源和不断成为"空壳"的农村教学点，同时为了适应行政管理合并乡村的变化趋势，缩小管理幅度，降低管理成本，最终导致寄宿制学校发展的"集体非理性"。很多条件不成熟的地方仓促上阵，脱离教育规律，纯粹从经济考虑出发，小学寄宿推行太快，学校生活设施建设不规范，学生在学校的饮食和住宿都存在安全隐患。属地化的义务教育财政体制刺激政府压缩教育支出，以缓解财政困难，财政投入出现"挤出效应"，影响了寄宿制学校的后续补给。即使"新机制"实施以后，仍然面临着农村义务教育投入的分配问题，功利化的投入理念使得财政投入避重就轻，重初期投入而轻后续配套，重基本建设投入而轻教育事业费，忽视寄宿制学校资金长效保障机制的建立。

第三节 政府办学理念偏差对农村寄宿制学校发展的影响

办学理念是学校生存理由、生存动力、生存期望的有机构成，包括办学目标、工作思路、办学特色等要素。寄宿制学校并不是新鲜事物，古已有之，世界各国也存在寄宿制办学形式，但是，寄宿制学校作为我国农村中小学的一种办学形式却具有独特性。对我国农村寄宿制学校存在的理由、生存的基本动力和生存期望的回答就是农村寄宿制学校的办学理念。世界上不同国家的不同时期对于寄宿制学校的看法不同，因而也就形成了不同的理念，不同的办学理念将会影响决策者的办学目标、工作思路及学校的办学特色等方面。

一 过度追求经济效益引致的"财政挤出效应"

农村寄宿制学校发展过程中种种弊端的出现，多是因为决策者从经济学的角度思考教育问题,用效率思维来经营教育所致。农村寄宿制学校是我国在特定历史时期应对特殊的教育形势做出的现实选择,这种选择是工业时代思维模式在教育领域中的延伸。农村地区日渐减少的生源动摇了工业时代形成的传统学校教育模式的根基,面对新的教育发展形势,要继续维系工业时代形成的传统学校教育,就必须对分散的生源进行更大范围的集中,保证传统学校教育得以展开的生源基础,集中教学就必然面对学生寄宿的需求。[①] 在追求成本与效率的前提下维持传统办学模式,形成一定办学规模是最有效的办法。规模经济理论认为,生产规模与经济效率之间存在密切关系,扩大规模可以降低边际成本,从而减少生均培养成本。寄宿制学校建设可以重新集中学生,实行规模化教育,统筹利用教育资源,以便产生教育规模经济。

由于农村地区生源日渐减少,致使很多学校生源不足,甚至出现"空壳"学校,直接后果就是生均培养成本大幅上升。教育资源的有限性决定了农村义务教育投入必须考虑成本与效率的问题,因而撤并小规模学校就是首先的选择。毋庸置疑,适当撤并村小和教学点对于整合教育资源和提供正规化教育具有积极意义。但是,一旦人们纯粹按照经济学思维方式来思考教育问题,一味从降低成本出发,就会出现盲目撤并的现象。大量撤并学校必然造成学校服务半径过大,产生寄宿的需要。显然,举办寄宿制学校可以让学生在更大范围内聚集,形成一定规模,从总体上降低办学成本。各级政府正是因为寄宿制学校在有效的利用教育资源方面的巨大作用,才将其作为特定时期农村教育改革与发展的一种现实选择。寄宿制学校直接的目标指向不是教育质量的提高,而是提高教育资源利用效率,降低教育成本。因此,农村寄宿制学校建设是经济学思维方式与价值取向在教育领域中的反映,而不是教育本身价值诉求的体现。

受经济学思维方式的影响,举办农村寄宿制学校的理由定位为降低义务教育成本。政府提供寄宿制教育的动力也来源于经济因素,其实这是变相地压缩教育支出,因此,举办农村寄宿制学校是否整合了教育资源,降低了财政支出就是政府评判其效益的标准。经济思维对管理和教育等领域

---

① 杨清溪、赵慧君:《当前我国农村寄宿制学校建设反思》,《中国农村教育》2010年第4期。

的影响是巨大的,经济思维模式下的办学理念使举办寄宿制学校走向了以节约资金为主的歧途。在这种思想的指导下,县级政府有了发展寄宿制学校的动力,尽可能多地撤并学校,兴办寄宿制学校就会降低生均培养成本,从而减少财政支出,这种工作思路促使各地不顾当地实际情况,以撤并数量来核定地方政绩。初中相对集中已经被社会、学生及其家庭接受,从某种意义上讲也是基本符合学生身心发展规律的,但是,大量村小和教学点的撤并带来的直接后果就是低龄寄宿。由于上学距离很远,小学生要么选择乘车走读,要么住读,两者都存在很多问题。乘车走读面临着交通安全问题,因为目前的公交车和校车还难以满足陡增的乘车需求,简易代步工具如三轮农用车等成了走读学生上学的主要工具;除此之外就是选择寄宿制学校,但这同样面临着生活自理能力差、想念家人等一系列问题,这些问题会影响小学生的身心发展。可以说,政府为了节约教育资金,撤并过多的村小及教学点是目前农村寄宿制学校低龄化寄宿现象的主要原因。

毋庸置疑,就县级财政而言,集中举办寄宿制学校从总体上整合了教育资源,节约了教育资金。但是,寄宿制学校本身需要大量投入,一所寄宿制学校的费用要远远高出非寄宿制学校。如果能将节约的资金全部用于寄宿制学校建设,改善办学条件,为学生提供一个相对优越的学习和生活环境,节约教育资源才具有价值,才真正是从教育自身出发的措施。恰恰相反,各地在大规模裁减村小和教学点的同时,并没有将节约的资金全部用于寄宿制学校建设,出现了财政的"挤出效应"。也就是说,政府再一次从节约经费的目的出发举办寄宿制学校,因陋就简,以降低寄宿制学校建设标准来达到节约资源的目的。农村寄宿制学校教育是义务教育的一种特殊形式,是一项基础性工程,事关农村人口整体素质的提高。寄宿制学校教育具有其自身的特点,如果仅仅将寄宿制学校理解为给学生提供食宿的学校,将非寄宿制学校的教学功能与学生家庭抚养和监护功能机械结合,势必会影响学生生活的整体性,危及学生身心健康,从而最终阻碍义务教育任务的完成。寄宿制学校教育模式本身具有育人优势,对于基本具有生活自理能力的孩子来说,寄宿制学校不仅可以保证充足的学习时间,还能通过规范化管理培育学生良好的行为习惯,培育团队精神,更好地实现社会化。特别是农村地区,由于家庭中父母文化程度普遍不高,不良代际影响往往会使农村学生形成不适应社会发展的行为习惯，寄宿制学校教育可以纠正这一问题。但是，寄宿制学校教育的优势是建立在一定的物质基础之上的，寄宿制学校建设本身的成本很高，要保证学生住宿的舒适性、饮食的科学性以及业余活动的丰富性，需要大量的人、财、物的投入。利用农村中小学布局调整整合教育资源，从而达到压缩教育支出，提高资源利用效率的出发点并无问题。但是，如果按照经济学的思维方式举办寄宿制学校，以降低学校服务标准的方式来节约资金就违背了教育规律。我国农村寄宿制学校建设从低层政府自发建设走向高层政府乃至中央主导，规模日渐庞大，2010年农村在校寄宿生已经突破3000万，占全国义务教育阶段学生总数的1/3。但是，直至2011年6月18日，教育部、卫生部才出台《农村寄宿制学校生活卫生设施建设与管理规范》，之前并没有相关的基本建设标准。正是由于没有准入门槛，才给各地以节约成本为目的的撤点并校、举办寄宿制学校留下了空间。一旦举办寄宿制学校所需要的成本超过了撤并后节约的资金，地方政府自然会理性思考撤并的问题。

低龄寄宿所面对的不仅是学习时间的问题，更重要的是小学生的抚养和监护成本。从某种意义上说，小学低年级学生寄宿制学校要以保育寄宿制形式为主，这种办学形式较之小学高年级和初中寄宿制学校成本更高。从全国农村总体来看，低龄学生寄宿面临的问题是寄宿制学校发展的主要问题，而这一问题出现的根源就在于人们用经济学的思维模式思考教育问题，用经济学的评定标准来评判学校行为。可以说，政府决策部门压缩教育支出，降低教育成本成为推动低龄学生寄宿的主要原因。市场经济思维和价值观可以作为手段用于实现教育目标，但不可以用于指导教育目标的确立，更不可以成为教育目标。

二　过度追求社会效益阻碍了寄宿制学校育人优势的发挥

新中国成立以来，农村寄宿制学校在各级政府的推动下得以迅速发展，寄宿制学校在解决民族地区教育落后问题、保障农村义务教育阶段布局调整顺利实施、完成普九攻坚重任以及解决留守儿童教育问题等方面成效显著。然而，一味追求工具价值的政策忽视了寄宿制教育补偿农村家庭抚育缺失、促进弱势儿童群体现代化以及提供优质教育资源等本体价值，不利于农村寄宿制学校可持续发展。

（一）寄宿制学校的工具价值与社会问题的解决

从柏拉图、赫尔巴特到斯宾塞，教育一直作为解决问题的工具而存在，陷入工具论而无法自拔。在工具价值下，教育本身失去了意义，教育的意义在于其完成自身作为工具的目的。不管是柏拉图的"哲学王"、赫尔巴特的"道德目的"，还是斯宾塞的"完满生活"都将教育置于特定的思维范式中。在此工具范式之下，教育成为工具理性的直接逻辑结果，同时也反映了社会中的成人霸权。教育目的成为教育的逻辑起点也是教育的终点。① 教育作为文化传承和发展的根基，兼具工具性与人文性，工具主义价值观使教育偏离了生命的原点，深陷功利之中。我国农村寄宿制学校的发展是在教育工具主义理念下进行的。

1. 对解决民族团结问题的社会化功能的追求

新中国成立伊始，维护国家稳定是第一要务，而广大民族地区长期处于封闭状态。少数民族地区人民在民族习俗和自治传统的影响下，一时难以真正融入新生政权。如何才能解决这一现实问题成为摆在新政府面前的重大任务。在所有解决问题的方法中，教育成为首选，让更多的民族地区儿童接受新教育，借此了解并接受新生政权，提高自身素质。然而，民族地区一般地处偏远，人口居住分散，很多牧区还处于居无定所的游牧生活状态。上学距离过远是当时学生接受教育的最大障碍，现代学校教育在教学时间、空间、内容和方式上的集中性和稳定性与民族地区原始生产和生活方式之间的矛盾，导致民族地区教育发展十分缓慢，在诸多解决方案中，寄宿制教育是经实践证明的最佳形式。为此，我国在新疆、西藏、内蒙古等地区率先举办寄宿制民族中小学。这种学校由国家主导，主要针对山区上学远、学生入学率低的地区而设置，其目的是让更多的少数民族儿童接受教育，教育社会化的功能要大于其本身的功能，此时的寄宿制学校是作为解决边远少数民族教育问题的工具而出现的。正是因为如此，寄宿制教育本身的特点被忽略，学生的身心发展规律也被忽略。

2. 作为布局调整配套工程的工具价值

20世纪80年代中后期及整个90年代，我国农村学龄儿童呈萎缩趋

---

① 周浩波：《教育哲学》，人民教育出版社2000年版，第40—65页。

势，绝大部分农村地区开始出现生源稀疏的情况。农村中小学校的规模开始减小，很多学校因为生源少而出现严重的资金浪费现象。为了缓解这种局面，各地开始了布局调整，撤并中小学校。随着布局调整的不断深入，学生上学远的问题开始凸显，为解决这一矛盾，寄宿制学校作为配套工具得以大力发展。农村学校布局调整必然涉及学校撤并，其后续影响便是学校服务半径加大，学生上学距离变远，无疑，举办寄宿制学校成为解决这一矛盾的最佳选择。决策者并没有对寄宿制学校办学模式进行全面论证，只是利用寄宿制学校可以解决上学远这一功能来保障撤点并校工作的顺利进行，并以此达到整合教育资源，压缩教育支出，提高资金使用效率，缓解财政困难的目的。至于寄宿制学校本身有哪些育人功能，如何才能发挥这些功能并无多少考虑。因此，这一时期发展起来的寄宿制学校大多条件简陋，办学成本很低，也正是由于这种寄宿制学校办学成本低，能够满足政府节约教育资金的目的，才得以在全国农村自行发展。可见，举办农村寄宿制学校本身的目的并不在教育本身，而在教育之外的经济因素。显然，农村寄宿制学校的建设与发展只是一种工具而已。

3. 实现"两基"攻坚任务的阶段性工具价值

1986 年《义务教育法》的颁布将普及九年义务教育纳入了议事日程，2000 年年底，全国实现了基本普及九年义务教育和基本扫除青壮年文盲的目标，谱写了我国教育史上辉煌的篇章。但是占全国 15% 左右的人口地区还没有实现"两基"。我国西部地区还有 372 个县及新疆生产建设兵团部分团场未达到国家"两基"验收标准，为解决这一问题，教育部、国家发展改革委、财政部决定，从 2004 年到 2007 年，用 4 年时间帮助西部地区尚未实现"两基"的县（市、区）以及新疆生产建设兵团的 38 个团场达到国家"两基"验收标准。其中最重要的措施就是实施"西部农村寄宿制学校建设工程"，寄宿制学校被作为实现"两基"标准的工具而得到再一次发展。虽然，"西部农村寄宿制学校建设工程"已经开始关注寄宿制学校本身的特点，在加强硬件设施建设的同时开始注重管理制度的设计。但是，除中央财政投入所涉及的学校关注了学校建设的标准化问题外，各省自行发展的寄宿制学校对于基本条件的关注仍然不足，其政策目标更多的还是通过发展寄宿制学校推进布局调整，从而减少辖区内学校数量，扩大学校规模，整合教育资源，压缩教育支出。声势浩大的"西部农村寄宿制学校建设工程"也是注重前期投入,完成"普九"硬件设施要求,而疏于后续建设。因此,当"两基"攻坚目标宣告完成之后,农村寄宿制学校的后期投入和运行机制的构建问题又淡出了人们的视线。"两基"攻坚政策目标一开始就定位为:"从根本上解决西部地区农业、农村和农民问题的重大战略举措。"可见,"西部农村寄宿制学校建设工程"并不是以寄宿制学校本身的独特育人功能为出发点而实施的,其工具目标大于教育自身的目标。

4. 解决农村留守儿童看护困难的工具价值

留守儿童问题的重大影响在于掣肘了农村剩余劳动力的输出,从而影响了经济增长。留守儿童问题的症结在于家庭看护不力,危及儿童安全,影响了儿童品性的形成。为了解决留守儿童问题,政府、社会及家庭采取的诸多措施都难以奏效,而寄宿制学校恰好具备了集中管理的优势,农村寄宿制学校的功能正好弥补了留守儿童教育的缺陷,在所有解决留守儿童问题的方案中,大力发展农村寄宿制学校无疑是最佳选择,集中看管一开始就成为了选择寄宿制学校解决留守儿童问题的真实动机。留守儿童面临着学习和生活两大困难,为了保证农村剩余劳动力顺利转移,支援经济建设,各级政府寄宿制学校建设政策目标直接指向解决留守儿童问题。如果说前几次对寄宿制学校功能的利用主要是解决上学远的问题,那么,把寄宿制学校作为解决留守儿童问题则是以其"家庭监护和抚养职能的替代"为基础的。建立在看管基础上的相关制度设计难以真正发挥寄宿制教育模式的优势,由此衍生的封闭式管理、娱乐活动单调及儿童心理不健康等问题的出现也就具有了必然性。

总之,由于寄宿制学校始终以解决社会问题的工具身份出现,决策者才疏于人、财、物配置的整体制度设计,疏于配套的资金保障制度、后勤保障措施、交通安全政策等的制定。相反,在压缩教育支出的理念引导下盲目撤并村小及教学点,使得农村寄宿制小学问题日益凸显。作为工具的农村寄宿制学校或许可以解决一时之需,但是难以发挥其真正的优势。要真正释放寄宿制学校的育人潜能需要不断加大后期投入,不断探索其运行规律,重构运行机制。寄宿制学校作为解决社会问题的工具,在解决每一个问题的同时也就是对自身功用的一次彰显,随着社会问题的不断暴露,农村寄宿制学校的潜能也会得到逐步开发,最终实现其完整的育人功能,发挥其育人优势。在推进义务教育均衡发展的今天，农村寄宿制学校就是缩小城乡差距的突破口，各地将农村寄宿制学校建设作为缩小城乡差距的实践有力地证明了这一点。

(二) 忽视"提升农村儿童生活品质和综合素质"的本体价值

农村寄宿制学校不仅具有解决学生"上学远"和集中看护儿童的功用，而且还具有提升农村儿童生活品质和综合素质的本体价值，忽视寄宿制教育的本体价值使决策者低估了寄宿制学校的成本，从而出现了因简单扩展而引发的一系列问题。

一般来说，家庭承担着生产、生殖、抚育等功能，其中抚育功能与儿童接受学校教育关系密切。抚育包括抚养和家庭教育两个方面，抚养涉及科学营养搭配和情感关怀等，家庭教育则关涉行为习惯的养成和课业辅导等内容。农村家庭普遍存在父母文化程度偏低，观念相对落后，在孩子的抚养和家庭教育等方面存在先天的弱势。就抚养方式而言，寄宿制学校按儿童身体发育规律精心设计营养配餐，克服了孩子挑食和吃零食等毛病，确保了学生身体正常发育。近年来，随着农民收入的增加，农村家庭不吝惜孩子的生活投入，特别是留守儿童家庭，父母常年在外打工，经济收入相对宽裕，由于缺乏营养意识和监管不力，往往出现"好心办坏事"的情况，不合理的营养结构和无规律的生活习惯给留守儿童发育带来了不良影响。为改变这一现状，农村寄宿制学校抓住实施"营养午餐计划"的契机，确保学生饮食摄入的科学化，从而彰显了农村寄宿制学校弥补家庭抚育不足与缺失的功用。从家庭教育替代功能视角来看，一方面，教师的示范效应和儿童同伴生活互动效应弥补了家庭教育角色单一的不足，在一定程度上替换了父母影响孩子身心发展第一要素的地位，这种替换将对文明生活方式的养成产生重要而深远的影响；另一方面，实行寄宿制，由老师负责全体住校生业余时间的课程辅导和娱乐，弥补了城乡家庭背景差异带来的家庭不均衡的缺陷，有利于提高农村学生的综合素质。

优质的教职工队伍是提升农村儿童综合素质的核心，农村寄宿制学校一般都建在乡村较为集中的地方，较之偏远乡村，无论是在吸引优秀教师还是稳定本地教师方面都具有优势。村级行政中心或集镇相对完善的条件可以为年轻教师提供更多的方便，减少其心灵的孤独，学生寄宿会引致教师寄宿的良好效应，有利于教师队伍的稳定。贵州财经大学课题组在贵州省丹寨县和麻江乡的调研充分说明了这一点，贵州省麻江县隆昌小学是一所农村寄宿制小学，该校在合并周边7个村级小学的基础上创办而成，学校将原有各学校教师充分利用，师资充足，生师比仅10∶1。学校设教学部、食堂管理部和宿舍管理部，根据教师的特点合理分工，保证了师资的整体素质，为精细化、保姆式、代理家长制的寄宿制管理模式提供了充足的师资，使得学生的学习、生活和娱乐均得到了充分保障，学生综合素质明显提升，学校教师精神面貌焕然一新，呈现出教师乐教和学生乐学的局面。该校校长认为，办寄宿制学校给学生带来了某些不便确实存在，但是，由于集中而形成的师资和硬件设施优势更为明显，两相比较，利大于弊，对于学生成长是一种正面影响。

现代社会，学生综合素质提升与学校信息资源分享和业余活动开展息息相关。信息获取机会和能力是现代社会个体素质的重要表现，"数字鸿沟"也是城乡学校教学质量差距的根源。人口居住分散使得农村网络覆盖率极低，相对集中办学为农村学校开通网络创造了条件。以隆昌小学为例，因为学校毗邻集镇而得以开通网络，丰富的信息资源缩小了城乡差距。寄宿制学校管理最重要的一环在于学生放学至就寝这段时间的活动安排，由于寄宿在校，学校实际上已经成为学生学习和生活的全部场所，学校承担起了绝大部分社会教育和家庭影响的功能，学校结合自己的特色和传统，构建家校一体化的学习和娱乐体系，组织学生开展丰富多彩的课外活动，有利于培养学生广泛的兴趣和爱好，丰富生活，健全人格，陶冶情操，从而缩小城乡学生因家庭经济和文化等背景不同而引致的差异，促进义务教育均衡发展。

可见，政府过度追求农村寄宿制学校的工具价值是一种短视行为，忽视了寄宿制教育提升儿童生活品质及综合素质的功用，政策价值追求也就必然落入"应试教育"的窠臼。由于没能挖掘寄宿制教育的本体价值，学校运行机制设计也必然忽略人力配备、硬件设施、经费保障和管理制度的特殊性，最终导致寄宿制学校与非寄宿制学校同质。从某种意义上讲，忽视农村寄宿制学校的本体价值才是前述一切问题的真正根源。

三 政府政绩观追问："满足寄宿"需求还是制造寄宿需求

"满足寄宿需求"的政绩观基于学生及家庭自愿选择寄宿制学校教

育的基本原则，大力发展农村寄宿制学校的目的是解决业已形成或正在增长的寄宿需求。诸如学生因为居住偏远、上学路途艰险、耗时费劲等不利于学习的原因而选择寄宿学习；还有外出务工人员离学校距离不远，但是出于看护和辅导需要而主动送孩子寄宿学习；另有部分家长既没有外出务工，住地也没有远离学校，为了孩子学习成绩而选择寄宿制学校。以上均属于自愿选择产生的需求，政府供给满足程度可算作政绩。另一政绩观就是制造寄宿需求，政府或出于撤点并校的需要而兴建寄宿制学校，强制性要求辖区学生选择寄宿学习；或一厢情愿认为寄宿制学校教育有利于提高教育教学质量，制定寄宿率达成目标，并以建成多少所寄宿制学校作为其功绩。这种政绩观建立在直接或间接违背学生及其家庭意志的基础上，即使达成高寄宿率和提供标准化寄宿条件，也未必是值得称颂的政绩。本研究认为，地方政府行为应该是满足寄宿需求而不是制造需求，必须坚持"寄宿自愿"的基本原则发展农村寄宿制学校教育。两种政绩观在不同政府层面会发生分歧，从而导致寄宿需求过旺而有效供给不足的局面。

从中央政府层面来看，"满足寄宿需求"是其一贯主张，这一点可以从相关文件中找到依据。2001年5月29日，国务院发布的《关于基础教育改革与发展的决定》（国发〔2001〕21号）中提出："按照小学就近入学、初中相对集中、优化教育资源配置的原则，合理规划和调整学校布局。调整后的校舍等资产要保证用于发展教育事业。在有需要又有条件的地方，可举办寄宿制学校。"从文件中可以看出，中央政府强调布局调整后的校舍等资产用于教育，对于举办寄宿制学校也只是一种提倡，其主旨是满足业已形成的寄宿需求。2010年7月，教育部在发布的《国家中长期教育改革和发展规划纲要（2010—2020年）》中提出："加快农村寄宿学校建设，优先满足留守儿童住宿需求。"虽然提出加快建设寄宿制学校，但其最终判断是基于业已形成的留守儿童群体寄宿压力。2012年9月6日，国务院办公厅颁布的《关于规范农村义务教育学校布局调整的意见》（国办发〔2012〕48号）中提出："农村义务教育学校布局要保障学生就近上学的需要。农村小学1—3年级学生原则上不寄宿，就近走读上学；小学高年级学生以走读为主，确有需要的可以寄宿；初中学生根据实际可以走读或寄宿。"时隔11年，中央政府层面始终坚持"确有寄宿需要"的基本原则,进一步说明关于农村举办寄宿制学校的主旨是满足寄宿需求,可以说是政府的一种被动选择。正是由于这种主张,中央政府迟迟没有出台系统的保障政策,一般以专项转移支付等灵活政策支持寄宿制学校建设。

从地方政府层面来看,不少地区确实坚持了"满足寄宿需求"导向。但是,也有很多地方明确提出以达成寄宿率为奋斗目标,从而偏向"制造寄宿需求"的政绩观。以贵州省为例,该省农村学生寄宿率一直落后于中西部地区,特别是农村小学,2010年以前寄宿率仅为6.48%,明显低于全国农村12.07%的平均水平,低于具有同等条件的西部平均水平10.7个百分点。为了大力发展农村寄宿制学校,2011年7月7日,贵州省人民政府出台《贵州省农村寄宿制学校建设攻坚工程实施方案》,明确提出:"十二五期间,强力推进农村寄宿制学校建设,使农村小学在校生寄宿率达到30%,初中在校生寄宿率达到70%。"实际上,该省以山区为主,省内学生分布处于不均衡状态。就小学生而言,中西部地区的遵义、毕节等地区人口密度较大,小学基本还能维持原来一村一校的格局,而东部及东南部的黔东南和铜仁地区生源分散,两种自然条件及人口背景下对寄宿制教育的需求必然不同,统一提出30%和70%的指标并不实际。实地调研发现,西部地区的毕节市很多农村虽然也有部分寄宿需求,但是绝大多数地方小学寄宿需求并不强烈,该地区的赫章县2013年仅有2所小学实行寄宿制。如果要在2015年达到30%的寄宿率,显然是人为制造寄宿需求。

两种政绩观孰对孰错并不重要,关键问题在于政策出台之前必须基于深入调研,了解真正需求,利用寄宿制教育本身的价值,"满足需求"的观点。如果没有了解真正的需求往往会影响适龄儿童接受义务教育,有需要又愿意寄宿的儿童在话语权弱势的情况下难以表达自己的诉求。政府主动制造寄宿需求的观点会将一些并不需要寄宿的儿童强行拽进学校,增加了寄宿制学校的财政压力,绑架了儿童正常的生活。现实中,两种政绩观引致的政府行为往往交织存在,引发了寄宿制学校教育的一系列矛盾,其最终结果都是以牺牲儿童生活品质为代价,必须在政府顶层设计中力避之。

第四节 学校管理理念和制度设计偏离儿童生活

如果说经济发展水平、教育管理与教育财政体制以及政府办学理念是影响寄宿制学校办学条件的外因,那么,学校内部管理制度设计偏离了"生活品质和综合素质提升"的目标而引致诸多矛盾便是内因。目前,很多农村寄宿制学校管理制度设计仍然围绕"学校"和"学习"展开,在人力配备、硬件建设和财力保障上始终无法摆脱"应试教育"的窠臼,管理理念仍然以"管人"为主而非"服务",由此引发的内部管理问题对寄宿生伤害更大。

一 应试教育理念:学习和生活难以有机结合

政府从宏观上把握农村寄宿制学校的发展方向和发展速度,政府的教育理念影响着寄宿制学校的整体规划以及投入力度。而每一所寄宿制学校的发展则受到学校办学理念的影响,学校决策者如果没有发现寄宿制学校与非寄宿制学校功能之间的差别,仅仅把寄宿制学校当作非寄宿制学校在时间上的延伸和空间的转移,那么,寄宿制学校中将学生生活与学习机械结合也就不足为奇了。可以说,寄宿制学校没有处理好教育与生活的关系,相反,将学生寄宿当作应试教育的保障条件,是目前农村寄宿制学校学生学习时间过长、业余活动缺乏的主要原因。造成学校办学思想和办学理念偏差的根本原因则是应试教育思想。

(一)应试教育使寄宿生学习时间过长,课余生活贫乏

"应试教育"是指脱离人的发展和社会发展的需要,单纯为迎合考试争取高分和片面追求升学率的教育。它的最大危害就在于教育内容偏重智育,轻视德、体、美、劳等方面,忽视实践和动手能力,违背青少年成长发育规律,影响学生的健康成长。[1] 应试教育是我国一直存在并为社会普遍关注的一个重要教育问题,应试教育思想一直以来都稳稳地扎根于学校领导及老师心中。走读学校的学生由于在校时间只有白天,时间的制约使

---

[1] 叶有根:《家校结合,走出"应试教育"的误区》,《江苏教育研究》2011年第11(A)期。

得学生放学后教育的场所转移到家庭，家长往往选择让孩子参加补习班等方式来应对竞争。而寄宿制学校通过学生住校控制了学生原来在家庭度过的时光，具备了更便利的应试教育环境，学校自然会采取各种形式把新增时间变为学习时间，如此一来，学生在校时间绝大部分就会被学习占用。学习时间增加自然就会减少业余活动时间，业余活动没有了时间保障，业余活动内容贫乏也是情理之中的事情。尽管很多寄宿制学校将晚饭后的时间安排为学生自习，但是，负责守护学生的教师一般都会将自习变为正课，以充分利用这段时间。

应试教育对农村寄宿制学校产生了全方位的影响：就时间资源分配而言，学习时间和业余时间的总体安排倾向于对学习时间的保证；人力资源分配方面，往往也是注重教学人员的安排而轻视生活指导教师的配备；在财力和物力方面，倾向于教学保障和教学投入，忽视学生生活服务和业余活动设施配置等。这种制度设计模糊了寄宿制学校的特征，把寄宿制学校当作了非寄宿制学校功能的简单拓展，必然会危及农村寄宿制学校的可持续发展，降低寄宿制学校的吸引力。农村寄宿制学校不仅是教学的场所，还是众多儿童生活的地方，它不仅担负着教学功能，还部分承担了家庭监护和抚养的职能以及社会教育的功能，学生的寄宿生活应该是完整的。

（二）应试教育使学校安全教育异化，迫使学校实行"封闭式管理"

安全教育是从根本上预防和控制事故的手段之一，作用在于积极预防，最大限度地降低损害的风险和程度，最终目的是提高学生安全意识、教授基本安全知识、培养学生在日常生活和突发安全事故中正确应对的习惯及防护能力，这也是学校安全管理中的一项基础性工作。在"知识本位"教育方式的主导下，学校安全教育也逐渐呈现"形式化"的应试倾向，一味强调对安全知识的识记，忽视了学生安全技能的掌握和操作能力的培养。学校担心安全教育时间、资源的增加会影响文化课教学或升学率。学校、教师和家长只将其当作一项任务完成，全然没有考虑教育实质目标和效果。正是基于这种态度，安全教育才衍生了"过场秀"的形式化操作，有时甚至出现"安全教育过度"现象，学校为了避免发生安全事故和由此而产生的经济损失，"关起门"办学、"封闭式"管理成为很多学校规避责任和风险的一种方式。学生的活动范围被严格限制，以

"取消活动保安全;降低标准求安全;限制范围为安全"[①]为由,禁止学生春游、校外课外活动、剧烈体育运动等,将存在安全隐患的活动一概加以封杀。过犹不及的安全保护和对可能性危险的逃避,不仅无法切实提升学生的安全素质,同时还扼制了学生视野的扩展、好奇心的萌发、实践能力的提升、挑战自我的锻炼、青春活力的散发。[②]可以说,应试教育的思维方式使学校安全教育采取灌输式的安全知识教育,忽视了学生安全防范能力的训练;应试教育耗费了大量的时间,学校没有时间组织更多的安全教育活动,只有通过取消具有安全隐患的业余活动来规避风险。所以,寄宿制学校安全教育异化的直接原因就是应试教育思想作祟,应试教育模式下的安全教育一方面弱化了学生安全防范能力,另一方面也是导致学校实行"封闭式"管理的根本原因。

(三)家长追求优质教育资源对应试教育观念的强化

农村学生家长对寄宿制学校的认同问题比较复杂,初中学生及小学高年级学生家长一般都认同寄宿制学校对学生接受教育的优势,而低龄小学生家长大多觉得这是一种无可奈何的选择。但是,总体来说,随着教育竞争的日益加剧,为了学生未来的前途,绝大部分农村家长已经把缩小城乡教育质量差距的希望寄托在寄宿制学校教育上。当前农村义务教育的主要矛盾表现为学生及其家庭对优质教育资源的追求与国家优质教育资源供给不足的矛盾,农民不再满足"有学上"的基本要求,"上好学"成了他们的更高目标。随着农村经济的不断发展,农民经济实力增强,观念也随之发生转变,绝大部分家庭已经具备投资教育的经济实力。相对而言,由于农民自身文化水平的限制,他们愿意将孩子的家庭教育权利和监护权利移交给学校。在广大的山区农村,学生寄宿学习已经习以为常,即使住在离学校很近的学生家长也往往选择让学生住校,目的是保证更多的学习时间,以便提高学生的学习成绩。从某种意义上说,农村家庭对寄宿制学校的认同经历了一个从被动到主动的过程,农村特殊的自然条件和布局调整人为制造的上学远使农村学生被动选择寄宿制学校,寄宿制学校可以保证充足的学习时间、培养学生独立生活的能力等优势又成为农村家长认同寄

---

① 李万荣:《走出安全教育的三点误区》,《江苏教育》2008年第3期。
② 张春梅:《谨防安全教育步入误区》,《中小学管理》2001年第3期。

宿制学校的诱因。很难想象，全国农村有3000多万农村学生寄宿，如果没有农村家庭的认同会是一个什么样的局面。就目前情况来看，因为反对学生寄宿而出现的群体事件很少，表明农村家庭对寄宿制学校基本持肯定态度。华中师范大学"中西部农村中小学合理布局结构研究"课题组2008年对广西的调查数据显示，针对"布局调整之后上学远问题的解决办法"的1002份家长问卷中，有698人选择了让学生住校，占调查总数的69.7%。可见，绝大部分家长对农村寄宿制学校持肯定态度。

总之，农村寄宿制学校的利益相关者包括政府、学校、家长和学生，政府、家长和学校具有充分的话语权，为了各自的目的选择寄宿制学校。但是，所有出发点都忽视了寄宿生生活的整体性，现行农村寄宿制学校只是简单地将学生家庭和社会生活部分纳入学校管理范围，至于如何将家庭、学校和社会的功能有机地整合在一起，目前的制度设计并没有过多考虑。正是由于农村寄宿制学校的动力机制偏离了学生的完整生活与身心发展规律，才使得寄宿制学校教育优势得不到充分发挥。政府、学校乃至家长的"功利性"动机使农村寄宿制学校制度设计不完整，降低了寄宿制学校的育人功效和吸引力。农村寄宿制学校管理中出现的人、财、物的问题都与功利化的动力机制密切相关。功利化的制度设计对教育规律视而不见，使得本来可以生机盎然的学生寄宿生活变得单调、呆板，扭曲了学生的童年生活。

二 寄宿制学校功能设计不完善影响学生生活完整性

将学生生活管理纳入学校运行中是寄宿制学校区别于非寄宿制学校的最大特点，因此，寄宿制学校功能设计必须考虑人员安排及设施器材的特殊性。目前，农村寄宿制学校功能不完善主要表现在设计理念和家庭替代性功能的系统安排两方面。由于现行运行机制没有将农村寄宿制学校人力、物力规则明朗化，很多制度多是套用非寄宿制学校或者以前陈旧的制度，以致专门针对农村寄宿制学校的管理制度很不完善。

（一）学校家庭替代性功能设计不足

农村寄宿制学校作为一个系统，主要由学习场所（教室、图书室等）、生活场所（宿舍、食堂等）、娱乐场所（校园）等构成，这些场所的活动构成了学生完整的寄宿生活，也正是这些场所的活动承载了家庭的抚养与教育功能。农村寄宿制学校物质环境的设计疏于家庭功能的安排，使得寄宿制学校成为非寄宿制学校教育形式在时间上的延伸和空间上的转移。家庭替代性功能设计不足是造成当下农村寄宿制学校制度设计出现偏差的根本原因。

1. 家庭具有促进儿童成长的多种功能

前已述及，对农村家庭和学生来说，寄宿制学校是一种被动选择，如何将学生的生活与学习有机地结合起来是寄宿制学校制度设计的关键。明确家庭的功能则是设计替代性功能的前提，那么，对于义务教育阶段的儿童来说，现代社会的家庭承载着哪些功能呢？一般而言，家庭是"家庭成员居住的场所"。社会学中将家庭定义为"概括地、整体地表现家庭人际关系和日常生活赖以进行的场所"。家庭一般具有生产、抚养、赡养、情感满足、教育和保护等功能。[1] 对于学龄儿童来说，家庭的功能主要体现在抚养、情感满足、教育等方面。

首先，家庭具有情感满足的功能。家庭是孩子情感寄托的场所，有史以来，人类就以家庭为单位而生活着。远古时代，家庭成员始终在一个地方共同居住，从早上外出狩猎到晚上带着猎物共同回到洞穴，几乎整天的生活都在一起度过；从中世纪到近代，人们的家庭生活形式发生了改变，整天的生活并非全在家中进行，人们早上出门在各自的岗位劳作，晚上回到家中，就连儿童也是早晨上学，傍晚回家，尽管如此，家庭仍然是工作之余的歇脚之所。随着经济、社会的发展，现代社会人们的活动范围扩大了，人类家庭以外的共同生活成为了可能，社会压力与规范使得人们对家庭生活不得不割舍。但是，人们的心理动机和倾向仍然指向家庭，现代社会紧张的生活节奏和巨大的生活压力使人们更加关注家庭的根据地功能。[2] 人是社会性的存在，在与他人交往中必然伴随着情感和情绪，而情感和情绪的变化往往会影响到身心健康。家庭还具有缓和紧张情绪和情感的功能，家庭中有着情感和情绪安定的基础。对于学生而言，在学校紧张的学习之余回到家中，通过与父母和亲人的言语沟通及其融入家庭氛围，

---

[1] 杨静慧：《缺损与补偿：妻子留守型农村家庭功能研究》，《湖北社会科学》2009年第5期。

[2] 方建移、何伟强：《家庭教育与儿童社会性发展》，浙江教育出版社2005年版，第3—8页。

可以缓解紧张情绪。也就是说，家庭的情感满足功能对孩子的成长起着至关重要的作用，这也是农村寄宿制学校制度设计时必须考虑的重要因素。

其次，家庭具有抚养功能。对于义务教育阶段的学生而言，这种抚养主要是为学生提供衣、食、住、行所必需的生活品，家庭的物质供给是学生学校学习的物质基础。抚养功能专指上代人对下代人应尽的养育责任和义务，即家长对未成年人，包括婴儿、儿童、少年及未自立的青年人的养育过程，目的是使新的一代成长为合格的社会成员。人的幼稚期较长，从出生到成熟，从不能自立到完全独立生活，需要十几年或二十几年的时间，其间的衣、食、住、行都必须依赖家庭的供给，依赖父母亲的抚养与培育，家庭的抚养功能既不能解除更不能弱化，直到今天仍然如此。从法律上讲，抚养包括四个方面的内容：一是精心关怀、照料子女，为子女营造安全、健康、幸福的生活条件和氛围，确保子女的生命权、健康权、生存权；二是提供子女所必需的一切生活费用，为子女健康成长和发展提供经济保障；三是提供子女教育、学习费用，保证子女充分享受接受义务教育的权利，为提高子女的文化素质和培养其生活技能创造条件；四是言传身教，身体力行，以健康的思想、品行和正确的方法教育子女，使生活抚养与家庭教育有机统一起来。家庭的抚养功能其实也包含了长辈对晚辈的监督和保护的权利与义务。现代社会家庭对孩子的抚养责任不仅仅是满足基本的温饱问题，更多的是在向优育方向发展，其中就包括了对孩子的营养问题的关注。

最后，家庭具有教育功能。家庭教育主要是指父母对子女实施的教育，家庭教育是家庭的永恒功能。《中国大百科全书》（教育卷）把家庭教育定义为："父母和其他年长者在家庭内自觉地、有意识地对子女进行的教育。"这个定义强调了家庭教育是家长有意识的行为，实际上，家庭教育还可以做更为宽泛的理解。邓佐君在《家庭教育学》中认为："家庭教育是在家庭生活中发生的，是以亲子关系为中心，以培养社会所需要的人为目标的教育活动，是人在社会化过程中，家庭（主要指父母）对个体（一般指儿童、青少年）产生的影响作用。"家庭教育是学校教育的基础，是对学校教育的配合与补充。影响家庭教育的因素包括内部因素和外部因素两个方面，家庭内部因素与家庭生活环境、亲子关系和家长教养观念与教养方式有关；外部因素主要指社会生活对家庭教育的影响。① 家庭教育中，父母是孩子的首任教师，也是终身教师。父母对孩子所负的责任不仅包括保证子女身体健康、安全和正常发育，还要传授科学知识、生活知识，发展智力，培养其适应社会生活的各种能力，进行品德教育等。亲子关系是家庭教育的逻辑起点，家庭互动是家庭教育的基本形式，家庭文化是家庭教育的文化内涵。② 我国传统农村家庭处在一个相对稳定的社会结构当中，家庭的教育是一种双系结构，即父母双方共同协作，而且以父母协作为主，其他家庭成员及亲属只是起着一种辅助作用。随着大量农村剩余劳动力外出务工，农村出现了大量留守儿童，使得传统家庭教育功能的双系结构发生变化，由于父母一方或双方外出务工，对子女的抚育便落在父母其中一方或亲属身上，传统农村家庭教育功能的双系结构、双系抚育主导性便由于双系结构的分裂、瓦解而受到了冲击，呈现出单系结构或者执行主体变迁甚至缺失的情况。③ 总体上说，农村家庭教育功能对学生的成长影响具有两面性。一方面，落后的生产力背景下产生的小农意识不利于下一代融入现代社会；另一方面，乡村淳朴的道德风尚又具有可继承性，特别是在这样一个物欲横流的社会，乡村气息中透出的真诚是难能可贵的。

2. 学校制度设计不足以补偿家庭功能的缺失

学生无论是出于什么原因离开家庭到学校寄宿学习，实质上都已经出现了家庭功能向寄宿制学校的转移。农村寄宿制学校制度设计一方面要继续保持学校教育功能，另一方面要应对新情况，承接学生家庭转移出来的部分功能，这一部分功能可以称作家庭替代性功能。具体来说，寄宿制学校必须设置相应的机构承担学生家庭情感寄托的责任；负责学生在校期间的监护与抚育，特别是学生身心发展。另外，学校从科学文化知识传授方面可以替代家庭教育，但是，现有制度设计中生活教育缺位，没有相应的组织对此负责。

首先，农村寄宿制学校宿舍功能设计简单化，无法全面替代家庭功能。走读的学生放学回家，可以将学校生活的感受与家人分享，以此缓解

---

① 方建移、何伟强：《家庭教育与儿童社会性发展》，浙江教育出版社 2005 年版，第 10—13 页。
② 缪建东：《家庭教育社会学》，南京师范大学出版社 1999 年版，第 20—118 页。
③ 陈欢：《对传统农村家庭教育功能变迁的思考》，《教育发展研究》2007 年第 3（A）期。

紧张情绪，这种与家人的情感交流有充分的时间和空间做保障。如果一天的紧张学习之后，接下来是更紧张的学习，学生会出现心理疲劳。家庭是学生心理和生理休息的场所，而一旦学生寄宿，就会失去这个场所，从而出现难以适应寄宿制学校生活的情况。因此，寄宿制学校制度设计必须考虑安排学生生理和心理休息的场所，显然，现行寄宿制学校将这一功能赋予了宿舍。然而，现行寄宿制学校宿舍功能设计简单，仅仅考虑了学生基本的生理休息的需要。在空间提供、物质条件保障和人员配备上均没有相应配套措施。在寄宿生空间保障问题上，目前绝大部分寄宿制学校只能基本满足学生睡觉的需要。寄宿生居室空间不足直接影响到居住环境，学生很难在一个拥挤不堪、臭味充斥的场所寻觅到家的感觉。因此，除了下晚自习回去睡觉外，一般学生很少回宿舍整理自己一天的思绪，缓解身心疲劳。同时，宿舍也没有配备充足的生活指导教师负责管理，即使有的学校配备了生活教师，也只是充当着宿舍管理员的角色，负责看管宿舍财物和督促学生按时睡觉。另外，宿舍基本上也没有学生的私人空间。因此，学生无法以宿舍为根据地缓解自己紧张的情绪，宿舍环境也没有寄托学生情感的功能。宿舍达不到承接家庭转移功能的目的，造成家庭缺失的功能无处补偿，也造成了学生管理上的难度，这一部分责任自然而然地转移到教师身上，分散了教师精力，加重了教师负担。也正是由于宿舍没有设计育人功能，所以对生活指导教师的要求也就相应降低，简单的工作和低廉的工资使现行农村寄宿制学校的生活教师只是一个宿管员的角色。宿舍功能设计不完善不仅影响了学生的生活质量，而且影响着寄宿制学校的正常运行。

其次，农村寄宿制学校食堂运作方式难以保障学生合理的营养供给。从某种意义上说，学生食堂承载着家庭转移给学校的抚养功能，保证学生正常身体发育是食堂工作的重心。但是，现行农村寄宿制学校食堂难担如此重任。食堂硬件设施难以满足学生进餐需要，很多学生食堂总体面积不足，设备简陋，基本上没有餐桌等设备，露天就餐的学校比比皆是，一旦遇到恶劣天气，学生更加艰难。尽管食堂硬件设施难以充分满足当前寄宿生的就餐需求，但是其基本建设还是国家财政投入。与硬件设施相比，农村寄宿制学校食堂的工作人员却没有正式编制，食堂经营大多采取承包制或半承包制。在这种经营模式下，食堂工作人员的工资、食堂设备等都被计入成本，最终由学生全额承担。同时，国家为了保证学校食堂饭菜质量，严禁食堂营利行为，但是，就食堂经营者来说，员工工资及设备添置均需自行解决，而这些支出来自食堂的盈利。也就是说，食堂只有保证盈利状态，才能保证其正常支出，允许盈利存在就给营利行为留下了空间。食堂盈利来源于总成本的降低或者是饭菜价格提高，显然，这两种途径的最终承受者都是学生。提高饭菜价格会引起学生及家长的反对，形成不良的社会影响，因此，一般的学校食堂都会采取降低饭菜质量、减少食堂成本的方式保证盈利。在正式编制紧张的情况下，一般学校对食堂同时拥有监督和运营两种责任，在这种管理体制下，食堂饭菜质量很难得到有效保障。除此之外，学校管理者观念落后也是影响寄宿制学校学生营养供给的主要因素。很多学校领导对于食堂的管理还停留在让学生吃饱的基本层面，营养意识不足，所以，对食堂的质量监管主要在饭菜的分量及口味，很少考察营养搭配问题。相比之下，随着农村经济条件的不断改善，一般走读学生家庭已经开始注意营养结构问题。显然，学校食堂的管理理念和运行模式使得其功能设计难以满足寄宿生的营养需要，食堂对于家庭转移的抚养功能有效承接能力不足，影响了寄宿生正常的发育。

最后，农村寄宿制学校学生安全法律责任不明，导致校园生活失去活力。寄宿制学校封闭式管理限制了学生的自由活动，校园功能设计违背了学生身心发展规律。对于走读学生来说，每天放学回家绝大部分时间是自由的，这种自由没有空间的限制。自由支配的时间和空间正好适应了中小学生年龄特征，有利于学生创新能力的培养。相比之下，校园对所有寄宿生来说具有空间意义上"家"的概念，学生完整的生活需要自由活动。但是，绝大部分农村寄宿制学校为了安全起见，采取全封闭式管理，学生的自由仅仅限于校园内。尽管很多学校也积极组织各种活动来丰富学生的业余生活，但是时间长久以后，程序化安排的各种活动令人乏味。失去拥抱自然的机会，学生也就相应失去了灵感与灵性，相对自由的业余时间才能保证寄宿生生活的完整性。

农村寄宿制学校封闭式管理的根本原因在于家庭与学校之间监护责任的转移缺少法律依据。学校对未成年人人身安全到底负有何种责任，目前学界对此有两种观点：一种看法认为学校与未成年人之间是监护与被监护的关系，自未成年学生进入学校控制、管辖区域之时起，其父母、近亲属等监护人对于未成年人人身安全的保护义务就全部、当然地转移给了学校,学校实际上就成为未成年人在校期间的监护人,对于未成年人在校期间发生的人身伤害事故当然要承担未尽监护职责的责任;第二种观点认为学校对未成年学生承担的是教育和管理责任。学校既不是未成年学生的监护人也不是临时监护人或委托监护人,学校作为专门对学生进行教育的机构,其依照相关法律法规的规定对学生进行教育管理,并对学生在校期间的人身安全与健康负有保护的责任。[1] 对于普通学校而言,教育部《学生伤害事故处理办法》第5条明确规定了学校的安全保障义务,即对在校学生负有安全教育、管理、保护的义务。因此,监督、管理、保护是学校必须履行的法定义务。但是对于农村寄宿制学校来说,由于学生一周绝大部分时间都交由学校管理,因此学校就负有更多的教育和监管责任。学校在推行此类管理的同时就必须考虑到未成年人和家长分离的特殊情况,既然推行了封闭管理就要负起周一到周五临时监护人的责任,起到监护作用,否则就是失职行为。但是,寄宿制学校对学生寄宿期间的安全问题到底承担什么义务,目前还没有专门的法律对此界定。现有针对非寄宿制学校的法律法规是否适合寄宿制学校也有待论证,在实际问题的处理中,学校往往被认为难脱干系。正因为如此,学校一般都采取保守措施,限制学生自由以减小安全事故发生的概率。这是一道难以破解的难题,如果不妥善解决会直接影响到学生的身心健康。

(二)生活指导教师职责定位模糊,难以真正充当代理家长的角色

教育活动是教育者和受教育者通过教育中介系统而进行的一种双边活动,教育者对受教育者施加影响的方式是教育活动的主要内容,因此,农村寄宿制学校中作为教育者的人员配备至关重要。在学校基本办学条件具备的前提下,学校教职员工对学生的影响在教育活动中发挥着主导作用,寄宿制学校人员保障机制的设计必须充分考虑其办学模式的特点,使学生的生活与学习有相应的专业人力保障。也就是说,寄宿制学校必须配备相应人力承接临时家长的职责,否则就会出现学生生活监管缺位的现象,这一点对低龄寄宿学生尤为重要。就目前农村寄宿制学校而言,参与教育和

---

[1] 刘晶:《浅析在校未成年学生人身伤害案件中学校的责任——以封闭式寄宿制学校为例》,《法制与经济》2011年第1期。

服务活动的人员主要包括专任教师（含学校行政人员）、宿舍管理人员、食堂服务人员和安全保卫人员等。严格地说，专任教师的主要职责是完成教学任务，课余学生生活的照顾与人身安全的保护并不是教师的法定义务，专任教师对学生生活的关照属于教师职业道德规范倡导的内容。虽然目前农村寄宿制学校教师将学生就餐、就寝等作为自己的工作职责无条件承担，实际上也是不得已而为之，因为学校没有能力安排专职人员来负责这项工作。让专任教师承担家庭转移的学生饮食起居照顾的责任并不科学。一方面，教师精力有限，如果过多分心照顾学生生活会影响其教学精力的投入，实际上是专任教师人力资源的不充分利用，存在着资源浪费的现象；另一方面，专任教师也不会全力完成自己职责之外的事情，即使是学校制度强行规定，其行为也顶多属于顺从。而有效照顾学生生活是一项细心且复杂的工作，显然，专任教师实际上无法担任代理家长的角色。在实际调查中发现很多学校都认为自己配备了生活指导教师，但是，这些人员大多是从社会上招聘的临时工，充其量只是一个宿管员。现行寄宿制学校所谓的生活指导教师素质偏低、工作简单、待遇低下。究其根本原因还在于生活指导这一职位功能设计不完善，制度设计者只是将宿舍作为学生睡觉的地方，没有考虑到其作为学生生活的物质依托的定位，也就是没有赋予宿舍生活教育的功能。显然，这种制度设计下的生活指导教师也难以承担家庭转移的抚养功能。在现行制度安排下，食堂服务人员与寄宿生之间更接近一种商业关系，更难承担安排学生生活的重任。由于没有相应的人员配备，寄宿生的学校生活基本上以教师为主，奉行的是学习至上的逻辑，由此而展开的一切行为都围绕着学习进行。专任教师主宰了学生课堂时间和课余时间，忽视了寄宿生业余生活，影响了学生生活的完整性。农村寄宿制学校人员配备没有适应工作内容的变化，成为农村寄宿制学校发展的"瓶颈"。

综上所述，当前的寄宿制学校管理大多都处于一种"教学"与"看管"双重任务简单叠加的机械状态，根本没有将寄宿制学校的教育与生活看成是一个整体来进行系统考虑。寄宿制学校制度设计没有周密考虑学生生活的安排，完全是在以教学为中心的前提下组织所有活动，学校没有成为亲情化的学习乐园。这种制度设计不利于学生的健康成长，同时也阻碍了寄宿制学校本身全面育人优势的发挥，降低了农村寄宿制学校的吸引力。农村寄宿制学校制度设计偏重于国家、学校、家庭、社会的利益，恰恰忽视了作为服务主体的学生的要求，这是目前农村寄宿制学校内部管理问题种种表现的根源。

第七章　促进农村寄宿制学校内涵发展的对策思路

新中国成立以来，农村寄宿制学校在各级政府的推动下逐步成长壮大，寄宿制教育在解决民族教育落后问题、保证农村中小学布局调整顺利实施、完成"普九"攻坚重任以及解决留守儿童教育问题等方面取得显著成效。然而，农村寄宿制学校本身的发展却囿于社会效益价值取向的各项政策，其补偿农村家庭抚育缺失、促进弱势儿童群体现代化以及提供优质教育资源等价值彰显不够，影响了寄宿制教育育人优势的发挥。寄宿制学校本身是高成本的办学形式，这种高成本主要体现在其对人力、财力、物力和管理制度等的特殊要求方面。为了促进农村寄宿制学校内涵发展，政府顶层设计必须围绕提升农村儿童生活品质和提高他们的综合素质这个中心，从国家层面制定底线标准，以确保经费供给、人员配备、基础设施建设和管理制度等方面适应学生寄宿学习生活的特点。

第一节　构建农村寄宿制学校长效经费保障机制

农村寄宿制学校建设的绝大部分责任归属于县级政府，县级财政是寄宿制学校发展的基础。各级政府政策制定并没有区别寄宿制学校与非寄宿制学校，因此，农村寄宿制学校往往被视为解决其他社会问题的工具，其投入带有偶然性、随意性，难以保证寄宿制学校可持续发展。作为适应农村地区特殊条件的一种办学形式，农村寄宿制学校逐渐成为义务教育的承载主体，构建长效经费保障机制势在必行。农村寄宿制学校教育公共产品的属性决定了其经费投入主体必然是政府，构建长效经费保障机制就是根据中央和地方政府各自的权力和责任，遵循财权与事权对称的基本原则，明确各级政府的具体投入责任,并且将责任制度化、法制化,规避各投入主体的卸责行为。在政府财力有限的情况下,积极鼓励社会力量参与农村寄宿制学校建设,构建社会捐赠鼓励机制,拓宽资金来源渠道。

一 构建中央与地方各级政府间的成本分担机制

农村寄宿制学校教育是义务教育的特殊形式,各地农村自然条件的不同决定其公共产品属性范围既具有全国性,又具有明显的地方性。因此,农村寄宿制学校办学成本在各级政府间要合理分配,才能保证贫困地区农村义务教育的资金来源,确保农村普及义务教育目标的实现。

(一)加大中央政府专项转移支付力度

保障义务教育均衡发展,保证所有适龄儿童公平接受义务教育是公共财政的重要责任。由于各地经济发展水平不同,地方政府收入差距较大,特别是贫困地区低层级政府支付能力受到极大限制,"以县为主"的义务教育管理和财政体制使县级政府成为农村寄宿制学校建设责任的承担者。这就需要高层级政府运用转移支付的手段均衡各地义务教育的发展,否则,差距会越拉越大。

1. 加大中央政府财政转移支付力度的必要性

政府间的财政转移支付能够有效地按照国家义务教育的统一标准为贫困地区提供均等化的教育服务。特别是中央政府的财政转移支付更是十分必要的。

首先,农村寄宿制学校教育是一种公共产品,从理论上讲,政府在向所有人征税后,应当有效地满足纳税人的教育需要。但是,实行分税制以后,地方财政收入能力差别较大,如果寄宿制学校教育完全由地方财政负责,不可避免地会造成义务教育服务水平的非均等化。寄宿制学校教育逐渐成为农村义务教育提供的主要形式,寄宿制学校非均衡发展必然危及农村义务教育均衡发展,从而反过来加剧社会经济的不平等,最终危及社会稳定。因此,只有中央政府采取转移支付的办法来弥补地方政府间财政能力的差异,才能实现地方义务教育财政的横向平衡。[①]

其次,作为农村义务教育的主要办学形式之一,农村寄宿制学校教育

---

① 劳凯声:《面临挑战的教育性》,《教育研究》2003年第2期。

同样具有收益的"外溢性",县级政府提供的公共产品收益范围已经超出了其所辖的行政边界,保障本辖区内有特殊困难的适龄儿童上学,就是在为提高全民族素质做贡献,况且,解决留守儿童寄宿学习问题本身就具有保障农村剩余劳动力顺利转移的直接经济效益。政府通过转移支付平衡各方利益可以保证全体公民的权益。

最后,加大中央转移支付力度有利于减轻农民负担。如果地方财政无力满足寄宿制学校的投入,必然会直接或变相地向农民摊派。农村寄宿制学校食堂运营便是一个典型的例证,在没有财力支持的情况下,学校通过提高饭菜价格,降低饭菜质量等方式将成本转嫁给农村家庭及学生;有的地方以保证学生营养为由向学生收取早餐费,从中牟利。其实,这些成本都是因学生寄宿而产生的,由学生家庭全额承担有违义务教育旨意,损害了教育公平。尽管"两免一补"政策出台缓解了这一矛盾,但是,贫困寄宿生的补助来源于地方财政,地方财力薄弱的地区只好"打折"完成这一任务,各地贫困寄宿生补助覆盖面悬殊就是有力的证明。①

2. 转移支付的形式:无附加配套资金的专项转移支付

中央义务教育财政转移支付通常分为两类,即一般性转移支付和义务教育专项补助。相比之下,专项转移支付较之一般性转移支付容易得到落实。以2001年为例,当年中央财政用于地方的转移支付共计3666.95亿元,其中,县级政府安排使用1834.78亿元;占转移支付总额的50.04%,地方财政安排使用733.52亿元,占总额的20%;省级财政使用1098.65亿元,占29.96%。由此可见,在一般性转移支付中,县级财政实际上只得到了50%,其他资金被省、地市截留使用。就专项转移支付而言,省、地市截留的情况相对少得多。以2000年为例,中央对地方的工资性转移支付为216.98亿元,其中县级使用163.69亿元,占75.44%,地市留用25.96亿元,占11.96%,省级安排使用经费27.33亿元,占12.6%。显然,专项转移支付资金用于县的比例要远远高于一般性财政转移支付用于县级的平均比例。② 另外,按照补助款项是否要求下级政府资金配套划分,用于义务教

---

① 邬志辉:《农村义务教育经费保障新机制》,北京大学出版社2008年版,第32—33页。
② 范先佐:《构建"国家办学,分类承担"的农村义务教育财政体制》,《教育发展研究》2004年第4期。

育的专项补助可以分为配套补助和非配套补助。配套补助主要按项目分配，补助的规模取决于地方政府本身的支出金额；非配套补助属于一次性专项补助，虽然也规定用于义务教育，但是对于如何使用以及使用在哪些方面并无具体限制。现行中央财政多采取专项转移支付的方式且需要地方资金配套，如2005年中央财政对地方转移支付规模达到7330亿元，其中专项转移支付就达到3517亿元。由于这种转移支付需要地方拿出配套资金，于是经常出现所谓"地方向中央钓鱼"的现象。一旦地方政府拿到了专项资金，原来的承诺就会因为配套资金无法兑现而搁置，或者通过其他形式推卸责任，使得专项资金无法真正用于指定项目。更为严重的是，财力薄弱的地方政府为了得到中央的转移支付资金，举债配套，干扰了地方财政预算，加剧了地方财政收支失衡。因此，对于农村寄宿制学校的补助形式应该采取专项转移支付，而且，这种专项转移支付要在没有附加配套资金的前提下指定用于农村寄宿制学校建设。

3. 转移支付的内容：生活指导教师工资及寄宿生生活成本

在布局调整的推动下，农村初中基本上已经集中到乡镇，甚至集中到县城，硬件设施不断改善，如何保障现有学校高效运转是今后一段时间的主要任务。农村寄宿制小学整体发展滞后于初中，面临着基础建设、资金保障和学校管理等一系列问题。初中和小学阶段共同存在的问题是生活指导教师的配备与寄宿生生活成本分担问题，解决这些问题需要有长期稳定的资金保障，而且数额巨大，由中央财政对贫困地区实行转移支付才能真正保障其正常运转。

首先，农村寄宿制学校将巨大的生活与交通成本转嫁给了农村家庭，为了解决这一问题，中央财政在实行几次大规模的以硬件设施为主的寄宿制学校专项转移支付后，将重点转向了贫困寄宿生生活补助。按照规定，此项资金主要由地方承担，中央财政对中西部地区实行配套性转移支付。从2007年秋季开始，中央出台中西部地区寄宿生生活费基本补助标准，由地方确定补助比例，中央对落实基本标准所需经费总额的50%予以奖励性补助，这实际上就是一种配套性转移支付。这项补助实际上是为了鼓励地方政府对新增寄宿成本的分担，但是，各地财力的巨大差距使得补助金额和比例悬殊。从理论上讲，农村寄宿制学校教育是义务教育的特殊形式，其本质属性是公共产品，应该是免费教育。新增寄宿生的生活成本、交通成本应该由公共财政负责承担，每一个实行寄宿学习的学生都可以享受全额或部分免费，这是义务教育本质属性的要求，只对贫困寄宿生实行补助实际上违背了义务教育的基本原则。对于贫困生的补助属于学生资助的范围，虽然财政可以进行补贴，但是，这种补贴并不属于寄宿生新增寄宿成本的分担。正是由于现行政策模糊了这两个概念，才将公共财政本来应该承担的责任转化成对贫困寄宿生的资助，既然是资助，那么受益面就可以根据地方财政能力具体确定，因此，各地对贫困寄宿生的补助比例也不一样。显然，公共财政分担农村寄宿生新增寄宿成本是义务教育的应有之义，但是，这是一项巨大的支出，贫困地区县级财政无力全额承担，中央财政专项转移支付是解决问题的最好办法，可以采取专项配套转移支付。只是受益对象面向全体寄宿学生，转移支付总额会大幅增加，因而中央财政应该承担更多责任。专项转移支付直接指定具体项目，专项用于食堂，实行农村寄宿生营养计划。此项转移支付的比例可以采取分区域区别对待的方式，中西部比例高于东部地区。贫困寄宿生生活困难问题不是农村寄宿制学校的主要问题，随着农村经济的不断发展，其涉及面越来越小，在普遍享受新增成本补助的基础上，可以将责任交由地方财政负责和社会力量支持。县级政府更接近基层，贫困寄宿生信息比较容易获得，可以避免各地为了获取更多的补助而夸大贫困程度。

其次，农村寄宿制学校与非寄宿制学校相比，最大的区别是将学生的生活移入学校，由此产生的成本除了生活成本外，最大的一项就是新增服务人员工资。为了保障寄宿生生活的完整性，必须配备生活指导教师专门负责生活服务，小学低龄学生寄宿的最佳形式是保育制，这就更需要有专门的生活指导老师负责。同时，寄宿制学校承担着学生社会化的责任，除课堂教学的主阵地外，对学生生活方式进行养成教育也是必不可少的内容。因此，既不能简单聘请社会人员充当生活教师，采取低素质、低待遇的方式节约成本，也不能将这项工作强加到专任教师身上。必须培训专门人员，提高生活教师素质和待遇，明确相应职责，这样才能充分发挥农村寄宿制学校全方位育人的优势。寄宿制学校对人员要求的特殊性决定了其本身是一种高成本的教育形式，目前寄宿制学校新增的人员工资成本基本上是通过加重专任教师负担隐形转嫁，抑或通过降低服务质量，采取减少人员和低素质、低待遇的方式勉强维持。学校教育效果的滞后性决定了寄宿制学校教育对学生社会化作用的滞后性，配备高素质的生活指导教师对寄宿生成长的效果并不会在义务教育阶段及时表现出来。因此，地方政府领导投入多少并不能影响其政绩，地方政府对人员经费增加缺乏内驱力。而人员工资具有刚性增长的特点，一旦确定就会成为一项长期性支出，这无疑会给财力薄弱的地方政府造成很大的压力，地方政府承担农村寄宿制学校新增人员成本并不现实，因此，农村寄宿制学校新增人员工资成本需要通过中央财政专项转移支付解决。西部、中部及东部地区地理环境决定了学生寄宿需要的刚性，国家必须制定合理的生活教师编制标准，采取财政转移支付的方式全额承担生活指导教师的工资，对其他农村地区寄宿制学校可以按比例与地方政府共同承担。

（二）明确地方政府的投入责任，确保"中央地方共担"意图实现

2005年12月，国务院印发的《关于深化农村义务教育经费保障机制改革的通知》中提出："按照'明确各级责任、中央地方共担、加大财政投入、提高保障水平、分布组织实施'的基本原则，逐步将农村义务教育全面纳入公共财政保障的范围，建立中央和地方分项目、按比例分担的农村义务教育经费保障机制。中央支持中西部地区，适当兼顾东部部分困难地区。"首次明确提出了各级政府在农村义务教育经费保障方面的责任，规定了明确的分担比例，实现了从"以县为主"到"中央地方共担"的跨越。"新机制"是农村寄宿制学校经费保障机制制定的前提和依据，是地方政府承担农村寄宿制学校建设责任的基本原则。

1. 省级财政转移支付内容：宿舍、食堂等生活服务基础设施

义务教育责任"中央地方共担"不仅仅指中央和县级政府，也应该包括省级政府。根据多级政府间的职能分工要求，省级政府对于财力困难的县市有帮助其达到公共服务最低公平标准的责任，而且，按照目前的财政体制，省级政府财力集中度仅次于中央财政，而且负有对所辖县市进行财力调控的职能。因此，省级政府有必要对财力困难的县市义务教育进行转移支付。[①] 寄宿制学校是农村义务教育的难点和薄弱环节，省级政府对农村寄宿制学校投入是其承担责任的着力点。然而，"新机制"中省级政府转移支付作用没有完全体现出来，省级财政在改变辖区内义务教育不均

---

① 邬志辉：《农村义务教育经费保障新机制》，北京大学出版社2008年版，第53—54页。

衡状态中没有完全发挥作用。

公共选择理论认为，人类社会由两个市场组成，即经济市场和政治市场。人都是理性经济人，追求个人利益最大化是其决策的基础，这一点无论在经济市场和政治市场都普遍适用。因此，各级政府的决策者都有追求政绩的偏好，其决策也往往会朝向能体现自己政绩的领域。中央政府决策者的政绩观是兼顾全局，以整个国家的繁荣昌盛为最大政绩，而地方官员一方面要注重辖区内全局；另一方面要向上级展现自己的政绩，以满足自己的实际利益和心理需要。对于农村寄宿制学校而言，能体现政绩的莫过于基础设施建设，而对于学生和教师的投入具有隐形的特点，难以彰显，因此地方官员热衷于基础设施建设。在这种情况下，中央政府为了顾全大局，进行人力投入具有合理性。同时将基础设施建设的责任交给地方政府，以充分调动地方投入的积极性。随着布局调整的不断推进，加上留守儿童教育问题的凸显，农村寄宿制学校教育需求日益增长，而政府有效供给明显不足。现有农村寄宿制学校容量不足，办学条件普遍较差，管理欠规范是有效供给不足的集中表现，其中，基础设施不足仍然是主要矛盾之一。在中央财政分担新增寄宿生生活成本和人员工资成本的基础上，地方政府的投入中心应该放在基础建设方面。寄宿制学校教育是基础性教育，也是最大的公共产品之一，省级政府财政能力仅次于中央政府，根据财权与事权对称的基本原则，有责任对农村义务教育的重点和薄弱环节进行扶持性投入。结合地方政府投入偏好，选择将农村寄宿制学校基础建设作为省级财政转移支付的着力点具有合理性。省级财政应该把转移支付的重点放在小学寄宿制学校基础建设方面，具体可以采用专项配套转移支付的办法，利用农村小学寄宿制学校建设项目工程的模式扩大小学寄宿制学校有效容量，切实保证有寄宿需求的学生可以住校学习。

2. 县级财政责任：新增公用经费及后勤服务人员工资

财政部、教育部颁布的《中小学校财务制度》和《中小学校会计制度》将中小学公用经费分为六大类：公务费（为开展教学活动所发生的办公费、水电费、会议费、差旅费、邮电费、机动车辆燃料费、清洁用品和其他）；业务费（为开展教学活动所发生的教学业务费、实验实习费、文体维持费、宣传费等）；业务招待费（为开展业务活动需要而合理开支的接待费用）；设备购置费（因教学和管理需要购置的仪器设备、文体设备、图书、一般设备以及省财政和主管部门规定,按有关收入的一定比例提取,列入设备购置费开支的修购基金);修缮费(教学和管理用房屋、建筑物和各类设备维修所发生的人工、材料及费用支出,以及公房租金和不够基建立项的零星土建工程费用);其他费用。调研资料显示,这六项中因寄宿而增加的部分主要包括水电费、文艺体育等课余活动设施设备费两大项,显然,这两项费用并没有超出县级财政的承受能力范围。除此之外,食堂工勤人员工资可计入食堂运行成本,保安人员数量相对较少,这些都不是主要矛盾,完全可以交给县级财政解决。

义务教育的管理体制核心是"以县为主",对于涉及教学基础设施的基本支出并不属于新增寄宿成本,可按既定管理规定执行。不仅如此,还需由省级甚至是国家层面出台农村寄宿制学校建设底线标准,约束县级政府以寄宿制学校建设作为工具盲目撤并学校的行为。目前,农村寄宿制学校教育的强大需求本身就来源于县级政府压缩教育支出的推动,县级政府为了达到教育规模效益,在没有认真比较撤并节约成本与寄宿制学校建设成本的情况下,盲目撤并村小和教学点,在寄宿条件不成熟的情况下不断加大布局调整力度。只有制定农村寄宿制学校建设基本标准,由县级政府承担寄宿制学校的初建成本,才能保证地方政府理性地撤并农村中小学。对于财力薄弱又确实存在强大寄宿需求的县,省级财政必须予以转移支付,与县级财政共同承担寄宿制学校初建成本。不仅如此,为了防止县级政府通过撤点并校,牺牲农村学校办学条件和办学质量以达到减少财政支出的目的,必须对撤点并校节约的支出专款专用,避免实际形成的义务教育财政"挤出效应"。近年来,各地农村大量撤并村小和教学点,一方面是生源稀疏的客观原因所致;另一方面则是由压缩教育财政支出动机的主观决策造成的。因为撤点并校带来的直接问题就是学生寄宿需求的增加,所以对于撤并之后闲置校产的处理收入必须对口用于寄宿制学校建设。对合校并点后闲置的教育资产,进行置换、拍卖和出租,最大限度地盘活教育资产。要对中小学布局调整闲置校产进行清理登记,明确中小学布局调整学校的产权归属,明确处置所得必须用于发展教育,所得资金要全部用于寄宿制学校建设。[①]

[①] 李尽晖:《新疆农牧区寄宿制学校发展的路径选择》,《中国民族教育》2011年第11期。

3. 鼓励乡（村）级政府非货币投入支持辖区寄宿制学校建设

虽然"以县为主"的管理体制将发展农村义务教育的职责从乡镇政府剥离，但是，农村寄宿制学校生存和发展对乡村经济社会发展仍然具有举足轻重的地位。乡镇政府没有对中小学资金投入的责任并不代表其应该无所作为。乡镇政府可以通过一系列措施保障农村寄宿制学校周边社会环境、资助本乡本村贫困儿童、为农村寄宿制学校建设用地等提供便利，从而营造寄宿制学校良好的生存环境，最大限度地提高资金使用效率。非货币化的投入往往会降低办学成本，从另一个角度看也就是对学校建设的投入。其实，自从2001年义务教育实行"以县为主"的管理体制之后，乡镇政府虽然减轻了财政压力，但同时也失去了手中的权力。家庭联产承包责任制使得乡村实际上变成了一个松散联合体性质的组织，乡镇政府的服务内容和服务对象逐渐减少，无所事事的局面使基层政府官员产生心理落差。在此情况之下，适当赋予他们一定的义务有利于提高工作的挑战性。同时，随着乡村小学的不断撤并，原来村落文化失却了依托，心理落差往往会激发村民及乡镇政府对学校的依恋与依赖。江西省铜鼓县大塅镇政府积极扶持大塅中学就是一个典型的实例，根据目前的管理体制，大塅镇政府已经没有了对学校进行资金投入的责任。但是，镇政府逢年过节总要抽出部分资金到学校慰问老师，对于学校周边的环境治理和关系协调总是积极参与。一方面，政府从积极支持教育的行动中感受到了工作的充实；另一方面，学校可以因此节约维护周边安全所需的大量资金。当地政府非货币化投入可以节约寄宿制学校成本，从而提高公共财政投入资金的使用效率。

（三）进一步实施农村寄宿制学校建设工程费用减免政策

农村寄宿制学校建设涉及国土资源管理部门、建设部门等相关管理机构，会产生很多额外支出。考虑到农村义务教育的特殊性和寄宿制学校建设的实际困难，保证寄宿制学校建设资金专项用于寄宿制学校，各级政府应该制定相关政策，对与寄宿制学校有关的收费实行减免。这样就可以保证在拓宽资金来源的同时节约资金，提高使用效率。根据目前的发展趋势，今后一段时间农村将会兴建大量寄宿制小学，相关费用的减免也就是相对增加寄宿制学校的建设资金。实践中，这一政策已经发挥了积极作用。2005年7月31日，国务院颁发《国务院办公厅转发教育部等部门关于进一步做好农村寄宿制学校建设工程实施工作若干意见的通知》（国办发〔2005〕44

号),《通知》要求地方各级政府,考虑农村义务教育的特殊性,考虑"寄宿制工程"的特殊性,将能免的费用全部减免,使专项资金真正用在建设上,用在孩子身上,发挥最大效益,把工程建成"民心工程""德政工程"。文件颁发后,各地纷纷响应,不少省份还结合实际制定了更多优惠政策。对农村寄宿制学校建设相关费用的减免可以作为一项长期政策,以降低建设成本,相对增加资金总量,确保资金的充足性。

二 完善社会捐赠鼓励机制,拓宽经费来源渠道

从理论上讲,各级政府是农村寄宿制学校投入的完全责任主体,将寄宿制学校建设纳入公共财政保障范围是构建经费长效保障机制的根本。但是,在国家投入难以及时到位的情况下,鼓励各利益相关者对农村寄宿制学校投入有利于解决现实问题,将长远规划与现实行动有机结合起来才能改善当下农村寄宿制学校办学条件差的状况。除了各级政府拨款,还应更多地寻求社会力量的支持,通过多种形式、多种渠道有效地筹措办学资金。中央政府可以按照"政府主导、社会参与"的思路,适时出台或鼓励地方政府出台一些新政策,拓宽农村寄宿制学校建设的经费来源。[①] 社会捐赠是均衡财富分配、弱化收入两极分化的一种有效途径,是社会文明的标志之一。社会捐赠的鼓励机制是指,国家为获得社会捐赠而制定的政策法规和采取的鼓励措施。社会捐赠鼓励机制的功能就是要为捐赠行为创造良好的政策环境和法律环境,引导和鼓励社会捐赠行为的产生。我国目前有关学校的社会捐赠主要集中在高校,社会对义务教育捐赠的意向性不强,捐赠数额偏少,专门针对寄宿制学校的捐赠更少。究其根源,主要是由于社会捐赠的鼓励政策和措施不得力。[②]

社会捐赠是公民个人或单位在自愿的基础上,无偿或部分有偿地将有价值的东西赠予他人的一种形式。它主要受捐赠主体的利他主义与理性选择等内在动机,以及经济、文化、制度等外在因素的影响。税收,作为影响社会捐赠的重要外因之一,是世界各国激励社会捐赠的重要手段。[③] 目

---

① 李韧竹:《我国农村寄宿制学校学生补贴政策研究》,《教育发展研究》2008 年第 19 期。
② 夏子坚:《中国现行社会捐赠机制的制度困境与政策选择》,《南方论刊》2006 年第 7 期。
③ 樊丽明:《社会捐赠税收激励的国际经验与政策建议》,《涉外税务》2008 年第 11 期。

前，我国对公益性捐赠税收优惠政策包括两个方面：一是企业所得税税收优惠。《中华人民共和国企业所得税法》第九条规定，企业发生的公益性捐赠支出，在年度利润总额12%以内的部分，准予在计算应纳税所得额时扣除。企业必须通过公益性社会团体或者县级以上人民政府及其部门，对《中华人民共和国公益事业捐赠法》规定的公益事业进行捐赠，才能得到税收优惠，未通过公益性社会团体或者县级以上人民政府及其部门，直接向受捐人进行的捐赠，不允许从应纳税所得额中扣除。二是个人所得税税收优惠。根据《中华人民共和国个人所得税法》及其实施条例的规定，纳税人将其所得通过中国境内的社会团体、国家机关向教育和其他社会公益事业以及遭受严重自然灾害地区、贫困地区的捐赠，捐赠额未超过纳税人申报的应纳税所得额30%的部分，可以从其应纳税所得额中扣除。与企业所得税一样，对纳税人直接向受赠人捐赠的，也不允许从个人所得税应纳税所得额中扣除。其中，关于个人对农村义务教育的捐赠行为做了特别规定，财政部、国家税务总局《关于纳税人向农村义务教育捐赠有关所得税政策的通知》（财税〔2001〕103号）中指出："从2001年7月1日起，对个人通过非营利的社会团体和国家机关向农村义务教育的捐赠，准予在缴纳个人所得税前的所得额中全额扣除。"另外，货物劳务税和财产行为税关于捐赠行为的税收虽有相关规定，但是内容不是十分具体，而且没有直接涉及义务教育捐赠。① 除了税务法的相关规定外，2005年9月29日，财政部和国家税务总局还出台了《关于企业向农村寄宿制学校建设工程捐赠企业所得税税前扣除问题的通知》（财税〔2005〕137号），《通知》规定："为支持农村义务教育事业发展，按照《国务院办公厅转发教育部等部门关于进一步做好农村寄宿制学校建设工程实施工作若干意见的通知》（国办发〔2005〕44号）精神，对企业以提供免费服务的形式，通过非营利的社会团体和国家机关向'寄宿制学校建设工程'进行的捐赠，准予在缴纳企业所得税前全额扣除。"② 这是一项专门针对"西部农村寄宿制学校建设工程"的税收减免政策。

---

① 温彩霞：《现行公益性捐赠税收政策汇总解析》，《中国税务》2011年第6期。
② 国务院办公厅：《关于企业向农村寄宿制学校建设工程捐赠企业所得税税前扣除问题的通知》，2005年12月30日，中国政府门户网站（http://www.gov.cn/ztzl/2005—12/30/content_142899.htm）。

目前有关社会捐赠的鼓励机制并不完善,阻碍了社会捐赠的获得。首先,企业或个人的捐赠行为必须通过社会团体或国家机关设置的部门。但是,目前享受免税捐赠待遇的组织过少,全国仅有中国青少年发展基金会等为数不多的官办社会团体享受免税接受捐赠待遇,这就使捐赠者在选择捐赠机构时,可选择范围过窄,选择的自主性不大,从而影响捐赠的积极性。其他慈善基金组织是以挂靠企业的形式享受相关税收优惠政策的,国家对个人捐赠、实物捐赠等行为缺乏相应的税收优惠政策。其次,我国目前规定的捐赠税前扣除比例不高。从国际情况看,有的国家对捐赠实行税前全额减免,有的国家按照30%减免,有的国家按照50%减免。最后,我国税收法制引导体系不完善,所得税征收不规范,遗产税根本没有开征。所得税与遗产税是税制体系中用以平均社会财富的两个重要税种,所得税是对个人现有财产加以调控,遗产税则是对个人遗留的财产进行调节,可以说遗产税是对所得税的补充。由于西方国家的遗产税税率非常高(比如美国就曾达到50%),所以很多富人都把自己的财产用作公益事业。而中国没有遗产税,这在一定程度上导致大部分富人更愿意积累财富,留给子孙后代。因此,应通过相关税收政策强化税收的引导作用,在政策上规定企业和个人捐助慈善和公益事业可以获得免税的待遇,并对有关慈善事业给予必要的财政补贴。农村义务教育是最大的公益事业,农村寄宿制学校建设是其薄弱环节,利用税收政策构建社会捐赠鼓励机制,可以吸引更多资金投入寄宿制学校建设,解决义务教育面临的困境。社会对农村寄宿制学校捐赠可以集中在农村中小学宿舍的标准化建设、学生营养供给、贫困寄宿生资助和校车发展等方面。

三 明确资金投入方向,提高有限资金的使用效率

农村寄宿制学校公共产品的属性决定了政府投入主体的地位。在大规模硬件设施投入之后,为了保证寄宿制学校能真正提高农村教学质量,后期配套保障措施必不可少。针对目前农村寄宿制学校运行中存在的主要问题,在增加总体投入的前提下,明确资金投入方向则是提高资金使用效率的根本保证。农村寄宿制学校亟待解决的问题主要有以下三个方面:

(一) 区分寄宿制与非寄宿制学校,增拨公用经费

免除了学生学费、杂费甚至是住宿费以后,公用经费成为学校正常运

转的唯一资金来源。公用经费标准的制定是建立在非寄宿制学校成本基础之上的，确定之初并没有更多地考虑寄宿制学校成本结构的特殊性。因此，在现有标准下，没有寄宿学生或是很少有寄宿生的学校基本上可以维持正常开支，而有寄宿生且寄宿生人数偏多的学校，现有拨付标准显然难以保障其正常运转。根据部分学校的经验数据，管理一名寄宿生所耗费的公用经费相当于1.5名非寄宿生，同时，学校寄宿生比例也是影响生均成本的主要因素之一。基于此，学校生均公用经费标准的核算必须区分寄宿制与非寄宿制学校，对达到一定寄宿率（假定为50%）的学校，按1∶1.5的比例拨付寄宿生与非寄宿制生公用经费；对于低于一定寄宿率（如50%）的学校，寄宿生虽然很少，但是满足寄宿条件的基本设施和人员配备并不会成比例地减少，因此应当依据补偿原则，适当提高生均公用经费拨付比例。由于农村寄宿制学校大都分布在中西部地区，这些地方县级财政实际难以支撑新增公用经费，应考虑由中央财政以扶持的方式通过转移支付实现，只有如此，寄宿制学校新增公用经费才能真正落到实处。对于公用经费增拨部分还需附加特殊规定：新增部分主要用于水电补助及寄宿生课余活动文体设施设备购置，特别是丰富学生业余活动的音乐、体育、美术及各种竞赛活动的设备，这是保证寄宿学生"玩得开心"的物质基础。

（二）增加生活指导教师编制以减轻专任教师工作负担

既然农村寄宿制学校将学生食宿纳入了管理范围，那么其运行机制设计就应该做相应的改变，以适应这种学校组成要素改变的状况。学生就餐就寝管理原本并不属于教学任务，特别是对于低龄寄宿学生来说，食宿管理难度更大，一个优秀的教师并不一定能照顾好学生的食宿，如果将这些任务强加给专任教师，可能会影响教学效果。根据私立寄宿制学校的成功经验，安排生活指导教师管理学生就餐就寝无疑是最佳选择。目前，部分学校采取的聘请社会人员充当生活指导教师的办法并不可取，可以说这只是一种权宜之计。宿舍是寄宿制学校的有机组成部分，既是食宿的场所，也是学生接受生活教育的地方，宿舍精神有时往往是一个小团体的凝聚力，充分发挥宿舍的教育功能会反过来促进教学工作。从长远计，农村寄宿制学校生活指导教师必须是经过专业训练的具有一定文化素质的专业人员，其地位应等同于学校专任教师，政府要安排正式编制，工资由财政提供。只有通过这种方式，才能使食宿与教学这两大功能有机地结合起来，这样既可以减轻专任教师的负担，又能使学生感受到家的温暖，从而达到提高教学质量及学生愉快成长的目的。

（三）改"贫困寄宿生生活补助"为"寄宿生生活补助"

农村学生因为寄宿而形成的生活差距费用是为了完成义务教育的必然耗费，如果完全由学生家庭承担，则会造成其与非寄宿制学生之间的不公平。寄宿制学校教育作为政府提供的公共产品，原则上应该是免费教育，所以，公共财政补偿学生生活差距费用是学生公平接受义务教育的保证。但是，这种补偿不适合采取资助的形式，在政府财政困难的情况下，应由家庭与政府分担。按照这一原则，寄宿生生活补助应该按一定比例全员享受，至于贫困寄宿生的问题应该通过社会捐赠等途径解决，或者国家另设资助项目给予帮助。同时，目前"补助贫困寄宿生生活费"政策的执行并没有达到预期目标，由于发放标准不统一，很多地方还产生了新的矛盾，影响了干群关系和家校关系。同时，生活补助的发放形式也存在很大问题，很多学生家长并没有把生活补助用到学生的生活上面，往往挪作他用，使学生营养状况欠佳。有鉴于此，建议将生活补偿费用以专项资金的形式补偿到学生食堂，学校以餐票的形式发放给学生，寄宿生只有进食堂吃饭才能享受这项补贴。

第二节 实施标准化农村寄宿制学校建设工程

农村寄宿制学校建设全面标准化应该包括学校选址布局、硬件设施和人员配备等标准化。广义的生活设施是指除教学设施以外的为学生生活娱乐服务的一切物质条件，包括宿舍、食堂、浴室、厕所、课余活动设施及器材、安全卫生设施等。长期以来，地方政府在撤点并校节约教育成本的经济动力驱使下，并没有过多关注寄宿制教育的高成本特点，多采取因陋就简的方式满足学生的寄宿需求。很多学校以现有能力无条件接受寄宿生，在硬件设施方面，宿舍拥挤、就餐条件简陋、活动场所不足、课余活动匮乏；在人员配备方面，忽视了生活教师的真正作用，严重影响了低龄儿童的生活品质。为了保障农村儿童健康成长，快乐生活与学习，防止地方政府通过举办寄宿制学校节约教育成本，国家必须出台底线标准，要求配置满足农村儿童生活娱乐需要的基本设施设备,推行生活设施和人员配备标准化。

一 整体布局规划标准化

寄宿制学校布局不仅包括学校的选址布局,还包括学校内部各功能区的布局。学校选址应考虑人口变化的新趋势,注意前瞻性。学校功能区布局应融入现代教学理念。

(一) 农村寄宿制学校选址布点

寄宿制学校布局应该与农村中小学布局调整具有一致性,要充分考虑城镇化进程、人口增长和分布情况、学龄人口变化趋势等影响因素。根据人口变化趋势,结合城镇化,整体规划,合理布局,科学设计寄宿制学校校址,尽量平衡上学难度,避免因重复建设和无效建设而浪费有限资源。

制定农村寄宿制学校布局标准要加强义务教育阶段学龄人口的预测,充分了解社会对寄宿制学校教育的需求量。2008年9月3日,住房和城乡建设部、国家发展和改革委员会共同批准发布了教育部制定的《农村普通中小学校建设标准》(建标〔2008〕159号)(以下简称《建设标准》)。《建设标准》第3章第14条规定:"农村普通中小学校的布局,应根据乡(镇)总体规划要求、结合人口密度、学生来源、地形地貌、能源、交通、环境等综合条件确定。"第15条进一步规定:"学校服务半径,应以小学就近入学、中学相对集中为原则,根据'规模'办学和学校住宿条件等因素确定。"这是目前农村寄宿制学校建设应该遵循的基本原则。从总体上讲,我国已经进入了人口低速增长时期,2000—2005年我国年人口平均增长率为0.63%,按照这样的趋势,在21世纪最初的20—30年,中国人口会转为负增长,人口峰值不会超过14亿。[①] 在人口增长率不断降低的情况下,人口分布却在不断变化,人口向东部和城市聚集的趋势明显。2005年中国仍有农村人口74471万,占全国人口总数的57.11%,而且我国刚刚进入城镇化的中期阶段,城镇化依然是未来中国经济社会发展的主要趋势。据统计,2006年中国城镇人口已达5.77亿,城镇化水平达到43.92%。中国农村富余劳动力高达1.5亿人,未来20—

---

① 段成荣:《新世纪之初的中国人口变化》,《人口研究》2006年第3期。

30年，农村移居城市的人口每年将会有1500万—1800万，2015年中国城镇人口将会突破8亿人。[①] 因此，未来农村学龄人口数量是动态的，如果不对生源进行科学预测，就可能会造成农村寄宿制学校布局不合理，导致无效投入增加，"普九"新建校舍的大量闲置，造成巨大的资源浪费就是"前车之鉴"。

目前，农村初中已经基本形成了以镇为单位举办寄宿制学校的格局，学生根据实际情况自由选择走读或者在学校附近租房。小学高年级寄宿在绝大部分山区、牧区也已经成为定局，而小学低年级寄宿是现阶段的新情况。在这种情况下，农村寄宿制学校布局应着重考虑两个基本问题：一是便于学生上学，二是有利于提高教育投资利用效率，这两个基本问题实际上就是公平与效率的取舍。义务教育是提高国民基本素质的教育，具有基础性、公益性等特点，义务教育还是一项基本人权，具有社会福利的性质。因此，农村寄宿制学校布局标准要在坚持"公平优先，兼顾效率"原则的基础上，区别对待初中和小学生寄宿问题。同时还要根据自然条件的不同，经济社会发展的差异综合权衡。根据学生的年龄特征，农村初中可以以镇为单位集中办，以保证充足的生源，提升教育质量和效益。小学则可以采取"联村举办标准寄宿制学校"的模式。相比之下，初中集中到镇既达到了规模办学的目的，也基本上遵循了初中生的身心发展规律；而小学举办寄宿制学校涉及撤并学校的问题，更要注意辖区内学生人数变化的趋势，遵循分散与集中相结合的原则合理选择寄宿制学校的校址，确定学校规模。

（二）学校内部功能区布局

农村寄宿制学校整个空间布局要以坚持环境育人为原则，以现代教育理念为指导，动态地探寻正确的校园规划设计理论和方法，去适应现代校园角色和功能的变化，以培养学生的综合素质。传统理念下以教师为中心的教学模式导致了以"教学功能房间"为核心的布局形式，建筑内部空间形式单一、呆板；而现代教育内涵则要求加强交往空间，甚至以开放空间为核心的规划设计，为师生提供多层次、多导向的空间形式。从寄宿制学生的心理特征和行为特点出发，塑造有亲切感、归属感的校园空间环

[①] 建设部：《2015年城镇人口将突破8亿》，《楚天都市报》2007年8月3日。

境，寄宿制校园空间设计应当具有较强的场所感，体现一种"场所精神"，还可以把民族文化特色融入寄宿制校园的设计中，从而创造有亲和力、地域特色的校园空间场所。

标准化寄宿制学校应该分为教学区、后勤服务区、体育运动区、绿化休闲区。传统的寄宿制中小学校园通常按照功能分区将教学建筑与生活服务建筑截然分开，而现代中小学校园则趋向将两者有机结合。在教学建筑中或其附近配备相关的服务性设施，师生可以利用课间锻炼身体，既创造了一个方便高效的课余活动及休息场所，同时又使教学区显得生动活泼。校园规划不必拘泥于形式，应努力创建家一样的学校。①

二 农村寄宿制学校硬件设施建设标准

农村寄宿制学校与普通中小学学校的最大区别在于生活设施，生活设施建设标准不仅体现在宿舍、食堂、澡堂、厕所、课余活动设施建设等方面，还应包括安全卫生设施设备。近年来，国家层面先后出台了关于农村寄宿制学校生活设施建设的要求，地方政府层面也根据自己的实际情况制定了相应的标准。标准化建设首先要在整合这些标准的基础上提出一个最低标准，在此基础上，依据现代教育理念和寄宿生生理心理特征，结合地方特色适当拓展生活设施功能。

（一）关于农村寄宿制学校硬件设施的政策要求

我国农村寄宿制学校硬件设施建设并非无章可循，2002年以来，国家各部委及省、州（市）及县级地方政府都出台过相应的标准。回顾相关政策中关于农村寄宿制学校硬件设施标准的规定，结合寄宿制教育的特点分析其中的不足，有利于寄宿制学校硬件设施建设标准的科学制定。

1. 国家层面的相关政策：要求是2002年9月20日教育部和卫生部印发了《学校食堂与学生集体用餐卫生管理规定》，对学校食堂建筑、设备、环境卫生，食品采购、储存及加工的卫生，食堂从业人员卫生提出了明确要求，并且还建立了食物中毒或者其他食源性疾患等突发事件的应急处理机制。该文件从2002年11月1日起开始实施。2005年10月，卫生

---

① 王勇：《云南省农村寄宿制学校规划适应性研究》，硕士学位论文，昆明理工大学，2007年。

部颁发《餐饮业和集体用餐配送单位卫生规范》（卫监督发〔2005〕260号），《规范》面对所有饮食行业，明确地将学校食堂纳入了管理范围。

2008年9月3日，住房和城乡建设部、国家发展和改革委员会共同批准发布了教育部制定的《农村普通中小学校建设标准》（建标〔2008〕159号），这一标准虽然不是针对农村寄宿制学校的专项规定，但是其中涉及了农村寄宿制学校的部分标准。首先，《建设标准》对农村寄宿制学校建设规模、生均建筑面积和生活用房指标做了明确规定（见表7.1）。其中，寄宿制学校生活用房具有特殊性，《建设标准》第十三条规定："完全小学设置教工宿舍、食堂、开水房及浴室、教工厕所、学生厕所，学生宿舍根据需要设置；初级中学设置教工宿舍、食堂、开水房及浴室、教工厕所、学生厕所，学生宿舍根据需要设置；全寄宿制完全小学、初级

表 7.1　　农村全寄宿制中小学校建设规模、生均建筑及生活用房面积指标

学校类别	面积（m²）	建设规模		
		12班	18班	24班
全寄宿制完全小学	建筑面积	7752	10785	14185
	生均面积	14.35	13.31	13.13
	生活用房	2631	3925	5243
全寄宿制初级中学	建筑面积	10050	14097	18375
	生均面积	16.75	15.66	15.31
	生活用房	3140	4694	6256

中学，除分别按上述用房设置外，应按全校学生规模设置学生宿舍。"正因为如此，生均生活用房面积小学和初中分别增加了5 m²/生和5.5 m²/生。第二十一条对绿化用地也分别提出了较高标准，即"全寄宿制完全小学、初级中学12班、18班不宜小于7 m²/生，24班不宜小于6 m²/生"。分别比相同规模的非寄宿制学校高出2 m²/生。第二十二条"生均用地面积指标"中，寄宿制小学和寄宿制初中分别比非寄宿制中小学生均高出11 m²和9 m²左右（见表7.2）。另外，《建设标准》第三十三条规定"学生宿舍使用单层床的不宜低于3.00m，使用双层床的不宜低于3.60m。"

第四十三条提出"食堂、厨房装修及设施配置应符合各地区卫生防疫部门关于学校食堂卫生管理的要求"。

表 7.2 农村全寄宿制中小学校建设用地面积和生均用地面积指标

学校类别	学校规模（班）	用地面积（㎡）	生均用地面积（㎡）
完全小学	12	21292（15699）	39（29）
	18	27901（18688）	34（23）
	24	34226（21895）	32（20）
初级中学	12	23487（17824）	39（30）
	18	35059（25676）	39（29）
	24	41307（29982）	34（25）

注：括号中为同规模非寄宿制学校的指标。

《建设标准》一方面对农村普通中小学硬件建设做了明文规定；另一方面也考虑了农村义务教育的特点，对农村完全寄宿制学校建设标准做了实际调整，这是农村标准化寄宿制学校建设的依据。但是，这一标准也有考虑不周全的地方，寄宿制学校建设的各项指标都围绕全寄宿制学校设计，对于什么是全寄宿制学校并没有做明确规定，而农村现实情况不可能达到学生100%寄宿。调查表明，中西部地区农村初中基本上实行了寄宿制，但是学生寄宿率却存在很大差异，最高的达到90%，最低的只有57%。但是，只要有寄宿生，就需要一些保证寄宿的基本设施，有些设施功能的发挥具有不可分割性。因此，《建设标准》要对完全寄宿制学校作进一步细化，对于达到一定寄宿率的学校要灵活处理。有的地方学生有寄宿需要，但是学校难以达到完全寄宿制学校规定的最低12个班的要求，必须根据实际情况特殊处理。

2011年8月16日，教育部、卫生部印发了《农村寄宿制学校生活卫生设施建设与管理规范》（以下简称《规范》）的通知，对农村寄宿制学校生活设施标准进行了进一步细化。《规范》重点对饮用水设施、宿舍、食堂、浴室、厕所、垃圾和污水处理设施等学校生活卫生设施的建设与管理提出了要求。用水方面，《规范》不仅对供水、饮水和洗手等用水设施做了详细规定，还对饮用水水质卫生和科学饮水量提出了明确要求。对于学生宿舍的要求更是细致入微，要求"学生宿舍用房一般由居室、管理室、盥洗室、厕所、储藏室及清洁用具室组成。人均居室使用面积不宜小于3平方米。学生宿舍应保证一人一床，床铺应牢固结实，床铺面积应适合学生的身材，原则上小学生和中学生使用的床面长度分别不小于1.8米和2米，宽度不小于0.9米。"对寄宿生食堂提出了如下标准："学校食堂一般应包括工作人员更衣间、原料存放间、食品加工操作间、备餐间、食品出售场所、就餐场所等。食品处理区的布局应按照原料进入、原料处理、半成品加工、成品供应的流程进行设置。食堂加工操作间、内部设施应符合《学校食堂与学生集体用餐卫生管理规定》（教育部、卫生部令第14号）的要求。食品原料采购、储存、加工环节应符合《学校食堂与学生集体用餐卫生管理规定》要求。"除此之外，《规范》还对厕所、浴室以及垃圾处理等做了详细规定。总体来看，《农村寄宿制学校生活卫生设施建设与管理规范》更注重生活设施微观层面的详细标准制定，具备很强的可操作性。

2013年12月31日，教育部、国家发展改革委、财政部联合发布《关于全面改善贫困地区义务教育薄弱学校基本办学条件的意见》。经过3—5年的努力，使贫困地区农村义务教育学校教室、桌椅、图书、实验仪器、运动场等教学设施满足基本教学需要；学校宿舍、床位、厕所、食堂（伙房）、饮水等生活设施满足基本生活需要；留守儿童学习和寄宿需要得到基本满足，村小学和教学点能够正常运转。保障寄宿学生每人一个床位，消除大通铺现象。根据实际需要配备必要的洗浴设施和条件。食堂或伙房要洁净卫生，满足学生就餐需要。设置开水房或安装饮水设施，确保学生饮水安全便捷。厕所要有足够厕位。北方和高寒地区学校应有冬季取暖设施。设置必要的安全设施，保障师生安全。

以上政策法规共同构成了目前农村寄宿制学校建设的标准体系，涉及了适应寄宿制学校所需的主要设施设备。显然，农村寄宿制学校硬件设施建设并不是无章可循，各地之所以因陋就简，草率从事，都是因为"有法不依"所致。按照上述文件规定的标准执行是农村寄宿制学校标准化建设的应有之义。严格按照标准执行寄宿制学校建设审批手续，才能有效控制基层政府为了压缩教育支出，不顾学生利益进行大规模撤点并校。只有真正执行农村寄宿制学校建设标准，才能体现寄宿制办学模式的优势。

2. 省州（市）县标准

近年来，在国家层面出台的相关政策的指导下，各地方政府也相继出台了一系列具有较强操作性的标准。这些标准在遵循国家政策的前提下，根据当地的实际情况做出了适当调整和补充。以下仅以贵州省的实践标准和山西省朔州市出台的正式标准为例加以说明。

（1）贵州省"十有"和"六化四园"标准化寄宿制学校建设

为切实改善贵州省农村义务教育学校在校学生、教师的学习、生活条件，保障农村学生身心健康，稳定农村师资队伍，缩小城乡教育差别，推进义务教育均衡发展，省人民政府决定在"十二五"期间实施"农村寄宿制学校建设攻坚工程"。这一工程以"十有"和"六化四园"活动为抓手，使农村寄宿制学校标准化建设落到实处。所谓"十有"指有功能齐全的教学用房、有完善的教学设施、有标准够用的卫生食堂、有干净的生活用水、有满足寄宿需要的宿舍、有方便的卫生厕所、有四季能用的浴室、有符合要求的校医室、有塑胶运动场和图书阅览室、有留守儿童之家。"六化"指规划、硬化、绿化、净化、文化和信息化，"四园"指学园、花园、乐园和家园。为了实现标准化寄宿制学校建设目标，省教育厅提出了"从无到有，从有到优"的思路：第一步解决农村寄宿制学校建设中"有"的问题，基本满足农村寄宿制学校师生校内的教学、生活需要；第二步提升功能、完善设施，打造标准化的农村寄宿制学校，发挥寄宿制学校在布局调整中的枢纽作用。

学生食堂标准化方面：在"校校有食堂"的基础上，进一步完善食堂设施设备，推进标准化食堂建设。首先，改扩建学生食堂，增加食堂餐厅面积，功能分区合理；其次，增加餐桌椅等相关配套设施，完善就餐条件，确保学生"安全就餐"，逐步实现"食堂就餐、餐桌就餐"。对于学生宿舍，该省目前执行生均3平方米的标准，实地调研发现这一标准偏低。计划2014—2015年在原有面积基础上进一步增加。在扩大面积的基础上，加快学生宿舍相关配套设施建设，增加床位，满足农村中小学生寄宿需求。学生寄宿会带来教师住宿的需求，教师住宿对于在校寄宿生的管理有重要作用。为此，贵州省大力加强教师公租房建设，计划2014—2015年努力达成农村教师每人一套的目标，解决14.5万农村教师周转宿舍问题。为了实现标准化建设，贵州省教育厅、关工委、文明办和妇联联合开展了"四在学校·幸福校园"活动,努力实现"学园、花园、乐园和家园"目标,有力推动了农村寄宿制学校硬件设施标准化建设。

(2) 山西省朔州市寄宿制学校建设标准

2008年3月10日,山西省朔州市发布《朔州市农村寄宿制学校建设标准》(朔政办发〔2008〕20号),《朔州标准》首先界定了农村寄宿制学校的范围,标准所述农村寄宿制学校是指近年来城乡中小学布局结构调整过程中,建设在乡镇所在地或者人口较多的农村以及市区城镇周边,主要服务农村学生接受义务教育的学校。一般规定小学在校生应在6个教学班200人以上,初中在校生应在12个教学班480人以上,其中寄宿学生均达到50%以上。《朔州标准》与教育部2011年《农村寄宿制学校生活卫生设施建设与管理规范》相比,除细化了很多生活设施指标外,更显得人性化、贴近生活。如学生食堂:中小学按使用面积1.5 ㎡/生计算,设置餐桌餐椅,初中食堂就餐人数宜按学生人数的70%设计。增设洗衣房:每校均应设置一间24 ㎡洗衣房,每100名学生配置一台5公斤洗衣机。中小学校均应设置适量的球类、器械等运动场地。确无条件设置田径运动场的学校,最少应设置能满足全校学生进行体操、器械、球类以及小学低年级游戏等活动需要的场地,平均不少于4 ㎡/生。开水房及浴室:每校均应设置,使用面积为40 ㎡。开水房按每住宿40人一个出水口设置,浴室使用淋浴,能满足住宿学生每周洗澡一次的要求,有专门存放衣服的地方。卫生器械与设施装备:必配的卫生器械与设施共56种。卫生室设诊床2张、药品柜2个。资料室配资料柜2个。应有防火、防尘、通水、通电、通风等设施。要求有36—54 ㎡卫生室,18—36 ㎡资料室。[①]

相比之下,省地市级层面的建设标准更"接地气",不仅将国家层面的诸多指标具体化,变成了操作性较强的具体指标,还制定了实施步骤。难能可贵的是,贵州省标准化寄宿制学校建设通过"四化"目标设定,将寄宿生课余活动设施纳入标准体系,使得标准更加完善。

三 宿舍功能的拓展及课余活动设施标准

已有建设标准忽视了课余活动设施建设,对于课余活动设施设备标准

---

① 《朔州市农村寄宿制学校建设标准》,2011年5月5日,朔州市政府信息公开网(http://www.shuozhou.gov.cn/n16/n53580/n53658/n53756/n55395/n62011/551276.html)。

仅散见于教学设施和体育设施标准之中。丰富业余活动设施和器材是保障学生晚饭后至就寝前期间愉快度过的基础，否则，这段时间将会被学习取代，从而增加学生负担，影响寄宿制学校"乐园"建设的初衷。现行标准对于学生宿舍功能设计理念传统，应当更新理念，拓展宿舍功能，学生宿舍修建应该分散，尽量确保生活教师管辖的范围适当分开，初中可以以年级为区分修建，小学可以按照高年级与低龄学生为区分修建，整个设计理念要围绕实现亲情补偿功能进行。为了发挥寄宿制学校提升儿童生活品质和提高综合素质的功能，拓展宿舍功能和提供充足标准的课余活动设施十分必要。

（一）宿舍功能拓展的思路

宿舍在寄宿制教育中扮演着重要角色，拓展宿舍功能是创新管理机制的关键。但是，目前我国农村寄宿制学校宿舍基本还停留在"庇护场所"的层面，没有充分发挥其空间性能——实用性、地域性和教育功能。学生宿舍的交往空间对培养学生们正确对待生活、集体，与他人协作和处理人际关系非常重要，这种集体生活的经历对于每个学生而言都是其人生经历的一部分，对于其性格的培养起着重要的作用。现代意义上的学生宿舍不能仅仅停留在休息场地这一浅层层面上，更应是学生们进行感情宣泄的场所。亲密的同学之间心心相印地交谈、良好的室内环境会使学生们产生归属感和居家感，使他们在繁重的学习之余消除心灵上的孤单和寂寞。

宿舍功能的设计必须与生活教师职能定位相结合，秉承宿舍为"家"、生活教师为"代理家长"、维系学生生活完整性的理念，构建以宿舍为中心、以高素质的生活指导教师为主体的寄宿生业余活动管理体系。换句话说，拓展宿舍功能的目标就是使之成为学生课余活动的中心并具备家的情感寄托功能。为了承载"家"的功能，宿舍布局设计可以采用院落式布置，像传统的四合院，建筑单体呈围合状态，围合起来的内院，将会形成内向且集中的空间，在这样的空间里，学生将会有一种领域感和归属感，且可以在内院布置各种绿化景观和各种公共设施，有利于学生之间的交往。一个院落安排一个年级，每个年级以班级为单位，采用单元式宿舍设计，借鉴家庭生活居住的平面布局，有几个班就设计几室，一个年级设计一个公共活动室作为学生聚会娱乐场所，可以建成"三室一厅""四室一厅"等，这种设计便于构建学生课余活动管理中心，一个院落设置一个年级活动空间和管理办公室。这样的想法源自家庭生活,由于学生在家中生活习惯已经养成,到寄宿制学校学习和生活可能会比较难适应,在学校生活学习,如果居住的模式与家庭的居住模式一样或者相似,那么学生就可以更快适应这样的生活,有利于学生融入新环境,可以给学生在心理上带来公共与私密感,将会在更大程度上满足学生的精神生活需求。[①]

(二) 课余生活设施及器材

农村寄宿制学校学生课余生活的主要内容包括六大类:一是生活类,包括衣食住行、帮扶服务和自我服务、自理能力以及自护、自救、防灾、防险等生存意识、生存能力的培养训练,让学生学会生存、学会生活、学会劳动、学会服务;二是学科类,包括学科知识巩固提高,读书、看报、自学,发展学生的智力和求知能力;三是科技类,包括小观察、小制作、小发明,培养学生的动手操作能力、科技思维能力;四是艺术类活动,包括声乐、器乐、舞蹈、美术、书法,发展学生的个性特长;五是体育类,包括球类、田径、跳绳、棋类,增强学生的体能,培养学生的竞技心智;六是休闲类,主要是组织学生收看电视,特别是新闻和少儿节目,扩大学生视野,陶冶思想情操。[②] 为了使农村中小学寄宿生课余生活更加丰富多彩,必须围绕上述活动加强基础设施建设和基本器材配备。建议各级政府大幅提高农村寄宿制小学、初中生均公用经费标准,设置专项经费用于加强寄宿学生课余活动设施建设。有条件的地方,还可以开辟一些课余活动空间,如贵州省普遍推行的少年宫、留守儿童之家等活动场所,加强图书馆、微机室和教室多媒体的建设,最大限度拓展空间和活动内容。由于农村寄宿制学校大多分布在中西部农村,而这些地方往往又是多民族聚居之地。农村寄宿学校还可以充分利用当地资源,在地域性和民族性等方面做文章,发动广大学生和社会力量自制娱乐活动器材,安排民族特色的娱乐活动。这样既可以节约资金,形成特色,还可以传承民族文化。

总之,农村中小学标准化建设应从各地经济、技术、自然、交通条件、人民群众的生活习俗出发,因地制宜地进行。应以省为单位,根据《农村

[①] 郝占国:《西北地区农村寄宿制中学生活空间研究》,硕士学位论文,西安建筑科技大学,2009年,第76—77页。

[②] 吴霓、廉恒鼎:《农村寄宿制学校学生课余生活研究综述》,《河北师范大学学报》(教育科学版)2010年第12期。

普通中小学校建设标准（试行）》和《中小学校建筑设计规范》等国家及地方现行有关标准和定额、指标的规定编制标准化学校评估标准，合理确定和正确掌握建设标准，科学合理地安排学校校园规划用地和校舍面积指标，保证学校建筑的安全、适用、经济、美观，充实完善课余活动设施及器材。当然，标准化农村寄宿制学校建设也要保持标准的弹性设计，标准化寄宿制学校不是要把所有学校都建成一样，造成"千校一面"的景象。这里的标准是一个参照体系，既应当包括满足最基本的办学条件的底线意义上的标准，还应当包括不同地区根据自己实际条件制定的理想标准。

四 围绕学生完整生活制定学校人员配备标准

根据农村寄宿制中小学教学和服务的特征，在遵循中小学生身心发展规律的前提下，制定合理的人员配备标准，有利于农村寄宿制学校工作有序地开展。与非寄宿制学校相比，寄宿制学校承担了学生生活与业余活动安排的任务，教学人员编制可以适当放宽，着力增加生活教师，确保寄宿生学习与生活有机结合起来，以保障寄宿生生活的完整性。农村寄宿制学校新增人员配备必须坚持两个基本原则：一是以宿舍为中心配备生活教师及管理人员，充分发挥宿舍的育人功能；二是坚持学习与娱乐有机结合，保证寄宿生生活的完整性。服务寄宿生生活需要很多人员，其中，生活教师的配备是整个人员配备的核心。

（一）创新生活指导教师工作机制

农村寄宿制学校承担着学生生活与业余活动安排的任务，生活教师要承担起"代理家长"的职责，指导寄宿生将学习与生活有机结合起来，以保障寄宿生活的完整性。生活教师的工作应该以宿舍为载体，以学生的食宿管理和业余活动安排为主要内容，结合初中生与小学生身心发展特点，创造性地开展活动，通过日常行为的训练对学生进行养成教育，通过业余活动的开展陶冶学生情操，提高寄宿生综合素质。生活教师的职责必须依据学生身心发展规律确定。对于初中来说，学生已经基本具备了生活自理的能力，生活教师的职责可以更多偏向于良好生活习惯的养成、利用宿舍集体生活培养学生的道德情操、以宿舍为单位组织竞赛活动等，生活服务主要集中在生活纪律的训练方面。就低龄小学寄宿生而言，生活教师的工作需要集中在生活的照顾与娱乐活动的开展等方面。目前，各地农村大多低薪聘用临时工充当"宿管",职责要求仅限于就寝秩序管理,根本没有上升到学生养成教育的高度,这种状况成为制约农村寄宿制学校教书育人优势发挥的"瓶颈"。为了突破"瓶颈",必须创新生活教师供给机制,创新可以从两方面入手:一是职业院校定向培养,对生活教师实行专门技能和综合素质教育,以适应寄宿生养成教育的需要;二是增加生活教师编制,使之成为农村寄宿制学校真正的教育者。这样,寄宿制学校的人员就由两类构成:一类是学校教学人员,另一类就是因学生寄宿而增加的生活指导与服务人员,两类人员分工协作就可达成寄宿制学校教学与生活的有机结合。

英国公学是世界寄宿制教育的典范,寄宿制就是其动力机制的重要组成部分,宿舍对英国公学具有独特含义。一所宿舍既是一座实在的楼房,又可以是一个特定的群体和一种意识。对生活在一所寄宿制公学的学生来说,宿舍的重要性难以形容。宿舍的职责在于提升一种观念,即学生对每个特定宿舍的选择是该宿舍的一种荣誉,这种荣誉是在与其他宿舍的竞争中赢得的,学生一旦进入宿舍,就要对自己所在的宿舍负责。学生几乎是在宿舍的旗帜下与其他学生进行竞争,而"宿舍精神"和集体团结又在学生的校园生活中得到强化。[①] 英国公学的宿舍是一个锻造完满人格的熔炉,我国农村寄宿制学校宿舍管理可以借鉴英国公学宿舍管理的理念进行人员配备,充分发挥以宿舍为中心的生活育人功能。一所英国公学由10个左右的宿舍组成,每个宿舍由1名舍监、2—3名辅导教师、1名保姆和60名学生组成。[②] 可以看出,公学将宿舍作为了学校中与教学对等的另一个教育场所,人员配备充足,分工明确。同时,公学宿舍与宿舍之间是相互独立的实体,各具特色,即使是在餐厅就餐也是以宿舍为单位进行的。学生在各自的舍监领导下开展活动,舍监可以按照自己的办学理念管理学生。舍监的职责是"教师"和"家长"的结合,正好适应了学生课外活动的特征。课堂之外,学生需要摆脱课堂氛围的束缚,放松心情,有张有弛才能为第二天的学习做好准备;同时,学校毕竟不像单个家庭那么简

[①] 原青林:《揭示英才教育的秘诀:英国公学研究》,黑龙江人民出版社2005年版,第24—25页。

[②] *The Public School Phenomenon*, pp. 29–35.

单，适当统一步伐才能保证生活秩序。严格地说，舍监的职责正好保证了家庭生活与学校生活的有机结合，使学习和生活正常交替。在公学里，舍监决非一般的专职工作，除了日常杂务可以由宿舍辅导教师（house tutor）、宿舍保姆分担外，关涉学生成长的主要责任全由舍监一人承担。他需要处理大大小小的问题：不仅检查每个学生的学业进展，与学生父母联络，而且还需要分发零花钱，鼓励学生参与课外活动等。[①] 舍监的工作渗透进了寄宿生生活，从早上催促学生起床，到中午和学生共进午餐，下午亲临学生比赛现场观战，晚上造访学生、监督学生自习，可以说"无处不在"。总之，在公学的宿舍里，舍监、宿舍辅导老师、保姆共同负责学生的学习、生活及思想训导，他们既是宿舍的管理者，又是学生的长者。为了共同营造宿舍这个大家庭，每位学生都承担着一定责任，这个用爱心浇灌的集体，既可以给远离父母的学生以家庭的归属感，又可以使他们免受外界包括家庭的不良影响，从而为培养绅士创造良好的环境。[②]

  为了使生活教师更好地发挥作用，制定合理的生师比和生活教师素质要求的标准十分重要。生活教师应具备相应的工作技能，首先，有科学的指导学生们生活的技能，掌握基础的生理卫生知识。其次，拥有心理辅导技能，能够对学生们产生的心理问题和行为表象及时地发现和排解。最后，拥有美化生活的技能。能够带领学生运用自己的头脑和双手美化校园和生活环境，使孩子们生活在自己创设的美好环境中，从而在心灵上得到美的陶冶。每一所农村寄宿制学校都应该把以上的标准作为聘用生活教师的标准给予刚化的规定，从而规范生活教师队伍的建设。[③] 实践中，各地均配备了一定数量的生活指导老师，但是，这些人员本身素质不高，多是临时工，难以完成提升学生综合素质的重任。同时，生活教师数量配备不足现象普遍，关于生活指导教师配备也必须制定生师比标准。如贵州省规定：寄宿制学校至少配备男女宿管各一人，寄宿生规模在300—500人，需配备3—6名，500—1000人配备6—8名，生师比约100—120∶1。课题

---

① *Life in Public School*, pp. 125 – 128.
② 原青林：《揭示英才教育的秘诀：英国公学研究》，黑龙江人民出版社2005年版，第160页。
③ 翟月：《我国农村寄宿制学校生活教师问题研究》，硕士学位论文，东北师范大学，2009年，第20页。

组在调研中了解到，95.3%的生活指导教师（宿管）人员认为，小学生生活自理能力不强，25—30个孩子安排一个人照顾较为合适。显然，现行标准与实际需求之间差距悬殊。相比之下，山西省朔州市的标准要显得宽松和切合实际。《关于印发朔州市农村寄宿制学校建设标准的通知》中规定："寄宿制小学1—3年级每30名住宿学生配备1名生活教师（男女职数按学生性别比例设置），4—6年级每50人配备1名生活教师，负责学生生活起居工作。"

（二）专任教师与生活指导教师的分工合作关系

要保证寄宿生生活的完整性，寄宿制学校人员配备必须处理好任课教师与生活教师之间的分工与合作关系。要保证寄宿制学校师资队伍的专业化、岗位的规范化，人员标准可分为两类：一类是学校教学人员，一类是因学生寄宿而增加的生活指导与服务人员。学校工作以教学为中心，教师仍然是寄宿制学校的主要人员，但生活指导与服务人员不仅担负着学生日常生活的管理责任，还承担着生活育人的责任，因而不可偏废。既要将二者的管理时间和职责作明确的划分，又要保持相互合作。农村寄宿制学校的整个工作可以分为学习和生活两个部分，学校管理也必须由两部分人员分工协作。任课教师的主要工作是上课，但是学生宿舍的工作需要任课教师（特别是班主任）的积极配合。除此之外，寄宿生下午放学到晚上就寝这段时间较长，必须安排学生自习，而这项工作由专任教师承担更为合适，这必然会增加专任教师的劳动量。因此，农村寄宿制学校专任教师比例可以适当放宽，以减轻教师劳动量。这种调整与普通中小学人员配备基本保持一致，按照寄宿生数做适当增加。在此基础上，加大生活管理人员配备力度，确保寄宿制学校生活质量和秩序。生活教师配备以宿舍为单位进行，学生宿舍修建应该分散，尽量确保生活教师管辖的范围适当分开，初中可以以年级为单位修建，小学可以按照高年级与低龄学生为单位修建。遴选相当于英国公学中"舍监"的生活教师，他是宿舍的负责人，是学生生活的设计者。生活教师必须是在编人员，属于非教学正式编制。要求品行端正，具备良好素质。生活教师的职责相当于"代理家长"，从早上起床将学生送进教室，到每日三餐的监督管理以及下午放学后业余活动的组织，必须面面俱到。学校必须赋予生活教师一定权力，以保证其工作顺利进行，这也可以激发生活教师工作的热情，从而真正达到服务学生生活与培养学生良好生活习惯的目的。为了完成这些工作，每一栋宿舍还必须配备相应的服务人员，其身份相当于英国公学中的"宿舍辅导教师"，宿舍辅导教师由生活教师统一管理，负责所管辖宿舍的杂务，协助生活教师对学生进行养成教育。这一类人员可以没有正式编制，按照合同方式管理，但是要经过统一培训、考核、聘任，杜绝那种随便由附近村民和原来教学人员草率担任的现象。[①] 这种人员配备方式必须注意以生活教师为主的生活管理与以专任教师为主的教学管理之间的协调。明确的分工是各项工作顺利进行的基础，良好的协作关系则是学校工作浑然一体的保证。生活教师负责的宿舍管理工作需要专任教师的积极配合，学校仍然要安排专任教师协助每天晚上的值班工作。另外，专任教师与生活教师所负责的工作又存在着一定冲突，主要表现在学生时间的分配方面。如果赋予生活教师"学生的业余集体活动安排"的权力，生活指导教师的业绩不会以学生成绩作为评价标准，尽可能占用时间也就成为必然，这种状况会直接挤占学生的学习时间。目前，农村中小学生对教师的评价基本上是以学生的成绩为中心进行的，时间的分配就成为二者冲突的关键。因此，重构学校内部管理体制才能从根本上协调二者的关系，确保学校工作的整体性。

（三）其他服务人员的配备要求

为了保证寄宿生生活质量，学校还必须配备食堂厨师及营养师、保安、心理健康辅导老师、校医等。相比生活指导老师，这些人员的配备方式具有灵活性，可以采取市场配置模式。食堂厨师并不需特殊要求，招聘身体健康、厨艺好者即可。但是，对于食堂管理人员的招聘需特殊考虑，学生要从吃得饱、吃得好转向吃得科学，必须有营养专家负责营养搭配。因此，管理人员必须懂得科学营养进餐知识，可以设置营养师职位，面向社会招聘。重庆市的做法值得借鉴：每个学校必须公开营养食谱，由专门的部门对此进行检测。为了保证学生的营养合理性，目前，重庆已有200多个营养师。计划到2015年，将保证所有寄宿学校内都要配备至少一个

---

① 刘欣：《农村中小学布局调整与寄宿制学校建设》，《教育与经济》2006年第1期。

营养师。① 农村寄宿制学校学生存在一定程度的心理问题是大家公认的，但是，这种心理问题是环境变换引起的短暂不适应还是一个长期存在的问题一直存在争议。课题组在调查中发现，很多孩子除了"思家"以外，并没有表现出更多其他问题，而且住校时间越长，这种情况就越少。其实，即使是作为成年人的大学生刚到学校也会出现一段不适应，何况是小学生。因此，本研究认为，心理健康问题并不是寄宿制学校的主要矛盾，心理健康辅导老师可以由专任教师兼职担任，专任教师大多接受过教育心理学的训练，从能力上完全可以胜任。至于校医，可以根据实际情况做出不同安排，对于离集镇或村卫生所较远的学校，可作为特殊情况配备校医；对于镇上或村中心完小，学校附近一般都有医院或卫生所，可以采取建立联动机制以购买服务的方式运作。双方以协议的方式建立应急响应机制，构建集体安全事故应对机制。

总之，建立标准化寄宿制学校是构建规范化的内部运行机制的前提。加强农村寄宿制学校布局规划，根据已有硬件设施建设标准保证农村寄宿制学校基础设施，创新人员配备机制是建立标准化寄宿制学校的基本要求。深入分析农村寄宿制中小学与普通农村学校的特点，探索寄宿制学校运行规律，高质量、高标准建设农村寄宿制学校才能保证寄宿制教育的有效供给，真正满足广大农村适龄儿童由于客观和主观原因造成的寄宿需求，巩固农村义务教育的成果。

第三节 完善农村寄宿制学校管理体系

对于农村寄宿制学校而言，学生食宿管理和更长时间的课余活动安排是其新增的管理内容，如何实现教学、生活与课余活动管理的有机结合是寄宿制教育面临的最大挑战。重新定位宿舍、食堂和教室三区的功能，实现学园、家园和乐园三位一体的目标是实现农村寄宿制学校本体价值的最佳途径，也是管理制度创新的着力点。

---

① 《到2015年我市寄宿制学校都要配营养师》，2012年5月21日，重庆市教育委员会网站（http://www.cqedu.cn/site/html/cqjwportal/mtbd/2012-05-21/Detail_9042.htm）。

一 完善农村寄宿制学校管理体系的构想

寄宿制学校与非寄宿学校相比,不但要承担一部分家庭教育和家庭生活功能,而且要承担一部分社会娱乐功能。寄宿制学校不仅是教育教学的场所,也需要承担家庭和社会的部分功能。寄宿制学校的功能发生了变化,已经不能再按照非寄宿学校的教育模式进行管理,而应该在课堂教学、课外活动、日常生活和体育运动等方面进行必要的整体改革,以满足学校的"非正式教育功能"发挥对学生的综合性影响。[①] 基于调研资料和目前出台的国家标准,本研究在保持《国家西部地区农村寄宿制学校建设工程项目学校管理暂行办法》中的管理体制的前提下,拓展教室、食堂和宿舍功能,并对学校管理架构调整提出设想:设立教学、后勤和宿舍管理三区分管校长,各司其职。日间教学工作主要由分管教学的副校长管理,主要成员是专任教师;晚饭至就寝时段交由宿舍管理的副校长负责,其主要成员为生活指导教师和部分负责学生作业指导的专任教师,主要工作包括业余活动安排、晚间自习辅导、养成教育以及就寝秩序维护等;分管食堂的副校长主要负责供餐、就餐秩序维护、营养教育等。三区分管副校长在校长的统一领导下分工协作,共同达成教学、生活与娱乐有机结合的目标。

(一)宿舍管理

宿舍在寄宿制教育中扮演着重要角色,拓展宿舍功能是创新管理机制的关键。宿舍功能的设计必须与生活教师职能定位相结合,秉承宿舍为"家"、生活教师为"代理家长"、维系学生生活完整性的理念,构建以宿舍为中心、以高素质的生活指导教师为主体的寄宿生业余活动管理体系。学生宿舍管理应本着安全、规范和温馨的基本原则,进行人员配备,提供财力支持,提供标准化硬件设施及设备,科学建章立制,使人、财、物力最大限度地发挥协同作用。

1. 以生活指导教师为中心配备服务人员

宿管部人员配备是寄宿制学校家庭抚育功能实现的关键。为了加强宿

---

① 姚姿如:《丰富农村寄宿制学校生活的思考》,《东北师范大学学报》(哲学社会科学版) 2011 年第 3 期。

舍的规范管理，农村寄宿制学校应该建立由校长负总责，副校长分管，生活指导教师（宿管）、安保人员、卫生保健人员、楼长、室长齐抓共管的宿舍管理体制。构建校长—分管领导—生活指导教师（宿管）、安保人员、校医及心理健康辅导教师、楼长、室长的科学管理网络系统。

各寄宿制学校应设立寄宿制专门工作小组，由校长任组长，实行校长负责制。乡中心以上具备一定规模的寄宿制学校实行三部制管理（教学部、寄宿部和后勤部），寄宿部配备1名分管副校长全权负责，有条件的地方还可设立若干办公室。规模较小的村级寄宿制小学原则上不配备专职领导，由学校总务主任兼职管理寄宿部领导工作。生活教师的数量、素质和职责创新是管理机制创新的关键。生活指导教师一方面要负责照顾学生的生活与课余监护工作，另一方面又是学生行为习惯的引领者，一位合格的生活教师应该具备教育学、心理学、儿童心理学、初级卫生防疫学和文化基础科目等知识。同时，要求生活指导教师（宿管）有强烈的爱心，具备"代理家长"的人格品质。生活教师原则上需要正式编制的教师担任，或者聘请相关专业的管理人员，生活指导教师采取合同制管理模式，其工资及福利纳入县级财政保障范围。不允许聘请临时人员。

把安保和卫生保健等人员和管理纳入以宿舍管理为中心的新体系。学校原则上应设立学校卫生室，按国家和省有关标准配备具有从业资格的专职医务（保健）人员或者兼职卫生保健教师。原则上每所学校（幼儿园）配备1名校医。学生规模超过1000人的，配备2名校医。每增加600名学生，可增加1个校医编制。无条件的边远山区寄宿制学校，要加强与县（乡）医院、卫生院的联系，建立与医疗机构及时沟通、救助的机制（要有具体制度）。寄宿制学校要配备兼职心理辅导教师，做好学生心理健康教育，帮助学生排除心理困惑，增强学生学习、生活的适应能力。按照学生规模500人以下（不含500人）聘用2—3名、500—1000人（不含1000人）配备3—5名、1000人以上按不低于3‰的比例配备专职保卫人员。安保人员原则上要求聘用部队转业军人、警校毕业生、素质较高的社会青壮年人员。同时，学校还必须对安全保卫人员开展岗位培训和突发事件处置培训，使之具有处置突发性事件的能力。寄宿制学校还要根据实际情况，最大限度地调动专任教师，特别是班主任参与宿舍管理的积极性，采用兼职的方式安排值日教师参加巡夜、寄宿生晚间作业辅导、学生心理辅导等工作，促进教学工作与宿舍管理工作的有机结合，以便彰显寄宿制教育的育人优势。除此之外，每栋宿舍楼和每间寝室由住校学生担任楼长、室长，负责维护宿舍秩序，引导学生自我教育、自我管理。

2. 创新宿舍管理制度

宿舍的规范建设和服务人员的合理配备只是确保宿舍安全、舒适和温馨的物质基础。要保障以宿舍为中心的家庭抚育替代功能，还必须加强软件建设，制定各种保证全体寄宿生权益的规章制度，才能规范宿舍管理。为了缜密制定宿舍管理的各项规章制度，应以时间为经线，以各块具体事务管理为纬线进行考虑。

（1）建立以时间为序的工作流程制度

寄宿制学校实行"三部管理"模式，建立教学部、住宿部、后勤部，建立以时间为序列的交接制度；明确晚间学生自修辅导老师与生活指导教师（宿管）的交接记录流程；明确组织学生洗漱、整理内务的要求；明确宿舍实行夜间巡查、值班的工作要求；明确组织学生起床、整理内务和晨练的工作要求；明确学生宿舍的卫生标准。

（2）建立以工作内容为序的宿管部管理人员职责

宿舍管理领导小组成员及工作职责；宿舍管理寄宿生委员会成员及职责；宿管部主管工作职责；楼层组长工作职责；生活指导教师岗位职责；室长工作职责；医务工作人员职责；心理辅导教师职责；安保人员工作职责；其他兼职宿舍管理参与人员职责；寄宿部工作例会制度等。

（3）建立宿舍管理制度

具体要包括以下制度：宿舍设施设备管理制度；低值易耗物品领用制度；会客制度；生活指导教师招聘、考核制度；住宿生守则（一日常规）；星级宿舍评比制度；优秀寄宿生评比制度；寄宿生档案制度；住宿生自我管理制度；宿舍安全责任制度；宿舍紧急情况、传染病及应急预案；寄宿部医务人员工作规范；寄宿生作息制度；安全用电（电驱蚊、取暖、浴室饮水机）制度；宿舍文化建设制度等。

（4）宿舍文化建设

较高层次的宿舍文化建设应该包含环境文化、行为文化和精神文化建设三个方面内容。

宿舍环境文化建设要体现家的温馨和学校教育，围绕"温馨之家、成长之家"进行设计,主要内容包括:景物建筑、花草树木、画像塑像、名言警句、走廊文化、橱窗报栏等。宿舍环境文化要紧紧围绕"六化四园"进行,即"规划、硬化、绿化、净化、文化、信息化,学园、花园、乐园、家园"。宿舍行为文化建设要以"生活自理、学习自主、行为自尊、健康自强"为基础积极开展,贯彻落实"三爱三节"(爱学习、爱劳动、爱祖国,节粮、节水、节电)、"三生四爱五心五好""祖国好、家乡美"和"我的中国梦"等主题活动要求,强化感恩教育、养成教育和爱乡爱土教育。精神文化建设的最终目标是形成团结协作、集体主义等精神,通过宿舍环境文化和行为文化锻造共同价值观与信念。可以采取书香宿舍、艺术熏陶、比赛活动等活动实现目标。[①]

(二)食堂管理

农村寄宿制学校食堂也是提升农村学生综合素质的主要阵地之一。不仅要为师生提供一日三餐,还要担负科学就餐促进学生健康成长、文明就餐促进学生文明习惯养成的重任。为此,各级政府必须提供强有力的财政支持,建设标准化中小学食堂、配备高素质工作人员、制定科学的管理制度、提升文明进餐文化品位。食堂管理应该确保安全卫生、科学平衡营养、强化服务意识、加强食堂文化建设。我国义务教育阶段中小学生总数约1.3亿人,其中农村寄宿生达3000万左右,农村寄宿学生大部分时间都在学校,他们离开家庭进入集体生活,远离家庭的膳食照顾,身体发育所需营养主要由学校食堂提供,学校的膳食对他们的健康成长影响巨大。同时,学生学习紧张、自理能力较差,更易出现营养不平衡、身体健康受到影响的情况。长期以来,学校管理者、学生家长及学生的观念还停留在"吃饱"的低层次上,对于学生营养结构并无太多关注。义务教育阶段学生正处于身体发展的关键时期,没有营养意识就很难有营养行动,普遍营养不良最终会导致国民素质降低,有违义务教育提高国民综合素质的宗旨。关注农村寄宿制学校学生营养问题,科学合理地安排中小学生营养结构,必须树立营养意识和加强营养教育,在此基础上实施创新寄宿制农村中小学食堂供餐机制。

---

① 王绪池:《寄宿制学校管理》,重庆大学出版社2013年版,第62—72页。

1. 培育学生营养意识

农村寄宿制学校学生营养不良不仅仅是生活水平的表现，政府、学校领导及教师、食堂工作人员及学生营养观念淡薄是主要原因。因此，要改善目前的营养状况，首先必须提高各级领导、教师及学生的营养意识。

首先，各级政府必须站在提高全民族素质的高度来关注寄宿生的营养问题。营养是人类体能、智能发育和健康维护的基础要素，生命早期的营养状况决定了人类未来的身体素质、健康状况及其教育成就。儿童时期的营养是一个国家劳动力素质和国民素质形成的重要基础，对国家经济发展也将产生深远影响。据世界银行对一些亚洲国家的分析，儿童营养不良对个人造成的损失超过终生收入的10%，对国家GDP的损失为2%—3%。① 另据统计，在一些贫穷国家，因为饥饿造成的经济成本，有时要占到其年度GDP的3%。② 因此，中小学生营养与健康状况的好坏不仅会直接影响到整个中华民族的身体素质，而且会最终影响国家经济发展水平。对中小学生进行营养知识教育，帮助他们树立科学的营养健康意识、养成良好的饮食卫生习惯，同时实施相应的营养干预措施，对中小学生的健康成长乃至整个国家经济社会发展，都具有深远的意义。

其次，加强对学校食堂工作人员进行营养知识培训的力度，提高食堂供餐人员的营养意识。食品加工是一门技术性很强的劳动，不同食品混合之后的营养效果不同，有的食品还不能混合搭配。对食堂工作人员和管理人员进行营养知识、烹调方式、食物深加工及食品安全知识等方面培训，可以让他们更好地为学生提供结构合理、安全卫生、营养丰富的食物。③ 与此同时，还要对教师、家长进行定期的培训或讲座，以多种生动活泼、通俗易懂的形式，引导学生家长重视营养健康知识。

最后，通过开展健康教育课，加强对学生的营养健康教育。教师自身应多学习营养方面的知识，同时要利用学科特点，传授给学生营养知识，让学生真正认识到青少年时期良好营养的重要性，认识到身体生理发育对营养需求的迫切性，教给他们膳食均衡搭配的知识，使学生能根据相关知

---

① 李文：《贫困地区寄宿制学生营养餐项目效果评估》，《农业技术经济》2011年第6期。
② Khanaa, Banon, Salama, Child Malnutrition: An Overview of Trends, Issues and Policy Prescriptions, *Vikalpa*, 2006, 31 (4): 81—90.
③ 廖文科：《我国农村寄宿制学校学生膳食营养状况》，《中国学校卫生》2010年第9期。

识合理搭配自己的膳食。同时，教师还要培养学生良好的饮食习惯和行为习惯，做到常吃早餐，按时就餐，不挑食、偏食，尽量不吃零食；教给他们卫生知识和疾病预防知识，使他们能养成良好的卫生习惯，减少传染病、易发病和多发病的发生率。[1] 只有学生掌握好了基本的营养知识，养成良好的饮食习惯，才能使营养改善取得实效。由于长期形成的饮食习惯和当地经济水平制约，我国大多数人每餐的饮食并不是以营养摄取为定餐标准。农村家庭平时很少能吃到肉、蛋、奶等优质蛋白质，而节假日往往又过度摄取。出于饮食习惯，有些富含营养的食品上不了餐桌。因此，寄宿制学校除了通过食堂给学生提供一些他们平时不吃的但对人体健康极为有益的食物，如鱼类、胡萝卜、牛奶等之外，还应当通过日常教学等活动，向学生传授相关的营养知识，并且通过学生向其家长渗透，改变当地人们的不良饮食习惯，从而提高全民族的身体素质。[2]

2. 创新食堂供餐机制

寄宿制学校食堂的硬件设施、工作人员及管理制度共同构成供餐机制，政府必须从供餐机制构成的要素入手，干预农村寄宿制学校营养供给。建设一个功能齐全的高水平学生食堂，是对寄宿制学校学生进行营养干预的前提，提高食堂工作人员营养意识和业务水平，是进行营养干预的保障，创新寄宿制学校食堂经营模式，规范食堂管理，是顺利进行学生营养干预的关键。

首先，实施营养干预是政府的责任。各级政府必须充分认识对寄宿制学生进行营养干预的重要意义，并切实加大财政投入，使营养干预活动成为政府行为。贫困农村地区中小学校由于基础薄弱、资金不足、设施缺乏等多种条件限制，难以独立完成改善学生营养状况的目标。只有各级政府加大财政扶持力度，农村寄宿生营养状况的改善才有可能达到预期的效果。因此，政府必须将农村寄宿制学校学生营养供给纳入各级政府财政保障范围，结合当地实际，制定出切实可行的政策，方能确保各寄宿制学校

---

[1] 杜世明：《农村寄宿制初中学生营养状况调查分析及改善营养途径探讨》，《基础教育研究》2007年第1期。

[2] 余益中、黄艳兰：《从农村寄宿制学校入手，改善儿童营养状况》，《广西教育》2009年第6期。

学生合理的营养结构。① 当前，无论是发达国家还是发展中国家，都制订了针对学生的营养干预计划。美国联邦政府于1935年开始至今，经过逐步的探索，逐渐完善了校园餐项目，包括"学校午餐计划""早餐计划""儿童保健食品计划""特别牛奶计划""营养教育和培训计划""零食计划"等，全方位地对学生饮食健康进行干预。② 美国政府每年对学生营养餐项目投入大量资金，并规定了贫困标准，对不同贫困程度的学生采取不同的优惠政策。③ 印度很早就对小学生实行"免费午餐计划（MDM）"，2001年11月28日，印度最高法院通过了一项关于免费午餐计划的过渡性法令——《食物权利法案》，要求联邦政府及中央联盟区"为所有在公立小学及政府资助的小学阶段的学生提供一顿至少含有300卡路里热量和最少8克蛋白质的午餐，每年最少提供200天"。随后最高法院又通过了一系列关于免费午餐计划的过渡性法令，使小学生都有享受免费午餐的法定权利。印度小学免费午餐的食物标准随着经济的发展不断修正，向着食物更多、营养更丰富、成本标准更高的方向发展，并且食物成本及烹饪成本标准也随着物价指数的上升而不断提高。所有午餐计划的费用均由强大的中央及联邦的财政投入保障，并对中央和联邦的投入比例做了严格的规定。2009年11月24日，印度政府制定了免费午餐新标准，并对烹饪成本（包括劳工及管理成本）在中央和邦/中央联盟区之间的分担比例做了明确规定（见表7.3）。国家提供免费午餐不仅使学生营养得到了保障，而且起到了爱国主义教育的作用。学生从小感受到自己被国家所尊重，从而增加了爱国情感。④ 此外，很多发展中国家先后出台了儿童营养的国家政策以改善学生营养与健康。如泰国、菲律宾、斯里兰卡、肯尼亚、墨西哥、哥斯达黎加等，都取得了良好的效果。⑤ 政府尽快在贫困地区推行和完善儿童营养干预计划，尽可能汲取国内外所取得的经验，在营养干预方

---

① 蓝一：《提高农村寄宿生健康水平》，《广西教育》2009年第6期。
② 刘民权、俞建拖：《儿童营养改善的国际比较》，中国发展出版社2009年版，第77—80页。
③ Salisbury. CG, "Make an Investment In Our School Children: Increase the Nutritional Value of School Lunch", *Byu Edu LJ*, 2004: 331 - 352。
④ 沈有禄：《中国、印度基础教育比较研究》，人民出版社2011年版，第303—309页。
⑤ 《中国贫困地区寄宿制学校学生营养改善政策研究》，2009年8月24日，中国发展研究基金（http://www.pndc.gov.cn/thread—190—1.html）。

式、内容、项目成本和管理方面不断进行改进和完善。营养干预应该覆盖每一所寄宿制学校的每一个学生，保证贫困地区儿童健康成长，从根本上杜绝贫困的代际传递。①

表7.3　MDM 计划 2009 年修订的每餐成本分担比例情况

阶段	每餐总成本	中央—邦的分担比例			
		非东北部的邦（75∶25）		东北部各邦（90∶10）	
		中央	邦	中央	邦
初级小学	2.50	1.88	0.62	2.25	0.25
高级小学	3.75	2.81	0.94	3.38	0.37

资料来源：Anant, K.S.F., MDM Division of Department of School Education and Literacy of Ministry of Human Resource of Government of India. (2009), No.1—1/2009—desk (MDM), New Delhi: 24th November, p.2。

其次，政府投入的主要方向应当是农村寄宿制学校食堂的硬件设施和人员工资。虽然寄宿制初中基本上都配套建有学生食堂，但很多学校的食堂面积小、功能不全，只有食物操作间而没有学生饭厅，不能满足寄宿制学生就餐的需要。绝大部分寄宿制小学的食堂十分简陋，只能为学生提供简单的蒸饭，基本上没有条件炒菜，更不用说有学生饭厅了。2007 年，广西某县 174 所寄宿制小学中，有能够炒菜的食堂也只有实施"贫困地区寄宿制小学学生营养改善项目"的 2 所小学，仅占小学食堂总数的 1%。因此，大量学生每天的食谱只是简单的蒸饭加一点点水蒸黄豆，没有肉、蛋和蔬菜。长期如此，导致这些地方的学生营养严重不足，身体素质远远差于城市的同龄学生。学生食堂功能不足、设施不配套的状况，在一定程度上影响了学生营养改善工作的开展和成效。农村寄宿制学校学生食堂必要的硬件不完善，致使学生营养改善工作不能到位。在这种情况之下，即使各级政府仿效国外给予学生营养补助，资金也难以最终用于学生营养改善，学生会以吃零食等方式花掉营养补助费用。但是，要把食堂建设成为标准的能提供炒菜的食堂，还必须配置必要的设备，如锅炉、冰柜、消毒设备、炊具等，这些设备的添置需要大量的人力和财力投入，贫

---

① 李文：《贫困地区寄宿制学生营养餐项目效果评估》，《农业技术经济》2011 年第 6 期。

困地区农村财政根本难以解决这一难题,只有中央及省级政府专项财政转移支付才有可能完成。义务教育阶段学校已经全面实施免除学杂费政策,学校食堂一切开支均通过隐性方式转嫁给学生家庭,沉重的经济负担已经损害了农村义务教育公平。要建设标准食堂并配齐相应设备,如果没有政府支持,仅靠农村寄宿制学校自筹,是非常困难的。①

最后,各级政府对学生营养补助应该通过补贴学校食堂的方式进行。在此基础上,加大政府监管力度。我国从2011年秋季学期起启动实施农村义务教育学生营养改善计划,在集中连片特殊困难地区开展试点,中央财政按照每生3元/天的标准为试点地区农村义务教育阶段学生提供营养膳食补助。试点范围包括680个县(市)、约2600万名在校生。每年所需160多亿元资金全部由中央财政负担,与此同时,中央鼓励各地以贫困地区、民族和边疆地区、革命老区等为重点,因地制宜开展营养改善试点,并给予奖励性财政补贴。营养改善计划将学生食堂列为重点建设内容,着力改善学生就餐条件,并建立专家工作组,加强学校营养指导。补助资金严格用于为学生提供食品,严禁直接发放给学生和家长,全面公开学校食堂和学生营养经费账目及配餐标准,接受学生、家长和社会监督。② 这一政策的真正落实还必须有相应的配套措施,特别是农村寄宿制学校食堂现行经营模式必须改革。目前,农村寄宿制学校食堂一般采取承包经营、学校自行经营、半承包式经营等方式。采取承包经营和半承包模式都难以避免食堂的营利行为,在监管力度不够的情况下,学校往往会使营养补助落不到实处,将补助直接发放到学生手中,脱离学校的控制又达不到改善营养状况的目的。

因此,要使学生营养改善计划真正发挥作用,就要将食堂的运行纳入学校管理体系,政府加强对学校食堂经营的监管力度,为学校食堂配置专门的工人和营养师,平时要对学校食堂的膳食营养搭配进行监督指导。只有政府分担了农村寄宿制学校食堂成本,才能真正避免学校把食堂当作创收途径的行为发生。在政府分担食堂成本的基础上,学生营养干预能否顺

---

① 余益中、黄艳兰:《从农村寄宿制学校入手,改善儿童营养状况》,《广西教育》2009年第6期。

② 《我国启动农村学生营养改善计划 每人每天补3元》,2011年10月26日,腾讯网(http://news.qq.com/a/20111026/001555.htm)。

利实施，学校的管理水平是关键。儿童营养改善不仅仅是简单的做饭、吃饭问题，同样的经费投入能产生多大的效益，在很大程度上取决于学校的管理水平。要办好寄宿制学校的学生食堂，校长必须转变观念，提高师生员工的责任心，形成制度化、规范化的管理模式；积极改进食堂工作方式，提高厨师的烹饪水平，为学生提供营养均衡、安全卫生的食品；校长要多动脑筋，在保证学生营养摄入量的前提下，想办法降低学校食堂的运作成本，提高食堂效益。

（三）课余活动管理

课余生活是学生生活的重要组成部分，课余活动是学生课余生活的良好组织形式，丰富多彩、形式多样的课余活动，对提高农村学生综合素质、缩小城乡教育质量差距、促进义务教育均衡发展具有重要意义。

1. 课余活动的内容及人员分工

寄宿制学校要通过校本课程、社团活动、兴趣小组、社会实践等途径，丰富寄宿生课余活动，为学生成长提供个性化、可选择性机会，帮助学生发展兴趣、多元发展，从而提高学生综合素质。学校还要利用节假日、周末和课余时间向寄宿生开放功能室，为学生课余活动提供基本物质条件保障。学校必须积极探索利用社会资源、各类社会实践基地等丰富学生课余活动。寄宿生课余活动大致可以分为七大类，即生活类、学科类、科技类、艺术类、体育类、劳动类和休闲类。

根据寄宿生课余活动的内容及各自特点，课余活动原则上以生活指导教师为主体，由教学部安排班主任和音体美劳专任教师协助完成。生活指导教师肩负着对学生的教育、管理与培养任务，涉及学生学习与生活的方方面面，工作非常繁重。针对寄宿制学校的这一特殊性，建议根据学校规模设立专职的生活教师编制，保障学校对学生课余活动的管理。生活指导教师的工作分为两大部分，一部分是负责学生就寝秩序的维护和夜间看护；另一部分就是负责学生放学后至晚自习时间段的课余生活组织与安排，生活指导教师主要负责生活类和休闲类课余活动的组织。专任教师也要发挥学科优势，主要负责学科类、体育类、艺术类和科技类课余活动安排。其中音乐美术教师负责艺术类活动、体育教师负责体育类活动、学科类与科技类活动原则上由相关文化课教师负责。农村寄宿制学校学生课余活动需要学校的班主任以及任课教师的全方位参与，因此，提高寄宿制学校教师待遇，设立专门的津贴用于教师对学生课余活动管理的补助，有助于提高教师组织学生课余活动的积极性。

另外，还可以利用志愿者帮助农村寄宿制学校"乡村少年宫"开展课余活动。乡村学校少年宫的建立依托乡镇中心学校现有场地、教室和设施，进行修缮并配备必要的设备器材，依靠教师和志愿者进行管理，在课余时间和节假日组织开展普及性校外活动的公益活动。农村寄宿制学校须有可供课外活动使用的校舍，室内总面积不低于100平方米，有一定数量的专业教师、志愿者队伍作为校外辅导员，确保活动正常开展。教室的基本功能是教学，在寄宿制教育特殊背景下，教室还必须成为学生晚间就寝之前的业余活动场所。因此，教室必须配备电视、多媒体以及图书报纸等，以供学生晚间活动使用。如果相应配置缺乏，就会使学生晚间活动受限，从而出现"以课代管"的局面，增加学生学习负担。

2. 完善课余活动管理制度

第一，建立教职员工课余活动管理培训制度。各地教育主管部门及学校应尽快建立起面向学生课后管理的农村寄宿制学校教师培训体系，有针对性地开展有关学生学习、交往、生理、心理发展等内容的培训。积极鼓励社会力量参与培训工作，如请医护人员为教师讲解一些心理辅导、生活护理、急救等方面的知识；请消防部门为教师传授消除火灾隐患的专业知识和技能；请文体部门为教师培训提供文体活动的方案和技巧等。建立起校内外互动的培训机制，提高农村寄宿制学校学生课余生活管理的质量，确保寄宿学生健康快乐地成长。

第二，建立课余活动安全管理制度。学校应开设安全教育课程，向学生开展安全知识、危机处置和急救知识等教育，帮助学生树立牢固的安全意识，提高中小学生的自我保护能力。登记和保存家长联系电话，保证在开展课余活动学生发生安全事故时能最快地联系上家长。提前制定应急预案，在遭遇突发安全事故时，保证做到不慌不乱，正确应对。

第三，建立社团活动管理制度。在农村寄宿制学校中推广建立学生会和学生社团，培养学生成为课余活动的主体，让学生在教师的协助下亲身参与课余活动的计划制订、活动的实施和评价等步骤。让学生根据兴趣爱好组建学生社团和兴趣小组，让学生按自己的兴趣爱好参加自己喜好的社团活动，充分发展学生的特长。

第四，制定场地和器材使用制度。学校应制定场地和器材的使用规范，指定教师或聘用人员为场馆和器材管理员，并要求管理员做好场地和器材的使用登记，保证学生开展课余活动时能够正常地借用学校相关器材和场地。

第五，建立课余活动评价制度。对课余活动的有效评价可以促进课余活动的良性发展，学校应根据课余活动的性质建立质性评价与量化评价相结合的评价体系。评价的目的主要是为课余活动组织者及参与者提供反馈意见，从而更好地改善课余活动和促进学生发展。如使用档案袋、录像等方式来记录学生在课余活动中的成长表现等。

（四）安全管理

寄宿制学校与非寄宿制学校相比，安全问题尤为重要，学生寄宿意味着原来由各个家庭分担的安全责任全部集中到学校。寄宿制学校安全管理包括校内和校外两部分，就校内而言，安全管理主要涉及食品安全隐患、流行性疾病的防治、火灾隐患、学生伤害事故以及财产安全等，这些事故发生的可能性因为人员聚居而增大，学校必须具备事前安全防范措施和重大事故应急处理能力。从校外环境来看，安全隐患主要涉及往返学校的交通安全和学校周围社会环境对学生安全形成的压力。为了减小安全事故发生的概率，一方面要求学校内部加强日常管理，防患于未然；另一方面需要政府、家庭和社会等外部力量对寄宿制学校大力支持与配合。

1. 加强寄宿制学校日常管理，防患于未然

学校要依据法律法规制定各种规章制度，作为学校日常管理的重要依据。首先，农村寄宿制学校日常管理必须规范"一日常规"。学生日间活动的管理必须分工明确，互相协作。专任教师对课堂及课间休息的安全负责，新增课余时间活动安排和安全保护应由生活指导教师负责，学生就餐纪律和就寝由生活指导教师负主要责任，专任教师以值日教师的身份协助管理。晚间活动除了适当安排学生自习外，其他时间主要由生活指导教师和值日人员管理，要建立陪护制度，生活指导教师与寄宿生同睡，负责夜间学生纪律和住宿安全，并负责突发事故的应急处理和重大事故的及时汇报。尤其要注意加强对女生的监护，防止和杜绝其人身受到侵害。[①] 其

---

① 范先佐：《人口流动背景下的义务教育体制改革》，中国社会科学出版社2011年版，第327页。

次，要严格卫生管理制度，提高流行性疾病的防范意识，防止流行性疾病的发生。远离集镇的寄宿制学校必须设立校医务室，制定常见疾病和流行性疾病预防措施。地处集镇的寄宿制学校必须与当地医院主动联系，建立长期合作关系，对寄宿制学校进行疾病监控。再次，寄宿制学校食品安全是一项长期、艰巨的系统工程，重在管理、落实和完善。卫生部门、教育行政部门和学校要坚持不懈地完善食品卫生工作机制，建立健全卫生安全责任制，强化监督检查与自我约束，构建安全健康、优质高效的现代农村寄宿制餐饮服务体系，为寄宿制学生健康快乐地成长营造安全、卫生的环境。[①] 2002 年，教育部和卫生部就出台了《学校食堂与学生集体用餐卫生管理规定》，对学校食堂建筑、设备、环境卫生，食品采购、储存及加工的卫生，食堂从业人员卫生提出了明确要求，并且还建立了食物中毒或者其他食源性疾患等突发事件的应急处理机制。2011 年 8 月 16 日，教育部、卫生部印发的《农村寄宿制学校生活卫生设施建设与管理规范》中进一步强调了食堂卫生安全问题。各级行政部门和学校管理人员要依据相关文件严格要求食堂工作人员，严格遵守食品管理程序，防止重大食物中毒等事故的发生，同时要严格执行重大事故报告制度。

就目前调查的情况来看，各地农村寄宿制学校师生安全意识薄弱，很多学校没有建立应急事故处理机制，缺少应急事故处理的意识、设备和能力。在所调查的 30 多所中小学中，有 80% 的学校没有最基本的消防设施，师生根本就没有对突发事件的应急意识，一旦遇到失火等突发事件发生，后果不堪设想。调查显示，90% 的寄宿制学校没有卫生室，学校离乡村卫生所最近距离的平均值为 4.35 公里，如果步行平均耗时为 40 分钟左右，如果学生发生意外情况，很难及时得到救治。食品卫生更是涉及每个学生，针对这一问题，在访谈学校领导时发现，90% 的学校对食堂实行承包管理，学校对食堂采购原料没有相应的监管，食品安全存在极大隐患。学校围墙可以有效地保护学校师生的生命财产安全，营造一个相对安静的学习环境。笔者在湖北省利川市某中学调查时发现，一所 2000 多人的寄宿制初级中学没有围墙，校外人员可以随意出入校园。据该校副校长介

---

① 端木晓薇：《陕西省农村寄宿制小学学生生活管理的现状、问题与对策研究》，硕士论文，陕西师范大学，2011 年，第 50—60 页。

绍，临近毕业的时候，经常有社会闲杂人员来学校骚扰，老师们有时提心吊胆，这种状况给寄宿制学校带来很大的安全隐患。针对寄宿制学校人员聚居的特点，必须构建安全卫生保障机制，寄宿制学校建设要与中小学校标准化建设同步进行，硬件设施配备必须考虑安全因素，国家财政要设立专项资金和安排专门人员保障学生的安全。

2. 规范寄宿生往返学校的交通管理，消除学生上学途中的安全隐患

农村寄宿制学校的安全问题向外延伸就涉及学校与家庭、学校与社会两方面，这些安全隐患因为举办寄宿制学校而产生，所以也必须纳入寄宿制学校安全管理体系。在所有的安全隐患中，因为社会交通运营不规范给寄宿生往返学校的安全带来的隐患最大。学生正是由于上学路程远才选择住校学习，上学远意味着往返学校必然选择乘坐交通工具，而目前农村交通条件落后，运输能力受限。特别是寄宿生往返学校的集中性使得正规运营车辆供给不足，选择简易交通工具就成为必然。因此，规范寄宿生往返学校的交通管理，消除学生上学途中的安全隐患，就成为农村寄宿制学校安全管理体系中的重要一环。要规范化管理寄宿制学校交通安全问题，必须发展农村校车系统。

由于学生周末放假造成寄宿生回家车辆严重不足，很多简易交通工具如农用三轮车、摩托车等便成为学生的代步工具，这些车辆本身就没有载人资质，加上很多农民根本就没有驾驶执照，对交通规则更是一无所知。学生们乘坐这样的交通工具往返学校，安全隐患极大，这种状况表明农村寄宿制学校学生交通需求远远大于社会的有效供给，这也是无证车辆载人屡禁不止的根本原因。如河南省洛阳市新安县北冶乡中心小学一位老师这样描述学生到校和放假时的情景：每逢周末和周一，广大农村寄宿制学校的大门口都聚满了三轮车，他们全都是来接送学生的。然而，承载着众多学生人身安全的车辆，大多都不符合载客的标准，有的车辆没有牌照，有的司机没有驾驶执照，有的为了能够多拉几名学生，便严重超限超载，一辆小小的三轮车竟然搭载十几名学生，有的甚至搭载数十名学生。看着这些并不具备载客标准的三轮车鼓囊囊地塞满了学生，在山路上绝尘而去，每一次，笔者的心都会被揪得紧紧的：学生们乘坐这样的车辆哪里会有什么安全保障啊，一旦出现问题，发生事故，那将要酿成怎样的悲剧啊！于是，每个周末，当学生放学的时候，

笔者就常常梦想，假如有一天，农村学校也能够像某些城市中学那样配上合格的校车，对学生实行分批接送，让学生不再上一次学就像从鬼门关中闯一次该多好啊！① 其实，这种情景在农村中小学放假的时候随处可见。之所以如此，一方面是因为家长、学生及学校缺乏安全意识，另一方面则是强大的交通需求难以满足，学生为了按时到校或是早点回家，往往甘冒风险。无证驾驶的小三轮车都能"满载而归"，那些有载客资质的车主更是严重超载，可以想象，一旦发生意外，后果不堪设想。近来"校车"事故频发已经给人们敲响了警钟。

为了保证学生的人身安全，提供安全可靠的校车势在必行。目前，国家正在酝酿校车行动计划，准备将农村中小学校车纳入财政保障范围，无疑，这一举措将有利于改善农村学生上学的交通问题。然而，大多数贫困地区财政极为困难，根本无力承担为学校配备校车的责任。即使由中央财政负担校车购置的费用，其后期的运行费用也是一笔巨大开支。因此，按照计划经济思维来为农村中小学配备校车只会是一个美好愿景，稍有不慎就会适得其反。目前，农村中小学校车事故频发的主要原因是载客车辆本身性能差，司机为了眼前利益违规超载等，而这些矛盾并不会因为国家配备校车就能解决。所以，构建农村寄宿制学校校车系统必须按照市场经济的思维方式设计，国家在校车提供中必须承担两方面的责任：一是加强对校车的交通监管，对于违规超载的司机严厉制裁。很多校车出事都是由于超载，因此交通部门要对校车司机进行严格审查，对校车经营者要严格管理。二是对校车经营者提供财政补贴。将农村寄宿制学校和非寄宿制学校一并纳入校车保障系统，规定线路，定点定时接送学生。

为了保证学生安全准时往返于家校之间，校车既不能超载，又不能误时，这种运行方式与公交系统类似。也就是说，如果严格执行定额定时营运，校车经营者必然会处于低利润或者亏损状态。校车服务一方面是为了保证学生不会因为上学路远而失学，从而保证学生的入学率，保障农村义务教育顺利实施，所以校车服务具有外溢效应；另一方面，校车服务也给学生及其家庭带来了便利，节约了时间，因而又具有个人收益。所以，校车服务是一种准公共产品，其运行成本应该由政府、校车经营者、学生及

---

① 介红玉：《农村校园安全：让我沉重让我忧》，《青年教师》2010年第6期。

其家庭共同分担。政府财政补贴必须使经营者达到同行业的平均利润，校车经营者在没有接送任务的空闲时间可以自行经营客运业务。这样才能激励优秀的司机和经营管理者加入校车服务行业，唯有如此，校车安全才能得到真正保障，也就为寄宿生上学和回家提供了可靠保障。

（五）时间管理

不可否认，农村寄宿制学校教育本身就有保证学生学习时间的作用，寄宿制学校教育可以节省学生花费在上学路上的时间。但是，这一功能在应试教育的理念之下被放大，寄宿生的大部分时间都被学习占领，严重地影响了学生生活的完整性，从而也影响了寄宿制学校教育功能的发挥。因此，要真正做到合理分配学习和课余活动时间，必须在改变应试教育观念的前提下，加大对学生课余活动设施的投入，并加强教师的指导，不断创新活动内容。

首先，改变教育观念是科学合理地安排学习和课余活动时间的前提。在应试教育观念支配下，农村寄宿制学校生活以学习代替已经为教师和家长接受。因此，一些农村寄宿制学校教育只是在为学生未来的生活做准备，恰恰忽视了教育本身就是生活的一部分。然而，寄宿制学校与非寄宿学校相比，不但要承担普通学校教育的功能，而且还要承担一部分家庭教育、家庭生活以及一部分社会娱乐功能。寄宿制学校的功能发生了变化，已经不能再按照非寄宿学校的教育模式进行管理，而应该在课堂教学、课外活动、日常生活等方面进行必要的整体改革，以保持学生生活的完整性。学校几乎就是寄宿生生活的全部场所，学校结合自己的特色，组织学生开展丰富多彩的课外活动，丰富其生活，健全其人格，陶冶其情操，是寄宿制学校的应然选择。学习与生活都是学生成长的必要过程。作为培养人的机构，寄宿制学校理应把学校生活作为重要内容进行安排。19世纪末到20世纪初，在西欧和美国也曾出现乡村寄宿学校，如德国教育家利茨于1898年创办的"乡村教育之家"，比利时的德可乐利在1907年创办"隐修学校"，美国进步教育运动的代表人物帕克创办了昆西学校。这些学校被称为"新学校"，属于收费的乡村寄宿学校，设在远离城市的风景优美的环境中，校舍生活设施舒适，教学设备较为精良。这类学校注重创造家庭式的生活气氛，日常开展诸如学术的、体育的、艺术的、手工劳动等活动。这些学校不仅是儿童学习的场所，而且也是儿童日常生活的家庭乐园。① 从本质上看，丰富学生课余生活就是增加学生获取知识、生成智慧的实践活动，就是为学生的全面发展提供丰富的环境条件。在整个人类社会都日益重视教育、重视人的主体和社会适应性的今天，实践活动会使学生的生活更加丰富和完善，在活动与交往中，会增进同学间的友谊和情感，使学生更加热爱寄宿的学校生活，身心健全发展。显然，要合理安排学生的学习和课余活动时间，必须坚持素质教育的原则，促进学生全面发展。

其次，要保证学生学习和课余活动时间的合理分配，增加对课余活动设施的投入和师资力量的配套是关键。目前，普遍存在的问题是学习时间过长、课余时间没有保障，这固然与教育观念和学校评价体系有关，但是与寄宿制学校课余活动设施不足、教师指导不够、活动内容单调及学生缺乏自主活动的动力也有很大关系。由于缺乏相应的娱乐设施，很多寄宿制学校学生娱乐活动缺乏，除了在体育课以及在课间休息的十分钟时间里进行一些体育活动以外，其他娱乐活动很少。教室和寝室都没有电视，无法收看电视节目；学校几乎没有像样的图书阅览室，学生也就没有什么课外书籍可看；学生也没有充足的游戏和休闲活动时间。对小学低龄学生的访谈发现，很多学校老师从来不组织学生做游戏，同学之间也不做游戏。由于缺少与同伴的游戏和交往，寄宿制学校的学生生活中，缺少了许多童年应享有的童真和乐趣。许多同龄孩子在一起学习和生活，本可以很好地弥补独生子女缺少友谊玩伴等缺憾，却因种种原因而没有达成这个目的。为了解决这一问题，学校首先要尽可能地想办法加大基础设施建设，创造活动的条件，丰富各项课余活动，营造课余活动的快乐氛围，为寄宿制中小学生提供一个宽松、和谐、健康的环境。② 在保障学生课余活动设施的基础上，教师的引导和安排对于丰富寄宿生课余生活起着至关重要的作用。配备高素质的生活教师，以宿舍为单位开展活动，可以使学生的娱乐活动落到实处。构建以宿舍为中心的课余活动安排机制，将课余活动与教学活动放在同一高度进行安排，才能真正保障课余活动时间。另外，生活指导

---

① 姚姿如：《丰富农村寄宿制学校生活的思考》，《东北师范大学学报》（哲学社会科学版）2011年第3期。

② 张兵：《寄宿制中小学生课余活动安排的思考》，《革新教育》2011年第10期。

教师的工作还必须得到专任教师的积极配合，这就要求提升专任教师的整体素质。教师要学习新课程理论，树立新型的学生观、人才观、教学观、课堂观。要加强学科专业知识和百科知识的学习，夯实专业功底，做到学科教学游刃有余，这样才能提高课堂效率，提高课堂效率才能使学生真正解放出来，这是保证专任教师放开手脚，支持生活指导教师开展活动的根基。专任教师还要加强教育学、心理学特别是有关儿童教育学、儿童心理学理论的学习，关注儿童心理健康和良好个性发展，遵循教育规律，做儿童教育的有心人。[①]

最后，要实现学习时间和娱乐时间的合理分配，创新课余活动内容是调动学生主体性的关键。在教师改变观念，学校满足课余活动设施之后，学生的积极主动性就是关键因素。儿童喜好游戏的天性往往会因家长和老师的期待和压抑而逐渐散失，家长"望子成龙"的心情会使很多孩子将正常娱乐当作浪费时光，所以，教师有责任唤醒学生的天性。这就要求教师一方面要精心设计课余活动内容，从生活类活动、益智类活动、科普类活动、健体类活动、艺术类活动、兴趣类活动等方面选取合适题材，调动学生积极性；另一方面，还要考虑学生个性特征，给学生一定的自由支配的时间安排自己喜欢的活动，不同年龄的学生可以安排时间不等的自由活动，以便让所有的学生都有机会放松自己的心情。

（六）低龄寄宿生管理

低龄学生一般生活自理能力差，对家庭和父母情感依赖性强。这些学生过早离开家庭独立生活，往往会出现生活不适应的问题。低龄寄宿生生活的不适应性主要表现在由于生活不能自理而造成的压力和"思家"情绪引起的心理问题上，其根源是由于学校家庭功能的缺失。因此，赋予寄宿制学校亲情功能和生活护理功能，以此弥补家庭功能之不足就是解决低龄寄宿生生活适应性问题的基本方向。随着学生生源逐渐稀疏，为了提高办学效益，撤点并校已经是必然趋势，低龄学生上学远的问题是今后很长一段时间农村小学教育的常态。换句话说，低龄学生寄宿是今后农村基础教育必须面对的现实，如何解决低龄学生寄宿生活的适应问题就成了农村

---

① 向志家、邬翔：《全面质量观是办好农村低龄寄宿制学校的指针》，《当代教育论坛》（教学研究）2011 年第 2 期。

寄宿制学校可持续发展的关键。目前，部分农村小学推出的保育寄宿制学校在解决学生生活和心理问题方面具有独到的功效。所谓保育寄宿制学校，就是以解决低龄小学生上学远的问题为直接目的，以提高农村小学办学效益和教育质量为最终目标，针对小学低年级学生生理和心理特征而设置的一种寄宿制学校。学校按照现代教育管理原理，配备保育员专门负责学生的日常生活，对学生实施科学管理和健康教育。[①] 显然，寄宿制保育学校可以解决低龄寄宿学生的生活与心理适应性问题。

低龄寄宿生学校生活适应性不强是农村小学实行寄宿制的难点。一些学生在很小的年龄就离开父母，恋家的心理必须适应了群体生活之后才能逐渐消除；低龄学生食宿在家时有父母无微不至的关心，学校虽然也设置了相应机构和安排了保育员承接家庭的这部分功能，但是，由于保育员的素质偏低，教师"重教轻育"的行为惯性一时难以转变，低龄寄宿制设计必须关注办学的硬件设施和人员保障的特殊性。严格按照低龄寄宿生的身心发展规律设计小学寄宿制学校，其办学成本远远高于普通小学。一项调研结果显示，缺少基本生活条件的保障是学生不能安心学习的主要原因，在设施条件相对较好、管理较为完善的寄宿制学校，住校期间想家的学生比例较低。[②] 可见，寄宿制学校良好舒适的生活环境在一定程度上可以减轻学生离家之后的不适和想家的情绪。按照"以县为主"的管理体制，县级政府首先应该集中人力、物力、财力改善农村寄宿制小学的办学条件，优化教育环境，学校要照顾好学生的衣食住行。举办保育寄宿制小学和调整小学布局是一致的，小学布局调整之后会产生富余教师，对没有竞聘上教师岗位的教师进行再培训，重新上岗的主要任务转向保育寄宿制学校的保育工作，办好第三产业，大力发展蔬菜和饲养业，办好服务食堂，降低学生生活费用，提高学生生活水平。使学生进得来，留得住，学得好，让学生安心，家长和社会放心。[③]

从某种意义上说，农村保育寄宿制学校是为了保障农村孩子接受义务教育的一项特殊措施。因此，保育寄宿制教育属于公共产品，举办农村保

---

① 高正绪：《山区农村寄宿保育制小学研究》，《现代中小学教育》2002年第10期。
② 叶敬忠、潘璐：《农村寄宿制小学生的情感世界研究》，《调查与实验》2009年第8期。
③ 夏昌艺：《关于兴办山区保育寄宿制小学的思考》，《教学与管理》2000年第10期。

育寄宿制小学的费用应该全面纳入国家财政保障体系，中央、省级政府和县市政府要根据"财权与事权"相统一的原则合理分担办学成本。目前，贫困地区农村县级财政困难，基本没有举办优质保育寄宿制学校的能力，中央和省级财政必须采取专项转移支付的方式予以支持。县级政府仍然要成为保育寄宿制小学教育的主要责任者，乡镇政府虽然没有经费保障的义务，但是也必须有为行政所在地保育寄宿制学校提供服务的意识和行动。乡镇政府可以通过提供学校建设用地，减免相关建设费用，或者以捐赠、奖励等方式为所在地保育寄宿制学校提供帮助。

二 发挥农村寄宿制学校提供优质教育的功能

农村家庭对优质教育资源的需求是寄宿制办学模式得以快速发展的重要原因。随着农村城镇化进程的不断加快，人口和资源向城镇聚集的趋势明显。教育领域也不例外，大批经济条件较好的家庭及学生逐渐转向城镇，优质教师资源也不断向城镇聚集，小生产经济背景下的"小而全"的办学模式逐渐衰弱。与此同时，教育日渐成为资源分配的手段，其竞争从高端逐渐下移至义务教育阶段，甚至是幼儿教育。农民子女改变社会地位的主要途径依然是教育，农村对优质教育资源的渴求胜于以往任何时候。显然，传统的走读学校难以担当重任，农民将孩子的教育权最大限度地转让给学校已经是一种难以扭转的趋势，农村寄宿制学校教育以其特殊的功能迎合了农村学生家长的需要。所以，发展农村寄宿制学校一方面需要争取良好的外部环境，构建经费长效保障机制，完善内部运行机制；另一方面必须提高农村寄宿制学校教育质量，真正满足农村家庭对优质教育的需求。不断提高教育教学质量是农村寄宿制学校持续发展的动力源泉，提高寄宿制学校教育教学质量，是促进农村义务教育均衡发展的战略选择。

（一）整合教育资源，缩小城乡办学条件差距

教育投入可以积累人力资本，教育投资是一种生产性投资，教育通过提高劳动者的素质来提高生产力水平。作为生产性投资，教育部门必须与其他物质生产部门保持合适的投入比例，无限制地投入不仅会影响整个经济的发展水平，而且还会造成资源的巨大浪费。换句话说，每个国家投入到教育领域内的资源是有限的，无限制地满足教育支出不符合经济社会发

展规律。与此同时，追求效率已经成为国际大趋势，任何国家对于低效率的行业都会加以改造。农村义务教育对提高农村劳动力素质的功用毋庸置疑，由于生源稀疏而造成学校办学效益不高的现象普遍存在也是客观事实。通过布局调整形成规模效益，通过重新组合人力、财力和物力，提高办学效益，是相对增加教育投资的举措。在国家对农村义务教育投入增加的基础之上，举办农村寄宿制学校，可以集中优质教育资源，改善农村义务教育办学条件，提高教育教学质量。

农村人口变化趋势决定了义务教育的生源特征，经济活动的本质决定了人们节约资源的行为，集中办学是农村初中和小学今后一个相当长的时间的实然选择。集中办学可以节约大量人力和财力，学生集中，教师也相对集中，走上讲台的教师都通过竞争上岗，教师自身的素质在竞争中不断提高，教师间的相互观摩、共同切磋为教学管理和提高教学质量提供了极为有利的条件。集中办学还可以产生"范围经济"，学校可以开齐课程，广泛组织各类活动，使学生德、智、体、美、劳等各个方面素质都得到培养，为学生的发展奠定良好的基础。集中办学会扩大学校的服务半径，造成学生上学远的问题，解决这一问题，除了校车接送就是实行寄宿制。校车运行费用昂贵，一般农村学校难以承受。而且，绝大部分山区农村自然条件恶劣，校车事故的发生概率很大，必须尽量减小校车使用频率。山区及边远地区农村历来有实行寄宿制的传统，寄宿制学校教育是解决学生上学远问题的最佳途径。农村寄宿制学校是布局调整的有力配套措施，在推进城乡义务教育均衡发展的背景之下，农村寄宿制学校建设有利于集中优质教育资源，率先实现缩小城乡办学条件差距的目的。

效率与公平的冲突是经济社会无法回避的矛盾，公平是为了长久的有效率地发展，高效率则是高起点公平的基础和保障。追求公平并不是追求平均，追求公平也并不是要求齐头并进。就义务教育整体而言，推进义务教育均衡发展，保障教育公平，可以以初中教育为突破口，集中优质教育资源，缩小城乡办学条件差距。进一步具体到小学教育阶段，则应该以高年级（五、六年级）阶段为突破口，推行寄宿制办学模式。低龄学生寄宿要谨慎推行，对于确有寄宿需要的地方可以在核算成本的基础上，比较就近入学和举办保育寄宿制学校的成本差距据实选择。从小学高年级开始推行寄宿制有利于学生整体的发展，保证绝大多数人享受优质教育资源才是真正有效率的公平。如果为了保证少数特殊情况而使绝大部分学校处于低水平运行状态，只会加大城乡差距，损害义务教育公平。所以，通过举办农村寄宿制学校整合教育资源，可以利用有限的资源配置结构的改变而改变其功能，从而缩小城乡义务教育办学条件差距，促进义务教育均衡发展。

(二) 通过养成教育提高学生综合素质

农村寄宿制学校对于提高学生的学习能力具有强劲优势。学生住宿在校可以省去往返学校的时间，充分保障了有效学习的时间和精力。根据学习规律，一定范围内，记忆时重复的次数与记忆效果之间存在着极强的正相关关系，也就是说，时间是保障学生有效学习的基础。学习成绩的提高只是寄宿制学校优势的一方面，其实，农村寄宿制学校提高学生综合素质的功用更具有实际意义。学生在校学习是生活和成长过程的统一，除了学习成绩外，学生综合素质的提高尤为重要。随着农村城镇化的不断加快，乡村生活开始变得悄然无声了，原来盛行的很多具有社会化意义的活动逐渐消失。乡村变革的惰性使得残存的农村生活节奏和生活习惯继续影响着下一代人，农村的散居特点与现代化大生产格格不入。家庭与学校之间影响学生时间的分配决定着各自的影响力，传统的小规模学校和非寄宿制学校在争夺学生影响力中处于弱势，家庭的影响力增强意味着小生产意识的继续保留甚至是强化。因此，学生在摆脱了对父母情感的强烈依赖之后，及早融入集体生活有利于培养良好的生活和行为习惯，有利于形成团体意识和合作精神。除此之外，农村寄宿制学校专业的教师和科目齐全的课程设置为学生全面发展提供了平台，农村学生可以在寄宿生活中接触现代文明。

随着改革开放的深入，农村家庭结构正在发生着深刻变革，大量劳动力流动打破了原有家庭的稳定状态，留守儿童隔代抚养或寄养普遍存在，留守儿童家庭教育缺位现象严重。农村寄宿制学校应该尽量满足留守儿童的寄宿需要，主动承担起留守儿童全面教育的责任。明确寄宿制学校生活指导教师职责，提高专任教师育人意识，构建以宿舍为中心的寄宿生课余生活保障体系，有利于弥补留守儿童家庭教育和亲情的缺失。前已述及，农村学生的家庭背景与城市学生之间存在很大差距，这些差距不仅表现在文化背景方面，还体现在生活方式、世界观和人生观等方面。简言之，农村寄宿制学校教育可以更好地使学生完成社会化，提高学生综合素质。只有让孩子尽早充分接触现代文明，才能使之在将来的生活中适应社会，逐步消除农村弱势因素的代际传递，真正缩小城乡差距。

农村寄宿制学校教育相对于家庭教育的比较优势，这一点越来越得到农村家庭的认可。农村寄宿制学校的出现虽然带有被迫的痕迹，但是，部分学生家长观念的变化，也是促使寄宿制学校发展的动力之一。随着农村学生父母不断接触外部世界，他们的教育观念正在悄悄发生变化，都把教育看作孩子成长成人的根本途径。农村家庭有着强烈的教育投资动机，随着生活水平的逐渐提高，农村对优质教育资源的需求越来越大。有的家庭父母并未外出打工，爷爷奶奶也在家赋闲，应该有时间来照看孩子，但是他们还是选择了寄宿制学校教育。很多家长承认自己的文化水平不高，平时也比较懒散，老一辈的生活习惯对孩子成长负面影响较大。而学校里的老师，毕竟更负责任，对孩子的学习教育更在行。因此，更愿意送孩子去寄宿，免得把孩子耽误了。[①] 可以看出，农村家长已经意识到了家庭背景对孩子的负面影响，希望通过寄宿制学校改变现状。因此，提高教育教学质量，提供优质教育资源是农村寄宿制学校生存的根基，也是其实现可持续发展的基础。实践证明，正是由于农村寄宿制学校教育具有育人优势，才使其在农村义务教育中不断发展。基于此，政府对农村寄宿制学校的投入既要关注其公益性，追求教育公平，又要注重提供优质服务，关注效率。在增加政府投入的同时，适当考虑农村家庭分担部分成本，特别是对生活费和交通费用的分担。国家对农村寄宿制学校的投入目标应该是改善和提高学校办学条件，提高办学水平，注重有限资源的利用效率。政治取向的义务教育投入模式忽略了集中有限资金提升学校水平的主旨，将贫困学生问题当作目前农村寄宿制学校的主要矛盾，造成了资金的巨大浪费。2010年3月，笔者对湖北省恩施市某农村初中调查发现，该校共有学生653人，其中寄宿生达402人，享受贫困寄宿生补助人数为168人，占总人数的40%。每年人均享受贫困寄宿生补助750元，共计补助金额为126000元。进一步随机调查20名学生对补助的使用情况发现，除了4人回答贴补生活费用外，16人回答是"一般都用这些钱买零食，家里也不

---

① 刘欣：《农村中小学布局调整与寄宿制学校建设》，《教育与经济》2006年第1期。

缺这些钱"。相对来说,学校食堂却显得十分简陋,食堂总面积不够,食堂里也没有餐桌等设施。学校校长感慨地说:"如果用这些钱改善一下食堂设施,或许学生生活水平会得到真正提高。至于贫困生的问题面不是十分大,可以通过多渠道方式对真正有困难的孩子进行资助。"一位家长坦言:"家里并不缺那点补助,但是别人都可以领,我当然不能落下。"可见,如何通过改善办学条件提供优质教育,真正缩小城乡教学质量差距才是农村教育面临的主要矛盾。提供优质教育资源,满足农村家庭需求才是教育投入的方向。

总之,要解决农村寄宿制学校目前存在的问题,必须处理好外部投入、内部运行机制和办学目标等方面的问题。就外部投入而言,最重要的是要增加财政投入总量,明确各级政府的分担比例,确保新增寄宿成本有稳定的资金来源。在此基础上,扩大资金来源渠道,合理安排资金使用方向,提高资金使用效率,做到开源节流。将农村寄宿制学校建设的目标定位于提高农村教育质量上来。就寄宿制学校内部诸要素而言,寄宿条件的改善是进行其他工作的物质基础,学生生活的合理安排是根本保证。学校内部管理制度设计必须充分考虑学生的营养、安全和学习时间的问题,尤其是对低龄寄宿生的问题要特殊对待。改善办学条件,为寄宿学生营造身心发展的良好环境,最终目的是提高农村寄宿制学校的教育教学质量,缩小城乡义务教育差距,促进义务教育均衡发展。

参考文献

一 著作类

1. 瞿保奎：《教育学文集·英国教育改革》，人民教育出版社1993年版。

2. 范先佐：《中国中西部地区农村中小学合理布局结构研究》，中国社会科学出版社2009年版。

3. ［英］托马斯·霍布斯：《利维坦》，黎思复译，商务印书馆1985年版。

4. ［美］保罗·A.萨缪尔森、威廉·D.诺德豪斯：《经济学》，萧琛主译，人民邮电出版社2004年版。

5. 郑文范：《公共经济学》，东北大学出版社2002年版。

6. ［美］乔治·恩德勒：《面向行动的经济伦理学》，高圆希等译，上海社会科学院出版社2002年版。

7. 金东海：《少数民族教育政策研究》，甘肃教育出版社2002年版。

8. 《全国教育工作会议文件汇编》，教育科学出版社2010年版。

9. ［葡］若阿金·西尔韦斯特：《规模经济与规模不经济》，经济科学出版社1996年版。

10. 马克思：《资本论》第1卷，人民教育出版社1975年版。

11. 陈孝彬：《教育管理学》（修订版），北京师范大学出版社2005年版。

12. 范先佐：《教育经济学》，人民教育出版社1999年版。

13. 靳希斌：《教育经济学》（修订本），人民教育出版社2001年版。

14. 刘成斌、吴新慧：《留守与流动：农民工子女的教育选择》，上海交通大学出版社2008年版。

15. 曲恒昌、曾晓东：《西方教育经济学研究》，北京师范大学出版社2000年版。

16. 金一鸣：《教育原理》，安徽教育出版社1995年版。

17. 《中国教育统计年鉴》（1949—1984），人民教育出版社1985年版。

18. 刘英杰：《中国教育大事典》（1949—1990），浙江教育出版社1991年版。

19. 国家西部地区"两基"攻坚领导小组办公室编：《民生之本，强国之基——西部地区"两基"攻坚报告》，人民教育出版社2008年版。

20. 孙忠生：《农村九年一贯制（寄宿制）学校管理研究》，华东师范大学出版社2007年版。

21. 教育部发展规划司编：《2013全国教育事业发展简明统计分析》，2014年版。

22. 俸兰：《新世纪我国民族教育发展研究》，民族出版社2004年版。

23. 杨军：《西北少数民族地区基础教育均衡发展研究》，民族出版社2006年版。

24. 方晓东：《中华人民共和国教育史纲》，海南出版社2002年版。

25. 张立中：《中国草原畜牧业发展模式研究》，中国农业出版社2004年版。

26. 石鸥：《中国基础教育60年》（1949—2009），湖南师范大学出版社2009年版。

27. 《中国教育统计年鉴2009》，人民教育出版社2010年版。

28. 21世纪教育研究院：《中国中西部地区农村寄宿制中小学调查》，社会科学文献出版社2009年版。

29. 原青林：《揭示英才教育的秘密：英国公学研究》，黑龙江人民出版社2005年版。

30. 王善迈：《教育投入与产出研究》，河北教育出版社2004年版。

31. 邬志辉：《农村义务教育经费保障机制》，北京大学出版社2008年版。

32. 方建移、何伟强：《家庭教育与儿童社会性发展》，浙江教育出版社2005年版。

33. 缪建东:《家庭教育社会学》,南京师范大学出版社 1999 年版。

34. 王绪池:《寄宿制学校管理》,重庆大学出版社 2013 年版。

35. 刘民权、俞建拖:《儿童营养改善的国际比较》,中国发展出版社 2009 年版。

36. 沈有禄:《中国、印度基础教育比较研究》,人民出版社 2011 年版。

37. 范先佐:《人口流动背景下的义务教育体制改革》,中国社会科学出版社 2011 年版。

38. 胡森:《国际教育百科全书·教育管理卷》,贵州教育出版社 1991 年版。

39. 王强:《美国农村教育发展史》,宁夏人民出版社 2009 年版。

40. 王梦奎:《为了国家的未来:改善贫困地区儿童营养状况试点报告》,中国发展出版社 2009 年版。

41. 雷万鹏:《中国农村教育焦点问题实证研究》,华中科技大学出版社 2007 年版。

42. 金其名:《乡村地理学》,江苏教育出版社 1990 年版。

43. 郭彩琴:《教育公平论:西方教育公平理论的哲学考察》,中国矿业大学出版社 2004 年版。

44. 李书磊:《村落中的"国家":文化变迁中的乡村学校》,浙江人民出版社 1999 年版。

45. 马戎:《中国农村教育问题研究》,福建教育出版社 2000 年版。

46. 郭建军:《农村教育城市化战略实践探索》,山东大学出版社 2007 年版。

47. 滕健:《农村教育管理》,黑龙江科学技术出版社 1987 年版。

48. 赵家骥、杨东:《农村教育的困境与出路》,四川教育出版社 1994 年版。

49. 司永成:《民族教育政策法规选编》,民族出版社 2011 年版。

50. 吴春霞、郑小平:《农村义务教育及财政公平性研究》,中国农业出版社 2009 年版。

51. 教育部发展规划司编:《全国教育事业发展简明统计分析(2007—2013 年)》,内部发行资料,2008—2014 年版。

52. 焦正国、胡延俊：《改进中小学寄宿制学校管理和学生资助的探索与实践》，云南大学出版社 2011 年版。

53. 李钟庆：《促进合作与交往的寄宿教育》，社会科学文献出版社 2002 年版。

54. ［美］雷蒙德·E.卡拉汉：《教育与效率崇拜——公立学校管理的社会影响因素研究》，马焕灵译，教育科学出版社 2011 年版。

55. 谢治菊：《重拾精神的家园——贵州乡土教育的探索与实践》，西南交通大学出版社 2012 年版。

二 论文类

1. 张淑敏：《英国公学及其改革的历史演变》，《教学与管理》2001 年第 2 期。

2. 周旺云：《切实办好寄宿制学校，努力提高民族教育质量》，《四川教育》1986 年第 10 期。

3. 龚安波：《寄宿制是提高苗族学生素质的最佳形式》，《民族论坛》1989 年第 2 期。

4. 夏铸：《大力加强民族寄宿制学校管理工作，为促进民族地区实现"两基"目标做贡献》，《中国民族教育》2004 年第 6 期。

5. 景志明、黄信：《民族中小学寄宿制教育的"优"与"思"》，《四川教育》2007 年第 11 期。

6. 姚万禄：《当代中国民族地区农村教育的特色模式及其绩效》，《社科纵横》2008 年第 11 期。

7. 谷生华、彭涛：《西部农村基础教育重组应一步到位——关于西部农村基础教育寄宿制学校建设的调查与思考》，《教育发展研究》2006 年第 3 期（B 刊）。

8. 袁桂林：《农村寄宿制学校的问题及解决策略》，《中小学管理》2009 年第 6 期。

9. 严鸿和、朱霞桃：《寄宿制学校对农村留守儿童教育影响的调查》，《现代中小学教育》2006 年第 1 期。

10. 范先佐：《关于农村"留守儿童"教育公平问题的调查分析及政策建议》，《湖南师范大学教育科学学报》2008 年第 6 期。

11. 李炳呈、任建东：《论解决农村留守儿童教育问题的最佳途径：集中寄宿制》，《长沙大学学报》2009 年第 1 期。

12. 张克云、叶敬忠：《社会支持理论视角下的留守儿童干预措施评价》，《青年探索》2010 年第 5 期。

13. 任运昌：《西部农村寄宿制学校给农民家长带来了什么——一项质的研究及其现实主义表达》，《当代教育科学》2006 年第 18 期。

14. 张眉、翟晋玉：《农村寄宿制学校问题大家谈》，《中小学管理》2009 年第 6 期。

15. 万明钢、白亮：《教育公平、教育资源整合的路径反思——对农村地区寄宿制学校的重新解读》，《教育理论与实践》2009 年第 25 期。

16. 陈新阳、王一涛：《农村中小学布局调整中的寄宿制学校分析——以广西荔浦县为案例分析》，《高等函授学报》（哲学社会科学版）2008 年第 1 期。

17. 郭清扬：《义务教育均衡发展与农村寄宿制学校建设》，《教育与经济》2014 年第 8 期。

18. 张传武：《农村寄宿制学校办学模式新探索》，《人民教育》2006 年第 23 期。

19. 王远伟：《农村寄宿制中小学的问题与思考——以内蒙古三个旗为例》，《新课程研究》2007 年第 3 期。

20. 朱敏、陈润：《寄宿制小学卫生和健康状况的调查——四川省通江县正文小学个案分析》，《现代中小学教育》2006 年第 11 期。

21. 唐振柱：《广西农村寄宿制学校饮用水卫生安全状况分析》，《中国学校卫生》2008 年第 7 期。

22. 杨玲：《安徽省农村寄宿制学校教室宿舍厕所卫生学评价》，《中国学校卫生》2008 年第 9 期。

23. 伍晓艳：《安徽省农村寄宿制学校食堂卫生现状》，《中国学校卫生》2008 年第 9 期。

24. 程代娟：《安徽省农村寄宿制学校学生传染病发病情况》，《中国学校卫生》2008 年第 9 期。

25. 中科院：《有关农村学生饮食、身体发育和心理问题的调查研究报告》，《政策简报》2009 年第 1 期。

26. 徐永生、宋世兵：《关注农村寄宿制学校校园安全》，《湖南教育》2005年第12期。

27. 梁朝辉、杨杰军：《爱与责任　护佑低龄寄宿生——广西龙胜各族自治县低龄小学生寄宿管理纪实》，《中国民族教育》2005年第5期。

28. 黎承：《乡镇寄宿制中小学校火灾隐患及对策》，《广西师范学院学报》（哲学社会科学版）2007年第7期。

29. 程代娟、陶芳标：《安徽省农村寄宿制学校学生伤害发生情况》，《中国学校卫生》2008年第9期。

30. 裴林：《寄宿制初中生心理问题对策》，《素质教育》2006年第10期。

31. 张丽锦、沈杰：《寄宿制与非寄宿制学校初中生心理健康状况比较》，《中国特殊教育》2009年第5期。

32. 周春兰、吴艳妮：《寄宿制中学生心理健康状况调查与分析》，《广东医学》2009年第9期。

33. 董树梅：《藏族牧区寄宿制小学宿舍管理之行动研究——在甘家乡寄宿制小学的探索》，硕士学位论文，西北师范大学，2004年。

34. 徐勇：《农村寄宿制学校应重视宿舍文化建设》，《教学与管理》2009年第8期。

35. 浙江省磐安县实验小学课题组：《农村中小学寄宿制管理模式综合实验研究报告》，《教育研究》1998年第8期。

36. 罗昭逊、李璧：《寄宿制小学与普通小学儿童社会适应能力调查分析》，《贵州医药》2002年第7期。

37. 胡延鹏：《农村寄宿制小学情感关怀缺失问题研究》，硕士学位论文，东北师范大学，2009年。

38. 姚姿如：《丰富农村寄宿制学校生活的思考》，《东北师范大学学报》（哲学社会科学版）2011年第3期。

39. 杨兆山：《农村寄宿制学校学生的适应问题》，《东北师范大学学报》（哲学社会科学版）2011年第3期。

40. 杜育红：《农村寄宿制学校：成本构成的变化与相关的管理问题》，《人民教育》2006年第23期。

41. 闻待：《广西贫困地区村级寄宿制完全小学基本建设研究》，《中央民族大学学报》2002年第6期。

42. 杨兆山、杨清溪：《农村义务教育阶段标准化寄宿制学校建设的思考》，《教育科学》2007年第6期。

43. 吴峙云：《江西省寄宿制乡镇中心小学设计策略研究》，硕士学位论文，南昌大学，2007年。

44. 郝占国：《西北地区农村寄宿制中学生活空间研究》，硕士学位论文，西安建筑科技大学，2009年。

45. 李韧竹：《我国农村寄宿制学校学生补贴政策研究》，《教育发展研究》2008年第19期。

46. 孙百才、常宝宁：《西部农村义务教育实施两免一补的政策效应分析》，《教育与经济》2008年第3期。

47. 卢海弘、史春梦：《农村寄宿学生补贴政策比较研究——以澳大利亚等国为例》，《教育发展研究》2008年第19期。

48. 范先佐：《布局调整后的寄宿制学校建设问题》，《新课程研究》2007年第6期。

49. 刘欣：《农村中小学布局调整与寄宿制学校建设》，《教育与经济》2006年第1期。

50. 王丽旭、唐斌：《农村寄宿制学校师资问题探讨》，《中国集体经济》2008年第8期。

51. 叶敬忠、潘璐：《农村小学寄宿制问题及有关政策分析》，《中国教育学刊》2008年第2期。

52. 原青林：《英国公学的寄宿制》，《外国中小学教育》2004年第6期。

53. 翟月：《我国农村寄宿制学校生活教师存在的问题及原因分析》，《教学理论》2011年第7期。

54. 杨清溪、赵慧君：《当前我国农村寄宿制学校建设反思》，《中国农村教育》2010年第4期。

55. 武玉坤：《预算资金分配的内在逻辑：政治还是经济？》，《中山大学学报》2010年第2期。

56. 秦颖：《论公共产品的本质——兼论公共产品理论的局限性》，《经济学家》2006年第3期。

57. 顾笑然：《教育产品属性发凡——基于公共产品理论的批判与思考》，《中国成人教育》2007年第12期。

58. 汪海燕：《新中国义务教育历史研究》，硕士学位论文，西北师范大学，2006年。

59. 张海如：《规模经济：理论辨析和现实思考》，《经济问题》2001年第1期。

60. 李政军：《论规模经济》，《淮阴师范学院学报》（哲学社会科学版）2011年第4期。

61. 郝文波：《沉没成本理论在金融危机背景下的应用——浅谈投资者理性投资行为的建立》，《企业经济》2009年第12期。

62. 曾荣光：《教育制度的社会化功能》，《香港中文大学》（教育学报）1988年版。

63. 陈立鹏：《我国少数民族教育回顾及前瞻》，《贵州民族研究》1999年第3期。

64. 格明多杰：《青海藏族教育的现状与两个主要问题的改善意见》，《青海民族研究》1992年第3期。

65. 葛丰交：《从马背小学到寄宿制学校的跨越发展——新疆牧区教育60年发展巨变》，《中国民族教育》2009年第6期。

66. 芜湖市教育局：《共产党领导好，渔民也能办学校——一所渔民子弟学校的创办经过》，《安徽教育》1959年第2期。

67. 涂济民：《对云南山区发展交通的初步探讨》，《农业经济问题》1980年第7期。

68. 白亮：《关于西北民族地区寄宿制学校办学若干问题的思考》，《当代教育与文化》2009年第5期。

69. 李国早：《寄宿制是牧区普及教育的好形式——访甘南藏族地区桑科小学》，《人民教育》1987年第11期。

70. 庞丽娟、韩小雨：《农村中小学布局调整的问题、原因及对策》，《教育学报》2005年第8期。

71. 谢秀英：《农村中小学布局调整中的集体非理性分析》，《中国教育学刊》2011年第4期。

72. 宋洲：《农村中小学布局调整之痒》，《时代潮》2004年第4期。

102. 曹莲娜：《从教育的外部性角度看中国农村义务教育投入机制转变》，《特区经济》2006 年第 8 期。

103. 马青：《农村义务教育投入的主体再认与保障制度变革》，《教育发展研究》2009 年第 11 期。

104. 叶有根：《家校结合，走出"应试教育"的误区》，《江苏教育研究》2011 年第 11（A）期。

105. 李万荣：《走出安全教育的三点误区》，《江苏教育》2008 年第 3 期。

106. 张春梅：《谨防安全教育步入误区》，《中小学管理》2001 年第 3 期。

107. 杨静慧：《缺损与补偿：妻子留守型农村家庭功能研究》，《湖北社会科学》2009 年第 5 期。

108. 陈欢：《对传统农村家庭教育功能变迁的思考》，《教育发展研究》2007 年第 3（A）期。

109. 刘晶：《浅析在校未成年学生人身伤害案件中学校的责任——以封闭式寄宿制学校为例》，《法制与经济》2011 年第 1 期。

110. 劳凯声：《面临挑战的教育性》，《教育研究》2003 年第 2 期。

111. 范先佐：《构建"国家办学，分类承担"的农村义务教育财政体制》，《教育发展研究》2004 年第 4 期。

112. 李尽晖：《新疆农牧区寄宿制学校发展的路径选择》，《中国民族教育》2011 年第 11 期。

113. 李韧竹：《我国农村寄宿制学校学生补贴政策研究》，《教育发展研究》2008 年第 19 期。

114. 夏子坚：《中国现行社会捐赠机制的制度困境与政策选择》，《南方论刊》2006 年第 7 期。

115. 樊丽明：《社会捐赠税收激励的国际经验与政策建议》，《涉外税务》2008 年第 11 期。

116. 温彩霞：《现行公益性捐赠税收政策汇总解析》，《中国税务》2011 年第 6 期。

117. 段成荣：《新世纪之初的中国人口变化》，《人口研究》2006 年第 3 期。

118. 王勇：《云南省农村寄宿制学校规划适应性研究》，硕士学位论文，昆明理工大学，2007年。

119. 翟月：《我国农村寄宿制学校生活教师问题研究》，硕士学位论文，东北师范大学，2009年。

120. 刘欣：《农村中小学布局调整与寄宿制学校建设》，《教育与经济》2006年第1期。

121. 邱耿：《对我国农村寄宿制中学发展的教育学思考——基于中英个案的比较研究》，硕士学位论文，中央民族大学，2010年。

122. 姚姿如：《丰富农村寄宿制学校生活的思考》，《东北师范大学学报》（哲学社会科学版）2011年第3期。

123. 李文：《贫困地区寄宿制学生营养餐项目效果评估》，《农业技术经济》2011年第6期。

124. 廖文科：《我国农村寄宿制学校学生膳食营养状况》，《中国学校卫生》2010年第9期。

125. 余益中、黄艳兰：《从农村寄宿制学校入手，改善儿童营养状况》，《广西教育》2009年第6期。

126. 蓝一：《提高农村寄宿生健康水平》，《广西教育》2009年第6期。

127. 端木晓薇：《陕西省农村寄宿制小学学生生活管理的现状、问题与对策研究》，硕士学位论文，陕西师范大学，2011年。

128. 介红玉：《农村校园安全：让我沉重让我忧》，《青年教师》2010年第6期。

129. 张兵：《寄宿制中小学生课余活动安排的思考》，《革新教育》2011年第10期。

130. 向志家、邬翔：《全面质量观是办好农村低龄寄宿制学校的指针》，《当代教育论坛》（教学研究）2011年第2期。

131. 高正绪：《山区农村寄宿保育制小学研究》，《现代中小学教育》2002年第10期。

132. 叶敬忠、潘璐：《农村寄宿制小学生的情感世界研究》，《调查与实验》2009年第8期。

133. 夏昌艺：《关于兴办山区保育寄宿制小学的思考》，《教学与管理》2000 年第 10 期。

134. 厉以宁:《论教育外部不经济的补偿》,《教育研究》1992 年第 2 期。

135. 雷万鹏、汪曦:《寄宿制学校成本与财政拨款权重实证研究》,《中国教育学刊》2013 年第 6 期。

三 报刊网络资料及其他

1. 张晨:《一些农村食堂利润过大成隐忧——对几所农村中学食堂的调查》,《中国教育报》2009 年 4 月 29 日。

2. 成刚、莫丽娟:《我国中西部农村寄宿制中小学调研报告》,21 世纪教育研究院网站 (http://www.21cedu.org/index.php?m=content&c=index&a=show&catid=70&id=1521)。

3. 《"两基"攻坚》,2009 年 9 月,国家民委网站 (http://www.seac.gov.cn/gjmw/zt/2009-09-23/1253498562645285.htm)。

4. 《着力改善农村学校办学条件 推动农村教育事业和谐发展》,湖北省教育厅网站 (http://www.Hbe.gov.cn/content.php?id=3880)。

5. 《教育部、国家民委关于进一步做好民族地区寄宿制中小学管理工作若干问题的意见》,2005 年 11 月 22 日,中国教育科研计算机网 (http://www.eol.cn/20051122/3162128.shtml)。

6. 《做好农村中小学布局调整 解决上学远问题》,2006 年 6 月 12 日,中华人民共和国网站 (http://www.gov.cn/gzdt/2006—06/12/content_307899.htm)。

7. 《重庆两千余所寄宿制学校覆盖百万农村留守儿童》,2011 年 1 月 13 日,中国新闻网 (http://www.chinanews.com/edu/2011/01—13/2786905.shtml)。

8. 《朔州:农村寄宿制学校建设实现城乡义务均衡发展》,中国教育新闻网 (http://jijiao.Jyb.cn/xw/200911/t20091111322826.html)。

9. 《重庆市人民政府关于深入推进义务教育均衡发展促进教育公平的意》,重庆市政府网站 (http://www.cq.gov.cn/publicinfo/web/views/Show!detail.action?sid=1066274)。

10. 陈俊:《我省中小学布局调整十年间学校减少千余所,学生增加十多万》,《西海都市报》2010年2月24日。

11. 马祥:《江夏寄宿制学校给农村孩子温暖的家》,中国教育报湖北记者站(http://jzz.e21.edu.cn/news.php?id=3303)。

12. 李培林:《新型城镇化与突破"胡焕庸线"》,《人民日报》2015年1月8日第16版。

13.《多个劳务输出大省农民工省内转移人数超省外转移》,中国新闻网(http://news.xinhuanet.com/over-seas/2014-02/20/c_126164612.htm)。

14. 李晓明:《盐城大丰农村小学实行寄宿制的可行性调查报告》,2009年7月5日,江苏教育新闻网(http://www.Jsenews.com/site/boot/newsmorea200907058000.html)。

15.《子长农村小学全面实行寄宿》,2009年1月11日,华商网(http://news.sina.com.cn/c/2009-01-11/020515013569s.shtml)。

16.《走进甘肃酒泉农村寄宿制小学的幸福生活》,2011年10月14日,中国新闻网(http://www.chinanews.com/sh/2011/10—14/3388797.shtml)。

17.《寄宿制小学需要更多关爱》,2011年9月20日,燕赵都市报电子版(http://epaper.yzdsb.com.cn/201109/22/116312.html)。

18.《62万留守儿童住进寄宿校》,网易新闻(http://news.163.com/10/0705/03/6AQ4V2C900014AED.html)。

19. 马晖、田淑兰:《2000万留守儿童的生活要"达标"》,2010年3月9日,21世纪网(http://www.21cbh.com/HTML/2010—3—9/167768.html)。

20.《现有农村寄宿制学校无法满足学生寄宿需求》,2011年11月6日,"三农"直通车网(http://www.gdcct.gov.cn/life/focus/czdxcjy/hy/201111/t20111106_614939.html)。

21.《南平市政协到我市视察农村中小学寄宿制学校管理与建设情况》,邵武教育信息网(http://www.SwJyj.com/show.aspx?id=7006&cid=20)。

22.《上犹县农村初中校舍改造工程(二期)需求规划》,2009年5月15日,上犹县发改委门户网站(http://www.shangyou.gov.cn/fgw/fzgh/200905/t20090515_18321.htm)。

23.《全国22省区农村义务制学校将实行营养餐计划》，中国新闻网（http：//www.chinanews.com）。

24.《湖北红安26名学生疑食物中毒 食堂不洁食物引起》《湖北沙洋47名小学生食物中毒 吃未烧熟土豆而致》，2008年11月25日，华商网（http：//news.hsw.cn/2008—11/25/content_10426720.htm）。

25.《陕西一学校发生一氧化碳中毒事故11名学生死亡》，《中国青年报》2008年2月3日。

26.《农村寄宿学校交通安全隐患多》，山西新闻网（http：//www.daynews.com.cn/news/fzxw/84316.html）。

27.《成都部分三轮车接送孩子上学，一车装20人》，2010年12月31日，新华网（http：//news.xinhuanet.com/2010—12/31/c_12937369.htm）。

28. 杨志明：《把握趋势，稳中求进推动农民工工作和家庭服务业工作新发展》，人社部网站（http：//www.mohrss.gov.cn/SYrlzyhshbzb/dongtaixinwen/difangyaowen/201202/t20120229_94528.htm）。

29. 李远方：《留守儿童首次写入政府工作报告6100万留守儿童成全国两会关注焦点》，《中国商报》2014年3月11日第10版。

30.《中国城乡居民收入差距悬殊》，2011年9月2日，大公网（http：//www.Takungpao.com.hk/news/11/09/21/ZJ—1406825.htm）。

31. 沅陵县财政局办公室：《沅陵县建成41所农村低龄寄宿制学校》，湖南财政网（http：//www.hnczt.gov.cn/cztnews/FuHua/21264.html）。

32. 建设部：《2015年城镇人口将突破8亿》，《楚天都市报》2007年8月3日。

33.《到2015年我市寄宿制学校都要配营养师》，2012年5月21日，重庆市教育委员会网（http：//www.cqedu.cn/site/html/cqjwportal/mtbd/2012-05-21/Detail_9042.htm）。

34.《中国贫困地区寄宿制学校学生营养改善政策研究》，2009年8月24日，中国发展研究基金网站（http：//www.pndc.gov.cn/thread—190—1.html）。

35.《我国启动农村学生营养改善计划 每人每天补3元》，2011年10月26日，腾讯网（http：//news.qq.com/a/20111026/001555.htm）。

四 外文资料类

1. Bethany Lee, Rick P. Barth, "Residential Education: An Emerging Resource for Improving Educational Outcomes for Youth in Foster Care?" *Children and Youth Services Review*, 31 (2009).

2. Mathew A. White, "An Australian Co-educational Boarding School: A Sociological Study of Anglo-Australian and Overseas Students' Attitudes from their own Memoirs", *International Education Journal*, Vol. 5, No. 1, 2004.

3. Walford. G., *Life in Public schools*, London: Methuen & Co. Ltd., 1986.

4. Burgess, R. G., *Experiencing Comprehensive Education*, London: Methuen, 1983.

5. Martha Vicinus, "Distance and Desire: English Boaring-School Friendships", *The Lesbian Issue* (summer, 1984).

6. Joy Schaverien, "Boarding School: the Trauma of the 'Privileged' Child", *Journal of Analytical Psychology*, 2004, 49.

7. Judith Kleinfeld, Joseph Bloom, "Boarding Schools: Effects on the Mental Health of Eskimo Adolescents", *Am J Psychiatry*, 134: 4, April 1977.

8. Reuven Kahane, "Multi-code Organizations: A Conceptual Framework for The Analysis of Boarding Schools", *Sociology of Education*, Vol. 61 (October): 211—226, 1998.

9. Amith Ben—David, Tamar Erez-Darvish, "The Effect of the Family on the Emotional Life of Ethiopian Immigrant Adolescents in Boarding Schools in Israel", *Residential Treatment for Children & Youth*, Vol. 15 (2), 1997.

10. Shirley Fisher, Norman Frazer, Keith Murry, "Homesickness and Health in Boarding School Children", *Journal of Environmental Psychology* (1986) 6.

11. Eric Dlugokinski, Lyn Kramer, "A System of Neglect: Indian Boarding Schools", *Am J Psychiatry*, 131: 6, June 1974.

12. Julie Davis, "American Indian Boarding School Experiences: Recent Studies from Native Perspetives", *Magazine of History*, Vol. 15, No. 2, Desegregation (Winter, 2001).

13. Steven B. Levine, "The Rise of American Boarding Schools and the Development of a National Upper Class", *Social Problems*, Vol. 28, No. 1 (Oct., 1980).

14. Rauna Kuokkanen, "'Survivance' in Sami and First Nations Boarding School Narratives: Reading Novels by Kerttu Vuolab and Shirley Sterling", *American Indian Quarterly*, Vol. 27, No. 3/4, Special Issue: Urban American Indian Women's Activism (Summer – Autumn, 2003).

15. Feng Zhiming, Tang Yan, Yang Yanzhao. & Zhang Dan, "Relief Degree of Land Surface and Its Influence on Population Distribution in China", *Journal of Geographical Science*, 18 (2).

16. Boarding Schools National Minimum Standards [EB/OL]. https://www.gov.uk/government/uploads/system/uploads/attachment-data/file/180948/DFE-00126—2012.pdf.

17. Khanaa, Banon, Salama, "Child Malnutrition: An Overview of Trends, Issues and Policy Prescriptions", *Vikalpa*, 2006, 31 (4).

18. Salisbury. CG, "Make an Investment in Our School Children: Increase the Nutritional Value of School Lunch", *Byu Edu LJ*, 2004.

19. Hillel Schmid, Dorit Bar – Nir, "The Relationship between Organizational Properties and Service Effectiveness in Residential Boarding Schools", *Children and Youth Service Review*, Vol. 23, No. 3, 2001.

20. UNESCO, *Providing Education to Girls from Remote and Rural Areas* [EB/OL], 2005, http://www2.onescobkk.org/elib/publications/girls.remote_areas/girls_remote_areas.pdf.

21. Catherine Rollet, "The Cost of Educating Children: The Accounts of A Nineteenth Century Girls' Boarding School in Orle'ans, Franc", *The History of the Family*, 6 (2001).

22. Evans Kituyi, Charles Kirubi, "Influence of Diet Patterns on Fuelwood Consumption in Kenyan Boarding Schools and Implications for Data and

Energy Policies", *Energy Conversion and Management*, 44 (2003).

23. Halimatou Alaofe, John Zee, Romain Dossa, Huguette Turgeon O' Brien, " Intestinal Parasitic Infections in Adolescent Girls From Two Boarding Schools in Southern Benin", *Transactions of the Royal Society of Tropical Medicine and Hygiene*, 102 (2008).

24. Ben Chavis, "Off – Reservation Boarding High Schools Teachers: How Are They Perceived by Former American Indian Students? " *The Social Science Journal*, Vo. 36, No. 1, 1999.

25. Simon Kingham, Michael Durand, Justin Harrison, Jo Cavanagh, Michael Epton, "Temporal Variations in Particulate Exposure to Wood Smoke in A Residential School Environment" , *Atmospheric Environment*, 42 (2008).

26. Shirley Fisher, Norman Frazer, Keith Murray, "The Transition From Home to Boarding School: A Diary – Style Analysis of the Problems and Worries of Boarding School Pupils" , *Journal of Environmental Psychology*, Vol. 4, Issue 3, September 1984.

附录　部分调查问卷

编号_____

_____省_____县（市）_____乡（镇）_____学校

我国农村寄宿制学校现状调查问卷

（教师卷）

尊敬的老师：您好！

　　我们是贵州财经大学寄宿制学校研究课题组的研究人员，受教育部社科司委托，对农村寄宿制学校相关问题开展调查研究。此次调查旨在了解贵校寄宿生生活、学习及学校运行等方面的真实信息，您的意见对于我们的研究和政府的决策具有重要的价值。调查以匿名方式填答，所有信息仅供研究使用。您只需要根据实际情况在选项上打"√"或在"____"填写相应信息。衷心感谢您的支持！

贵州财经大学课题组

　　A_1. 您的性别是：1. 男　2. 女

　　A_2. 您的年龄是：____岁，您的教龄：_____年

　　A_3. 您的身份或职务是：1. 学校中层干部兼教师　2. 班主任兼教师　3. 专任教师　4. 其他_____

　　A_4. 您的最高学历是：1. 高中（中专）及以下　2. 专科　3. 本科　4. 研究生

　　A_5. 您的职称是：1. 未评　2. 小学二级（或中学三级）　3. 小学一级（或中学二级）　4. 小学高级（或中学一级）　5. 其他

B_1. 您所在的学校是：1. 教学点 2. 村完小 3. 镇中心小学 4. 其他_____

B_2. 您所在的学校从____年开始实行寄宿制

B_3. 学生宿舍平均每间宿舍一般住_____名学生

B_4. 您所任教的班级一共有____名学生，其中寄宿生大约有_____名

C_1. 贵校寄宿生每天的学习时间大约为_____小时

C_2. 寄宿生业余时间活动是如何安排的？1. 学生自由活动 2. 偶尔由老师安排 3. 主要由班主任负责安排 4. 由宿管员负责 5. 其他_____

C_3. 您认为寄宿生晚饭后的时间应该：1. 学生自由活动 2. 上晚自习 3. 统一安排上正课 4. 班主任灵活安排 5. 组织丰富的课外活动 6. 其他_____

D_1. 您校为寄宿生配备了生活教师（宿管员）吗？1. 没有（回答此项转E_1） 2. 有

D_2. 学校共有_____名宿管员（生活指导教师），一名生活教师大约负责_____名学生

D_3. 学校生活指导教师的来源是：1. 本校原有教职工 2. 临时工 3. 教师家属 4. 其他

D_4. 您认为生活指导教师应该充当什么角色？1. 代理家长 2. 就寝秩序的维持者 3. 学生寝室文化的引导者 4. 学生寝室行为的监控者 5. 学生课余生活的负责人 6. 宿舍安全保卫人员 7. 其他_____

D_5. 您赞成为低龄寄宿生配备正式编制的生活教师吗？1. 赞成 2. 没有必要

E_1. 您在学校有周转房吗？1. 有 2. 没有（选此项跳过E_2）

E_2. 您一般多长时间回家一次？1. 一周一次 2. 两周一次 3. 每天都回家 4. 家就在学校 5. 其他_____

E_3. 学校对教师有住校的要求吗？1. 必须住校（选此项回答E_5） 2. 值日时有住校要求 3. 没有要求

E_4. 您觉得住校对自己的家庭生活有影响吗？1. 影响很大，很少照顾到家庭 2. 影响不大 3. 有影响，但是能克服

E_5. 您一周的工作量是_____课时，比没有实行寄宿前大约增加了__课时

E_6. 您一般____点起床，_____点休息，平均每天在校时间大约是__小时

E_7. 您一学期要参加____次维持学生就寝秩序的工作

E_8. 学校对老师维持学生就寝秩序的任务有相应补助吗？1. 有 2. 没有

E_9. 您认为值周（或值日）管理寄宿生任务是：1. 教师的额外负担 2. 教师的应尽职责　3. 习惯了，没有感觉　4. 应该配备专门人员管理

F_1. 根据您的经验，您认为学生从____年级开始寄宿比较合适；贵校从____年级开始寄宿

F_2. 您认为管理寄宿生和走读生工作量：1. 两者没有多大差别 2. 有区别，管理1名寄宿生相当于管理____名走读生

F_3. 根据您的经验，寄宿生与走读生成绩相比：1. 寄宿生明显强于走读生　2. 走读生明显强于寄宿生　3. 二者没有多大差别　4. 不好说

F_4. 您觉得寄宿生与非寄宿生在以下哪些方面有差异？
1. 性格　2. 人际交往　3. 健康状况　4. 情绪
5. 学习习惯　6. 处理问题的能力　7. 两者没有明显的区别

F_5. 您认为低龄儿童寄宿面临的主要困难有：（在每题的4个选项中选一个打"√"）

题　　目	不赞成	不太赞成	比较赞成	完全赞成
1. 低龄学生生活自理问题	1	2	3	4
2. 学生想家，学习分心	1	2	3	4
3. 学生安全问题	1	2	3	4
4. 寄宿生心理健康问题	1	2	3	4
5. 学生个人卫生问题	1	2	3	4
6. 集体生活营养跟不上，影响儿童健康成长	1	2	3	4

F_6. 您认为农村小学实行寄宿制的好处在于：（在每题的4个选项中选一个打"√"）

题　　目	不重要	不太重要	比较重要	很重要
1. 解决上学远的问题，增加了有效的学习时间	1	2	3	4
2. 便于教育资源集中，提供优质教育	1	2	3	4
3. 有利于培养学生独立生活能力	1	2	3	4
4. 有利于解决留守儿童教育问题	1	2	3	4
5. 有利于师生及同学间交流与共处	1	2	3	4
6. 有利于促进农村儿童社会化	1	2	3	4
7. 有利于农村儿童养成良好的生活习惯	1	2	3	4
8. 能够提供比家里更好的学习生活环境	1	2	3	4
9. 缩小了学生家庭之间的文化背景差异	1	2	3	4

F_7. 您认为本校实行寄宿制以后最大的问题是：（在每题的4个选项中选一个打"√"）

题　　目	完全不符合	比较符合	基本符合	完全符合
1. 低年级学生生活不方便	1	2	3	4
2. 家长的经济负担加重	1	2	3	4
3. 老师的工作量增加	1	2	3	4
4. 缺少专门的宿舍管理人员	1	2	3	4
5. 安全隐患明显加大	1	2	3	4
6. 学生与家长缺少情感交流	1	2	3	4
7. 学生食宿条件跟不上	1	2	3	4
8. 学生学习时间过长	1	2	3	4
9. 寄宿生营养状况令人担忧	1	2	3	4
10. 业余活动少，寄宿生活枯燥	1	2	3	4
11. 学校开支增加，经费紧张	1	2	3	4

F_8. 您认为解决农村寄宿制小学现存问题途径是：（在每题的 4 个选项中选一个打"√"）

题　目	不赞成	不太赞成	比较赞成	完全赞成
1. 增加必要的配套经费	1	2	3	4
2. 增加保育人员（或生活指导教师）编制	1	2	3	4
3. 加大对贫困家庭学生的资助	1	2	3	4
4. 构建学生与家长感情交流的机制	1	2	3	4
5. 大力改善寄宿条件	1	2	3	4
6. 合理安排学习和业余活动时间	1	2	3	4
7. 提高寄宿生伙食质量	1	2	3	4
8. 提高教师待遇，使超额劳动得到相应报酬	1	2	3	4

F_9. 您认为省政府对寄宿制小学的投入应该重点放在：（在每题的 4 个选项中选一个打"√"）

题　目	不重要	不太重要	比较重要	很重要
1. 宿舍、食堂、业余活动等硬件设施	1	2	3	4
2. 生活指导教师的配备，减轻专任教师负担	1	2	3	4
3. 提高教师待遇	1	2	3	4
4. 对寄宿生实行全员补助	1	2	3	4
5. 增加学校办公经费	1	2	3	4
6. 寄宿小学生的营养补助方面	1	2	3	4
7. 加大农村寄宿制小学娱乐设施建设	1	2	3	4

编号_____

_____省_____县（市）_____乡（镇）_____学校

我国农村寄宿制学校现状调查问卷

（学生卷）

亲爱的同学：你好！

我们是贵州财经大学寄宿制学校研究课题组的研究人员，受教育部社科司委托，对农村寄宿制学校相关问题开展调查研究。此次调查旨在了解贵校寄宿生生活、学习及学校运行等方面的真实信息，你的意见对于我们的研究和政府的决策具有重要的价值。调查以匿名方式填答，所有信息仅供研究使用。您只需要根据实际情况在选项上打"√"或在"___"填写相应信息。衷心感谢您的支持！

贵州财经大学课题组

A_1. 你的性别是：1. 男　2. 女

A_2. 你多大了？1. 6 岁　2. 7 岁　3. 8 岁　4. 9 岁　5. 10 岁　6. 11 岁　7. 12 岁　8. 13 岁及以上

A_3. 你是少数民族吗？1. 是　2. 不是

A_4. 你现在上几年级？1. 一年级　2. 二年级　3. 三年级　4. 四年级　5. 五年级　6. 六年级

A_5. 你爸爸是干什么的呢？1. 在家干农活　2. 外出打工　3. 在家做生意或办厂　4. 在单位上班　5. 干部或教师　6. 干部　7. 其他_____

A_6. 你妈妈是干什么的呢？1. 在家干农活　2. 外出打工　3. 在家做生意或办厂　4. 在单位上班　5. 干部或教师　6. 干部　7. 其他_____

A_7. 爸爸上学情况：1. 没上过学　2. 小学毕业　3. 初中毕业　4. 高中或中专毕业　5. 大学毕业

A_8. 妈妈上学情况：1. 没上过学　2. 小学毕业　3. 初中毕业　4. 高中或中专毕业　5. 大学毕业

A_9. 家里除爸妈外有其他人吗？1. 爷爷（外公）　2. 奶奶（外婆）

3. 弟弟（妹妹） 4. 哥哥（姐姐）

A_{10}. 你家的住房是：1. 平房 2. 瓦房 3. 土坯房 4. 木头房子 5. 其他

A_{11}. 家里有这些东西吗？（可多选）1. 电视 2. 洗衣机 3. 手机 4. 摩托车 5. 电脑

B_1. 从家里到学校步行大概要多长时间？1. 30 分钟以内 2. 30—60 分钟 3. 1 小时以上

B_2. 从家里到学校乘车大约要多长时间？1. 30 分钟以内 2. 30—60 分钟 3. 1 小时以上

B_3. 从家里到学校有公路吗？1. 有 2. 没有

B_4. 你一般怎么上学？1. 步行 2. 骑车或家长骑车送 3. 乘坐简易交通工具（三轮车等） 4. 乘坐正规客运车 5. 校车 6. 其他

B_5. 你多长时间回家一次？1. 每天都回 2. 一周一次 3. 两周一次 4. 一个月一次 5. 其他

B_6. 你从家到校来回要花多少车费？1. ____元 2. 不花钱

B_7. 你每次上学村里有同伴吗？1. 有 2. 没有

C_1. 你的宿舍一共住了____位同学？

C_2. 你觉得寝室拥挤吗？1. 很拥挤，感觉不舒服 2. 有点拥挤，但能忍受 3. 宽敞，住着舒服

C_3. 你睡的床是：1. 铁架床 2. 木架床 3. 大通铺（很多人并在一起） 4. 其他_____

C_4. 你所住的宿舍是：1. 钢混结构的平房 2. 石木结构的瓦房 3. 木质结构的瓦房 4. 其他

C_5. 你觉得宿舍的卫生状况如何？1. 很好 2. 一般 3. 较差 4. 空气不好，有异味

C_6. 宿舍离自来水和厕所有多远？1. 房间内 2. 宿舍外，离得很远 3. 宿舍外，离得较近

C_7. 宿舍里有放自己东西的柜子吗？1. 有 2. 没有

C_8. 你们一般几个人一铺？1. 一人一铺 2. 二人一铺 3. 大通铺（很多人睡一起） 4. 其他

C_9. 宿舍楼道和楼梯处有照明应急灯吗？1. 有 2. 没有

C_{10}. 宿舍里有灭火器吗？1. 有　2. 没有

C_{11}. 学校有地方洗澡吗？1. 有　2. 没有；如果有，浴室什么时间开放？1. 每天　2. 一周2至3次　3. 一周一次　4. 很少开放

C_{12}. 学校有开水房吗？1. 有　2. 没有；如果有，每天都可以打开水？1. 是　2. 不是

C_{13}. 你在学校住宿还是校外住宿？1. 学校　2. 附近民户家或亲戚家（选此项回答 C_{14}）

C_{14}. 你为什么不在学校住宿呢？1. 没地方住　2. 住宿条件不好，不愿住　3. 住校不自由

C_{15}. 你们宿舍同学之间团结吗？1. 是　2. 不是

D_1. 你们学校食堂有餐桌吗？1. 有　2. 有，但不够用　3. 没有

D_2. 学校食堂给学生提供什么？1. 学生自带粮食，食堂负责蒸饭　2. 开设窗口，可以打菜打饭

D_3. 学校食堂每天提供：1. 一到两个菜　2. 三到五个菜　3. 更多品种齐全的菜

D_4. 你每天花多少钱就感觉吃饱饭了？____元

D_5. 家里每星期给你的生活费大约____元，零花钱大约____元

D_6. 你觉得食堂的饭可以吃饱吗？1. 可以　2. 基本上可以　3. 吃不饱（选此项请回答 D_7）

D_7. 如果没吃饱，你一般怎么办？1. 买零食吃　2. 到校外吃　3. 饿着，一会儿就忘了

D_8. 和家里的饭菜相比，你更喜欢：1. 学校食堂　2. 家里

D_9. 你一般都带什么东西到学校呢？1. 主食　2. 辣椒　3. 酸菜　4. 油　5. 零食　6. 不带

D_{10}. 你对食堂的总体感觉如何？1. 很满意　2. 基本满意　3. 很不满意

D_{11}. 学校有营养餐补助吗？1. 有　2. 没有；如果有，每天是____元

D_{12}. 学校的营养餐补助是怎么发放的呢？1. 直接发到家长手中　2. 直接发到学生手中　3. 直接发放鸡蛋、牛奶等食物　4. 发给学生餐票

D_{13}. 上学期你得到寄宿生生活补助_____元；除此之外，学校给你发过一次其他钱吗？1. 有，得到____元　2. 没有

E_1. 你下午放学后到就寝前这段时间有些什么活动？1. 和同学玩耍　2. 打球　3. 做作业　4. 没有什么活动　5. 上晚自习（选此项回答E_2）　6. 看电视　7. 看课外书　8. 偶尔班级组织活动

E_2. 学校共有早晚自习____节；晚自习老师上课吗？1. 很少　2. 经常是　3. 有时上课　4. 不上课

E_3. 学校有哪些业余活动设施？1. 操场　2. 篮球场　3. 乒乓球台　4. 课外活动室　5. 图书室　6. 微机室　7. 羽毛球场　8. 乐器　9. 电视电影设备

E_4. 学校允许课外时间到校外活动吗？1. 从不允许出校门　2. 晚饭后允许　3. 特殊情况允许

E_5. 你每天的自由活动时间大约有_____小时；你觉得每天上_____节课较为满意

E_6. 你觉得课外时间应该怎样安排才满意？1. 自由活动　2. 班级组织活动　3. 怎么安排都行　4. 开放图书室或电脑室　5. 出校园以外活动　6. 其他_____

E_7. 学校或附近是否有医院（或卫生室）吗？1. 有　2. 没有

F_1. 你的宿舍里有专门的管理员（生活教师）吗？1. 有（选此项回答H_2）　2. 没有

F_2. 生活老师（宿舍管理员）都帮你们做过哪些事情？1. 督促按时就寝　2. 宿舍的安全卫生督促　3. 学生休息之后巡夜　4. 解决寄宿生之间的纠纷　5. 负责送生病的学生上医院

F_3. 学生就寝秩序维护有哪些人参与？1. 宿管员　2. 学校领导　3. 值日教师　4. 班主任　5. 值日学生；你认为起主要作用的是_____（填序号）

F_4. 学校有门卫吗？1. 有　2. 没有

F_5. 学校晚上有老师住在学校吗？1. 有　2. 没有

G_1. 你每天要上____节课（含自习），早上____点开始，晚上____点结束

G_2. 记得本学期考得最好的一次的各科分数吗？语文：_____数学：

____英语：____

H_1. 你已经有_____年住校经历了，你最早寄宿时的年龄是：_____岁

H_2. 你喜欢在学校住宿吗？1. 喜欢（回答此项转 H_3） 2. 不喜欢（回答此项转 H_4） 3. 不好说

H_3. 你为什么喜欢住校呢？1. 上学不用天天走远路 2. 学习时间更多 3. 学校比家里自由一些 4. 和同学在一起更有趣 5. 学校条件比家里好 6. 其他_____

H_4. 你为什么不喜欢住校呢？1. 学习时间太长 2. 学校管得太严，没有自由 3. 想和家人在一起 4. 与同学难以相处 5. 学校条件没有家里好